Otto Ehrenfried Ehiers

An indischen Fürstenhöfen

Otto Ehrenfried Ehlers

An indischen Fürstenhöfen

ISBN/EAN: 9783744705851

Hergestellt in Europa, USA, Kanada, Australien, Japan

Cover: Foto ©ninafisch / pixelio.de

Weitere Bücher finden Sie auf **www.hansebooks.com**

An indischen Fürstenhöfen.

Von

Otto E. Ehlers.

Mit Illustrationen.

Erster Band.

Fünfte Auflage.

Berlin.

Allgemeiner Verein für Deutsche Litteratur.
1898.

Inhalt.

— — —

Als ich behaglich saß am heim'schen Herd
Und alles mein war, was ich einst begehrt,
Schien mir das Leben dennoch öd' und leer.
Da faßt ich mir ein Herz, fuhr übers Meer
Und was bisher das Schicksal mir verwehrte,
Fand ich auf neuer unbekannter Fährte.
Jetzt kehr' ich heim, ich hab' die Welt gesehn
Und schreib' getrost: Das Leben ist doch schön.

Wartburg, September 1893.

Otto E. Ehlers.

Otto E. Ehlers.

Von Sansibar nach Bombay.

Was mich dazu gebracht hat, Reisender zu werden?

Oft genug ist diese Frage schon an mich gerichtet worden. Sie ist mit zwei Worten beantwortet: „Ein Feuer."

Ein Feuer?

Jawohl, ein Feuer, nicht etwa ein Feuer der Liebe, sondern ein regelrechtes Schadenfeuer, gegen welches ich nebenbei bemerkt als verständiger Mensch versichert war und zwar bei der Aachen=Münchener Feuer=Versicherungs=Gesell= schaft.

Aber wie ist denn das gekommen?

Nun, ich habe es eigenhändig angezündet.

Wie? —

Auf die einfachste Weise von der Welt, mit einem Streichholz.

Also Brandstifter?

Regelrechter Brandstifter. Aber bitte, hören Sie mich an, bevor Sie zum ersten besten Staatsanwalt gehen und mich anzeigen.

Ich war Gutsbesitzer in Pommern, Besitzer eines Ritter-
gutes, welches ich selber bewirtschaftete. Gleich meinen Nachbarn baute ich meinen Roggen und meine Kartoffeln, ritt
im Herbst meine Jagden und ging im Winter nach Berlin, um
hier bei einer Flasche Heidsiek oder Röderer über die schlechten
Zeiten zu klagen und darüber zu schimpfen, daß der Staat
sich der Landwirtschaft nicht in genügender Weise annähme.

Dieses Leben hatte ich volle fünf Jahre geführt, ohne
etwas für die Unsterblichkeit gethan zu haben, als ich eines
Abends — es war Ende Oktober — von einer Parforce-
jagd nach Hause kam und, meiner Gewohnheit gemäß, in
dem Kamin meines Wohnzimmers einige mächtige Holzscheite
in Brand steckte. Nachdem ich darauf noch zwei Gläser Grog
getrunken hatte, ging ich zu Bette. Sei es nun, daß durch
die Nachlässigkeit eines Dieners, Schornsteinfegers oder eines
anderen dunklen Ehrenmannes eine im Treppenhaus befind-
liche Rußklappe, wie man solche in alten Landhäusern vielfach findet, nicht geschlossen worden war, Thatsache ist, daß
auf irgend eine Weise das Feuer des Kamins die Vorhänge
des Treppenhauses ergriffen haben muß, denn als ich plötzlich
durch ein lautes Knistern erwachte, stand bereits das ganze
obere Stockwerk in Flammen, der Rest — war Asche.

Meine sämtlichen Sammlungen, Kunstschätze und Ju-
genderinnerungen waren ein Raub der Flammen geworden,
meistens Sachen, die für mich einen geschichtlichen Wert
hatten und nicht ersetzt werden konnten.

Einem Phönix gleich erhob sich aus der Asche zwar
bald ein neues Schloß, aber das Gut hatte als Wohnsitz
seinen Reiz für mich verloren, ich übergab die Bewirtschaftung
einem meiner Beamten und ging auf Reisen, vorerst nach
Italien, dann nach Ägypten.

Hier kam ich bald zu der Überzeugung, daß ein schöner Abend im Morgenlande mehr wert sei, als einige Tausend schlechter Morgen im Abendlande und entschloß mich, für längere Zeit den Occident mit dem Orient zu vertauschen.

Von Ägypten nach Sansibar, il ne coute, qu'un pas und ich scheute diese Kosten nicht, zumal ich von meinem lieben Jugendfreunde, Herrn Gustav Michahelles, der als General-Konsul das Deutsche Reich in Sansibar vertrat, dringlichst eingeladen war, ihn zu besuchen.

Vier Wochen später saß ich an seiner gastlichen Tafel auf einer prächtigen Veranda, von der man bei klarem Wetter die Berge des gegenüberliegenden Festlandes deutlich erkennen konnte.

Kein Wunder, daß ich der Sehnsucht nach dem damals noch sagenumwobenen dunklen Kontinent auf die Dauer nicht widerstehen konnte. Als kurze Zeit nach meiner Ankunft eine Karawane von der Deutsch-Ostafrikanischen Gesellschaft zum Kilimandscharo geschickt werden sollte, erbot ich mich dazu, die Führung derselben zu übernehmen, die mir auch von dem mir ebenfalls befreundeten Direktor der Gesellschaft, Herrn Konsul Vohsen, übertragen wurde.

Der Küstenaufstand war gerade ausgebrochen, und nur mit größter Mühe gelang es mir dank liebenswürdiger Unterstützung des englischen General-Konsuls Sir Charles Euan-Smith aus der Missionsstation Rabai bei Mombassa einige Dutzend Träger zu erhalten, mit denen ich nach verschiedenen kleinen Abenteuern das Ziel meiner Reise, den schneebedeckten Kilimandscharo, glücklich erreichte. Nahezu sieben Monate weilte ich hier in den verschiedenen Dschagga-staaten, deren mächtigsten Fürsten, Mandara, ich veranlaßte, mir eine Gesandtschaft mit Geschenken für Se. Majestät den

deutschen Kaiser anzuvertrauen. Die Leute wurden in Berlin
huldvollst empfangen und reich beschenkt in ihre Heimat ent=
lassen, während ich im Auftrage Sr. Majestät einige Wochen
später nach Ostafrika zurückkehrte, um Mandara die kaiser=
lichen Gegengeschenke zu überbringen und an verschiedenen
Plätzen die deutsche Flagge zu hissen.

Dieses mir gewordenen Auftrages entledigte ich mich
zur vollen Zufriedenheit meines hohen Gebieters, der mir
auf telegraphischem Wege in den gnädigsten Worten Aller=
höchst seinen Dank aussprach, mich zu meinen Erfolgen be=
glückwünschte und mir anheim stellte, mich Emin Pascha oder
Wißmann zu weiterer nutzbringender Thätigkeit im dunkelen
Weltteil anzuschließen. Ich begleitete darauf Major Wiß=
mann eine Zeit lang als Freund und Gast auf verschiedenen
seiner kriegerischen Expeditionen bis zur Einnahme Kilwas.
Da kam, wie ein Blitz aus heiterem Himmel, die Kunde
von dem Abschluß des deutsch=englischen Vertrages, dem=
zufolge wir den Engländern das Protektorat über Sansibar
zusprachen, ihnen Witu und anderes mehr abtraten und dafür
Helgoland erhielten.

Mit so großer Befriedigung dieser Vertrag in der Heimat
begrüßt worden sein mag, das Herz des in Bezug auf Länder=
erwerbungen bekanntlich unersättlichen Kolonialschwärmers
erfüllte er mit Betrübnis, und wem in Afrika das Herz von
ähnlichen Gefühlen voll ist, dem läuft die Galle über.

Das war auch bei mir der Fall, und einige Tage später
lag ich da mit dem schönsten Gallenfieber von der Welt.

„Sie müssen sofort nach Europa zurück," meinte der
Arzt.

„Ich sterbe lieber," war meine Entgegnung, denn es
zog mich nichts in die Heimat.

„Wie wäre es denn, wenn Sie es mit Kaschmir ver=
suchten?"

„Kaschmir? Doktor, Sie sind ein Engel, es giebt kein
Land auf Erden, welches mich anzieht wie dieses, wenn ich
irgendwo genesen soll, so ist es in Kaschmir. Ich reise mit
dem nächsten Dampfer nach Bombay und dann weiter in
die Hymalayas."

So geschah es. Von meinen Freunden an Bord be=
gleitet, schiffte ich mich am Abend des 23. Juni 1890 auf
dem Sultansdampfer „Nyanza" ein, in der Frühe des folgen=
den Morgens wurden die Anker gelichtet, und langsam fuhr
unser altersschwaches Fahrzeug, zwischen deutschen und eng=
lischen Kriegsschiffen hindurchsteuernd, aus dem Hafen. Mit
Volldampf ging es dann die Küste Sansibars entlang, und
nach kurzer Zeit war die Stadt, in der ich so manche unver=
geßliche Stunde verlebt und über der wir alle gehofft und
erwartet hatten, in nicht zu ferner Zeit die stolzen Farben
Deutschlands wehen zu sehen, im Morgennebel meinen Blicken
entschwunden. Der Südwest=Monsum blies mit voller Schärfe
und türmte die Wogen auf zu gewaltiger Höhe. Die „Nyanza"
tanzte wie eine Nußschale und schwankte derartig, daß ich
mich nachts — ich schlief während der ganzen Reise auf
Deck — auf meiner Matratze festbinden mußte, um nicht wie
eine leere Flasche herumzurollen. Bis zum sechsten Reise=
tage war das Wetter für diese Jahreszeit normal, und da
wir vor dem Winde liefen, kamen wir schnell vorwärts. Am
30. Juni begann das Barometer plötzlich stark zu fallen, die
Luft wurde trübe und schwül, das Auge des Seemanns sah
mancherlei, was einer Landratte verborgen bleibt, und das
Endergebnis aller Beobachtungen war die Wahrscheinlichkeit
des Herannahens eines Cyklons. Unser umsichtiger Kapitän

Simons (sämtliche Sultansschiffe werden von Deutschen geführt) traf sofort die in solchem Falle nötigen Anstalten.
Das Deck wurde klar gemacht, alles, was nicht niet- und
nagelfest war, entfernt, die skylights wurden dicht verschlossen
und sämtliche Glasscheiben mit hölzernen Schutzvorrichtungen
versehen.

Alle diese Vorrichtungen machten einen nichts weniger
als angenehmen Eindruck. Ich muß aufrichtig gestehen, mir
lag herzlich wenig daran, die Bekanntschaft eines Cyklons zu
machen. Krachende Schiffswände, zersplitternde Raaen, herum-
flatternde Segelfetzen, über Bord gespülte Menschen, alles
das sieht sich sehr schön an auf den Brettern, welche die Welt
bedeuten, auf dem Wasser aber, welches bekanntlich keine
Balken hat, ist die Sache minder erfreulich, und so war ich
denn keineswegs verstimmt, daß dieses Mal aus dem Cyklon
nichts wurde und wir am neunten Tage unversehrt in den
sicheren Port von Bombay einliefen.

Während unserer ganzen Fahrt hatte ich mich, täglich
vom Fieber heimgesucht, recht elend gefühlt; der Koch an
Bord, wie auf allen Sultansschiffen ein Goanese (aus der
portugiesischen Kolonie Goa in Indien), hatte mir durch
seine mit undefinierbarem Fett zubereiteten Speisen den Rest
gegeben, so daß ich mich nur noch mit Sekt und Eiern über
Wasser halten konnte und in Bombay anlangte wie eine
Leiche auf Urlaub.

Nachdem ich mein Gepäck in Watsons Hotel untergebracht, fuhr ich zum European-Hospital, um mich dort in
ärztliche Behandlung zu geben. Der erste Eindruck, den ich
von dem inmitten eines schattigen, ausgedehnten Gartens
gelegenen Gebäude erhielt, war ein recht ansprechender, und
ich betrat dasselbe mit den schönsten Erwartungen. Die zehn

Minuten, die ich etwa auf den herbeigerufenen Arzt zu warten hatte, benutzte ich, mich mit den an den Wänden ange= schlagenen Hausregeln u. s. w. vertraut zu machen. Da fand ich u. a. eine köstliche Notiz, der zufolge Patienten nur auf Grund eines ärztlichen Attestes aufgenommen werden können, ausgenommen Trunkene, welche von der Polizei einge= liefert werden.

Von dem inzwischen erschienenen Arzte erfuhr ich, daß es 4 Patientenklassen gäbe, zu 1, 2 bezw. 3 Rupies (je etwa 1,50 M.) einschließlich ärztlicher Behandlung, Medizin u. s. w. Ich entschloß mich, täglich 3 Rupies an die Wiederherstellung meiner Gesundheit zu wenden, und bat den Arzt, mir ein Zimmer der ersten Klasse zu zeigen, worauf er mich in einen großen Saal führte, in dem — ich glaube — 16 Betten nebeneinander standen, teils leer, teils von Kranken jeden Kalibers, allerdings alle männlichen Geschlechts, belegt. Ich bedeutete meinem Führer, mir sei nichts daran gelegen, die Bekanntschaft größerer Mengen leidender Mitmenschen zu machen, er möge die Güte haben, mir lediglich das eventuell von mir zu beziehende Zimmer zu zeigen.

„Bitte wählen Sie eins dieser Betten, denn Zimmer für einzelne Kranke haben wir nicht, wir ziehen der besseren Luft wegen große gemeinschaftlich bewohnte Säle vor."

„So!" sagte ich, „ich nicht!" saß im nächsten Augenblick wieder im Wagen, fuhr ins Hotel zurück und entschloß mich, lieber in stiller Zurückgezogenheit meine Genesung abzuwarten, als in Gesellschaft 15 ächzender, stöhnender, vielleicht deli= rierender Kranken. Ob ich mich in Bombay irgendwie erholt haben würde ohne unseren liebenswürdigen Konsul, Herrn von Sieburg, dessen Bekanntschaft ich so glücklich war, gleich am ersten Tage zu machen und der mich ohne weiteres mit

hinausnahm nach der prächtig und luftig gelegenen Villenstadt
Bombays, den Malabar Hills, in seine geräumige, behaglich
elegant eingerichtete Wohnung, ich bezweifle es.

Man braucht wahrlich nicht gerade aus dem englischen
Hospital zu kommen, um die deutsche Hospitalität in der
Fremde besonders zu schätzen! Hier in dem Hause unseres
Konsuls trat mir die deutsche Gastfreundschaft in echt orien-
talischem Gewande entgegen, und wem sie in demselben begegnet ist, der weiß, wie gut es sie kleidet. Ich war schon
halb genesen, als ich an der im üppigsten Blumenschmuck
prangenden Tafel saß und mit einer gewissen Andacht zu essen
begann. Zwei Jahre Ostafrika und zum Schluß neun Tage
Sultansdampfer, das genügt vollauf, einen Kulturmenschen
in die Stimmung zu versetzen, in der man einem guten Koch,
diesem so selten zu findenden, besten Freunde der Menschheit,
weihevoll die Hände aufs Haupt legen möchte, „betend, daß
Gott ihn erhalte". Und daß es noch Köche in der Welt giebt,
das habe ich in Bombay in den Häusern meiner sich in
Freundlichkeiten überbietenden Landsleute gesehen.

Zu meiner Genugthuung fand ich auch hier jeden Deutschen, sei er Beamter oder Kaufmann, entrüstet über den
Vertrag mit England. Die Engländer triumphierten laut, und
die Bombayer Zeitungen sprachen ihre Verwunderung darüber
aus, daß uns England nicht einfach dazu gezwungen hätte,
einen Weltteil zu verlassen, in dem wir von Rechts wegen
überhaupt gar nichts zu suchen hätten.

So ergeht es den Langmütigen!

Das Leben der Europäer in Indien im allgemeinen und
in Bombay im besonderen ist nach unseren heimatlichen Begriffen überaus großartig. Die Häuser haben durchweg zahlreiche, hohe, luftige Räume, sind von gut gehaltenen Garten-

anlagen umgeben und meist recht geschmackvoll möbliert.
Blumen in Hülle und Fülle schmücken jeden Eßtisch. Man
ißt in Indien viel und vielerlei; selten habe ich Menschen
mit so vorzüglichem Appetit gesehen wie hier.

Was dem Fremden aber in dem Haushalt eines Euro=
päers in Indien am meisten auffällt, das ist die zahlreiche
Dienerschaft, die er überall antrifft, selbst in den Häusern
allein lebender Junggesellen. Sehr bald erkennt man, daß
man es hier in dem Lande der Kasten und der Arbeits=
teilung mit einem notwendigen Übel zu thun hat. Der
Diener, der dem Herrn bei der Toilette hilft und die Reinigung
der Kleider besorgt (für dieses Ressort eignet sich der Hindu
besonders), bedient nicht bei Tische, weil er die Speisen seines
Herrn für unrein erachtet. Der Tischmeister, meist ein Moha=
medaner, wird sich nie dazu herbeilassen, die Punka (großer
von der Decke herabhängender Fächer) in Bewegung zu setzen
oder ein Bad für seinen Herrn herzurichten, dafür giebt es
besondere Diener, ebenso zum Wassertragen und zur Reinigung
von gewissen Lokalitäten. Dazu kommen nun Koch und
Küchenjunge, sowie außer dem Kutscher (jeder besser situierte
Europäer hat Wagen und Pferde) für jedes Pferd ein
Pfleger und womöglich auch noch Grasschneider, schließlich
der Gärtner und dessen Gehilfen. Ich habe Haushaltungen
Deutscher, z. B. in Agra kennen gelernt, in denen über 20
Dienstboten beschäftigt sind. Bei Diners u. s. w. bringt
jeder Gast seinen eigenen Diener mit und ebenso wird in
den Hotels erwartet, daß das Gleiche von den Fremden
geschieht. Als ich zum ersten Mal in Bombay weilte und
gerade während der Reisesaison in dem größten Hotel der
Stadt wohnte, haben mir die Mahlzeiten, an denen oft 200
Gäste teilnahmen, die nun von fast ebenso vielen Dienern

bebient wurben, immer außerorbentlich viel Vergnügen be=
reitet. Wenn biese Dienerscharen in ihren schneeweißen
hembartigen Gewändern mit Turbanen in ben mannig=
fachsten Größen, Formen und Farben Speisen hin= und
hertragenb burcheinanber wimmelten, wurbe ich jebesmal
lebhaft an ein Ausstattungsstück mit Ballet im ehemaligen
Viktoria=Theater erinnert. Da alle Diener barfuß gehen,
ist bie Massenbebienung mit verhältnismäßig wenig Geräusch
verbunden. Übrigens sorgt jeder Diener in ber rücksichts=
losesten Weise für seinen Herrn, rücksichtslos insofern, als
er bas, was sein Herr wünscht, etwa Messer, Gabel, Salz
u. s. w. nimmt, wo er es findet. Ich habe mich oft barüber
gewunbert, baß trotzbem alles ohne Zank und Streit abgeht.

    Das Gasthofleben in Indien ist eine ber unerfreulichen
Seiten bieses Landes; benn selbst in einer Stadt wie Bombay
sinb bie Zimmer in ben besten Hotels höchst mangelhaft
eingerichtet und entsprechen etwa benjenigen unserer Gast=
höfe britten Ranges. Allerbings ist fast ausnahmslos bas
Schlafzimmer mit einem Baberaum verbunden, einer ab=
soluten Notwenbigkeit in tropischen Länbern.

    Fast hätte ich vergessen bei Aufzählung ber Dienerschaft
eines Hauses bes Wäschers Erwähnung zu thun, bes größten
Vanbalen, ber mir je im Leben vorgekommen ist, und ben
ich bereits in Sansibar genau kennen zu lernen bas zweifel=
hafte Vergnügen hatte. Was solch ein Mann zu leisten
vermag, spottet jeder Beschreibung. Innerhalb eines Monats
bringt er es fertig, neue Hemden von Jules Bisler in Berlin
ober Duclos in London berartig zuzurichten, baß Kragen
und Manschetten aussehen, als seien sie mit Franjen besetzt,
und man vor jebem Ankleiben genötigt ist, mit Hilfe ber
Nagelscheere seine Hembschur vorzunehmen: beutsche Haus=

frauen würden Thränen vergießen, wenn sie sähen, wie z. B. in Sansibar die feinste Wäsche außer mit Wasser und Seife auch noch mit Sand und Steinen bearbeitet oder hier in Indien auf Felsblöcken so lange mit aller Kraft geschlagen wird, bis die Fetzen herumhängen.

Für eine solche Reinigung zahlt man hier pro hundert Stück, einerlei, ob Hemd oder Taschentuch 5 rup = 7 Mark 50 Pf.; in Sansibar, wahrscheinlich wegen noch intensiverer Zerstörung, das Doppelte.

Die Diener erhalten je nach ihrem Range vom soge= nannten sweeper aufwärts pro Monat 5 bis 12 rup, wofür sie sich zu kleiden und zu ernähren haben. Allerdings sind die Löhne nicht die gleichen in ganz Indien. So hatte ich meinem Diener, der bis an die Grenze von Birma 16 rup erhielt, nach Überschreitung derselben deren 25 zu zahlen.

In den Hotels zahlt man pro Tag mit Verpflegung 5 bis 7 rup. Weine sind schlecht, deutsches Bier teuer. Eis= schränke scheint man nicht zu kennen, denn bisher habe ich in keinem Hotel oder Privathaus regelrecht gekühlte Ge= tränke bekommen. In den Wein oder ins Bier werden große Eisklumpen geworfen und dadurch, wie sich denken läßt, der Geschmack der Getränke wesentlich beeinträchtigt, wenigstens für einen deutschen Gaumen. Dem Engländer, der durch Pickles, Curry und Worcester=Sauce seine Ge= schmacksnerven in einer Weise abgestumpft hat, daß er nicht im stande ist, Grüneberger Schattenseite vom edelsten Rhein= wein zu unterscheiden und der von allen Getränken, vom Sherry bis zum Sekt, der Mode gehorchend nur verlangt, daß sie extra dry sind, dem freilich mag das gleichgültig sein.

Im Gegensatze zu den Europäern in Sansibar, die bisher größtenteils darauf angewiesen sind, in arabischen Häusern

mit mangelhafter Ventilation, kleinen Fenstern, engen Thüren
und Treppen zu leben, wohnt der Europäer in Indien in
seinem von allen Seiten freiliegenden Bungalow so luftig
wie möglich. Solch ein Bungalow ist fast immer einstöckig,
mit umlaufenden geräumigen Veranden versehen und so
gebaut, daß alle Zimmer ins Freie führen, ja womöglich an
beiden Enden offen sind und damit die denkbar günstigsten
Bedingungen für den Durchzug der Luft bieten. Dies alles
aber genügt dem hier zu Lande in Bezug auf Hitze ungemein
empfindlichen Europäer keineswegs, das zeigt die in jedem
Raum gleich einem Zirkustrapez von der Decke herunter-
hängende gewaltige Punka, die durch den in der Veranda
sitzenden Kuli vermittelst eines durch eine Maueröffnung
laufenden Strickes in Schwingung versetzt wird.

Ich glaube, man könnte ebenso wie von einer Morphium-
sucht auch von einer Punkasucht reden. Der größte Teil der
Europäer ist hier zweifellos punkasüchtig. Die Punka begleitet ihn durch sein ganzes Dasein, er kann ohne sie überhaupt nicht existieren.

Nachdem er unter der Punka geschlafen, sich angekleidet
und gefrühstückt hat, fährt er unter die Bureaupunka. Gegen
zwei Uhr eilt er, natürlich zu Wagen, denn das Gehen ist
für ihn von Sonnenauf- bis Sonnenuntergang geradezu
eine Unmöglichkeit, unter die Tiffinpunka, von dort zurück
unter die Bureaupunka, bis dieselbe um 8 Uhr mit der
Dinerpunka vertauscht wird. Wenn er fromm ist, setzt er
sich Sonntags unter die Kirchenpunka, und selbst im Freien,
an Stellen, wo man abends seinen Whisky mit Soda (peg
genannt) zu trinken pflegt, fächelt, an einem galgenartigen
Gerüst schwebend, die Punka dem Durstenden Kühlung zu.
Außer diesen großen Fächern sieht man aber auch hier und

da noch besondere Windmaschinen, ähnlich unseren Windfegen zum Reinigen des Getreides, in Thätigkeit. Ein solches Ungeheuer lernte ich im Klub zu Agra kennen, wo dasselbe einen derartigen Luftzug hervorbrachte, daß auf 10 Schritt Entfernung die Zeitungsblätter vom Tisch flogen. In diesem Zuge saßen mit Wohlbehagen drei alte Herrn und ließen sich die Glatzen kühlen.

Ich war kürzlich Gast in dem Hause eines englischen Residenten, dort stand der Punkakultus in höchster Blüte, denn es war thatsächlich unmöglich, irgend ein Zimmer zu betreten, ohne daß nach 5 bis 10 Sekunden auch schon die Punka in Thätigkeit trat. Jedes Mitglied der Familie schlief selbstverständlich unter der Punka, und da deren sechs vorhanden waren, für jede Nachtpunka aber drei sich ablösende Kulis angestellt sind, so macht das die stattliche Anzahl von achtzehn Menschen aus, die lediglich das Windmachen besorgen. Wenn so ein armer Kerl auch nur 20 Pf. Tagelohn erhält, so ergiebt sich doch im Laufe des Jahres eine Erhöhung des Haushaltsbudgets um über 1000 Mark.

Dem über das Punkawesen erstaunten Fremden wird in der Regel erwidert: „Seien Sie nur erst einige Jahre in Indien, und die Punka wird Ihnen just ein Bedürfnis sein wie uns." Ich weile seit bereits drei Jahren in den Tropen, davon habe ich ca. 2 Jahre in Ostafrika zugebracht und zwar ohne Punka. Nein, man hat sich in Indien einfach durch die ewige Fächelei verweichlicht und verwöhnt. Das sehe ich daran, daß man schon bei einer mir äußerst angenehm erscheinenden Temperatur über Hitze klagt. Im allgemeinen habe ich gegen die Punka nichts einzuwenden und benutze sie recht häufig, nur finde ich, daß ihre Anwendung vielfach übertrieben wird.

Vormittags vor 6 und abends nach 6 Uhr pflegt sich der
Europäer durch Spazierengehen, Reiten, Lawntennisspiel u. s. w.
die notwendige Bewegung zu verschaffen und sich hernach durch
kalte Übergießungen zu erfrischen. Auf die Mahlzeiten wird
großes Gewicht gelegt, doch unterscheidet sich hier der Deutsche
wesentlich vom Engländer. Ersterer sieht mehr auf die Qualität,
letzterer ausschließlich auf die Quantität, d. h. Anzahl der
Schüsseln. So ein englisch=indisches Mahl ist geradezu eine
Tortur. Tausenderlei Sachen kommen auf den Tisch, und
nichts ist genießbar. Haben Sie schon einmal einen englischen
Feinschmecker kennen gelernt? Ich nicht! Wenn man ihm einen
Teller Zeitungsmakulatur vorsetzt, gießt er seine Worcester=
sauce darüber und wird das Gericht „very nice indeed" finden.

Es liegt keineswegs in dem Rahmen der Aufgabe, die
ich mir gestellt, mich mit einer Schilderung Bombays oder
anderer, hundertfach eingehend beschriebener indischer Städte
zu befassen. Erst nachdem ich abgewichen sein werde von
dem ausgetretenen Pfade der globe trotters, werde ich mit
Detailmalerei beginnen. Die Hauptstädte Indiens werden
wohl dem größten Teil der Leser aus Reisebeschreibungen
u. s. w. bekannt sein. Für diejenigen, die vergessen haben,
was sie gelesen, erwähne ich, daß Bombay, d. h. der euro=
päische Teil der Stadt, das sogen. „fort". mit seinen öffent=
lichen Gebäuden, Hotels und sonstigen Prachtbauten, seinen
wohlgepflegten Gartenanlagen, seinem Bahnhofsgebäude,
vielleicht dem schönsten der Erde, einen in jeder Hinsicht
großartigen Eindruck macht, England hat hier mit indischem
Gelde etwas geleistet, was sich sehen lassen kann.

Nach Angabe der Leute, welche sie gezählt haben, hat
die Stadt 775000 Einwohner, darunter annähernd 10000
Europäer. Der Rest setzt sich zusammen aus Hindus, Moha=

medanern, Parsis, Goanesen u. s. w. Unter diesen verdienen
die Parsis deswegen große Beachtung, weil sie unter den
Natives eine hervorragende Rolle spielen, ausgezeichnete Ge=
schäftsleute sind, sich deswegen große Vermögen erworben
haben, vielfach gleich den Europäern ihre Bungalows auf den
Malabarhills bewohnen, in prunkvollen Karossen auf dem
Korso erscheinen und sich neuerdings mit Vorliebe von der
Königin von England in den Adelstand erheben lassen. Sie
sind Nachkommen der im zehnten Jahrhundert von den
Mohamedanern ihres Glaubens wegen (als Anhänger der
Lehre Zoroasters sind sie Feueranbeter) verfolgten und aus
ihrem Vaterlande geflohenen Perser. Wohl kein nach Bom=
bay kommender Fremder versäumt, dem Friedhofe der Parsis,
den sogenannten „Türmen des Schweigens“, einen Besuch
abzustatten. Inmitten hübscher Anlagen, hoch oben auf den
Malabarhills werden hier auf Türmen (ein Modell befindet
sich im Berliner Museum für Völkerkunde) die Leichen der
Parsis den Geiern zum Fraße dargeboten. Letztere reißen
in unglaublich kurzer Zeit das Fleisch von den Knochen, die
dann nachher von dem ersten besten Regen in das Innere
des Turmes gewaschen werden. Jeder Turm, es sind deren
fünf vorhanden, bietet Raum für je 72 männliche, 72 weib=
liche und 72 Kinderleichen. In konzentrischen Kreisen —
das Innere des Turmes ist trichterförmig — liegen die
Kinder zunächst dem Mittelpunkte, in zweiter Linie die Weiber
und an der Peripherie die Männer.

Die eigens zum Zwecke der Leichenverzehrung angestellten
Geier führen ein beschauliches Dasein und hocken in großen
Scharen auf den Umwallungen der Türme und in den um=
stehenden Bäumen, vom Mahle ausruhend oder neuer Leichen
harrend.

Die Hindus verbrennen bekanntlich ihre Toten und streuen die übrigbleibende Asche ins Meer, falls eines in der Nähe, oder in einen Fluß. Ihr Verbrennungshof liegt direkt an der großen Promenade nach Malabarhills. Das Verbrennen eines vornehmen Hindus kostet oft unglaubliche Summen, die für Sandelholz und wohlriechende Essenzen, die man ins Feuer schüttet, verausgabt werden.

Ebenso stattlich wie das europäische Viertel, so originell ist die sogenannte Nativetown. Auch hier finden wir einige schöne breite Straßen und selbst in den Nebengassen für orientalische Zustände verhältnismäßige Sauberkeit. Das ge= schäftige, bunte Leben und Treiben in den Straßen und Bazars orientalischer Städte übt auf mich stets einen unwidersteh= lichen Reiz aus, und nie werde ich müde, mich hier hinein= zustürzen ins volle Menschenleben; denn wahrlich, wo man's packt, da ist's interessant.

Weder der nach europäischem Muster eingerichteten Markt= halle, noch der Nativetown habe ich versäumt tägliche Besuche abzustatten, wobei es mir einmal passierte, daß ich einen Hindutempel, vor dem ein Ausrufer, wie bei uns auf Jahr= märkten, bedruckte Zettel verteilte und in dessen Innern ich einige Glasschränke mit lebensgroßen Figuren sah, für ein Panoptikum hielt, die Treppen hinanstieg und erst an der Schwelle des Lokals angelangt, durch das Geschrei des Publikums auf meinen Irrtum aufmerksam gemacht wurde.

Bombay ist von einem Ende zum anderen von Pferde= bahnen durchzogen und mit den Vorstädten durch solche ver= bunden. Das Unternehmen, welches jetzt eine erfreulich hohe Dividende giebt, wäre anfangs fast an dem Kastengeist der Hindus gescheitert; denn die Mitglieder höherer Kasten wollten nicht mit denen niederer in einem Wagen fahren,

und die einzelnen Kasten verlangten die Einstellung besonderer
Wagen, die nur von ihnen benutzt werden sollten.

Die Pferdebahndirektion ließ sich darauf aber nicht ein,
und heute sitzen Priester und Wasserträger, Brahmine, Parsi
und Mohamedaner einträchtig neben einander.

Mit einem näheren Eingehen auf die unzähligen indischen
Kasten würde ich des Lesers Geduld auch dann nicht auf die
Probe stellen, wenn ich es könnte. Aber ich kann es nicht, denn
wo immer ich versucht habe, mich über diese Angelegenheit
eingehend zu unterrichten, stieß ich entweder auf Unkenntnis
oder auf so dickleibige Folianten, daß mir das Leben zu
kurz schien, sie durchzulesen. Ich weiß nur soviel, daß es
vier Hauptkasten giebt, nämlich die Priester-, Krieger-,
Schreiber- und Kaufmannskaste. Nebenbei bildet nun aber
noch jedes Handwerk wieder seine besondere Kaste und im
allgemeinen gilt die Regel, daß sich niemand zu einer höheren
Kaste aufschwingen kann. Der Sohn des Wasserträgers
wird wieder Wasserträger, der Sohn des Schusters wieder
Schuster, so daß an ein Karrieremachen nicht zu denken ist.

Da, wo die Eingeborenen sich dazu entschließen, ihre
Söhne in die englischen Schulen zu schicken, kann wohl der
Schneidersohn, nachdem er Lesen und Schreiben gelernt hat,
von den englischen Behörden oder in europäischen Geschäften
als Schreiber angestellt werden, er gehört aber deshalb keineswegs zur Schreiberkaste, und ein Mitglied der letzteren würde
sich nie dazu herablassen, zum Beispiel sein Mahl mit ihm
gemeinsam einzunehmen. Die einzelnen Mitglieder tragen
den Stempel ihrer Kaste an der Stirn in Gestalt von runden,
verschiedenfarbigen Flecken oder Strichen und gewellten
Linien. Auch an der Form, Farbe und Größe des Turbans
kann ein Eingeweihter sie unterscheiden.

Den Hauptindustriezweig Bombays bildet die Baum-
wollspinnerei und die Herstellung baumwollener Zeuge;
Bombay ist das Manchester Indiens und zählt nahe an
100 sogen. „cotton mills", so nennt der Engländer die
Spinnereien und Webereien. Eine solche, einem Parsi gehörige Fabrik, die 3500 Arbeiter beschäftigt, lernte ich durch
Vermittelung des Herrn Heinrichs, Teilhaber der bekannten
großen Bremer Firma Glade & Co. kennen und zwar —
die Leute treiben alle eine ganz überflüssige Geheimnis-
krämerei mit ihren Fabriken und lassen keinen „Verständigen"
hinein — unter der Maske eines Feuerversicherungsagenten.

Ich mußte nach meinem Eintritt in die umfangreichen
Fabrikanlagen erst alle Leiden eines solchen durchkosten, d. h.
ich wurde etwa eine Stunde lang von einem Hydranten
zum andern gezerrt, mußte mit ernster Miene mich von der
Vorzüglichkeit der Schläuche, der Unübertrefflichkeit der Feuer-
spritzen u. s. w. überzeugen, überall, wohin ich kam, floß
das Wasser in Strömen und schließlich auch der Schweiß
von meiner Stirn. Ich erklärte endlich, wenn man bei mir
versicherte, würde ich noch nie dagewesene günstige Bedingungen stellen, hoffte auf gütige Berücksichtigung der von
mir vertretenen Gesellschaft rechnen und mir jetzt zur Erholung ein wenig den Fabrikbetrieb ansehen zu dürfen. Das
Allerheiligste wurde mir nunmehr geöffnet, und ich sah eine
Fabrik — wie andere mehr. Auch hier wurde mit Wasser
gekocht und durch Dampf getrieben, derselbe Lärm wie in
anderen Spinnereien daheim, nur waren die Menschen braun-
häutig, nackt und schön, während sie zu Hause blaßgrau,
angezogen und häßlich sind. Zweierlei nur fiel mir auf:
erstens daß Schwung- und Zahnräder nicht verkleidet waren,
wie das bei uns bis zu einer Höhe, wo Menschen gefährdet

sind, Polizeivorschrift ist, und zweitens die Beschäftigung von Kindern. Es ist zwar Gesetz in Indien, daß solche unter 14 Jahren nicht in Fabriken verwendet werden dürfen, aber ich habe Kinder gesehen, die ich auf höchstens 10 Jahre schätze. Sie versehen ihren Posten ebenso gut wie Erwachsene und erhalten an Lohn 7—8 Rup (je 1 Mark 60 Pf.) den Monat.

Meinen oberflächlichen Bericht über die Sehenswürdigkeiten Bombays kann ich unmöglich schließen, ohne mit wenigen Worten eines höchst eigenartigen Instituts zu gedenken, des Tierhospitals bezw. Asyls, in dem alle möglichen kranken Haustiere derjenigen indischen Kasten, deren Religion das Töten von Tieren verbietet, teils zur tierärztlichen Behandlung, meist aber zur Verpflegung bis an ihr Lebensende untergebracht werden. Behandlung resp. Verpflegung geschieht für die leidenden Tiere ärmerer Leute unentgeltlich.

Daß die ganze Sache mir einen erfreulichen Eindruck gemacht habe, könnte ich nicht behaupten. Vor allen Dingen vermisse ich die für ein solches Institut, gerade in den Tropen, durchaus gebotene Sauberkeit, und Leuten mit empfindlichen Geruchsnerven rate ich, von einem Besuch des Pingrah Pol (dies ist der indische Name des Hospitals) Abstand zu nehmen. Jede Tiergattung ist in einem gesonderten Raum untergebracht, Rinder, Pferde, Hunde, Schafe, Ziegen, Enten, Hühner, ja sogar leidende Affen und Papageien. Fast in jeder Abteilung finden wir Tiere, welche in den letzten Zügen liegen oder so schwer verwundet sind, daß es eine Wohlthat für sie wäre, ihrem Leiden ein Ende zu machen. Die Anstalt war stark besucht von Leuten, die sich nach dem Befinden ihrer erkrankten Angehörigen zu erkundigen schienen. Viele brachten eine Handvoll Gras oder sonstiges Futter

2*

mit, wie man etwa bei uns leidenden Freunden Blumen
ans Krankenbett zu bringen pflegt.

Den widerwärtigsten Anblick bot nach meinem Geschmack
die Abteilung kranker Katzen. In einem Käfig hausten
etwa dreißig elendiglich abgemagerte, verkommene, räudige
Mitglieder dieser Tiergattung zusammen, teils obendrein
noch verkrüppelt oder verstümmelt, ein jammervolles Dasein
führend.

· Ich glaube, jeder Europäer hat an einem einmaligen
Besuch des Pingrah Pol vollauf genug für alle Zeiten.

In keiner größeren Stadt eines mir fremden Landes
versäume ich, die Gefängnisse einer näheren Besichtigung zu
unterziehen. Gefängnisse in den Tropen machen bei weitem
nicht den düstern, unheimlichen Eindruck unserer europäischen
Zucht= und Korrektionshäuser. Fast alle Arbeit wird im
Freien oder in weiten offenen Hallen verrichtet, die Leute
schlafen, falls sie nicht zu Einzelhaft verurteilt sind, in großen,
mit Eisenstangen versicherten Sälen, nahezu wie in freier Luft.

Bombay hat zwei Gefängnisse, eines in der Stadt,
welches als Untersuchungsgefängnis dient, ein zweites in
dem Vororte Byculla für nicht schwere Verbrecher. Solche,
die zu lebenslänglicher Freiheitsentziehung verurteilt sind,
werden nach dem neuerbauten großen Zentralgefängnis in
Poona, etwa sechs Stunden mit der Eisenbahn von Bombay
entfernt, übergeführt.

Beide Gefängnisse in Bombay sind alt. Interessantes
bietet besonders das Byculla=Jail, welches jetzt durch einen
auf zwei Millionen Mark veranschlagten Neubau ersetzt
werden soll.

Außer den Gefangenen sind hier auch obdachlose Euro=
päer untergebracht. Dieselben werden kostenlos verpflegt

und dürfen an bestimmten Tagen sich in der Stadt nach Beschäftigung umsehen. Sie erhalten u. a. täglich Fleisch= nahrung und können sich in einem für sie reservierten Douche= bade nach Belieben erfrischen.

Die Gefangenen, Eingeborene aller Kasten durcheinander, machen in ihren baumwollenen Anzügen, bestehend aus Jacke und Kniehosen, einen recht adretten Eindruck. Sie werden in verschiedener Weise beschäftigt, z. B. mit Flechten von Kokosmatten und Seilen, mit Spinnen, Weben u. s. w. Sämtliche Sträflingsanzüge werden, ebenso wie Handtücher und Schlafdecken, von der Anstalt angefertigt.

Auch an gymnastischen Übungen zur Stärkung der Arm= und Beinmuskeln fehlt es nicht. So hatte während meines Besuches eine Abteilung jüngerer Gefangener eine Stunde lang 30 Pfund schwere eiserne Kugeln vom Boden aufzu= heben, mit gestreckten Armen über ihren Köpfen zu halten und wieder niederzulegen.

Originell ist die Art der Stärkung der Beinmuskeln. Man denke sich ein etwa 30 Fuß langes Mühlrad von gegen 15 Fuß Durchmesser, an der Peripherie mit einem Fuß auseinander liegenden Stufen versehen. 15 Sträflinge haben nun dadurch, daß sie von Sprosse zu Sprosse klettern, dieses Rad in Bewegung zu setzen. Hat das Rad vier Um= drehungen gemacht, so tritt der 15. Mann ab und wird durch einen andern ersetzt, so daß jeder 15 mal 4 Umdrehungen des Rades zu vollenden hat, bevor ihm eine Ruhepause ge= gönnt wird. Zwei solcher Tretmühlen bewegen sich neben= einander, und der Anblick der 30 beständig kletternden Menschen erinnerte mich lebhaft an die auf Jahrmärkten nie fehlenden, in Rädern herumlaufenden weißen Ratten und Meerschweinchen.

Alle Sträflinge waren vorzüglich gehalten und schienen

ihr Los nicht sonderlich hart zu finden. Ihre ausschließlich
vegetabilische Kost wird von Mitgliedern der höchsten jeweilig
im Gefängnisse vertretenen Kaste zubereitet, denn jede niedere
Kaste genießt das Essen der höheren, wohingegen letztere
eher verhungern würde, als von einer geringeren Kaste bereitete Nahrung zu sich zu nehmen.

Während das Bombay-Gefängnis nur Raum für 400
Gefangene bietet, kann das Byculla-Jail zu Poona deren
1200 aufnehmen. Letzteres ist nach dem Radialsystem gebaut,
so daß alle Höfe, Eingänge u. s. w. von einem im Zentrum
belegenen Turm bequem übersehen werden können. Hier
werden die weltberühmten indischen Teppiche geknüpft und
prächtige Webearbeiten angefertigt, auch finden wir Tischlereien,
Wagenbauereien und Schusterwerkstätten.

Ich lernte verschiedene zum Tode durch den Strang verurteilte Verbrecher kennen, auch einen wegen Unterschlagung
mit 1 Jahr Freiheitsentziehung bestraften ehemaligen englischen Regiments-Kommandeur.

Das Hängen erfolgt hier durchaus kunstgerecht im Vergleich mit der Ausübung dieses Geschäfts in Ostafrika, wo
brevi manu, „ohne jeglichem Apparate", wie der selige Bella-
chini zu sagen pflegte, gearbeitet wurde. Der Delinquent
steigt, nachdem ihm der Strick um den Hals gelegt worden
ist, einige Stufen hinauf auf eine Plattform. Sobald er
dieselbe betritt, verschwindet der Boden ihm unter den Füßen,
und er stürzt gegen 12 Fuß tief hinab in eine gemauerte
Grube, so daß dem etwa zuschauenden Publikum der ab-
scheuliche Anblick der zuweilen noch minutenlang andauernden
Zuckungen des Gehängten erspart bleibt.

Interessant waren mir verschiedene wegen hervorragender
Anteilnahme an dem letzten Aufstande in Burma verurteilte

Kinder dieſes Landes, die ſich durch kunſtvolle, von den
Hüften bis zu den Knieen reichende Tätowierungen aus=
zeichnen.

Am 14. Juli abends, nachdem ich mich von all meinen
liebenswürdigen deutſchen und engliſchen Freunden verabſchiedet
und mein großes Gepäck als Frachtgut expediert hatte, be=
gab ich mich auf den Bahnhof, um meine Reiſe nach Norden
anzutreten. Der mir ſchon von meinem erſten Aufenthalt
in Bombay befreundete Polizeipräſident Col. Wilſon hatte
die Freundlichkeit gehabt, einen ſeiner Beamten zu meiner
Verfügung zu ſtellen, der dafür zu ſorgen hatte, daß mir
jegliche Schererei wegen meines ſogen. kleinen (aber immer=
hin noch recht umfangreichen) Gepäcks erſpart und ein ganzes
Coupé zu meiner Verfügung geſtellt wurde. Dieſe meine
Verladung von Polizei wegen verſchaffte mir von vornherein
ein gewiſſes Anſehen; denn ich erfreute mich fortan auf
jeder Station der größten Fürſorge von Seiten aller Beamten.

Ich habe in Europa lange Eiſenbahnfahrten ſtets als
eine Strapaze empfunden. Anders hier in Indien, und die
Erfahrungen, welche ich bisher auf den verſchiedenen in=
diſchen Bahnen gemacht, ſind äußerſt günſtige. Außerdem
ſind die Fahrpreiſe viel geringer als irgendwo daheim.
Mein Billet 1. Klaſſe von Bombay nach Rawalpindi, das
ſind 375 deutſche Meilen, koſtete 89 Rup. Zweiter Klaſſe
hätte ich für 44 Rup. und dritter ſogar für 12 Rup. fahren
können.

Sämtliche Coupés erſter Klaſſe, die ich kennen gelernt
habe, waren bequem und geräumig. Jedes enthält vier
nachts als Bettſtellen dienende, an den Längsſeiten ange=
brachte, lederbezogene Polſterſitze, von denen die zwei über
den unteren gelegenen tagsüber in die Höhe geklappt werden.

Ein von mir ausgemessenes Coupé der North = Western
Railway ergab folgende Dimensionen:

Breite . . . . 2 Mtr. 50 Ztm.
Länge . . . . 2 „ 20 „
Tiefe der Sitze je 70 „

so daß zwischen den beiden Sitzen ein Raum von 110 Zenti=
metern blieb. Außer Jalousieen und weißen Glasscheiben
finden wir auch deren blaue bezw. grauschwarze, eine große
Annehmlichkeit für die Augen bei grellem Sonnenlicht. In
manchen Coupés sind außerdem zur Abkühlung der Luft
an den Fensteröffnungen durch Wasser beständig feucht ge=
haltene Matten angebracht. Neben jedem Coupé befindet
sich ein Waschkabinet, in einzelnen Wagen sogar ein Bade=
zimmer. Soweit irgend möglich, werden die Abteilungen
erster Klasse nur mit zwei Personen belegt, so daß man sich
über mangelnde Ellbogenfreiheit nicht beklagen kann. Mit
wenigen Ausnahmen habe ich stets ein Coupé für mich
allein gehabt. Die zweite Klasse ist dadurch, daß zwischen
den beiden Seitensitzen meist noch eine Mittelbank angebracht
ist, und die Sitze schmaler sind, weniger bequem. Auf
einigen Sekundärbahnen freilich ist sie genau wie die erste
Klasse eingerichtet. Die dritte Klasse wird ausschließlich von
Eingeborenen benutzt. Jeder Waggon, der z. B. nur zwei
Coupés erster bezw. zweiter Klasse enthält, weist deren fünf
dritter Klasse auf, jedes Raum für acht Personen bietend.
Wenn der Andrang groß und Wagenmangel vorhanden ist —
dies ist bei Wagen dritter Klasse die Regel und nicht die
Ausnahme — werden über zwölf und mehr Personen hin=
eingestopft. Für einen Europäer würde es eine fürchterliche
Qual sein, bei großer Hitze stunden= ja tagelang so zu=
sammengepfercht zu sein. Für Wasser ist auf jeder Station

reichlich gesorgt, und dasselbe wird unentgeltlich für die Mohamedaner aus Ziegenschläuchen, für die Hindus aus Messinggefäßen geschenkt.

Sämtliche Schnellzüge führen geeiste Getränke mit sich, die während der Fahrt zu folgenden geringen Preisen verabfolgt werden: geeistes Sodawasser 15 Pfennige, Limonade 20 Pfennige, Wasser 7½ Pfennig, 1 Kilo Eis 20 Pfennige.

Da die Coupés nicht mit Heizvorrichtungen versehen zu sein brauchen, so ist unter den Sitzen noch ausreichend Raum für Unterbringung von Handgepäck vorhanden. Was aber hier zu Lande unter „Handgepäck" verstanden und mit in die Coupés genommen wird, das spottet jeder Beschreibung. Ich selber führte außer sechs Koffern und einem Kochapparat noch Frühstückskorb und Bettsack mit, aber ich war ein Waisenknabe im Vergleich zu anderen Reisenden, die zuweilen ihren ganzen Hausrat bei sich hatten und denselben, nachdem der Raum unter den Bänken ausgefüllt war, zwischen diesen auftürmten. Es wunderte mich nur, daß sie nicht auch Klaviere mit ins Coupé brachten.

Um 9 Uhr 40 Minuten abends hatte mein Zug Bombay verlassen und ich dank einer wunderbar kühlen Brise prächtig geschlafen. Als ich erwachte, war es bereits 8½ Uhr, und kurz darauf hielten wir in der Hauptstadt Gujerats, Ahmedabad, wo ich, um nach Jeypur zu gelangen, einen anderen Zug zu besteigen hatte. Auf dem Bahnhofe herrschte, wie überall im Orient, kolossaler Trubel, der durch das Geschrei der ihre Waren anpreisenden Wasserträger, Obst-, Kuchen-, Milch- und Zeitungsverkäufer noch wesentlich erhöht wurde. Ich bemerke hier, daß die Zeitungen in Indien unverhältnismäßig teuer sind, nämlich fast alle das Stück 40 Pfennige kosten.

Neu war mir der indische „Bahnhofs=Figaro", der auf
größeren Bahnhöfen in Scharen auftritt und jeden Reisenden
an sein Messer liefern möchte. Man läßt sich ganz ungeniert
im Coupé oder auf dem Perron von ihm behandeln und
lohnt seine Mühe mit zwanzig Pfennigen.

Hätte ich die vortrefflich geschriebenen Reiseskizzen des
Professors Garbe in Königsberg, die ich jedem nach Indien
reisenden Deutschen empfehle, vorher gelesen, ich würde
Ahmedabad nicht, wie ich es leider gethan, links haben liegen
lassen, sondern mich in die Schönheit seiner alten Bauwerke
vertieft haben. So kann ich leider über diese 1817 von den
Engländern in Besitz genommene, jetzt etwa 120000 Ein=
wohner zählende ehemalige Königsstadt aus eigener An=
schauung nichts berichten.

Meine Losung lautete „Jeypur", und um 9 Uhr 45
Minuten setzte sich der Zug in Bewegung, der mich dem
vorläufigen Ziel meiner Wünsche entgegenführen sollte.

Jeypur. Agra. Alwar.

Da ich von jetzt ab fast ausschließlich mit Engländern zu
thun haben werde, scheint es mir angebracht, einige
Worte über mein Verhältnis zu denselben und mein Ver=
halten ihnen gegenüber zu verlieren.

Der Engländer im allgemeinen und der vornehme Eng=
länder im besonderen ist gegen den in seinem Lande ver=
kehrenden Fremden von großer Liebenswürdigkeit, und trotz=
dem er eigentlich dem „Foreigner" nicht sonderlich gewogen
ist, so hat er sich doch zum Grundsatz gemacht: „Edel sei
der Mensch, hilfreich und gut gegen jeden Reisenden." Der
vornehme Engländer, der höhere Beamte ist in der That
von einer Hilfsbereitschaft, Gastfreiheit und Liebenswürdig=
keit, von der man sich bei uns im Lande der zugeknöpften
Gehrockshöflichkeit überhaupt gar keinen Begriff macht. Durch
gütige Vermittelung unseres Botschafters in London, des
Grafen Hatzfeld, war ich vom British Foreign Office in
Kalkutta mit Empfehlungsbriefen an die Chief Commissioners,

Gouverneure und Residenten der verschiedenen von mir zu
durchreisenden Provinzen und Länder versehen worden,
außerdem verfügte ich über eine Menge privater Schreiben
an Offiziere, Beamte u. s. w. Wohin ich immer mit einem
dieser Briefe gekommen bin, wurde ich mit einer Zuvor-
kommenheit und Gastlichkeit aufgenommen, die ich mir nie
hatte träumen lassen und auf die ich noch häufig im Laufe
meiner Berichte zurückzukommen Gelegenheit finden werde.
Weniger häufig werde ich des englischen Rüpels — und
diese Spezies findet sich wie in jedem Lande, so auch in
Indien — zu erwähnen genötigt sein.

Mit Rüpeln umzugehen ist weder leicht noch angenehm.
Ich will dem Leser verraten, wie ich mit dem englischen,
der nur mit roher Gewalt zu behandeln ist, fertig wurde.
Ich komme z. B. in ein Eisenbahncoupé. Auf dem einen
Längspolster liegt ein Engländer, auf dem andern sein Hausrat, neben seinen teils geöffneten Koffern, seinen Anzügen,
seiner Wäsche u. s. w. Der Mann thut, als sähe er mich
nicht und macht absolut keine Anstalten, mir Raum zu
schaffen. Ich setze ihm nun den ersten besten Koffer auf
den Bauch, worauf er mit einem „Goddam" auffährt und
ich mit einem erstaunten „Oh" antworte. Dann ersuche ich
ihn, seine sämtlichen Sachen von meinem Sitze zu entfernen
und die eine Hälfte des Coupés für mich zu räumen. Mit
unterdrücktem „damned foreigner" geschieht dies; ich in-
stalliere mich und werde liebenswürdig, d. h. der nunmehr
„gezähmte Engländer" bietet mir eine Tasse Thee, seine
Zeitung oder etwas Eis an, und ich bin so gnädig, dasselbe
anzunehmen. Seine nächste Frage ist dann: „What do you
think about the Anglo-German agreement?" und ich setze
ihm des längeren auseinander, daß selbstverständlich England

von Deutschland übers Ohr gehauen worden sei. Wenn wir uns trennen, sind wir die besten Freunde, und ich bin sicherlich eingeladen, meinen Reisegenossen zu besuchen, bezw. hat er mir Empfehlungsschreiben an diese oder jene einfluß= reiche Persönlichkeit mitgegeben.

Einmal passierte es mir, daß sich ein Engländer, um seine Nachttoilette zu machen, auf meine Beine setzte. Ich legte ihm dieselben kaltlächelnd auf den Schoß, worauf er sich erhob, um Entschuldigung bat und mir eine Zigarette anbot. Das ist die Art, mit Briten umzugehn.

In Deutschland bemüht man sich nach Kräften, selbst die guten englischen Sitten und Gebräuche ins lächerliche zu ziehen, anstatt sich dieselben anzueignen. Man kann ja von Auswüchsen, die sich überall in der Welt finden, Ab= stand nehmen, im allgemeinen muß jeder vorurteilsfreie Mensch, welchem Volk er immer angehöre, zugeben, daß in keinem Lande die Umgangsformen sich in so festen Grenzen und Bahnen bewegen, wie in England. Wer einmal die englische Art kennt, der wird nie und nirgend Verstöße machen, auch nie und nirgend — und das ist allein schon eine große Annehmlichkeit — in Verlegenheit sein, in welchem Anzuge er hier oder dort zu erscheinen hat.

Der Engländer macht es sich tagsüber so bequem wie möglich. Das Dinner allerdings ist eine Haupt= und Staats= aktion, bei der man selbst im engsten Familienkreise im Frack, wenn man ein Mann ist, im Gesellschaftsanzug, wenn man dem schönen Geschlecht angehört, zu erscheinen hat.

Bisher bin ich stets ausgezeichnet mit den Söhnen Albions fertig geworden und hoffe, das wird auch fernerhin so bleiben.

Die Landschaft, welche ich von Ahmedabad bis Abu=

Road, d. h. von 9 Uhr 45 Min. vormittags bis 4 Uhr
nachmittags zu durchfahren hatte, entsprach weit mehr dem
Bilde, welches mir von der Provinz Sachsen in Erinnerung
geblieben war als demjenigen, welches ich mir von dem
up country Indiens gemacht hatte. Wahrlich, wäre nicht
ab und zu eine Dattelpalme oder eine Kaktushecke aufge=
taucht, man hätte, dem ganzen übrigen Baumwuchs nach,
glauben können, sich in Norddeutschland zu befinden. Die
bis auf das notwendigste dekolletierten Menschen, die wider=
wärtigen Wasserbüffel, rotköpfige, prächtige, graue Kraniche
und zahllos sich in der Nähe des Bahngeleises herum=
tummelnde Affen boten indessen genugsam Gewähr dafür,
daß Magdeburg keine der nächstgelegenen Bahnstationen war.

Wer, wie ich, sechs Jahre lang den minderwertigen
Genuß gehabt hat, hinterpommerscher Großgrundbesitzer zu
sein, dem wird auch heute nach vier Jahren das ewige
Klagelied über die indische Weizenkonkurrenz in den Ohren
summen, und mit Recht, denn so mancher brave Landmann
daheim ist ruiniert worden durch die beispiellos billige Ein=
fuhr indischen Weizens. Kein Wunder, daß es mich als
alten Agrarier interessierte, die Produktion an der Quelle
kennen zu lernen.

Wie wahrscheinlich die meisten meiner Leser, so hatte
auch ich mir vorgestellt, der Weizenbau würde in Indien im
großen Stil, von Latifundienbesitzern mit Dampfpflug u. s. w.
betrieben. Ueberrascht war ich daher, zu hören, daß der
kleine Pächter, der sein Land auf 30 Jahre, sei es von der
britischen Regierung oder von dem betreffenden Maharadja,
das ist der Name der selbständigen, das Prädikat „Highness"
führenden Fürsten, gepachtet hat, der eigentliche Weizen=
bauer sei.

Im großen und ganzen steckt die Landwirtschaft hier noch sehr in den Kinderschuhen, und der eiserne Schwung= pflug ist eine unbekannte Erfindung. Soweit ich beobachtete, wurde der Boden ausnahmslos mit der hölzernen Hacke, wie wir sie zum Kartoffelpflügen benutzen, bearbeitet und nachher mit einer hölzernen Schleife geglättet. Nicht selten wurde übers Kreuz gehackt, d. h. eine zweite Furche im rechten Winkel zur ersten angesetzt. Als Zugmaterial für Pflüge u. s. w. habe ich nirgends Pferde, dagegen meistens Buckelochsen, seltener Kamele oder Wasserbüffel gesehen. Letztere werden mehr als Milchvieh gehalten und sollen als Zugvieh nicht sehr ausdauernd sein. Große Herden schwarzer Ziegen mit Schlappohren und gerolltem buschigem Schwanz sah ich längs der Bahn weiden, auch brachte ab und zu ein Rudel Antilopen (Antilope cervicapra) Leben in die Landschaft.

Auf der Station Rana machte ich zum ersten Male mit den indischen Gerichten, das heißt denen des Speisezettels, Bekanntschaft. Der Bahnhofsrestaurateur machte es hier mit der Speisekarte, wie Kaiser Caligula, seligen Ange= denkens, mit seinen Gesetzen, die bekanntlich so undeutlich geschrieben waren, daß kein Mensch sie lesen konnte und somit jeder nachher den Gerichten verfiel ... So ging es auch mir; ich saß vor meinem Gericht und wurde, ohne zu meinem Recht zu kommen, in die Kosten verurteilt, die in diesem Falle, wie ich aus meinem Tagebuche ersehe, der Reichsmark 4 plus 80 Pf. betrugen. „Stockfinster war die Nacht, kein Mond, kein Sternlein schien," kurz, ganz wie in Gasparone, und ich kann daher nur vom erwachenden Morgen berichten, der mich um 6 Uhr 20 Minuten in Jeypur ebenso lachend begrüßte, wie ich ihn. In einer

klapprigen Droschke fuhr ich nach dem freundlich gelegenen
Kaisar i Hind=Hotel, welches mich nach allem, was ich von
einheimischen Gasthäusern gehört, durch sein sauberes Aus=
sehen und seine geräumigen Fremdenzimmer derartig über=
raschte, daß ich vor Freude den Leuten, welche meinen Koffer
von der Bahn gebracht, 40 Pf. Trinkgeld gab, anstatt der
üblichen 20. Ich glaube, ich hätte es, trotzdem sich nachher
die Verpflegung als mangelhaft herausstellte, länger als
drei Tage hier ausgehalten, hätten mich die Fliegen nicht
geradezu in die Flucht getrieben. So etwas habe ich noch
nicht erlebt. Wo ich lag, stand, ging oder fuhr, waren zwei
Knaben bemüht, mit Pferdeschwänzen diese lästigen Plage=
geister von mir fern zu halten! Umsonst. Ich hatte erst
Ruhe, als die Nacht hereingebrochen war. Fast alle Tiere
haben, wohl dadurch, daß sie seit Jahrtausenden von ihren
größten Feinden, den Menschen geschont werden, ein bei
uns ungekanntes Zutrauen. So sieht man alles mögliche
Wild in nächster Nähe der Bahn und menschlicher Woh=
nungen sich tummeln oder äsen, Affen ihre lustigen Sprünge
machen, Hunderte von Pfauen zum Ergötzen des vorüber=
sausenden Fremdlings ihre Räder schlagen, während zwit=
schernde grüne Papageien, wie bei uns die Schwalben, auf
den Telegraphendrähten hocken. Einmal gesellte sich im
Laufe der Fahrt ein kleiner Vogel zu mir und leistete mir
eine Viertelstunde lang Gesellschaft im Coupé. Es giebt
eine Sekte in Indien, die „Jains“, welche die Schonung
des Tierlebens so weit treibt, daß ihre Mitglieder, um nicht
etwa eine Mücke oder irgend ein anderes Insekt einzuatmen,
Mund und Nase mit einem feinen Tuch verbinden. An Bord
des Dampfers, der mich von Sansibar nach Indien brachte,
hatte ich nur zu oft Gelegenheit gehabt, zu beobachten, daß

selbst die — verzeihen Sie das harte Wort — Laus, nach=
dem sie von hilfsbereiten Mitmenschen aus ihrem Wirkungs=
kreise entfernt war, dem sie in anderen Ländern mitleidslos
ereilenden Schicksal entging und nicht mit einem hörbaren
Ruck ins Jenseits befördert, sondern mit rücksichtsvollster
Zärtlichkeit auf das Deck unseres Dampfers gesetzt wurde.

Nachdem ich mich in meinem Gasthof der nach einer
33stündigen Bahnfahrt notwendigen Säuberung und Stär=
kung unterzogen hatte, ließ ich mich in die etwa zwei Kilo=
meter entfernte Stadt fahren. Der Weg dahin führte durch
wunderbar gehaltene breite Alleen, vorüber an dem „Albert
Hall" genannten Museum, einem in indischem Stil erbauten
eleganten, von ausgedehntem Park (dessen Anlage allein
600 000 Mark gekostet haben soll) umgebenen Gebäude. Im
Portal desselben finden wir an den Wänden die überlebens=
großen Bildnisse der Maharadjas von Jeypur, zurückreichend
bis in den Anfang des sechszehnten Jahrhunderts. Daß der
Leiter des Museums ein Deutscher ist, erkennt man schon
beim Betreten der weiten Räume, welche die wertvollen
Sammlungen indischer Kunstgegenstände, Landesprodukte und
einen Teil der indischen Fauna, namentlich alle möglichen
Reptilien enthält.

Hatte mich schon das Vorhandensein eines Museums
in einem von mir für unzivilisiert gehaltenen Lande über=
rascht, so war dies noch mehr der Fall durch den zahlreichen
Besuch, den die „Natives" diesem Institut abstatten.

Auch mein Rosselenker ließ sich diesen Genuß nicht ent=
gehen, sobald er seine Pferde deren Dienern, die auf dem
Wagen hinten aufhockend mit uns gefahren waren, wie es
hier des Landes Sitte und Brauch ist, übergeben hatte.

Hat einer der Leser schon einmal einen Berliner

Droschkenkutscher, selbst auch nur erster Güte, im Museum
gesehen? Ich bezweifle es. Hier aber machte mein Kutscher
geradezu die Honneurs. In allen Sälen sah man staunende
bezw. disputierende, anscheinend vom Lande in die Stadt
gekommene Eingeborene, und vor einem Glasschranke fand
ich sogar einen gelbbeturbanten Jüngling damit beschäftigt,
einen herrlichen alten Silberschmuck abzuzeichnen.

Im Park nahm ich noch die Menagerie, die ebenso gut
gehalten ist, wie alles übrige, in Augenschein. Schönere
Königstiger als hier habe ich bisher in keinem zoologischen
Garten gesehen, auch der indische Löwe, der nicht „gelb und
großmütig" wie sein afrikanischer Vetter, sondern grau ist
und nicht die stolze Mähne des letzteren aufzuweisen hat, ist
in gewaltigen Exemplaren vertreten. Alle denkbaren Wildarten Nordindiens sind in weitläufigen Gehegen wie in unseren
zoologischen Gärten untergebracht. Zwei der Raubtierwärter
waren einarmig, und zwar hatten sie dies ihren Spielereien
mit den Tigern zu verdanken. Trotz dieser übelen Erfahrungen suchten sie, nur um ein kleines Trinkgeld zu verdienen, ihre Tapferkeit dadurch zu beweisen, daß sie die
ohnehin schon gereizten Bestien an den empfindlichsten Stellen
kitzelten.

Zehn Minuten später rollte mein Wagen durch ein großes
buntbemaltes Thor aus rotem Sandstein hinein in die Stadt,
von der ich so manches gelesen und gehört hatte. Meine
Erwartungen waren durch die mir zu Gesicht oder zu Gehör
gekommenen Schilderungen auf das höchste gespannt, und
dennoch wurden sie durch das sich jetzt vor meinen Augen auf-
rollende Bild übertroffen. Man denke sich eine Straße, in
der Breite der Linden in Berlin, ebenso sauber gehalten,
wenn auch nicht asphaltiert, und zu beiden Seiten ein-

gefaßt von meist zweistöckigen Häusern aus hellrotem Sand=
stein mit weißen Marmorgesimsen oder mit Kalk abgeputzt
und rosa und weiß angestrichen. In den unteren Räumen
hocken Händler, ihre Waren feilbietend, oder Handwerker
aller Art sind in ihrem Berufe thätig. Inder, meist in blen=
dend weißem Hemde mit Turbanen in allen Farben (auch
hier ist rosa vorherrschend) drängen sich auf den Bürger=
steigen, während es auf dem Fahrdamm von beladenen Kame=
len, Elefanten, Maultieren, Eseln und Gefährten aller Art
wimmelt. Alles scheint in dieser Stadt „couleur de rose" zu
sein, und man muß annehmen, daß glückliche Bewohner in
ihren Mauern leben. Schönere Menschen als hier habe ich
in Indien nicht gefunden. Jeypur, der Sitz des Maha=
radjas des gleichnamigen Staates, zählt gegen 150000 Ein=
wohner und ist eine Stadt neueren Datums, gegründet in
der ersten Hälfte des vorigen Jahrhunderts von einem Vor=
fahren des jetzigen Fürsten. Bis dahin war Amber, heute
ein verlassener Ort, die Hauptstadt des Fürstentums. Der
jetzige Maharadja, der, nebenbei bemerkt, gegen 300 Frauen
sein eigen nennt, ist von englischen Lehrern erzogen worden,
ein englischer Resident unterstützt ihn bei seinen Regierungs=
geschäften und veranlaßt ihn, alles das zu thun, was er als
im britischen Interesse geboten erachtet. In dieser Weise
verfährt das britische Gouvernement in den meisten der so=
genannten „selbständigen Staaten" Indiens. Man läßt den
Fürsten ihre Freiheit, so lange sie thun, was man englischer=
seits für gut oder unschädlich hält, sie halten ihre eigenen
Soldaten (z. B. der Maharadja von Jeypur deren 12000
Mann), die unter Aufsicht britischer Offiziere stehen und die
im Kriegsfalle zur Verfügung der englischen Regierung ge=
stellt werden müssen. Thut einmal einer dieser von einem

3*

Residenten unterstützten „selbständigen Fürsten" nicht, was er soll, so wird er kurzer Hand unter Vormundschaft gestellt.

Es läßt sich nicht leugnen, daß die englischen Residenten in den verschiedenen Staate unendlich viel Gutes gestiftet haben, namentlich auch durch die ihrerseits den betreffenden Fürsten aufgenötigten europäischen Ingenieure, die vielfach für Straßen, Wasserleitungen u. s. w. gesorgt haben, wie man sie selbst in Europa selten besser findet. Der Vater des jetzt regierenden Maharadja von Jeypur, dem die Stadt zahlreiche gemeinnützige Anlagen und prächtige Bauten verdankt, hat sich sogar dazu aufgeschwungen, die ganze Stadt einschließlich der Parkanlagen mit einer Gasbeleuchtung zu versehen, und zwar sieht man die von einem radschlagenden Pfau gekrönten Laternen nicht nur in den Straßen, sondern im Palaste des Fürsten, auf den Balkonen jedes Stockwerks, ja selbst hoch oben auf dem flachen Dach desselben. Dieser Palast, ein modernes Bauwerk, welches mich etwas an die Spielbank in Monte Carlo erinnerte, liegt inmitten der mit Hunderten von Springbrunnen versehenen Anlagen des sogen. alten Palastes, den zu besuchen sich gewiß schon allein der Audienz= halle wegen der Mühe lohnt. In den Ställen desselben be= finden sich über dreihundert Pferde, meist indischer Zucht, aber auch Araber und Engländer vom kleinsten Pony bis zum unförmlich schweren Clydesdale=Hengst. Die Tiere ge= nießen eine vortreffliche Pflege, haben aber ungenügende Bewegung und sind sämtlich fett wie Mastschweine.

Als eine Hauptsehenswürdigkeit der übrigens ganz nach dem Muster Turins, d. h. mit im rechten Winkel ineinander laufenden Straßen gebauten Stadt wird der sogenannte Windpalast (hawa mahal) bezeichnet, dessen Straßenfront aus unzähligen aufeinandergetürmten und neben einander ge=

klebten Erkerchen besteht. Ich kann diesem barocken Bau=
werk keinen Geschmack abgewinnen und mich des Gedankens
nicht erwehren, daß irgend ein nach Indien verschlagener
europäischer Zuckerbäcker sich hier als Architekt versucht hat.
In einer Kunstgewerbeschule, an deren Eingang ich die Ehre
hatte, zwei alte Bekannte, nämlich die Venus von Milo
und diejenige von Medici, zu begrüßen, werden junge Leute
in der Fabrikation von Vasen, in der Bildhauerei, den ver=
schiedensten indischen Metallarbeiten, Gravierungen u. s. w.
ausgebildet.

Als ich dieses Institut verließ, hatten wir Spätnachmittag,
ein wolkenloser, tiefblauer Himmel wölbte sich über der rosa=
farbenen, im Nordwesten von mächtigen grauen Felsmassen
und dem sogenannten Tigerfort beherrschten Stadt, in der
unausgesetzt Menschenmassen auf= und abwogten, während
Affen auf den Hausdächern ihr Wesen trieben und graue
Tauben zu Tausenden vor meinem Gefährt aufflogen. Es
war geradezu märchenhaft, und ich kam mir vor, wie in eine
andere Welt versetzt. Überall Licht und Leben, Glanz und
Schönheit, Friede und Eintracht, ich konnte mich gar nicht
satt sehen und wäre sicherlich bis zum Dunkelwerden in den
Straßen dieser Zauberstadt herumgefahren, hätte der mich
begleitende Sohn meines Gastwirts mir nicht geraten, dem
Strome der Menschenmassen nach einem an der Agra=
Chaussee gelegenen Vororte zu folgen. In diesem wurde heute
ein alljährlich während der Regenzeit sich wiederholendes
Hindufest begangen, zu dem jetzt in den kühlen Nachmittags=
stunden jung und alt, vornehm und gering pilgerte, ritt,
fuhr oder in Sänften getragen wurde. Weiber niederen
Standes, behangen mit allem Schmuck, den sie hatten auftreiben
können, zogen singend scharenweise des Weges. Männer,

ebenfalls im Staatsgewande, vielfach Ketten von aneinander=
gereihten Jasminblüten um den Hals tragend, hockten zu
dreien und vieren auf Kamelen oder gewaltigen Elefanten
und suchten diese mit Geschrei durch die Menschenmassen
durchzubrängen.

Nach halbstündiger Fahrt hatten wir den eigentlichen Fest=
platz erreicht. Hier befanden sich zu beiden Seiten der Land=
straße mehrere den Hindus heilige, gemauerte, wassergefüllte
Bassins, in denen die männlichen Festteilnehmer zu Hunderten
herumschwammen, bis sie durch Neuankommende vertrieben
wurden. Die Bassins waren rings von Bäumen umgeben,
in deren Äste dutzendweise nackte braune Gestalten hockten,
um, sobald sie unten Raum genug erspäht hatten, hinunter
ins Wasser zu springen. Solche geheiligten Wasserbassins
findet man viel in Indien, sie werden von vielen Leuten
täglich, von den meisten nur an Festtagen zu Waschungen
benutzt. Da sie, soweit ich habe konstatieren können, durch
zulaufendes Regenwasser gespeist werden, Abflüsse aber nicht
vorhanden sind, so kann man sich vorstellen, wie das Wasser
dieser Teiche, in denen vielleicht schon seit Jahrhunderten ge=
badet wird, aussehen muß, zumal auch die Kleider der
Badenden in demselben Wasser oft einer oberflächlichen
Reinigung unterzogen werden.

Ringsum wimmelte es von sich in der Sonne trocknen=
den Pilgern, an kleinen Tischen wurden Süßigkeiten, Früchte
und Betel feilgeboten, und zum ersten Male sah ich hier die
an der Ostküste Afrikas gefundene Kaurimuschel als kleine
Scheidemünze im Verkehr. Eine Rupie gleich etwa 1 M.
50 Pf. zerfällt in 65 pice (Kupfermünzen), jede pice wieder
in 64 Kaurimuscheln, so daß eine Rupie den Wert von 4160
Muscheln darstellt. Auf den meisten Verkaufstischen sah ich

Spiegel aufgestellt, in welche die Käufer, gewissermaßen als
Zugabe, einen Blick werfen durften. Da sich außer dem
Baden und gegenseitigen Begrüßen nichts weiter zu ereignen
schien, fuhr ich auf demselben Wege zurück, während unaus=
gesetzt neue Menschenmassen dem Festplatz zuströmten.

Für den folgenden Morgen hatte der Maharadja mir
einen seiner Elefanten, der mich nach der alten Hauptstadt
Amber tragen sollte, zur Verfügung gestellt. Derselbe sollte
etwa eine halbe Stunde von der Stadt entfernt mich erwarten.
Ich war anfangs ungehalten darüber, daß der Elefant mich
nicht direkt vom Gasthofe abholte, segnete aber später den
Maharadja dafür, denn ich vertauschte auf dem Rückwege
den nicht sonderlich bequemen Elefantensitz herzlich gern mit
einem solchen im Fond meines Landauers. Das Tier, welches
meiner am verabredeten Orte harrte, war ein prächtiges
Exemplar von gewaltiger Höhe. Nachdem es sich auf Befehl
seines Wärters niedergelegt, stieg ich mit Hilfe einer Leiter auf
meinen seitlich des Rückens angebrachten Sitz. Der Elefant
erhob sich erst vorn, dann hinten, und die Schaukelei ging
los. Der Treiber saß vor mir, direkt hinter den Ohren des
Tieres, bewaffnet mit einer Pike, dem sogenannten „ankus".
Er hatte sich keiner Leiter, sondern der Hülfe des Rüssels
seines Elefanten bedient, um an seinen Platz zu gelangen. Da
es die ganze Nacht über geregnet hatte, grünte und blühte
alles ringsum, und ich fühlte mich auf meinem Elefanten,
trotzdem mir seine Bewegungen wenig sympathisch waren,
unendlich wohl und glücklich. Nach kurzem Anstieg ging es
hinunter in das paradiesisch schöne Thal von Amber, endlich
hinauf zum Schloß, in dessen geräumigem Hofe mein Elefant
sich niederlegte und mich absitzen ließ. Das Schönste vom
Palaste, der ab und zu von dem jetzigen Maharadja bewohnt

wird, ist zweifellos der wunderbare Blick, den man von
seiner Terrasse aus ins Thal und auf die Berge genießt.

Im Innern des ausgedehnten Gebäudes reihen sich
Hallen an Hallen, Bäder an Bäder, teils aus weißem Marmor
mit Einlagen bunter Steine, teils recht geschmacklos bedeckt
mit einem Mosaik aus Spiegelscherben. Auch dem im Schlosse
gelegenen, der blutgierigen Göttin Durga geweihten Tempel,
in dem jeden Morgen zu Ehren dieser Dame eine Ziege geschlachtet wird, stattete ich einen Besuch ab. Man schien mit
dem Opfer auf mein Kommen gewartet zu haben, um mit
der Sache ein kleines Trinkgeld herauszuschlagen, wenigstens
fand ich eine jammervolle Ziege und einen Mann mit ge-
waltigem Messer vor. Ich sah mir aber nur die fratzenhafte
Göttin an und überließ den Schlächter mitsamt den Priestern
und ihrer Ziege sich selbst, denn Bakshish war ich diesen
Morgen schon mehr als genug los geworden.

Als der Elefant mich zu meinem Wagen zurückgetragen,
fuhr ich, vorbei an zahlreichen Hindugrabmälern, graziösen,
auf vier oder acht Säulen ruhenden Kuppeln, welche an der
Stelle, an der der Tote verbrannt worden ist, errichtet zu
werden pflegen, vorüber an dem [sogenannten Wasserpalast
in die Stadt zurück, wo ich zunächst die Elefantenställe des
Maharabja in Augenschein nahm. Einige siebzig Exemplare
zählte ich, darunter solche von einer Größe, wie ich sie bisher
nicht gesehen hatte. Am meisten interessierte mich die Morgen-
toilette dieser Kolosse, die vorzüglich gezähmt waren und
jeden Wink ihrer Wärter befolgten. Der Elefant wird in
die Nähe eines kleinen Teiches geführt, legt sich auf die Seite
und läßt sich nun von 4—5 Stalljungen mit Schrubbern,
Besen und Strohwischen unter reichlicher Zuhilfenahme von
Wasser gründlich das Fell bearbeiten. Ist das geschehen,

so wird mit dem Schminken begonnen, d. h. das Tier wird, sei es mit Ruß oder Graphit, vom Rüssel bis zum Schwanzende geschwärzt und schließlich von einem eigens zu diesem Zwecke angestellten Künstler mit weißer Farbe an Kopf und Rüssel stilvoll bemalt.

Der indische Elefant, welcher mit 15 Jahren ausgewachsen ist und ein Alter von 120 Jahren erreichen soll, ist ein unendlich viel sympathischeres Tier als sein Vetter im dunkeln Erdteil, den ich mehrfach in der Wildnis zu sehen Gelegenheit hatte. Der indische Elefant mit seinem breiten Kopfe hat ein hübsches, gutmütiges Gesicht, wogegen der Elefant Afrikas mit seinem stark zurücktretenden Schädel eher als ein häßliches Tier bezeichnet werden kann.

Das Gefängnis Jeypurs ist eines der bestangelegten und bestgehaltenen Indiens. In erster Linie gefiel mir, daß in jeder Schlafabteilung ein Wasserhahn vorhanden war, so daß den Gefangenen zu jeder Zeit Wasser nach Belieben zur Verfügung stand. Der Direktor des Gefängnisses ist ein Engländer. Außer diesem befinden sich noch der Resident, der Direktor des Museums und Hospitals und zwei Missionare in Jeypur. Für die kleine Gemeinde ist eine Kirche vorhanden, deren Erbauung mindestens 40 000 M. gekostet haben muß.

In Bezug auf Gotteshäuser wird in Indien ein Luxus getrieben, von dem man sich daheim keinen Begriff macht. Ich glaube trotzdem, die Leute legen weit mehr Wert auf die Erbauung von Kirchen, als auf die Erbauung in denselben.

Eine angenehme kühle Nacht verbrachte ich im Eisenbahnwagen, um am Morgen in Agra zu erwachen. Als ich erfuhr, daß der Dak Bungalow nur 10 Minuten vom Bahn-

hofe entfernt sei, entschloß ich mich, den Weg zu Fuß zurück=
zulegen. Der Dak Bungalow, der sich in Indien in fast allen
Städten, und, in Zwischenräumen von 10—20 engl. Meilen,
an jeder größeren Landstraße findet, ist ein von der Re=
gierung erbautes und unterhaltenes Absteigequartier für
Reisende. Europäer wie Eingeborene finden hier für 24 Stun=
den gegen Zahlung einer Rupie Obdach und können in den
besuchteren Bungalows auch zu mäßigen Preisen Speisen
und Getränke erhalten. Die dem Fremden eingeräumten
Wohnungen — in den meisten Bungalows finden sich deren
vier — bestehen häufig aus Wohn=, Schlaf= und Badezimmer,
zum mindesten aber aus den zwei letzteren. Die Dak Bun=
galows sind eine ganz vorzügliche Einrichtung, namentlich da,
wo Gasthäuser nicht vorhanden sind, denn das Zeltleben
ist in der heißen Jahreszeit nicht jedermanns Sache. Der
Europäer findet außerdem in den Bungalows seine ihm
unentbehrliche Punka, zuweilen auch eine kleine, allerdings
sehr kleine Büchersammlung. Ich habe diese Unterschlupfe
stets freudig begrüßt und meine bescheidenen Erwartungen
oft übertroffen gefunden. Die Engländer selbst freilich finden,
wie die Fremdenbücher zeigen, unendlich viel an ihren Bun=
galows auszusetzen.

Niemand — und das ist natürlich wenig angenehm —
kann länger als 24 Stunden Wohnung im Bungalow be=
anspruchen. Jedermann muß sein Zimmer räumen, sobald
nach dieser Frist ein anderer Reisender anlangt. In den
meisten Fällen pflegt man sich dann aber mit diesem zu ver=
ständigen oder schlägt sein Bett in der Veranda auf.

Nach heftigem Regen klärte es sich gegen Mittag auf,
so daß ich eine Rekognoszierungsfahrt durch die Stadt, oder
vielmehr das Kantonnement unternehmen konnte, dem weit=

läufig und lustig angelegten Europäerviertel, in dem in
großen Abständen, von Gartenanlagen umgeben, sich Bungalow an Bungalow reiht, und verschiedene Kirchen, pro-
testantische, katholische, unierte und wer weiß was noch dem
Seelenheil der Europäer dienen. Auch hier fehlen weder
Klubs, Lawn Tennis Courts noch Criket Grounds, kurz, es
ist entsetzlich zivilisiert, und selbst Unteroffiziere des englischen
Regiments halten hier ihre Dogcarts.

Die europäische Kolonie besteht aus englischen Offizieren
und Beamten, sowie zwei deutschen Baumwollexporteuren,
von denen der eine zur Zeit in Europa weilte. Dem zweiten,
Herrn Otto Weylandt, an den ich in Bombay Empfehlungen
erhalten hatte, galt mein erster Besuch, und diesem liebenswürdigen Landsmanne, der trotz langjährigen Aufenthaltes
in Indien und trotz seiner Naturalisierung daselbst ein echter
braver Mecklenburger geblieben ist, verdanke ich vor allem,
daß mein Aufenthalt in Agra sich zu einem so genußreichen
gestaltete. Unter seiner Führung sah ich die Zitadelle des
Kaisers Akbar, die jetzt von den Engländern als Fort benutzt
und mit einer kleinen Besatzung belegt ist. Tagelang könnte
man hier verweilen, wollte man die auf einen verhältnismäßig engen Raum zusammengedrängten Prachtbauten aus
rotem Sandstein oder Marmor eingehend besichtigen und
Bücher könnte man füllen mit ihrer Beschreibung. Mich
interessierten besonders die vielfachen, verschiedenen Decken-
konstruktionen, und es ist mir bei einigen durch keine Pfeiler
unterstützten Marmorplafonds rätselhaft, daß sich dieselben
Jahrhunderte lang gehalten haben. Hier und da hatte man
allerdings Ursache mit dem Grafen Leicester in seinem berühmten Monologe auszurufen: „Stürzt dieses Dach nicht
sein Gewicht auf mich?" Aber es stürzte nichts.

Von den verschiedenen reizenden Pavillons des Palastes
und den Türmen der Perl-Moschee, die ebenfalls im Fort
gelegen ist, hat man prächtige Aussichten auf die vorüberfließende Jumna, dessen Ufer durch eine zwei Stockwerke
hohe mächtige Brücke verbunden sind. Während das untere
Stockwerk dem Dampfroß vorbehalten ist, dient das obere
dem Wagen- und Personenverkehr. Zur Rechten sieht man
den weltberühmten Tatsch (schreibe Taj) zwischen dunklem
Grün hervorleuchten, zur Linken die „große Moschee" mit
ihren drei Kuppeln aus rotem Sandstein und weißen Marmor-
zickzackeinlagen, sowie die eigentliche Stadt, in der das bunteste
Leben sich entfaltet. Ein Besuch dieses Teiles von Agra,
in dem Tausende von Agrariern, gegen deren Existenzberech-
tigung selbst Eugen Richter nichts einzuwenden haben dürfte,
ihr Wesen treiben, in denen sich Haus an Haus, Balkon an
Balkon, Harem an Harem reiht und das Volk sich schreiend
in den Bazaren drängt, ist außerordentlich lohnend. Welche
Fülle von Licht und Schatten, welch buntes Leben und
Treiben, welch wunderbare Motive für einen Maler. Mich
fesselt ein solches Volksgetümmel, wie eine schöne Gegend
den Landschafter, weil ich es mit künstlerischem Auge auffasse
und seiner deshalb nie überdrüssig werde.

Nachdem man die Brücke passiert, für welches Vergnügen
man, nebenbei bemerkt, 60 Pf. zu entrichten hat, ein meiner
Ansicht nach der britischen Regierung unwürdiger Zoll, gelangt man nach kurzer Fahrt zu dem Mausoleum des Prinzen
Dowla, einem inmitten eines Gartens gelegenen wunderbar
anmutigen Marmorbau, der mich durch seine Schönheit
solcherweise fesselte, daß ich ihm dreimal trotz des lang-
weiligen Brückenzolles meinen Besuch schenkte. Erst beim
dritten Male widmete ich einer am Eingange angebrachten

Der Tatsch in Agra.

Bekanntmachung eine eingehende Beachtung. Es ist ein in englischer Sprache abgefaßtes Verbot gegen alle geräusch=vollen „entertainments including dancing". Nun bitte ich um alles in der Welt, wer kommt je auf die Idee, in einem Mausoleum, nicht etwa in einem verfallenen, sondern einem wohlerhaltenen, dessen Sarkophage täglich mit frischen Rosen bedeckt werden, Tänze aufzuführen? So unglaublich es scheint, es muß doch vorgekommen sein, sonst würde sich wohl das angeführte Verbot nicht am Eingange vorfinden.

Ich hatte mir von vornherein vorgenommen, erst, nach=dem ich alle Wunder Agras in Augenschein genommen, den Tatsch zu besichtigen, dieses herrlichste Bauwerk der Welt, dessen Ruhm in allen Zungen zivilisierter Völker verkündet wird, dessen traumhafte Schönheit Hunderte von Malern auf die Leinwand zu zaubern, unzählige Schriftsteller mit der Feder zu beschreiben erfolglos versucht haben.

Man hatte mir allseitig so viel vom Tatsch vorgeschwärmt, daß ich schon aus Widerspruchsgeist nicht mit frommem Schauder, sondern in der Stimmung eines Kritikers an die Besichtigung dieses Wunderwerkes der Baukunst ging. Als ich aber den zum Tatsch führenden entzückenden Thorbau, der allein schon einen Besuch lohnen würde, durchschritten hatte und nun am Ende eines Haines dunkelgrüner Cypressen, blühender Rosen und schattiger Laubbäume die 250 Fuß hohe durchbrochene Kuppel und die vier Minarets von blen=dend weißem Marmor leuchten sah, da stand ich wie gebannt an der Schwelle dieses Heiligtums, das Menschengeist er=funden und Menschenhand erschaffen hat. Irgend ein Philo=soph hat einmal gesagt: Architektur ist gefrorene Musik. Ich habe diesen Vergleich bisher als absurd gehalten, jetzt, nach=dem ich den Tatsch gesehen, dieses Filigranwerk aus Marmor, das wie ein Traumgebilde sich vor dem Auge des Beschauers erhebt, jetzt erst verstehe ich den Philosophen. Ja, der Tatsch ist gefrorene Musik, Sphärenmusik, und ebensowenig wie man diese mit Worten schildern kann, ebensowenig läßt sich die überwältigende Schönheit dieses Mausoleums beschreiben, welches Schah Jehan seiner Lieblingsgattin, der Perle seines Harems, errichten ließ und in dem später auch seine Gebeine beigesetzt worden sind. Erwähnt sei noch, daß die Kosten dieses Baues auf etwa 50 Millionen Mark angegeben werden. Wohl finden sich im Innern der die beiden Sarkophage überwölbenden Kuppel zahllose in den Marmor eingefügte Mosaiken aus edlen Gesteinen, meist Blumen in seltener Vollendung und Naturtreue darstellend, und Tausende von Künstlerhänden müssen an diesem Bau, an dem jeder Zoll ein Kunstwerk ist, thätig gewesen sein, aber 50 Millionen ist denn doch eine zu gewaltige Summe, als daß man sich des Gedankens erwehren könnte, daß Schah Jehan von seinem Architekten kolossal übers Ohr gehauen worden ist.

Ich verließ Agra mit dem Bewußtsein, in dem Tatsch das Schönste geschaut zu haben, was als Gebilde von Menschenhand auf Erden zu schauen ist; aber auch mit dem Bewußtsein, daß noch unendlich viel Schönes in Indien meiner harrte, darum auf nach Alwar!

Ein Besuch Alwars, der Hauptstadt des unabhängigen Fürstentums gleichen Namens, etwa von der Größe und Be- völkerungsziffer des Großherzogtums Mecklenburg-Schwerin, gehört im allgemeinen nicht in das Programm des Indien- reisenden, obgleich es an der Bahn von Jeypur nach Delhi gelegen ist.

Ich hatte von Agra aus etwa 6 Stunden bis Bandikul zurückzufahren und war genötigt, da ich nicht Lust hatte,

hier 5 Stunden lang auf den nächsten Postzug zu warten,
mich eines Zuges mit nur dritter Klasse zu bedienen. Trotz=
dem in bereitwilligster Weise eine ganze Wagenabteilung zu
meiner Verfügung gestellt wurde, war ich doch seelenfroh,
als mein Käfig sich nach 3¹/₄ stündiger Tortur auf unver=
hältnismäßig schmaler Holzbank und in dumpfer Atmosphäre,
in Alwar aufthat. Es regnete, wie man zu sagen pflegt,
Bindfaden, und durchnäßt langte ich in rabenschwarzer Nacht
im Dak Bungalow an. Gasthöfe existierten hier bei dem
geringen Fremdenverkehr ebenso wenig wie Wagen, und in
Bezug auf letztere ist man, wie ich am nächsten Morgen,
als ich einen solchen verlangte, erfuhr, lediglich auf die Güte
des Maharadja angewiesen. Ich wandte mich daher schriftlich
an den britischen Residenten, Kolonel Muir, mit der Bitte,
sich beim Fürsten für mich zu verwenden und mir die Er=
langung eines Fahrzeuges zu ermöglichen. Was sich nun
ereignete, mag als ein Beispiel dafür gelten, in welcher
Weise ein vornehmer Engländer einen Fremden behandelt
und wie man in Indien Gastfreundschaft zu üben pflegt.
Ich hatte, da es ursprünglich nicht in meiner Absicht lag,
Alwar zu berühren, keinerlei Empfehlungsbriefe, weder an
den Residenten, noch an den Maharadja. Trotzdem erschien
ersterer etwa eine halbe Stunde, nachdem ich meinen Brief
an ihn abgeschickt, im Bungalow und lud mich in seinem
und Mrs. Muir Namen ein, für die Dauer meines Auf=
enthaltes im Residenturgebäude Wohnung zu nehmen und
mich als ihren Gast zu betrachten; der Maharadja sandte
gleichzeitig einen Landauer für mich und einen Ochsenkarren
für mein Gepäck und ließ mir melden, er würde sich freuen,
im Laufe des Nachmittags meinen Besuch zu empfangen.
Daß man in Indien eine Einladung wie die des Residenten

ablehnt, gielt als ausgeschlossen. Das sah ich, als ich in
dem prächtigen Hause des Kol. Muir anlangte und sein
Office bereits in ein Fremdenzimmer für mich umgewandelt
fand. Reitpferde, Wagen, sowie zwei Lanzenreiter als Ge=
leite wurden mir für die Dauer meines Aufenthalts in Alwar
vom Landesfürsten zur Verfügung gestellt.

Gegen 5 Uhr fuhr ich in Begleitung des Residenten
beim Maharadja vor, der uns an der Schwelle seines Palastes
empfing. Wäre ich von meinem Begleiter nicht eines besseren
belehrt worden, ich hätte Seine Hoheit zweifellos für Höchst=
seinen eigenen Stallmeister gehalten, denn ich hatte mir Herrn
Mangal Singh (dies ist der Name des Landesfürsten) anders
vorgestellt als einen vollkommen europäisch aussehenden Herrn
in tadellosem Reitkostüm.

Mangal Singh, seit 1874 regierend, war damals ein
junger Mann Mitte der Dreißiger von gedrungener Figur,
aber vorzüglich gebaut, mit hübschem Gesichtsausdruck und
wohlgepflegtem schwarzen Schnurrbart, lebhaft, liebenswürdig
und zu allen Scherzen aufgelegt. Nachdem er mir seinen
Palast gezeigt, der ebenso wie die Residentur in ausge=
dehntem Park gelegen ist, und nachdem ich die prachtvollen
Teppiche in den Empfangsräumen bewundert hatte, ließ
mein liebenswürdiger Wirt etwa 100 Hengste, meist indischer
Zucht, aus seinem Marstall vorführen, dann wurden noch
einige neue Anlagen im Park besehen, und schließlich erschien
ein mit zwei jungen feurigen Braunen bespannter Selbst=
fahrer, auf dem ich neben dem Maharadja Platz nehmen
mußte, der mir aus Höflichkeit die Zügel übergab. Eine
Stunde lang fuhren wir nun durch öffentliche Anlagen, um
die jede europäische Großstadt Alwar beneiden könnte. Dann
ging es zu den Koppeln, in denen über 150 ein= und zwei=

jährige, im Gestüt des Maharadja gezogene, teils wirklich
vortreffliche Fohlen sich herumtummelten. Auf ein gegebenes
Hornsignal versammelte sich die ganze muntere Gesellschaft
um ihren Herrn, der nicht müde wurde, die einzelnen Tiere
zu liebkosen und ihre Schönheit zu preisen. Mangal Singh
ist ein ebenso großer Pferde= wie Soldatenfreund und unter=
hält neben einem Regiment Lanzenreiter 2 Regimenter In=
fanterie. Die Remonten für ersteres sowie für eine Batterie
Artillerie liefert sein eigenes Gestüt. Alle drei Regimenter,
zu deren Ausbildung ihm zwei englische Offiziere zugewiesen
sind, waren neu und zwar äußerst geschmackvoll uniformiert:
graue Röcke mit roter Leibbinde, graue, enganliegende Bein=
kleider, schwarze Gamaschen und schwarzledernes Schuhzeug,
dazu blaue, goldburchwirkte Turbane. Die Bewaffnung der
Infanterie bestand in Snydergewehren, die Kavallerie ist mit
Lanze und Säbel ausgerüstet.

Am folgenden Tage mußte ich die Marställe und Elefanten,
die Jagdfalken und die Jagdleoparden besichtigen. Letztere
sind mit silbernen Ketten an Holzpfählen angebunden, haben
einen Diener mit Fliegenwedeln hinter sich und sitzen auf
offener Straße. Der alte Palast bietet als Baulichkeit viel
Interessantes, im Innern werden eine Waffensammlung, in
der sich mehrere Kabinetsstücke befinden, silberne Möbel,
europäische Kostbarkeiten und in der Bibliothek seltene Ge=
schichtswerke, das Fürstentum Alwar betreffend, gezeigt, u. a.
ein Buch mit vorzüglich ausgeführten Malereien auf Gold=
grund, dessen Herstellungskosten auf 1 600 000 Mark ange=
geben werden. Das jährliche Einkommen des Maharadja soll
sich auf drei Millionen Mark beziffern.

Auf trefflicher Landstraße gelangte ich zu dem Landes=
gefängnis, in dem etwa 500 Gefangene beiderlei Geschlechts

untergebracht sind. Viele derselben werden außerhalb der
Gefängnismauern, z. B. als Arbeiter in den Parkanlagen,
beschäftigt. Alle sind mit Ketten gefesselt, aber wohl nur
des Dekorums wegen, denn dieselben hindern weder an freier
Bewegung noch am Fortlaufen; auch scheint es mir ein
Leichtes zu sein, sich ihrer zu entledigen. In allen Ab=
teilungen der Anstalt, wo ich erschien, wurde ich — das
Gleiche geschah im Gefängnis von Jeypur — von den Ge=
fangenen durch gleichzeitiges einmaliges Zusammenschlagen
der Hände begrüßt.

Zuerst besuchte ich die Papiermanufaktur, in der Bütten=
papier von recht guter Beschaffenheit hergestellt wird, dann
ging's in die Spinnerei, Weberei und Teppichknüpferei, in
der nach alten Mustern jene herrlichen Teppiche angefertigt
werden, die ich im Palast des Maharabja bewundert hatte.

Auch zum Verkaufe werden dieselben hergestellt, und
zwar kostet die engl. Quadrat=Elle 16—24 Mk. Nur Sträf=
linge, die zu lebenslänglicher Zwangsarbeit verurteilt sind,
werden hier beschäftigt, da es sich, wie mir der Direktor,
ein half cast, mitteilte, nicht lohnte, Leute, die nur zu
einigen Jahren verdammt sind, in dieser schwierigen Kunst
zu unterrichten. Letztere werden höchstens zum Weben ein=
facher Baumwollteppiche, von denen jeder Arbeiter täglich
7 Quadratfuß herzustellen hat, angelernt. Mit Freuden habe
ich konstatiert, daß nur echte Farben in der Teppichmanufaktur
Alwars Verwendung finden und auf Befehl des Maharabja
Anilinfarben gänzlich ausgeschlossen sind.

Verschiedene Gefangene hatten die Ehre, mir besonders
vorgeführt zu werden, u. a. ein etwa sechsjähriger, zum
Taschendieb abgerichteter Knabe. Der Direktor bat mich,
irgend etwas in meine Rocktasche zu stecken; der Junge sei so

gewandt, daß er mir, ohne daß ich es merke, den betreffen=
den Gegenstand entwenden würde. Ich steckte also meine
Uhr in die linke Tasche meines Jacketts und gab acht wie
ein Schießhund. Inzwischen wurde mir ein Kartenkünstler
vorgestellt. „Der Mann hat eine große Fertigkeit", so be=
merkte der Direktor, „in einem höchst eigentümlichen Spiel
jedermann das Geld abzunehmen. You wish to see it?"
Selbstverständlich wünschte ich. Ein Kartenspiel wurde be=
schafft (man sieht, ein ganz fibeles Gefängnis), und der
Künstler produzierte sich — im Kümmelblättchen, unserem
biederen, von mir für echt deutsch gehaltenen Kümmelblättchen=
spiel! Ich war geradezu gerührt.

Nach beendeter Vorstellung überreichte mir der Direktor
lächelnd mein Taschenbuch und einen ebenfalls mir gehören=
den Bleistift. Beides hatte mir der kleine Taschendieb,
während ich dem Kartenspieler zusah und auf meine linke
Rocktasche achtgab, aus der rechten herauseskamotiert. Ich
konnte nicht umhin, ihm meine besondere Hochachtung aus=
zusprechen.

Mit dem Gefängnis verbunden ist das Irrenhaus. Ich
besuchte auch dieses und seine acht Insassen, von denen mich
namentlich einer interessierte, der die liebenswürdige Ange=
wohnheit hat, seinen Nebenmenschen die Nase abzubeißen.

Zum Schluß ging es in das weitab gelegene Asyl für
Kranke, welche von dem Aussatz (Lepra) ergriffen sind, dieser
in Indien vielfach auftretenden entsetzlichen Krankheit, bei
welcher den Leidenden ganze Gliedmaßen abfaulen, und die
unheilbar ist. Ich fand als einzigen Patienten ein bildschönes
Weib, an dem ich, wäre es nicht aussätzig gewesen, wahrlich
nichts auszusetzen gefunden haben würde. Die Krankheit
war bei ihr noch nicht weit vorgeschritten, aber sie war un=

4*

rettbar verloren, ebenso wie ihre zwei reizenden Knaben, von denen sie sich nicht hatte trennen wollen, und die ihrer Mutter in die traurige Verbannung gefolgt waren.

Bestrafungen kommen im Gefängnisse verhältnismäßig wenig vor; sind sie notwendig, so wird der Delinquent an einem Gerüst in der Form eines Triangels festgeschnallt und mit einem Stock gezüchtigt. Nie habe ich einen so vorzüg= lichen Hiebausteiler kennen gelernt, wie den Profoß im Alwar=Gefängnis; er übertrifft selbst die Sudanesen, die ich bisher für die Meister in dieser Kunst angesehen hatte.

Auf dem Rückwege zum Maharadja besuchte ich noch den neben dem alten Palast gelegenen Tempel, in dessen heiligem Bassin fleißig gewaschen und gebadet wurde, das Mausoleum des verstorbenen Fürsten, die recht kümmerliche Menagerie und ein reizend angelegtes Orchideen= und Farrenhaus.

Die Stadt Alwar wird von einem etwa 800 Fuß hoch gelegenen Fort beherrscht, ihre Umgegend ist berühmt wegen des häufigen Vorkommens von Tigern, und wenn ich vorhin bemerkte, daß Indienreisende selten Alwar eines Besuches würdigen, so wird der Sportsman nicht verfehlen, alles daran zu setzen, eine Einladung zur Tigerjagd vom Maha= radja zu erhalten. Fast alle deutschen Prinzen, die in den letzten Jahren Indien bereisten, haben in Alwar ihren Tiger geschossen und werden sich zweifelsohne mit Vergnügen des gastlichen Herrn dieses Landes erinnern, der mir selber sagte, daß die Tage, die er als Wirt mit seinen deutschen Gästen verlebt, zu den schönsten seines Lebens zählen.

Die Regenzeit, in die mein Besuch fiel, eignete sich nicht zur Veranstaltung einer Jagd, doch war der Maharadja so freundlich, mich zum nächsten Frühjahr auf einen Tiger ein= zuladen.

Delhi. Lahore. Rawalpindi.

Bei dem denkbar schönsten Wetter wandte ich gegen Mittag dem gastlichen Alwar den Rücken. Bald hatten
wir die malerischen Berge des Fürstentums hinter uns, die
Landschaft wurde flach, aber nicht eintönig, dafür sorgten
die bei der Feldarbeit beschäftigten Landbewohner, die zahlreichen, zu beiden Seiten des Bahngeleises grasenden Rinder-
herden und vereinzelt neben dem Zuge einhergaloppierendes
Wild. Die indischen Dörfer, an denen wir vorübersausten,
machten den denkbar dürftigsten Eindruck. Große aneinander
geklebte Lehmwürfel mit kleinen Fenstern und Thüröffnungen,
flachem Dach, umgeben von Schmutz und Unrat, erinnern
die Wohnungen der hiesigen Dorfbewohner lebhaft an diejenigen der Fellahs in Ägypten. Die Dörfer selbst sind in
der Regel zum Schutz gegen wilde Tiere mit lebenden Kaktus-
hecken oder Dornenwällen umgeben. Bei der Station Rewari
verlassen wir die Rajputana und befinden uns nunmehr in
der Provinz Punjab. Nachmittags hielt der Zug in der

stattlichen Bahnhofshalle von Delhi. Der Bequemlichkeit
wegen nahm ich Wohnung in dem mit dem Bahnhofe ver=
bundenen Gasthofe. Dieses, wie auch die Restauration werden
von einem Deutschen, Namens Kellner, der den größen Teil
der refreshment rooms der Nordwestbahn gepachtet hat,
geleitet und zwar hier in Delhi in ganz musterhafter Weise.
Die Engländer betrachten die dortige Bahnhofsrestauration
wie eine Oase in der Wüste, und nicht mit Unrecht, denn
die Verpflegung auf anderen Stationen ist herzlich schlecht.
Auf einer derselben, ich habe den Namen vergessen, wollte
ich die fast ungenießbaren Bissen mit einem Glase Wein
hinunterspülen und ersuchte den Wirt um seine Weinkarte.
Derselbe brachte eine Papptafel, auf der Sodawater, Lemo-
nade, Gingerade, Tonic water und sonstige teetotaller-
Genüsse verzeichnet waren, wahrlich eine richtige Weinkarte,
d. h. eine Karte zum Weinen, aber nicht für Weine. Als
ich den Wirt fragte: Ob er denn keine Spirituosen führe,
erklärte er kalt lächelnd: „Never a gentleman asks here
for anything like that.‟ Angenehme Gegend.

In Delhi angekommen, beorderte ich einen Wagen und
fuhr in die Stadt, die nebenbei bemerkt 160000 Einwohner
zählt, zuerst in die Hauptstraße, die Chundi Chouk, deren
mittlerer Fußsteig von 2 Reihen schattiger Bäume eingefaßt
ist. Juweliere, Bankiers und Händler aller Art haben hier
ihre Magazine und Bureaus; trotzdem macht die Straße, die
als eine Hauptzierde der Stadt gilt, durchaus keinen groß=
artigen Eindruck, überhaupt entspricht Delhi von außen viel
mehr, als es im Innern hält, und ich muß gestehen, von
allen sogenannten indischen Prachtstädten gefällt mir Delhi
am wenigsten. Allerdings fehlt es auch hier nicht an Bau=
werken, die sich würdig an diejenigen Agras anschließen und

jeden Beschauer mit Entzücken erfüllen, so die in dem von
Schah Jehan erbauten, von den Engländern nach dem Auf=
stande 1857 in ein Fort verwandelten Palaste gelegene
Audienzhalle aus weißem Marmor mit Gold, von der man
einen hübschen Blick auf die vorüberfließende Jumma ge=
nießt, die kaiserlichen Bäder, die öffentliche Audienzhalle aus
rotem Sandstein und last not least die Perlmoschee.

Das Fort selbst bietet wenig des Interessanten. Eine
kleine englische Besatzung, (Delhi hat merkwürdigerweise sonst
keine Garnison) führt hier ein wenig beneidenswertes Leben.

In dem 75 Kilometer von Delhi gelegenen Meerut,
heute das Hauptquartier einer Division, nahm der bekannte
Aufstand im Jahre 1857 seinen Anfang. Es war an einem
Sonntage, der größte Teil der englischen Besatzung war in
der Kirche, als eine Schar Aufständischer in die Kasernen
eindrang, sich Waffen und Munition aneignete, die aus der
Kirche heimkehrenden Soldaten überfiel, sämtliche Kassen
plünderte und darauf gen Delhi zog.

Infolge dieses Ereignisses nehmen noch heute die eng=
lischen Truppen ihre Gewehre und 20 Patronen stets mit
sich in den Gottesdienst.

Die große aus rotem Sandstein erbaute Moschee mit ihren
gewaltigen Freitreppen, die in einen imposanten Hofraum
führen, ihren drei Kuppeln und den beiden Minarets, von
denen man nach Überwindung von 122 Stufen einen Rund=
blick über die von Baumgruppen durchsetzte Stadt genießt,
zählt zu den großartigsten Bauten Delhis. Nachdem ich noch
der Moschee der Tochter Schah Jehans, die leider ihrem
gänzlichen Verfall entgegengeht, sowie dem Kantonnements=
garten einen kurzen Besuch abgestattet hatte, fuhr ich in den
Stadtpark, der bei weitem nicht so gut gehalten ist, wie die

gleichen Anlagen in Jeypur, Agra und Alwar. Unter
prächtigen, schattigen Bäumen fristet eine kümmerliche Me=
nagerie, bestehend aus wenigen lebensmüden Schakalen,
8 verschnupften Pelikanen und 2 storchartigen, schwarzweißen
Vögeln mit roten Beinen und schwarzem Schnabel ein jammer=
volles Dasein. Ein angeblich von Schah Jehan aus Feld=
steinen aufgemauerter großer Elefant scheint als Götzenbild
in hohem Ansehen zu stehen, wenigstens lassen die vielen
ihm geweihten bunten Lappen und die mit Heilmitteln ge=
füllten Beutelchen, die ihm angehängt sind, darauf schließen.
Über zu hohe Fahrpreise der Droschken kann man sich in Delhi
wahrlich nicht beklagen. Man zahlt 60 Pfennige für die
erste Stunde und 40 für die folgenden. Dabei sind die
Wagen bequem und gut gehalten, das Pferd freilich, welches
mich über das Pflaster Delhis zog, schien mir mit mindestens
drei Beinen bereits im Grabe zu stehen.

Sehr lohnend ist eine Fahrt in die Umgegend der Stadt,
eine Besichtigung der ausgedehnten, im Südwesten des heutigen
Delhi gelegenen Trümmerfelder, die Zeugnis davon ablegen,
daß hier einst blühende Städte gestanden haben, zerstört in
den verschiedenen Kriegen zwischen den Hindus und Mosle=
miten. Einzelne Gebäude, Grabdenkmäler des Kaisers Huma=
nau, des Dichters Khusro, des Kaisers Kutub, zu dessen Ge=
dächtnis ein 240 Fuß hoher Turmbau errichtet wurde, und
andere mehr sind noch leiblich erhalten. Als eine Sehens=
würdigkeit ersten Ranges gilt die zwischen den Trümmern
einer angeblich im Jahre 1300 errichteten Moschee 22 Fuß
hoch aufragende eiserne Säule von etwa 16 Zoll Durchmesser,
deren längeres Ende in der Erde stecken soll, und deren
Gesamthöhe auf einige 40 Fuß geschätzt wird. Man sagt,
sie stamme aus dem vierten Jahrhundert nach Christi Geburt.

Über 21 Stunden brauchte ich, um mit der Bahn von Delhi nach Lahore, der Hauptstadt der Punjab-Provinz, zu gelangen. Nach etwa sechsstündiger Fahrt tauchten die Berge des Himalaya auf, nach neun Stunden erreicht man Umballa, von wo die Landstraße über Kalka nach Simla führt, einem etwa 7000 Fuß hoch gelegenen Luftkurorte und der Sommer= residenz des Government of India. Ich verbrachte in Um= balla die Nacht, um am folgenden Morgen weiterzufahren. Um 9 Uhr passierten wir auf gewaltigen Brücken den durch Regengüsse hoch angeschwollenen Sutley, einen in den Hima= layabergen entspringenden Nebenfluß des Indus. Am linken Ufer liegt die Station Phillour, mit imponierendem alten Fort aus rotem Sandstein. Von der Station Amritzar führt die Bahn hart an dem Leichenverbrennungsplatz der Hindus vorüber. Es wurde kräftig geschmort, eine zahlreiche Familie hockte um den brennenden Scheiterhaufen, in dem ein Mann mit langer Stange emsig herumstöcherte. In der Umgegend von Amritzar wird viel Weizen, Zuckerrohr und Baumwolle gebaut. Vor der Stadt bemerkte ich eine aus= gedehnte wohlgepflegte Baumschule.

Zwanzig Minuten vor der Einfahrt in den Bahnhof von Lahore hält der Zug in Mecan Meer, dem Kantonnement der aus fünf Regimentern (Infanterie und Kavallerie) be= stehenden Garnison.

Lahore, eine Stadt von nahezu 60 000 Einwohnern, dar= unter 2000 Europäern, meist Regierungs=Beamten, macht auf den ankommenden Fremden, der zuerst das Europäerviertel mit seinen hübschen Anlagen und schmucken Bungalows durch= fährt, einen sehr ansprechenden Eindruck, der auch bei weiteren Fahrten in die Umgegend nicht abgeschwächt wird. In dem Charing=Croß=Hotel fand ich gutes Unterkommen.

So weitläufig und luftig das Europäerviertel angelegt
ist, so eng und dumpfig ist die überaus belebte Nativetown,
die ich durchfahren mußte, um zum Fort, einem ehemaligen
Palastbau des Runjeet-Singh, zu gelangen. Einige Teile
der Ruinen, sowie die wohlerhaltene Audienzhalle mit
Spiegelmosaik zeugen von der einstigen Pracht und Größe
dieses Palastes. Eine wenig bemerkenswerte Waffensammlung
befindet sich neben der Audienzhalle.

Die Königsmoschee in der Nähe des Forts erinnert an
die große Moschee in Delhi und zeichnet sich durch einen
mit alten Baumgruppen bestandenen Hofraum von riesigen
Maßen aus. Die vier Minarets sind plump und sehen
eher aus wie Fabrikessen. Jenseits des drei Kilometer von
der Stadt vorüberfließenden Ravee erhebt sich das Mausoleum des Kaisers Jehangir, ein Monument von heute noch
großer Schönheit trotz der Spuren von Zerstörung durch
Menschenhand, welche es an allen Enden aufweist. Das
Bauwerk liegt inmitten eines ausgedehnten Haines und ist
mit einer Inschrift in weißem Marmor versehen, die besagen
soll: „Jehangir, der Eroberer der Welt". Die eine halbe
Stunde im Nordosten von Lahore entfernten Shalimar-
Gärten (d. h. Gärten der Freude), von Schah Jehan angelegt, lohnen sich eines Besuches. Drei übereinander liegende
Terrassen mit Bassins und Hunderten von Fontänen sind
von hübschen Bäumen und Gartenanlagen umgeben, in denen
die Europäer Lahores in den Abendstunden Erfrischung nach
heißem Tage suchen.

In der Nativetown befindet sich eine Moschee mit drei
vergoldeten Kuppeln, ein stattliches Gebäude, dessen Inneres
mir anzusehen ich leider versäumt habe, dafür habe ich aber
das Museum eingehend besichtigt und den ethnologischen

Sammlungen lebhaftes Interesse gewidmet. In der natur=
historischen Abteilung befinden sich nicht nur ausgestopfte
Tiere und diverse Vogelbälge Indiens, sondern auch solche
aus England und Schottland. Bei der Ordnung derselben
scheint man nicht allzu genau verfahren zu sein, wenigstens
fand ich in einem Glaskasten mit Vögeln aus Schottland
einen weißen Kakabu mit gelber Haube. Ich bin zwar
nichts weniger als erfahren in der Ornithologie und habe
es eigentlich in diesem Fache nur dahin gebracht, einen far=
cierten Truthahn von einer getrüffelten Poularde, eine ge=
füllte Gans von einem Fasanen mit Sauerkraut unterscheiden
zu können, aber soviel glaube ich denn doch behaupten zu
dürfen, daß der Kakabu nicht zu der Vogelwelt Schottlands
gehört.

Es erübrigt mir nur noch zu sagen, daß Lahore eine
Pferdebahn besitzt und den Ruf einer der ungesundesten
Städte Nord=Indiens genießt. Beim Besuche des stark=
bevölkerten Europäerfriedhofs erkennt man, daß dieser Ruf
begründet ist. Nur die für Erkrankte leicht zu erreichende
Berg=Station Murree ermöglicht den Europäern einen mehr=
jährigen Aufenthalt in dieser fieberdurchseuchten Hauptstadt
der Punjab=Provinz, in der auf einen heißen Sommer ein
ebenso kalter Winter folgt.

Abends verließ ich Lahore, und am Mittag darauf hatte
mein Eisenbahnfahren in Rawalpindi sein Ende erreicht, denn
von nun ab sollte ich mich für lange Zeit auf meine eigenen
Beine oder diejenigen eines Pferdes beziehungsweise Maultiers
verlassen. Rawalpindi ist eine kleine Stadt von 20000 Ein=
wohnern, die ihre Bedeutung ausschließlich dem Umstande
verdankt, daß sie als eine der Haupt=Truppenstationen Nord=
indiens dient. Außer 2 Batterien Artillerie stehen hier 3 Regi=

menter Infanterie (1 europäisches und 2 Native) und 1 Native=
Kavallerie=Regiment. Die Gesamtstärke der Garnison beläuft
sich auf 8000 Mann, deren größter Teil in den Sommer=
monaten Lager in den Bergen bezieht; denn Rawalpindi ist
in dieser Zeit ebenso heiß wie ungesund. Das Europäer=
viertel ist ähnlich angelegt wie in Agra und Lahore. Die
Straßen sind gut gehalten und werden täglich besprengt,
die Umgebung der Stadt und ihre freundlichen Anlagen bieten
Gelegenheit zu hübschen Spazierfahrten und Ritten. Ich
würde wahrscheinlich weniger gern an die in Rawalpindi ver=
lebten Tage zurückdenken, wenn ich nicht in der Messe der
Royal Artillerie liebenswürdige Aufnahme gefunden. Gar
fröhliche Stunden habe ich hier im Kreise der englischen Offi=
ziere verlebt und manche wichtige Information, meine Weiter=
reise nach Kaschmir u. s. w. betreffend, erhalten.

Das von den Engländern neu angelegte Fort scheint
mir in der Hauptsache als ein Depot für Kriegsmaterial
dienen zu sollen. Einem feindlichen Angriffe würde es, weil
rings von Hügeln beherrscht, wohl kaum standhalten können.
Der einzige Feind, der hier zu erwarten wäre, sind die
Russen, und wenn die erst bis Rawalpindi gelangt sind,
dann kann England überhaupt Indien „Gute Nacht!" sagen.

Die Inder sind ein durch und durch konservatives Volk,
das erkennt man auf Schritt und Tritt. Ihre Acker= und
Hausgeräte, ihre Kleidungsstücke, — alles ist genau so, wie
es nach alten Reliefs und bildlichen Darstellungen vor
Tausenden von Jahren gewesen ist. Die „Ekka", ein leichtes
zweirädriges, buntbemaltes Gefährt, finden wir auf den
ältesten bildlichen Überlieferungen in derselben Form, wie
wir ihr heute täglich auf indischen Landstraßen begegnen,
nur die hölzerne Achse hat vielfach der eisernen Platz machen

müssen. Zwei solcher „Ekkas" mietete ich von der Imperial
Carrying Co. zum Preise von zusammen 12 Mark, um
Diener und Gepäck nach meiner ersten Station, dem 7500
Fuß hoch in den Himalayabergen gelegenen Kurort Murree,
zu schaffen. Nachdem sie Rawalpindi mittags verlassen hatten,
folgte ich selbst spät abends mit der Post.

Der Postwagen ist eine sogenannte Tonga, ein niedriger,
zweiräbriger, verdeckter Wagen mit dos-à-dos-Sitzen, die
Raum für drei Fahrgäste und den Postillon gewähren. In
der Ebene ist die Tonga mit zwei und in den Bergen mit
drei Pferden bespannt. Da ich der einzige Passagier war,
konnte ich es mir verhältnismäßig bequem machen, und der
Postillon war in der Lage, sich einen Gehülfen mitnehmen
zu können. Welche Aufgabe dieser letztere zu erfüllen hatte
und wie notwendig seine Anwesenheit war, sollte ich bald
genug erfahren. Kaum hatte ich Platz genommen, so ging
eine Fahrerei los, wie ich sie bisher während meiner 35 jährigen
Existenz noch nicht erlebt habe. Nicht Galopp, nein, ventre
à terre ging es erst durch die Straßen der Native town,
dann weiter auf der tadellosen Chaussee nach Murree, wobei der Postillon unausgesetzt eine entsetzliche Musik auf seinem
Horn vollführte. „Was soll das werden!" dachte ich, „solch
eine Raserei kann ja kein Pferd auch nur eine Stunde lang
aushalten!" Wir hielten denn auch bereits nach einer halben
Stunde; unsere schaumbedeckten Rosse wurden entlassen und
ein anderes Paar trotz heftigen Sträubens — die armen
Tiere wußten, was ihnen bevorstand — eingespannt. Als
sie trotz moralischen Zuspruchs und Peitschenhieben sich absolut nicht vom Fleck rührten, schoben ihnen etwa acht Mann
den Wagen derartig auf die Hacken, daß sie sich des Wortes:
„contre la force il n'y a pas de résistance" erinnern und

sich notgedrungen in Bewegung setzen mußten. In der tollsten
Jagerei ging es weiter, bis die geplagten Bestien aufs
äußerste erschöpft, dem Zusammenbruch nahe, den Dienst
versagten. Im selben Moment stand auch schon der Gehilfe
des Postillons vor den Pferden, befestigte ihnen ein Seil an
der Oberlippe und zog so lange an demselben, bis der Schmerz
die alten Mähren wieder weiter trieb. Diese Scene wieder=
holte sich verschiedentlich, alle halbe Stunde wurden die
Pferde gewechselt, eine andere Gangart als Karriere schien
man nicht zu kennen, und auf jeder Station langten die
Pferde halbtot an. Hier harrte ihrer nicht etwa ein behag=
licher Stall, eine weiche Streu, nein, auf hartem Boden
hatten sie sich auszuruhen von ihren Strapazen, vom Boden
ihr Futter zu fressen ohne Raufe, ohne Krippe. Eine tollere
Tierschinderei als auf dem Wege von Rawalpindi nach
Murree findet man, glaube ich, nirgends in der Welt. Auf
der dritten Station erhielten wir drei Pferde, denn nun
ging es in die Berge. Immer pleine chasse hinauf und
hinunter. Lange Züge von beladenen Kamelen zogen vor=
über gleich Nebelbildern, Herden bepackter Pferde, Maultiere,
Esel und Rinder — denn auch das Rind wird hier als
Lasttier benutzt, ja in den Bergen sogar das Schaf — hatten
unserem dahinsausenden Gefährt beständig Platz zu machen.
Sie beförderten meist Erzeugnisse Kaschmirs zur Bahnstation
Rawalpindi, Häute, Fett, Gerste, Medizinpflanzen und
Räucherhölzer.

Die Nacht war anfangs so warm, daß ich mich bald
meines dünnen Jacketts entledigte. Kaum kamen wir indessen
in die Berge, als mir ganz herbstlich zu Mute wurde. Ich
zog zwei Röcke übereinander und holte sogar meine Jäger=
decke hervor. Herrlicher Vollmond ermöglichte mir auch

während dieser Nachtfahrt den Genuß der prächtigen Natur,
erhellte Thäler wie Berge mit seinem milden Glanze und
verwandelte die sich hier und da durch die Felsspalten
drängenden Wasser in Silberbäche von feenhafter Pracht.
Schön war die Fahrt, troß der Jagerei, und ich war nur
der Pferde wegen froh, als wir um 3 Uhr in der Frühe
mit Murree unser Ziel erreicht hatten. Wenn ich eine Stunde
für achtmaligen Pferbewechsel rechne, so hatten wir eine
Strecke von 9½ beutschen Meilen und eine Steigung von
etwa 6500 Fuß innerhalb 4 Stunden zurückgelegt. Meine
beiden Gepäckwagen hatten über 15 Stunden gebraucht und
waren erst kurz vor mir angelangt. In Powells Gasthof
wurde mir ein zwar mäßig ausgestattetes, aber herrlich ge=
legenes Zimmer angewiesen, und bevor ich mein Lager auf=
suchte, saß ich noch lange auf der Veranda, und sah tief,
tief unter mir im Thale die Morgennebel durcheinanderwogen,
milchweiß im Lichte des Vollmondes.

Indische Münze mohamedanischer Herrscher.
Zweite Hälfte des 16. Jahrh.

Nach Kaschmir.

Ich hatte wohl daran gethan, mir noch im Mondeslicht den Genuß eines Blickes in das Murreethal zu verschaffen, denn als ich spät am Morgen erwachte, lagen Berg und Thal in undurchbringlichem Nebel, der leider während meines zweitägigen Aufenthaltes auch nicht dem bescheidensten Sonnenstrahl gestattete, zur Erde zu gelangen. Solche Tage sind überall wenig erfreulich, am wenigsten aber in sogenannten Luftkurorten, wo alles auf den Aufenthalt im Freien eingerichtet ist. Jedermann, meist englische Offiziere auf Urlaub, denen sonst der Humor so leicht nicht abhanden kommt, hockte trübselig, in längst verjährten Zeitungen blätternd, fröstelnd in allen Ecken des Gasthofs herum. Selbst der genossene Whisky mit Soda und die Ventilierung der Frage eines bevorstehenden Einmarsches in Afghanistan waren nicht im stande, die allgemein herrschende mißmutige Stimmung zu beseitigen.

Ich besorgte meine letzten notwendigen Ausrüstungsgegenstände, löste Briefschulden ein und schlug mich so ehrlich

durch die Langeweile zweier Nebeltage durch. Am Morgen
des dritten Tages, 6 Uhr, sollten zwei Ekkas, mit je einem
Pferd bespannt, zum Transport meines Gepäcks bereit
stehen, ich selber wollte den Marsch nach der nächsten Rast=
station Kohala zu Fuß zurücklegen.

Wie das im Orient aber überall zu gehen pflegt, so
auch hier; ich stand um 6 Uhr bereit, die versprochenen
Ekkas erhielt ich dagegen erst nach langem Bemühen drei
Stunden später. Mein Gepäck bestand aus drei Lasten für
Zelt, Bett, Tisch und Stuhl, einer Last Bettzeug, drei
stählernen Koffern, zwei Lasten Kochgeschirr, Dienerzelt u. s. w.
und einem Korbe mit Proviant, zusammen zehn Trägerlasten
von je 50 bis 70 Pfund Gewicht. Für eine Ekka bezahlt
man von einer Station zur andern — dieselben liegen 20
bis 30 Kilometer auseinander — 2 Mark, für einen Träger
pro Marsch 40 bis 50 Pf.

Durch prächtigen Wald mit altem Nadelholzbestand, in
dem die Weimutskiefer mit ihrem hellen Blaugrün angenehm
gegen das dunkle Grün der Tannen kontrastierte, führte
unser Weg. Auf breiter Fahrstraße geht es schnell bergab,
die Waldbäume werden niedriger, hier und da verschiedenem
Laubholz Platz machend, blühender wilder Oleander bedeckt
ganze Flächen des stark abfallenden Geländes, und bald er=
blicken wir unter uns die rauschenden Wasser des in Kaschmir
entspringenden, später mit dem Chenab vereint in den Indus
sich ergießenden Jhelam, dessen wildes Brausen jetzt während
sieben Marschtagen an unser Ohr tönen soll und auf dessen
Fluten wir später nach dreitägiger Fahrt in die Hauptstadt
Kaschmirs, das unvergleichliche Sirinagar, gelangen werden.
Um 4 Uhr erreichten wir Kohala nach einem Abstieg von
5500 Fuß. Das Wetter hatte sich aufgeklärt, und es war

hier in einer Höhe von nur 2000 Fuß inmitten der Berge
sogar empfindlich warm. Im Dak Bungalow, der auf einer
Anhöhe am Flusse gelegen ist, fand ich schöne luftige Räume
und gutes Bier aus der Brauerei in Murree. Gerste wird
massenhaft im Lande gebaut, und Hopfen gedeiht in der
Nähe von Sopor, einer kleinen Stadt in Kaschmir, am
rechten Ufer des Jhelam. Der Gedanke, in dem hoch und
kühl gelegenen Murree eine Brauerei anzulegen und bayrische
Braumeister zu engagieren, war daher ein recht glücklicher,
zumal hier jedermann den Preis von 1 M. die Flasche für
normal hält.

Daß ich nach dem siebenstündigen Marsch und dem Genuß
zweier Flaschen Murree-Stout nicht an Schlaflosigkeit zu
leiden hatte, wird man verstehen. Am folgenden Morgen
holte ich, anstatt frühzeitig aufzubrechen, Tinte und Feder
hervor und schrieb einige Briefe, denn nur eine Hängebrücke
trennte mich von Kaschmir, und mit Kohala sollte ich die
letzte englische Postagentur verlassen. Was ich hier im Post=
bureau des British Government erlebte, war nicht gerade
dazu angethan, mir Achtung einzuflößen. O du heiliger
Stephan! Die Haare würden dir zu Berge steigen, sähest
du die Wirtschaft der Postagentur in Kohala. Ich brachte
meinen Brief zum „Einschreiben" persönlich ins Office, in
dem 3 Inder mit gewaltigen Turbanen auf dem Kopfe
zwischen Büchern und Papieren vergraben saßen. Bei meinem
Eintritt erhoben sie sich, um meinen Brief in Empfang zu
nehmen. Es gelang aber selbst mit vereinten Kräften diesem
edlen Dreiblatt nicht, die Höhe des Portos nach Deutsch=
land festzustellen, und so übergab man mir ein Heft mit
dem Ersuchen, selber nachzusehen, wieviel ich für die Be=
förderung meines Schreibens zu entrichten habe. Nachdem

ich dieses ermittelt, hatte ich noch das Gewicht festzustellen und das „Einschreiben" zu besorgen. Bei einer solchen Wirtschaft fand ich es ratsam, auch das Abstempeln der Marken in die Hand zu nehmen; denn es ist keineswegs selten, daß sich in indischen Postbureaus Liebhaber für solche finden, so lange sie von der Druckerschwärze noch nicht entweiht sind.

Mein Aufbruch hatte sich durch diese verschiedenen Schereien bis 12 Uhr verzögert. Nachdem ich den Jhelam auf der hübsch konstruierten etwa 200 Fuß langen Hängebrücke überschritten und sein linkes Ufer betreten hatte, befand ich mich in Kaschmir, dem Lande meiner Sehnsucht seit langen Jahren, in das es mich unwiderstehlich zog, als sollte ich hier das finden, was man meist vergebens sucht auf unserer Erde, eine Reihe ungetrübter, glücklicher Tage. Die Straße, welche mich in das Herz dieses mit Recht gelobten Landes führen sollte, ist von dem in Diensten des Maharadja stehenden englischen Ingenieur Alexander Atkinson angelegt, zu drei Vierteln bereits vollendet und dürfte im nächsten Jahre bis nach Baramulla führen, von wo der Reisende per Boot nach Sirinagar gelangt. Der Ingenieur hat zweifellos bei Anlegung dieses an die alte Gotthardstraße erinnernden Weges bedeutende technische Schwierigkeiten zu überwinden gehabt, mir scheint aber, als habe man es beim Bau stellenweise an der nötigen Vorsicht und Gründlichkeit fehlen lassen und die Straße zu früh dem Verkehr übergeben. Kaum hatte ich den Fuß auf Kaschmirterritorium gesetzt, als der Himmel seine Schleusen öffnete, als gälte es, einen Hamburger Brand zu löschen. Daß ich in kürzester Zeit bis auf die Haut durchnäßt war, genierte mich wenig, peinlich hingegen war mir das beständige Herabstürzen losgewaschenen

5*

Erdreiches und mit Donnergetöse bergab rollender Felsblöcke.
Es war, das läßt sich nicht leugnen, ein wunderbar schönes
Schauspiel, dazu die von allen Seiten herniederbrausenden,
rot, braun und gelb gefärbten Wasserfälle, die entwurzelte
Bäume mit sich herabrissen, unten in der Schlucht der wild-
schäumende Jhelam und die unausgesetzt sich folgenden hell-
aufleuchtenden Blitze. Alles das war von großartiger Wirkung, der ich mich auch keineswegs entzog und hätte entziehen können, wenn ich gewollt hätte. Und ich hätte gewollt,
das gestehe ich ohne weiteres ein, namentlich nachdem
20 Schritte hinter mir ein Felsblock mitten in eine weizen-
beladene Eselherde hineingekollert war und zwei ahnungs-
lose Grautiere in einem Ruck vom Leben zum Tode befördert hatte, während ein Bergrutsch vor mir gleichzeitig
einen Teil der Straße mit in die Tiefe riß, so daß meine
Ekkas zurückzubleiben gezwungen waren. Allein marschierte
ich weiter durch Schmutz und Steingeröll, oft bis an die
Kniee in herunter gerutschten lehmigen aufgeweichten Erd-
massen watend, jeden Augenblick gewärtig, verschüttet oder
zermalmt zu werden. Doch der Himmel hatte ein Einsehen,
und unversehrt fand ich mich um 4 Uhr in dem reizenden,
vom Maharadja im Schweizerstil erbauten Bungalow in
Dulai. Der Maharadja sorgt dafür, daß die Besucher seines
Landes Weine aller Art, sowie Konserven, Tabak u. s. w.
in den meisten Bungalows an der Straße von Murree nach
Baramulla vorfinden. Behaglich fühlte ich mich freilich erst,
als am Abend die von mir abgesandten Kulis mit meinem
Gepäck angelangt und meine nassen Kleidungsstücke gegen
trockene vertauscht waren.

Am folgenden Tage wiederholte sich die Scene mit den
Ekkas; denn nachdem wir beim schönsten Wetter zwei Stun-

den marschiert waren, hörte plötzlich die Straße auf, ein
Erdrutsch hätte ihr gestern ein Ende gemacht. Mit vieler
Mühe watete ich durch die noch immer sich bewegende Erd=
masse und erreichte dann wieder die Straße, auf der ich in
anderthalb Stunden nach dem Orte Domel gelangte. Um
3 Uhr kam mein Diener, dem es gelungen war, Träger
aufzutreiben, mit dem Gepäck nach, und ich ließ es mir wohl
sein in dem Schweizerhäuschen, von dem ein Steg in den
Fluß hineingebaut ist. Domel ist das Hauptquartier des
Straßen=Ingenieurs, der hier auch eine große Werkstatt mit
Dampfbetrieb und Holzschneiderei eingerichtet hat. Abends
probierte ich, auf dem soeben erwähnten Stege sitzend, eine
Flasche roten Kaschmirweins, der lebhaft an schweren sizilia=
schen Landwein erinnert. Mir gegenüber, auf einer Land=
zunge, die durch die Vereinigung des Jhelam mit dem
Kischengunga gebildet wird, wurde der Leichnam eines Hindu
verbrannt, unter mir brauste der Jhelam, der hochange=
schwollen, Bäume und Balken mit sich führte. Doch was für
ein merkwürdiges Ungeheuer kommt da plötzlich vorbeige=
schwommen? Weiß Gott, es ist ein Menschenkopf, der mir
freundlich zunickt und zwischen vier mit Luft gefüllten Ziegen=
häuten ruht. Ich nehme an, daß er zu einem unter Wasser
befindlichen Körper gehörte, denn zu sehen war in dem
schlammigen Wasser weiter nichts dergleichen. Von dem Auf=
seher im Dak Bungalow erfuhr ich hernach, es sei ein Mann
von einem Dorfe oberhalb Domels, der wahrscheinlich in
irgend einem stromab gelegenen Orte einen Besuch machen
wolle. Ich bin später noch verschiedentlich schwimmenden
Reisenden dieser Art begegnet, auch solchen, die sich mir für
ein Entgelt von 5 Pf. als Schwimmkünstler produzierten
und mit ihren aufgeblasenen Ziegenschläuchen die gefährlichsten

Stromschnellen passierten. Zwei englische Ehepaare, die mit
Extrapost reisten, aber wegen der vielen Straßensperrungen
nicht viel besser daran waren, wie ich, kamen abends an.
Heftiges Fieber nötigte mich jedoch, anstatt an einem ge=
meinsam verabredeten Mahle teilzunehmen, mein Lager auf=
zusuchen und Chinin zu schlucken.

Am Morgen war ich wieder wohlauf, und ohne
Störung, auf mittlerweise gesäuberter Straße, legte ich
die 33 Kilometer bis Garhi, einem kleinen Orte mit hüb=
schem, am Fluß gelegenem Bungalow, in 3½ Stunden zu=
rück. Die Berge treten hier am linken Ufer des Jhelam
etwas weiter zurück und machen allerlei Feldkulturen Platz.
Die rechtseitig gelegenen Höhen, auf deren Abhängen die
Bewohner Hatians ein sonndurchglühtes Leben fristen, sind
jetzt nach verschiedenen Regentagen von oben bis unten mit
frischgrünem Gras bedeckt, ein äußerst lieblicher Anblick. Von
hier ging es in zwei Tagemärschen nach Chukoti, die Straße
war wieder verschiedentlich unfahrbar, zuweilen sogar für
Fußgänger beschwerlich. Esel und Maultiere begegneten
uns in ununterbrochener Folge zu vielen Hunderten, be=
laden mit Getreide oder geschmolzener Butter, „ghi“ ge=
nannt, einem Meiereiprodukt, mit dem man mich von jedem
Tische verjagen kann und dessen ranzigen Geruch ich schon
spürte, bevor die heranziehende Karawane sichtbar wurde.
Es ist wirklich ein Jammer, daß die vortreffliche Alpen=
butter hier auf diese Weise verhunzt wird. Die Landstraße
von Chukoti nach Garhi war für Fuhrwerk aller Art seit
bereits drei Tagen unpassierbar, und so hatten sich Hunderte
von Gefährten hier angesammelt. Sie konnten, da auch die
Straße nach Baramullu durch Abstürze gesperrt war, weder
vor= noch rückwärts und saßen nun da in drangvoll fürchter=

licher Enge. Ich zog es vor, von Chukoti nach Uri auf
dem alten Saumpfade zu marschieren und mein Gepäck auf
Maultieren folgen zu lassen. Der Marsch ist entschieden der
anstrengendste, oder vielmehr der einzig anstrengende der
ganzen Reise zur Hauptstadt, dafür aber auch der lohnendste.
Bergauf, bergab führt der schmale Pfad, vielfach an steilen
Abhängen entlang, die, wie an umherliegenden Skeletten
und frischen Kadavern von Pferden oder Maultieren er-
sichtlich, zahlreiche Opfer fordern. Hieran trägt allerdings
der menschliche Unverstand die Hauptschuld. Die Tiere
werden oft mit Lasten von solcher Größe bepackt, daß sie
entweder diese oder ihr Leben verlieren müssen. Einige
Ekkatutscher, denen die große Straße versperrt war, hatten
versucht, mit ihren Fuhrwerken auf dem Saumpfade nach
Chukoti zu gelangen. Erst als der erste Fuhrmann seinen
Wahnwitz mit dem Leben hatte büßen müssen, hatten die
übrigen es für ratsamer gehalten, von ihrem thörichten Beginnen abzustehen. Meine drei Maultiere bewährten sich
vorzüglich und hatten mein Gepäck schon abgeliefert, als ich,
da ich mindestens zwei Stunden mit der Zubereitung eines
Frühstücks unterwegs vertrödelt hatte, gegen 4 Uhr in dem
recht mäßigen Bungalow von Uri anlangte.

Uri ist ein kleines Dorf mit prächtiger Aussicht auf die
rundum in die Wolken ragenden Felsmassen. Der Jhelam
rauscht hier in verhältnismäßig engem Bette wie ein Wild-
bach dahin, bald über Blöcke stürzend, bald in Kaskaden
herabfallend. Ein altes Fort, dem Untergange geweiht, ist
keines Besuches wert und von dem Erdbeben 1885 nahezu
zerstört. Es begann gerade zu regnen, als mein Diener
das Abendessen auftrug. Bei schlechtem Wetter allein zu
essen, ist mir stets unerquicklich gewesen, und so begrüßte

ich einen anlangenden engliſchen Offizier, der ohne weiteres
fragte, ob er an meinem Mahle teilnehmen könnte, mit Freuden.   Derſelbe kam aus Sirinagar, gab mir manche inter-
eſſante Auskünfte und entpuppte ſich als einer der liebenswürdigſten Geſellſchafter, denen ich je begegnet bin.   Da in
England und darum auch in Indien der läſtige Zwang des
gegenſeitigen Vorſtellens nicht herrſcht, wie bei uns in Deutſchland, wo man jedem Menſchen, dem man zufällig einmal
auf die Hühneraugen tritt, ſeinen Namen zu nennen verpflichtet iſt, ſo weiß ich aus der Unterhaltung nur, daß ich
es mit dem Hauptmann eines Eingeborenen-Regimentes zu
thun hatte.

Auf wohlgehaltener Straße führte mich mein Weg
weiter nach Rampore, anfangs im Schatten grünender
Wälder, hoch über dem Jhelam, dann bergab, vorüber an
rauſchenden Stromſchnellen, über Gießbäche, in wunderbar
ſchöner wilder Gebirgslandſchaft, die ſo mächtig auf mich
wirkte, daß ich den Ruinen eines uralten Tempels kaum die
wünſchenswerte Aufmerkſamkeit zu widmen im ſtande war.
Der Jhelam hat ein Gefälle von 1 : 25 und brauſt an uns
vorüber, während wir in dem ſchattigen Walde von Kiefern,
Tannen und Zedern gen Rampore pilgern.   Im Bungalow
ward ein Frücſtück eingenommen und weiter ging's in das
„Thal der Glücklichen“, zuerſt durch niederen Buſch, dann
auf der neuen Straße weiter zum Tempel des „Panchiah“,
in dem einige elende Fakirs (Bettelmönche) ihr Weſen treiben.
Der Tempel iſt umgeben von hübſchen Kolonnaden mit Archi-
traven und Bogen in Kleeblattform.   Nach etwa 3 Stunden
Marſches durch ein liebliches Thal mit Reisfeldern und fruchtbehangenen Apfelbäumen überſchreiten wir den Baramulla-
Paß, und vor den erſtaunten Augen breitet ſich das herrliche

weite Thal von Kaschmir aus, der Jhelam, der Wularsee
und ringsum die schneebedeckten Bergriesen des Hymalaya.
Wer findet Worte für so viel Schönheit? Nach steilem Abstieg ins Thal erreichte ich Baramulla, eine Stadt von
ca. 3000 Einwohnern, die durch das Erdbeben im Jahre
1885 fast gänzlich zerstört, aber dann schnell wieder aufgebaut wurde. Eine Holzbrücke verbindet die an beiden
Seiten des Flusses gelegene Stadt, in der Proviant zu
billigen Preisen zu beschaffen ist, selbst Sodawasser, dry
Champagne, Worcestersauce und sonstige dem englischen
Gaumen zusagende Genußmittel. Die Zivilisation ist geradezu
erschreckend, aber Gott sei Dank, nur in einem einzigen
Laden, alles übrige ist echt kaschmirig und wohlthuend billig.
Da der Dak Bungalow, nachdem ihn das Erdbeben in
einen Trümmerhaufen verwandelt, nicht neuerbaut worden
ist, mietete ich unverweilt eins der Boote, die den Verkehr
zwischen Baramulla und Sirinagar vermitteln, für einen
halben Monat und richtete mich in demselben häuslich ein.
Gern hätte ich meine Reise nach der Hauptstadt am nächsten
Tage fortgesetzt, allein der britische Resident, an den ich
Empfehlungsschreiben vom Foreign Office in Kalkutta zu
überbringen hatte, hielt Hof in Gulmarg, einem fashionablen
Luftkurort, etwa 8600 Fuß über dem Meeresspiegel,
d. h. 3500 Fuß höher als Baramulla, und so fühlte ich
mich verpflichtet, am folgenden Morgen den Marsch dorthin
trotz strömenden Regens anzutreten. Kühn war das Mühen,
herrlich der Lohn!

Kaschmir.

Wer jemals einen heftigen Regen im Hochgebirge erlebt hat, weiß, was ein solcher zu bedeuten hat. In kürzester Zeit schwellen die bescheidensten Rinnsale zu schäumenden Bächen an, Stege und Brücken werden fortgerissen, und in den steilen Fußpfaden stürzen die Wasser gießbachähnlich thalwärts, ein Vorwärtskommen der Reisenden außerordentlich erschwerend, wenn nicht unmöglich machend. Ich hatte ein Pferd für mich und ein Maultier für einiges Gepäck gemietet, das war mein Glück; denn Kulis wären kaum im stande gewesen, die verschiedenen Wegeschwierigkeiten zu überwinden. Mein Pferdchen trug mich sicher durch die reißendsten Bäche und kletterte die schroffsten Abhänge mit bewundernswerter Geschicklichkeit hinan. Anfangs durch Kulturland und Gärten mit fruchtbehangenen Bäumen, führte der Weg später durch Tannen= und Kiefernwald. Wo immer wir halt machten, begrüßten uns die Bewohner des Landes in liebenswürdigster Weise und brachten Milch, Äpfel, Pflaumen und Pfirsiche als Geschenk. Die Äpfel waren wenig schmackhaft, aber der

Duft derselben, ebenso wie die würzige Luft der Waldungen berührten mich fast heimatlich, und ich fühlte mich glücklich in dieser Luft und Umgebung nach langer, auf die Dauer ermüdenden Palmenwedelei in Ostafrika. Anstatt der ärm= lichen Lehmhütten, die wir bisher auf unserem Marsche an= trafen, finden wir jetzt behaglich und wohnlich erscheinende Blockhäuser, teils mit Erd=, teils mit Stroh= und Schindel= bedachung. Nirgends fehlt eine Veranda, in der die Be= wohner fast den ganzen Tag zubringen, soweit sie nicht in Feld und Garten beschäftigt sind.

Sauberkeit ist eine Eigenschaft, die bei Bergbewohnern wenig gefunden wird, am allerwenigsten aber in Kaschmir, wo Kinder und Schweine, erstere ebenso nackt wie letztere, in guter Kameradschaft sich gemeinsam in den Schmutzpfuhlen der Gehöfte sielen. Der Kaschmiri ist der schmutzigste Mensch, den ich kennen gelernt habe, er wechselt seinen Anzug nur, wenn die Notwendigkeit an ihn herantritt, denselben durch einen neuen zu ersetzen, und wird der Wohlthat eines Bades nur teilhaftig, wenn er zufällig einmal ins Wasser fällt. Daß unter diesen Umständen der Dunstkreis, der ihn umgiebt, weniger an die vielbesungenen Düfte des Orients als an diejenigen des Schweinestalles erinnert, ist selbstverständlich. O, daß dem Menschen nichts Vollkommenes wird, erkenn' ich nun. Warum muß in der entzückendsten Umgebung, in einem Lande, welches nicht seinesgleichen hat auf der weiten Erde, der Bewohner, der noch dazu von der Natur mit allen physischen Vorzügen ausgestattet ist, ein solcher Schmutzfink sein, daß seine unmittelbare Nähe genügt, jeden Genuß des uns umgebenden Schönen illusorisch zu machen! Andere fatale Eigenschaften der Kaschmiri werde ich später beleuchten.

Mein Aufstieg nach Gulmarg war, da der Regen auch

nicht einen Augenblick aufhörte, nichts weniger als ein Ver=
gnügen, zumal ich ſchließlich einer weggeriſſenen Brücke wegen
an einem hochangeſchwollenen Bach, den zu durchſchwimmen
ich meinem Pferde nicht zumuten konnte, dieſes zurücklaſſen
und mich ſelber durch die Fluten hindurcharbeiten mußte.

Endlich nach ſiebenſtündigem Marſche war ich am Ziele,
in Gulmarg, zu deutſch „Blumenalm". Zähneklappernd watete
ich an den halb unter Waſſer ſtehenden Zelten und Stroh=
hütten der Kurgäſte vorüber nach dem kürzlich erbauten
Hotel, einer Holzbaracke, die auf alles andere eher als auf
Regen und Kälte eingerichtet iſt. Der Wirt, Herr Nedow,
ein ſeit 32 Jahren in Indien lebender Öſterreicher, brachte
mich ſofort in eine ſeiner Gaſtſtuben, in der ein Kamin vor=
handen war, verſah mich, — denn auch mein Maultier mit
dem Gepäck hatte ich zurücklaſſen müſſen, — mit trockenen
Kleidungsſtücken, und binnen kurzem ſaß ich bei einer
Flaſche Malaga am praſſelnden Feuer unter aufgeſpanntem
Regenſchirm, da das Dach einem Siebe glich. Gute Speiſen
und ein feuriger Trank ließen mich bald die Unbehaglichkeit
meiner Lage vergeſſen. Als meine Koffer und Decken endlich
anlangten, kroch ich mit meinem Regenſchirm ins Bett und
verließ dasſelbe erſt abends, um Toilette zur Table d'hôte
zu machen. Im Speiſeſaal herrſchte bittere Kälte. Herren
und Damen erſchienen in den wunderbarſten Pelzmontierungen,
und bald klapperten etwa ein Dutzend menſchlicher Gebiſſe
mit den Tellern und Schüſſeln um die Wette. Auf welche
Weiſe ſich die nach Hunderten zählenden, in Zelten lebenden
Gäſte dieſes Kurorts für den Reſt des Abends die Zeit ver=
trieben haben, weiß ich nicht, in einer beneidenswerten Lage
befanden ſie ſich jedenfalls nicht.

Am folgenden Morgen herrſchte zwar grimmige Kälte,

aber der Regen hatte einem dichten Nebel Platz gemacht, die Wasser verliefen sich allmählich und ermöglichten mir, mit Hilfe meines inzwischen angelangten Ponys, den Zweck meines Ausfluges zu erfüllen und dem britischen Residenten von Kaschmir in seinem hübschen, hochgelegenen Holzhause, von dem man, wie der Besitzer mir versicherte, bei gutem Wetter eine herrliche Aussicht ins Thal und auf die rings= um liegenden Berge genießen soll, meinen Besuch zu machen.

Wie von allen höheren englischen Beamten, mit denen ich in Indien in Berührung gekommen bin, wurde ich auch hier von dem Obersten Parry=Nesbitt in jener herzlichen Weise empfangen, die dem Briten Fremden gegenüber eigen ist und die mich immer ungemein wohlthuend berührt hat. Was mir hier mitgeteilt wurde, war außerdem ganz dazu angethan, mich froh zu stimmen. Seine Hoheit, der Maharadja von Kaschmir, hatte, durch den Residenten von meiner bevorstehenden An= kunft in seiner Hauptstadt unterrichtet, mir nicht nur eine seiner Villen zur Verfügung gestellt, sondern auch einen des Englischen mächtigen Staatsbeamten kommandiert, mich, falls ich es wünsche, auf allen meinen Reisen im Kaschmirstaate zu begleiten und den Cicerone zu machen. Soviel Entgegen= kommen hatte ich auch nicht annähernd erwartet und war nahe daran, mich für einen inkognito reisenden Prinzen zu halten.

Aus der Unterhaltung mit dem Residenten erfuhr ich über Kaschmir und seine Herrscherfamilie manches Interessante. Der eigentliche Titel des Landesherrn ist „Maharadja von Jummu und Kaschmir", denn, während seine Familie seit Jahrhunderten über Jummu geherrscht hat, ist Kaschmir erst nach den Kämpfen der Engländer gegen die Sikhs von dem Maharadja des Lahorestaates, Dhulip Singh, als ein Teil der Kriegsentschädigung der britischen Regierung, und von

dieſer wieder einige Tage ſpäter, laut Vertrag vom 16. März
1846 dem Maharadja von Jummu, Golab Singh, für den
den Engländern mit ſeinen Truppen geleiſteten Beiſtand,
gegen eine einmalige Zahlung von — irre ich nicht — zwölf
Millionen Mark abgetreten worden. Dafür verpflichtete ſich
der Maharadja für ſich und ſeine Erben, mit der geſamten
militäriſchen Macht ſeiner Staaten, zuſammen etwa 15 000
Mann, den britiſchen Truppen Heeresfolge zu leiſten und
als ein Zeichen der Anerkennung der Suprematie Englands
der Königin-Kaiſerin jährlich zwölf ausgeſuchte Shawlwoll-
ziegen, ſechs Kaſchmirſhawls und ein Pferd als Tribut zu
zahlen. Oberſt Nesbitt verſicherte mir, daß, hätte man
engliſcherſeits eine Ahnung gehabt von dem Wert des ab-
getretenen Reiches, man auch nicht im entfernteſten an den
Abſchluß des Vertrages mit Golab Singh gedacht haben
würde. „Das einzige Land in Indien, wo unſere Koloniſten
leben können wie zu Hauſe, ein Land von unerſchöpflicher
Fruchtbarkeit, mit einem dem engliſchen gleichen Klima, haben
wir für eine Bagatelle hergegeben aus Unkenntnis der Ver-
hältniſſe". Das waren etwa die Worte meines wohlunter-
richteten Erzählers.

Golab Singh, der Mehrer des Reiches, ſtarb 1857; ihm
folgte Rambir Singh, ein Herrſcher von vorzüglichen Eigen-
ſchaften, der bis zu ſeinem Tode i. J. 1885 die Zügel der Regierung führte. Sein Sohn Pertab Singh, der jetzige
Maharadja, hat ſich nicht zur Zufriedenheit der engliſchen
Regierung aufgeführt und war infolge deſſen wenige Monate
zuvor auf vorläufig fünf Jahre unter Kuratel geſtellt worden.

Ein Fünferrat, zuſammengeſetzt aus zwei Brüdern des
Maharadja und drei anderen Männern von Verdienſt, hat
jetzt über das Wohl und Wehe des Landes zu beſchließen oder

vielmehr zu beraten: denn jeder Beschluß erlangt erst Geltung nach erfolgter Sanktionierung von Seiten des britischen Residenten.

Bis heute ist es Europäern infolge eines Verbotes des Maharadja nicht gestattet, sich in Kaschmir niederzulassen. Wird dieses Verbot aufgehoben, so werden Tausende in ihrer Heimat unzufriedene Menschen in dieses irdische Paradies eilen, um sich nie wieder in ihr verlassenes Vaterland zurückzusehnen.

A propos „Paradies"! Man behauptet allen Ernstes, daß das Trauerspiel „Adam und Eva" sich auf hiesiger Bühne, d. h. in Kaschmir abgespielt habe. Auch Moses soll hier gestorben sein und die Nachkommen Seths über 1000 Jahre im Lande regiert haben. An Äpfeln fehlt es hier allerdings ebensowenig wie an Schlangen, das spricht für die erste Behauptung: für die zweite der vielfach neben der arischen Gesichtsbildung anzutreffende mosaische Typus.

Doch lassen wir Adam, Moses und Genossen gute Männer sein und kehren zu unserem Residenten zurück, aus dessen Munde ich noch so manches, Kaschmir und seine Leute Betreffende erfahren sollte. Daß hier zu Lande Wein gekeltert wird, habe ich bereits erwähnt. Auf meine Frage, warum der Weinbau und die Weinproduktion nicht größere Ausdehnung annehme und warum man Kaschmirwein nur im Lande selbst finde, erfuhr ich, daß England einen Meistbegünstigungsvertrag mit Frankreich wegen der Einfuhr französischer Weine in Indien abgeschlossen habe und für andere, also auch Kaschmirweine, so hohe Zölle erhebe, daß sie mit den französischen nicht konkurrieren könnten.

Ich vergaß zu erwähnen, daß zu Kaschmir auch Baltistan, Ladakh und Gilgit gehören. Jede dieser Provinzen wird, gleich Kaschmir und Jammu, von je einem Gouverneur verwaltet.

Da ich fest entschlossen war, noch am selbigen Tage nach
Baramulla zurückzukehren, so mußte ich die freundliche Ein=
ladung des Residenten, das Mittagessen bei ihm einzunehmen,
ablehnen.   Mit dem Gefühl, eine ebenso angenehme wie lehr=
reiche Stunde verlebt zu haben, kehrte ich in meine Holzbude
zurück.   Wer beschreibt aber meine Überraschung, als ich
dort, als ein Geschenk des Obersten Nesbitt, mit Bezugnahme
auf unsere Unterhaltung über den hiesigen Weinbau, eine
Sammlung der edelsten Gewächse des Landes vorfand.

Kurzer Hand brach ich einer Flasche den Hals, um in
1882er Weißwein, dem besten Haute Sauterne gleichend,
das Wohl des gütigen Spenders dieses vorzüglichen Nasses
zu trinken.   In gehobener Stimmung trat ich gegen Mittag
den Rückmarsch an, um in fünf Stunden nach Baramulla
zu gelangen, wo auf den Fluten des Jhelam, im Lichte der
Abendsonne, meine Gondel vor Anker lag, von Koch und
Diener mit allem versehen, was der Bequemlichkeit meines
Körpers und dem Wohlbehagen meines Magens nur irgend=
wie förderlich und dienlich sein mochte.   Die Nacht verbrachte
ich schlafend an Bord.   Als dann die bekannte Rosen=
fingerige hinter den östlichen Bergen erschien, mit ihrem
ersten Kuß die eis= und schneestarrenden Berggipfel erröten
machte und mein Fahrzeug sich geräuschlos in Bewegung
setzte, da begann für mich eine Fahrt, so wunderbar, wie
ich sie nie erlebt habe und nie wieder zu erleben fürchte.
Drei Tage ungetrübten Glückes, wie sie mir hier beschieden
waren, sie ließen mir alles Ungemach, welches ich im Leben
erfahren, alle Unbill des Schicksals vergessen, sie söhnten
mich aus mit dem Dasein; sie allein waren der Mühe wert,
gelebt zu haben.

Nicht der Schlag eines Ruders, nicht das Klappern

Landschaft am Jhelam. Kaschmir.

einer Segelſtange, nicht einmal das Geräuſch gegen Bord
plätſchernder Wellen ſtörte die Ruhe, denn an einem Seil
befeſtigt wird das Boot von der geſamten Familie des
Schiffers am Ufer ſtromauf gezogen. Leiſe, leiſe gleitet das
hübſche geräumige, über und über mit Holzſchnitzwerk be=
kleidete Fahrzeug auf den ſpiegelglatten Fluten des langſam
und lautlos fließenden Jhelam dahin, vorüber an wogenden
Feldern, an blühenden, baumüberdachten Dörfern und freund=
lichen Städten. Schwer behangene Obſtbäume ſenken unter
der Laſt ihrer Früchte die Zweige zur Erde, Herden wohl=
genährten Rindviehs graſen oder käuen wieder in ſtiller
Beſchaulichkeit, während Hunderte von Fohlen, oft bis an
den Hals im Waſſer ſtehend, dem vorübergleitenden Fahr=
zeug mit ihren klugen Augen nachſchauen. Alles dies denke
man ſich im Glanze der Sonne, umgeben von einem Kranze
vielfach ſchneebedeckter Bergrieſen des Himalaya, überſpannt
von dem tiefen Blau des Himmels, dazu auf bequemem
Seſſel, unter dem ſchützenden Dache der an beiden Seiten
offenen Gondel einen Menſchen, der alle Sorgen abgeſtreift
hat, der in dem ſchönſten Lande der Welt in fürſtlicher
Weiſe bewillkommnet wird, der über einen ausgezeichneten
Diener, einen künſtleriſch beanlagten Koch und einen Korb
edelſten Weines verfügt, und man muß zugeben, daß dieſer
Menſch — und dieſer Menſch bin ich — alle Urſache hat
zu ſagen: „Geſtehe, daß ich glücklich bin!"

Ich könnte verſucht ſein, mich zu verheiraten, nur um
eine Hochzeitsreiſe von Baramulla nach Sirinagar zu
machen.

Alles erſchien mir im roſigſten Lichte, die Welt hätte
ich umarmen und ſelbſt der einmal flüchtig vorüberhuſchenden
Frau meines Bootsmannes zurufen mögen: „Verweile doch,

du bist so schön!" — wenn sie nicht thatsächlich häßlich ge=
wesen wäre wie die Nacht.

Die Boote, denen sich der Kaschmirreisende auf dem
Jhelam bedient, sind etwa 30 Fuß lange, flachbodige Fahr=
zeuge mit niederem Bord, überdeckt mit Schilfmatten, an
den Seiten offen, aber mit Jalousien zum Schutze gegen
die Sonnenstrahlen versehen. Durch Matten wird das hintere
Ende, in dem die Familien der Schiffer — es befinden sich
meist zwei Familien an Bord — schlafen und kochen, ab=
gegrenzt. Der für den Reisenden bestimmte Teil ist so ge=
räumig, daß man sich mit Bett, Tischen und Stühlen und
seinem Gepäck bequem einrichten kann. Im hinteren Raume
können Diener und Koch sich etablieren. Trotzdem empfiehlt
es sich, ein zweites Boot zu mieten, in dem die Schiffer=
familien in den Ruhepausen sowie über Nacht untergebracht
werden und ebenso das Kochen besorgt wird; denn Rauch,
Küchengeruch, das widerwärtige Gluckern einer Wasserpfeife
oder gar Kindergeschrei können den Reisenden um den ganzen
Genuß der Fahrt bringen. Hat er dagegen zwei Boote,
so bleibt er von alledem unbehelligt und kann den hinteren
Raum als Badezimmer u. s. w. benutzen. Die Miete für
ein solches Boot, 24 Mark für den Monat, ist außerdem
so gering, daß Sparsamkeitsrücksichten nicht in Betracht
kommen. In meinem Boot befanden sich sechs erwachsene
Menschen, die mit ihrer gewiß nicht leichten Arbeit zusammen
täglich 80 Pfennig verdienten. Wenn man bedenkt, daß
die Zeit des Fremdenbesuchs nur etwa 8 Monate währt, so
erscheint es demjenigen, der über die Höhe der Preise für
Lebensmittel in Kaschmir und die Genügsamkeit seiner Be=
wohner nicht unterrichtet ist, unerklärlich, wie eine Familie
bei so geringem Verdienst, von dem noch Anschaffungskosten

des Bootes (etwa 500 Mark), Reparaturen u. s. w. in Ab=
zug zu bringen sind, existieren kann. Man begreift das erst,
wenn man selber 12 Eier für 10 Pfennig, 1 Pfund Butter,
1 Huhn für je 20, eine Ente für 25 bis 30 und 1 Pfund
besten Hammelfleisches für 12 bis 13 Pfennig gekauft hat.
Reis, Mehl, Gemüse, Fische u. s. w. sind entsprechend billig.
Mir wurden eines Tages im Laufe der Fahrt ein großer,
karpfenartiger Fisch für 15 Pfennig, 20 Wildenteneier für
zusammen 5 Pfennig verkauft. Teuer ist nur der Landwein,
der nicht unter 2 Mark die Flasche zu haben ist. Mein
Koch erhielt anfangs auf der Reise 1 Mark 50 Pfennig
täglich für meinen Unterhalt. Dafür hatte er außer dem
ersten Frühstück (Thee mit Eiern und Toast) zwei Mahl=
zeiten mit je zwei Fleischspeisen und abends Suppe, zwei
Fleischgerichte und eine süße Speise nebst Früchten u. s. w.
zu liefern. Als ich jedoch sah, daß er dabei 80 Pfennig
täglich in die Tasche steckte, verkürzte ich die Verpflegungs=
gelder auf 1 Mark und habe dabei während der Zeit meines
Aufenthaltes in Kaschmir ganz vortrefflich gelebt.

Gegen Mittag des ersten Tages fuhren wir an dem
Städtchen Sopore vorüber. Eine große Holzbrücke verbindet
hier beide Ufer des Jhelam, der in seinem Laufe im Kaschmir=
thale von im ganzen dreizehn Brücken überspannt ist, von
sieben allein während seines Laufes durch Srinagar. Diese
Brücken sind von eigenartiger Konstruktion. Auf hölzer=
nen, mit Steinen ausgefüllten Strombrechern ruht ein Auf=
bau von im rechten Winkel aufeinander geschichteten Stämmen
der Himalaya=Zeder, die somit zu vieren immer ein Quadrat
bilden. Mit jeder neuen Schicht werden die Stämme länger,
so daß sich die Pfeiler trichterartig nach oben erweitern.
Die Stämme werden unter einander mit Holzpflöcken ver=

6 *

nagelt, und auf dieſen ſehr hübſch in die Landſchaft paſſen=
den Pfeilern, meiſt je einer an jedem Ufer und 1—2 in der
Mitte des Fluſſes, ruht die aus ſtarken Holzbohlen gebildete,
mit Geländer verſehene Brücke.

Nach kurzer genußreicher Fahrt gelangten wir in den
größten See des Thales, den prächtigen, von Bergen ein=
geſchloſſenen und vom Jhelam gebildeten Wularſee, an deſſen
Ufern wir über Nacht vor Anker gingen, um den ganzen
folgenden Tag weiter ſtromauf zu gleiten, vorüber an dem
kleinen, von mächtigen Platanen umgebenen Shabiſſore, an
Tempeln älteren und neueren Datums und vereinzelten Ge=
höften. Nachmittags gegen 5 Uhr kommt das hochgelegene
Fort von Sirinagar in Sicht. Dasſelbe erſcheint ſo nahe,
daß wir überzeugt ſind, noch am ſelbigen Abend in der
Hauptſtadt Kaſchmirs vor Anker zu gehen. Unſer Boots=
mann belehrt uns indeſſen bald, daß der Fluß ſich in großen
Windungen durch die Thalebene ſchlängelt und mindeſtens
noch ſieben Stunden angeſtrengten Ziehens erforderlich ſind,
bevor wir unſer Ziel erreichen. Mit Sonnenuntergang wurde
das Boot feſtgemacht, Tiſch und Stuhl unter eine herrliche
Baumgruppe am rechten Ufer des Fluſſes getragen und ein
Mahl eingenommen, welches meinem Koche eine wohlver=
diente Belobigung meinerſeits eintrug.

Als ich am folgenden Morgen im Boot erwachte, war
dieſes bereits ſeit einer Stunde in Bewegung. Allmählich
näherten wir uns der Stadt und paſſierten etliche am rechten
Ufer liegende große Ziegeleien, ſowie die Wäſchebleichen und
Verbrennungsplätze der Hindus. Kleine Boote kommen uns
entgegen mit Geſchäftsleuten aller Art, Shawlverkäufern,
Silberarbeitern, Papiermaché́fabrikanten, Kupferziſeleuren,
Schuſtern, Schneidern, Bankiers und Barbieren. Je weiter

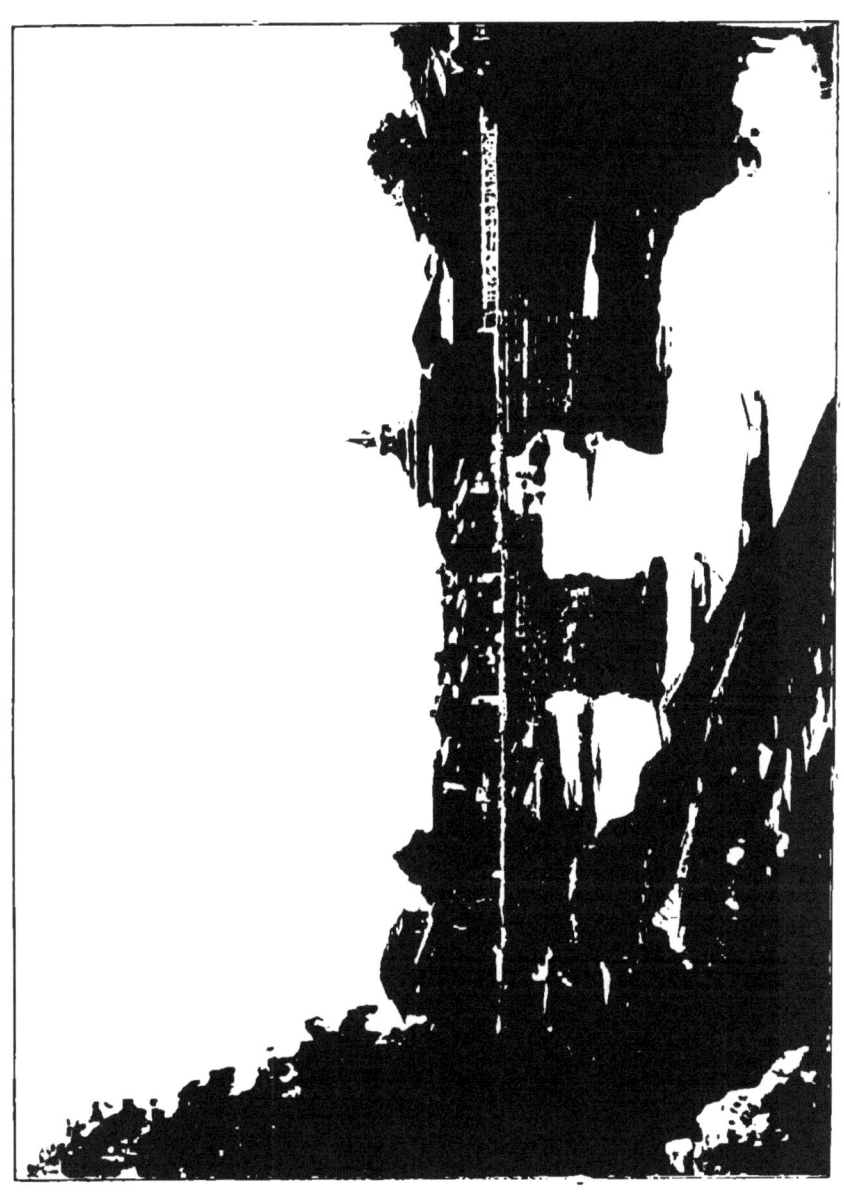

Brücke aus Himalayacedern in Kaschmir.

wir in die Stadt gelangen, in der der Jhelam die Haupt-
verkehrsader bildet und in der sich, noch mehr als in Venedig,
fast das ganze Leben auf dem Wasser abspielt, um so mehr
Boote umringen unser Fahrzeug. Jedermann will Bestel-
lungen erhalten; seinen ganzen Laden führt er mit sich im
Boot, und gestattet man ihm gar, an Bord zu kommen, so
fährt er einem sofort mit einem voluminösen Bündel von
Bescheinigungen früherer Käufer, daß er ein ganz vorzüglicher Mensch sei, unter die Nase. Ist es ein Bankier, so
bietet er jede Summe ohne Zinsen an, nur für die Ehre,
mit uns in Verbindung zu treten. Auch er hat Hunderte von
Attesten, nach denen er ein wahrer Engel sein muß und
von keinem seiner Konkurrenten in Bezug auf Reellität und
Kulanz übertroffen wird. Jeder Kaschmiri hat eine solche
Sammlung von Attesten. Man kann sich nicht ein Paar
Stiefel machen lassen, keinen Einkauf besorgen, ohne nachher
um eine Bescheinigung, daß man zufrieden ist, angegangen
zu werden. Selbst der Barbier, der uns eine halbe Stunde
mit stumpfem Messer behandelt, und dabei Nase und Mund
voll Seifenschaum geschmiert hat, verlangt ein Zeugnis. Fällt
dasselbe schlecht aus, so wird es fortgeworfen, entspricht es
seinen Erwartungen, verleibt er es seiner Sammlung ein
und rühmt sich damit bei dem nächsten Kunden, der ihm
unter die Klinge kommt. Der Kaschmiri, mißtrauisch gegen
seinesgleichen, setzt ein unbegrenztes Vertrauen in den Europäer,
dem jeder Kredit bewilligt wird. Viel Händler können
weder lesen noch schreiben und überlassen die Buchführung
dem Käufer, in der Weise, daß dieser alles, was er bestellt
oder kauft, in das Geschäftsbuch eintragen und den Preis
dahinter setzen muß. Reist man ab oder will bezahlen, so
erscheint der Mann mit seinem Kontobuch und bittet, die

Gesamtsumme festzustellen. Man addiert, zahlt und notiert dieses auf der Kreditseite.

Da die mir vom Maharadja zur Verfügung gestellte Villa oberhalb der Stadt gelegen war, so lernte ich auf der Fahrt dorthin sofort die vom Jhelam gebildete Haupt= straße Srinagars kennen. Mit langen Holzstangen wurde meine Gondel jetzt stromauf geschoben, denn wie in Venedig reichen die Häuser direkt bis an den Fluß, keine Pfade führen am Ufer entlang, und ein Stromaufziehen der Fahrzeuge ist deshalb ausgeschlossen. In einer Höhe von über 5000 Fuß, inmitten der Himalaya=Berge, ein zweites Venedig zu finden, hatte ich wahrlich nicht zu erwarten gewagt. Genau wie in der alten herrlichen Lagunenstadt existirt auch hier ein ganzes Netz von Kanälen, der Jhelam vertritt die Stelle des canale grande, doch während auf letzterem die schwarzen, Totenfahrzeugen ähnlichen Barken an verlassenen, verein= samten Palästen vorüberschleichen, spielt sich auf dem Jhelam das denkbar bunteste Leben ab. Paläste finden wir zwar nur in geringer Zahl, aber Häuser und Häuschen in allen Farben und Formen, aus Holz oder Stein, meist mit erd= gedeckten Giebeldächern, auf denen das Gras üppig gedeiht. Da jedes Haus im Stil unabhängig von den Nachbarhäusern gebaut ist, eins zurücktretend, das andere vorspringend, jedes von dem anderen verschieden, oft mit Erkern oder Veranden in Holzschnitzwerk versehen, nicht selten weinumrankt oder gänzlich bedeckt mit blühenden Schlinggewächsen, so kann man sich denken, welche Fülle von Farben, welcher Wechsel von Licht und Schatten, welche malerischen Effekte hier zu finden sind. Auf dem Flusse wimmelt es von Fahrzeugen aller Art; kleine flache Boote, meist von sechs, buntbemalter, herzförmiger Paddeln sich bedienenden Ruderern vorwärts

bewegt, vermitteln in erſter Linie den Verkehr. Sie ſind
mit Sonnendach verſehen, der Boden wird mit Teppich und
Kiſſen bedeckt, und in der bequemſten Lage gleitet man in
ihnen dahin. Ab und an begegnet man den an die Arche
Noahs erinnernden buntbemalten großen Barken des Maha=
radja und ſeiner Brüder, ſowie den pompöſen, mit rot=
golbenem Baldachin verſehenen Staatsgondeln. Auf meiner
erſten Fahrt durch die Stadt traf ich eine Hochzeitsbarke,
fortbewegt von über fünfzig ſingenden Ruderern in bunten
Gewändern; auf dem Baldachin, unter dem der Bräutigam
in einem Kleide von Goldbrokat, den Turban mit Reiher=
federn geſchmückt, zwiſchen purpurnen Kiſſen ruhte, ſaßen
zwei Kerle, einer unausgeſetzt Salut feuernd, der andere mit
zwei gewaltigen Schwertern in der Luft herumfuchtelnd.

Unter ſtets wechſelnden Eindrücken, vorüber an dem
Palaſte des Landesherrn, in deſſen Mitte ein mit vergol=
detem Dache verſehener Tempel prangt, gelangte ich zu dem
mir angewieſenen, hart am Fluſſe entzückend gelegenen
Häuschen, an deſſen Schwelle ich von einem Hofbeamten
empfangen und begrüßt wurde.

Die meiſten Beſucher Kaſchmirs leben, da nur wenige
Wohnungen zu mieten ſind, in Zelten, oder bleiben, was
meiner Anſicht nach das Praktiſchſte iſt, in ihren Booten, mit
dieſen von einem ſchattigen Platze zum andern ziehend.

Lediglich aus Artigkeit gegen den Maharadja nahm ich
von meinem Häuschen Beſitz, richtete mich behaglich ein und
empfing dann die Beſuche aller möglichen Geſchäftsleute.
Nirgend iſt die Verſuchung, zu kaufen, ſo groß wie in der
Hauptſtadt Kaſchmirs, nirgend findet man ſo verführeriſch
ſchöne oder zierliche Arbeiten wie hier. Die Silberwaren,
die emaillierten Bronzen, die auch in Papiermaché wunder=

bar imitiert werden, ſelten ſchöne Kupferarbeiten, die be=
rühmten Shawls, alles iſt von einer Vollendung in Form
und Zeichnung, von einer Grazie und mit Ausnahme der
Shawls nebenbei von einer Billigkeit, daß man am liebſten
nichts ungekauft laſſen möchte. Auch Schuſter, Schneider und
Handſchuhmacher erhielten ihre Aufträge; denn für eine
Reiſe, wie ich ſie vor hatte, kann man ſich mit Kleidungs=
ſtücken nirgends beſſer und wohlfeiler ausrüſten als in Siri=
nagar. Man wird mir kaum glauben, daß hier ein nach
Maß ſolide gemachter Anzug einſchließlich Mütze aus dem
nahezu unverwüſtlichen Kaſchmirwollſtoff 7 M., ein Paar
Gebirgsſchuhe, beſtehend aus ledernen Socken und Sandalen
mit Schnürzeug, wie man ſie früher an Schlittſchuhen fand,
2 M. 40 Pf., ein Dutzend dicker wollener Strümpfe 3 M.
koſtet. Außerdem erhält man für nur 1 M. 50 Pf. große,
aus Weidengeflecht hergeſtellte, gänzlich lederüberzogene Körbe,
die ſchon ihrer Leichtigkeit wegen jeder Kiſte vorzuziehen ſind
und ſich beſonders zum Transport für Küchengeräte und
Proviant eignen. Lederarbeiten ſind ſo billig, daß ich alle
Säcke für Zelt, Zeltſtangen, Bett, Tiſch u. ſ. w. mit Leder
überziehen, ebenſo Futterale für Waffen, Laternen und
Flaſchen anfertigen ließ. Selbſt die Bettſtelle wurde mit
Leder beſpannt. Kurz, faſt alles bei mir iſt von hier ab
ledern, und wenn man das ſogar meinen Schilderungen an=
merken ſollte, ſo würde mich's nicht wunder nehmen.

Sirinagar iſt eine Stadt von, wie ich ſpäter von einem
Bruder des Maharadja erfuhr, etwa 130 000 Einwohnern,
während das Land ſelbſt etwa eine halbe Million Bewohner
zählt, von denen etwa 20 v. H. Hindus ſind und gegen 80
v. H. ſich zum Islam bekennen. Alle Provinzen zuſammen=
genommen, d. h. Jummu, Kaſchmir, Ladakh, Skardu, Bal=

tistan und Gilgit, zählen über anderthalb Millionen Ein=
wohner, etwa zur Hälfte Hindus, zur Hälfte Mohamedaner.
Anhänger des Buddhismus finden wir nur in Ladakh, Bal=
tistan und Gilgit und zwar etwa 25 000. Die Familie des
Maharadja bekennt sich zur Lehre Brahmas. Sirinagar
ist nicht die eigentliche Residenz des Landesherrn, der nur
auf einige Monate im Sommer dort Hof hält, seinen eigent=
lichen Wohnsitz aber in Jummu hat.

Über einige eigentümliche Gebräuche am Hofe wurde
ich später von einem mich auf meinen Reisen begleitenden
Beamten des Ministeriums orientiert. So hat z. B. an
den zwei größten Festtagen des Jahres jeder Bedienstete des
Maharadja, vom Minister abwärts bis zum Gärtnerburschen,
10 v. H. seines Monatsgehalts persönlich in barer Münze
zu den Füßen des Landesherrn oder, wo derselbe nicht an=
wesend ist, an den Stufen des Thrones niederzulegen. Am
Geburtstage Seiner Hoheit werden freiwillig Geldgeschenke
gebracht. Zweikämpfe zwischen Elefanten, Stieren, Schaf=
böcken und Hähnen erfreuen sich großer Beliebtheit bei Hofe
und im Volke. Letzteres ist, wie schon erwähnt, ein schöner
Menschenschlag von kräftigem Körperbau, guter Schädel=
bildung und edlen Gesichtszügen. Wie ein Reisender dazu
kommen konnte, zu schreiben: „die Hautfarbe der Kaschmiri
ist olivengelb", verstehe ich nicht. Ich habe jetzt, gering ge=
rechnet, über 10 000 Kaschmiri und in meinem Leben min=
destens ebensoviel Oliven gesehen, auch leide ich keineswegs
an Farbenblindheit, aber ich behaupte, der Teint der Kasch=
miri variiert von Theerosengelb bis Kupferrot. Die Schön=
heit der Kaschmiriweiber ist mehrfach besungen worden; ich
selber habe eine wirkliche Schönheit nicht entdecken können,
wohl aber viel alte Weiber gesehen, die auf ehemalige Schön=

heit ſchließen ließen. Jungen Mädchen und Frauen begegnet
man bei dem abgeſchloſſenen Leben derſelben und der Eifer=
ſucht ihrer Gebieter wegen äußerſt ſelten im Orient, und
diejenigen, denen man begegnet, gehören den niederſten Kaſten
an.　　Unter den Männern ſah ich geradezu klaſſiſch ſchöne
Erſcheinungen.

Die Kleidung der Landbevölkerung iſt äußerſt einfach;
ſie beſteht aus grauen, wollenen, ganz weiten, kurzen Hoſen
und ebenſolcher Jacke, eine runde Filzkappe dient als Kopf=
bedeckung.　Die Stadtbewohner tragen vielfach Baumwollen=
ſtoffe, die Weiber lange bunte Hemden und ein rotes Cerevis,
von dem ein weißes oder ehemals weiß geweſenes Tuch lang
nach hinten hinabfällt. Das Haar der jungen Mädchen iſt
in etwa ein Dutzend feine Stränge geflochten, deren Enden
zu einem Zopfe vereinigt werden. Leider ſind die Weiber,
mehr noch als die Männer, widerwärtig unſauber; dabei
ſind ſie zänkiſch und kampfluſtig. Täglich ſah ich Vertreterinnen
des ſogenannten ſchönen Geſchlechts miteinander keifen, ſich
gegenſeitig kratzend und balgend in den Straßen der Stadt
oder in den Dörfern. Im Gegenſatz zu ihnen fand ich die
Männer außerordentlich friedfertig. Der Kaſchmiri iſt geizig
und habſüchtig, lügneriſch, feige und betrügeriſch, doch kommen
Diebſtähle ſelten, Morde faſt nie vor. Er iſt intelligent,
gefällig, willig und dienſtbereit, aber nie zufrieden mit dem,
was er erhält. Die Kaſchmirſprache ſoll — ich kann das
nicht beurteilen — ein mixtum compoſitum aus Perſiſch,
Sanskrit, Hinduſtani und Arabiſch ſein; ſie klingt hart und
rauh, wohingegen die Geſänge der Kaſchmiri, wenn ſie auch
ziemlich eintönig ſind, doch das Ohr angenehm berühren.
Merkwürdigerweiſe habe ich, wie in Indien, ſo auch in
Kaſchmir bis jetzt nie einen Menſchen mit den Lippen pfeifen

hören. Es ſcheint, als kenne man dieſe Kunſt, in der bekanntlich der Berliner Schuſterjunge glänzt, hier zu Lande gar nicht. Muſik wird im Volke überhaupt wenig geübt; um ſo mehr in den Tempeln, wo Götter und Götzen mit einem wahren Höllenſpektakel, mit Trommeln, Tamtams und einer Art Nebel= horn, dem man die entſetzlichſten Töne entlockt, gefeiert werden.

Soviel Abgeſchmacktes wir auch in dem Götzendienſte der Hindus, in ihrer Verehrung von Fiſchen, Affen, Rindern und Gott weiß was, finden mögen, wir ſtoßen auf der anderen Seite wieder auf ſo poetiſche Gebräuche, wie ich ſie in keiner anderen Religion gefunden habe. Unter anderem kann man z. B. zu jeder Tageszeit Bewohner Sirinagars auf den Treppen der Häuſer am Jhelam ſitzen ſehen, ihrem Gott geweihte Lotosblumen in den Fluß ſtreuend. Nie habe ich einen Tempel geſehen, in dem nicht Blumen aller Art von An= bächtigen niedergelegt waren. Ich finde es nur zu begreiflich, daß die engliſchen Miſſionare bei einem an ſolche wirklich ſchönen Gebräuche gewöhnten Volke noch ſchlechtere Geſchäfte machen als bei den Negern Oſtafrikas, und habe mich gefreut zu ſehen, daß ſie ſich infolgedeſſen in Sirinagar faſt aus= ſchließlich mit Krankenpflege befaſſen.

Daß der ſcheidende Fremde hier von den Miſſionaren mit Sammelbogen genau ſo beläſtigt wird, wie der abgehende Paſſagier von den Muſikanten auf den Schiffen des Nord= deutſchen Lloyd, konnte mir wenig gefallen, und ich zeichnete daher noch weniger — nämlich nichts.

Eine Reihe genußreicher, durch keinen Mißton getrübter Tage verlebte ich in der gaſtlichen Hauptſtadt Kaſchmirs, von einem herrlichen Punkte zum andern gondelnd, reitend oder in den kühlen Morgen= und Abendſtunden bergauf= und abſteigend, ſei es zu dem auf einem Hügel gelegenen, die

Stadt beherrschenden Fort, Hari Parbat, einst für — wie
man sagt — zwanzig Millionen Mark vom Kaiser Akbar
erbaut — und heute von zwei Wächtern behütet, die ich des
Morgens um 7 Uhr aus dem Schlafe zu rütteln hatte, sei
es zu dem 1000 Fuß über dem Flusse gelegenen Takht-i-
Suleiman.

Von beiden Punkten genießt man entzückende Blicke,
vom Fort hauptsächlich auf die Stadt, die mit ihren grün-
bewachsenen Dächern und bunten Häusern sich wie ein großer
Teppich unter dem Beschauer ausbreitet, vom Takht-i-Suleiman
auf den von Bergen und jetzt meist verwilderten ehemaligen
kaiserlichen Gärten umgebenen, wie ein Spiegel daliegenden
Dhalsee, sowie auf den oberen Lauf des Jhelam, der in
unvergleichlich schönen Windungen im Thale entlang fließt.
Diese Windungen des Jhelam sind es, die wir in den bekannten Mustern der weltberühmten Kaschmirshawls wiederfinden; der Jhelam in seinem Lauf hat hier dem Muster-
zeichner als Vorlage gedient. Den Gipfel des Takht-i-Suleiman,
zu deutsch „Thron des Salomon", krönt ein angeblich 220 Jahre
v. Chr. von Jaloka, Sohn des Asoka, erbauter wunderbar
wirkungsvoller Steintempel. Dreißig Stufen führen zu dem
massiven achtkantigen Unterbau, auf dem der eigentliche
Tempel, ursprünglich dem Buddhismus geweiht, sich in Form
eines stumpfen Kegels erhebt. Im Innern stützen vier acht-
kantige schwarze Kalksteinpfeiler das Dach und lassen nur
Raum für ein halbes Dutzend Andächtige, die kommen,
Lotosblumen an dem sich in der Mitte erhebenden „lingam"
niederzulegen.

Zu meinen vielen glücklichen Kaschmir-Erinnerungen
gehört auch eine Fahrt auf dem Dhalsee, die ich, wohl ver-
proviantiert, eines Morgens mit meiner Gondel antrat.

Durch verschiedene Kanäle ist der See mit dem Jhelam verbunden, man fährt vorüber an dem unbedeutenden Dorfe Drogjun, an der Chenar-Bagh, wo in Zelten oder Booten lebende Reisende unter schattigen Platanengruppen ein ungezwungenes, zufriedenes Dasein führen, im richtigen dolce far niente, wie man es eben nur in Kaschmir findet, und langsam gleitet das Boot in den Dhalsee, dessen kristallblaues Wasser einen Blick bis auf den krautbewachsenen Boden gestattet. Ein Teil der Oberfläche des Sees ist bedeckt mit lieblichen, zartduftenden Lotosblumen oder Wasserpflanzen mit tellerartigen Blättern von zwei bis drei Fuß im Durchmesser, deren Namen unterhalb meines botanischen Horizontes verzeichnet sind. Rechts liegt die Weinkellerei des Maharadja; hier hatte ich Wein zu kosten, der mich nichts kosten sollte, denn der leutselige Monarch hatte, unterrichtet von dem lebhaften Interesse, welches ich den Weinen seines Landes zu widmen nicht unterlassen konnte, Befehl erteilt, sechs Dutzend seines besten Gewächses in meine Villa zu schaffen. Ich wählte nach langem Probieren 1888er Weißwein und 1885er Medoc, und als ich die Gewölbe endlich verließ, da, glaube ich, hätte ich mich vorzüglich zur Darstellung der Rolle des Gefängnisdirektors in der „Fledermaus" geeignet.

War es dieses Bewußtsein oder meine bekannte Vorliebe für Gefängnisse überhaupt — nota bene, wenn ich freiwillig hineingehe — kurz, ich instruierte meine Gondoliere, mein Fahrzeug vorerst zu dem, wie ich wußte, im Westen des Sees gelegenen Heim der Gefangenen zu lenken. Das geschah, und bald stand ich an den Pforten eines einfachen, von Gartenanlegen umgebenen Gebäudes. „Nach Freiheit strebt der Mann" — das sollte von Rechts wegen über

allen Thoren der Gewahrsame für Ein= und Ausbrecher
stehen, besonders aber an denjenigen des Gefängnisses in
Kaschmir. Mit einem kolossalen Knotenstock bewaffnet, erschien
der Direktor dieser Freiheitsberaubungsanstalt, die ich in
Augenschein zu nehmen wünschte, und erklärte mir, er könne
unmöglich die Verantwortung für meinen Besuch übernehmen;
er sei, gemeinsam mit dem Gefängnisarzt, erst gestern von
den Gefangenen so windelweich geprügelt worden, daß er
fürs erste genug habe, und mir, falls ich nicht gleiche Er=
fahrungen machen wolle, wie er, rate, meinen Besuch auf=
zuschieben bis seine mit ihrer Abgeschlossenheit unzufriedenen
„Schutzbefohlenen" sich beruhigt hätten. Er erzählte mir
nun, daß bisher alle Gefangenen hätten nach Belieben ein=
und ausgehen, wie auch Besuche empfangen können. Dieser
sonderbaren Wirtschaft habe er, der erst kürzlich hierher ver=
setzt worden sei, ein Ende gemacht und sich infolgedessen
das Übelwollen aller Insassen des Gefängnisses zugezogen.
Unter Umständen dieser Art verzichtete ich auf eine Inspektion
dieser eigenartigen Anstalt, in der die Sträflinge Prügel
austeilen anstatt solche in Empfang zu nehmen, und wandte
mich einem der kleinen Nachbarhäuser zu, in dem, wie ich
erfahren, ein Shawlwebstuhl in Thätigkeit war.

In Kaschmir existieren größere Fabriken in keiner
Branche, dagegen steht die Hausinbustrie in voller Blüte:
so z. B. die Papierfabrikation, die Weberei, Papiermaché=
fabrikation u. s. w. Ich habe nur eine von einem Fran=
zosen geleitete Teppichknüpferei größeren Umfanges, in der
etwa 50 Arbeiter beschäftigt waren, kennen gelernt. In
dem Häuschen, welches ich jetzt besuchte, fand ich in einem
engen Raum über ein Dutzend Personen an zwei sich gegenüber=
stehenden Webstühlen bei der Arbeit. Jeder Arbeiter hatte vor

ſich etwa zwölf Spindeln mit Wolle in verſchiedenen Farben,
der Anführer kommandierte „Rot und Gelb“, „Blau und
Weiß“ u. ſ. w., und alle Weber führten dieſe Befehle mit
affenartiger Geſchwindigkeit aus. Bei der außerordentlichen
Feinheit der angewendeten Wolle ſchreitet die Arbeit äußerſt
langſam vorwärts, eine ganze Familie webt vielleicht ein
Jahr an einem Stück. Hierdurch und durch die hohe von dem
Maharadja erhobene Shawlſteuer erklärt ſich der erſtaunlich
hohe Preis der Kaſchmirſhawls. Der Raum, in dem die
Weberei bezw. Knüpferei vor ſich ging, war ſo eng, daß
die Inſaſſen, die faſt nackt nebeneinander hockten, ſich kaum
zu rühren vermochten. Ich äußerte mein Befremden darüber,
daß man die Räume nicht luftiger einrichte, und erfuhr,
man zöge es vor, im Sommer etwas mehr zu ſchwitzen,
anſtatt im Winter zu frieren.

Das in Sirinagar angefertigte pergamentartige Bütten=
papier iſt von ungewöhnlicher Dauerhaftigkeit. Bei den
Tempeln in Martand fand ich ein Fremdenbuch, ſeit 1823
in Gebrauch, ohne daß das Papier weſentlich gelitten hatte.

Nachdem ich mein Boot wieder beſtiegen, fuhr ich vor=
über an einer mit Platanen beſtandenen Inſel zu dem
Shalimar Bagh, einem vom Kaiſer Jehangir angelegten,
terraſſenförmig ſich erhebenden Luſtgarten. In der Mitte
jeder Terraſſe befindet ſich ein großes Baſſin, in dem ehe=
mals zahlloſe Springbrunnen ihre Waſſer ſpringen ließen,
und jetzt Ziegen ſich an üppig wucherndem Graſe laben.
Im übrigen ſind die Anlagen noch leidlich erhalten. Ähn=
liche Gärten finden ſich noch mehrere an den Ufern des
Sees, doch gewähren dieſelben weniger Intereſſe; einer iſt wie
der andere. Verſchiedene Tempelruinen ſind eines Beſuches
wert, das Schönſte von allem aber iſt die wunderbare

Scenerie ringsum und das köstliche Wohlbehagen, welches man in dem geräuschlosen Dahingleiten auf den durch= sichtigen Fluten empfindet. Die Hand über die Brüstung der Gondel gelehnt, mit den Wassern spielend, pflückt man im Vorbeifahren eine Lotosblume nach der andern, die ein kleiner Knabe des Bootsmannes an der Brüstung befestigt, bis man eingeschlossen ist in einen Kranz duftiger, zart rosenroter Blüten.

Erst spät am Abend kehrte ich heim von dieser märchen= haft schönen Fahrt, um, zu Hause angelangt, einen Korb in der Größe eines Storchnestes, angefüllt mit den schönsten Pfirsichen, Pflaumen, Melonen und verschiedenen Arten jungen Gemüses, dazu einen gewaltigen Strauß Sonnen= blumen als Geschenk des Maharadja vorzufinden.

Mit Recht wird man sich wundern, daß ich bisher nichts über die Person meines hohen Gastfreundes selbst mitgeteilt habe. Leider habe ich denselben überhaupt nicht kennen ge= lernt, da der britische Resident einen Besuch meinerseits bei dem unter Kuratel stehenden Maharadja nicht für zweck= mäßig erachtete. Dagegen wurde ich eines Tages von dem ältesten Bruder des Landesherrn in feierlicher Audienz em= pfangen. In einer Staatsbarke, von einem Beamten des Hofes begleitet, fuhr ich zum Palais und fand hier in dem Radja Amor Singh einen vorzüglich englisch sprechenden, über sein Vaterland wohl unterrichteten Herrn von sympathischem Äußern und liebenswürdigen Formen, der mit der heutigen Lage der Verhältnisse in Kaschmir sehr zufrieden und ein großer Freund Englands zu sein schien. Als ich seine Frage, ob ich Pferde mitgebracht habe, verneinte, bedauerte er, davon bisher nicht unterrichtet gewesen zu sein, und erteilte sofort Befehl, zwei Pferde für die Dauer meines Aufenthalts und meiner Reisen im Lande zu meiner Verfügung zu stellen.

Seine Hoheit waren sehr erstaut, als ich auf die Frage, ob in Europa ein Land genau so aussehe wie das andere, und ob die Menschen dort englisch sprächen, erklärte, daß der Schwede vom Italiener just so verschieden sei, wie der Kaschmiri vom Singhalesen, und daß fast jedes Land seine eigene Sprache besitze. Von einem hohen Beamten in Kaschmir wurde ich später einmal gefragt, ob Deutschland zu England gehöre? Nein! Ob denn die Königin von England dort gar nichts zu befehlen habe? Nicht das geringste. Das

Radja Amor Singh.

schien dem guten Manne ganz unglaublich, und er hielt mich wahrscheinlich für einen Aufschneider ersten Ranges, als ich ihm erzählte, Deutschland besitze eine fünfmal so starke Armee als England. Auf meinen späteren Reisen in Kaschmir fand ich nicht einen einzigen Staatsbeamten, der über Deutschland und seine Machtstellung orientiert war; sie wußten nur eines von uns, nämlich daß der klügste Mann der Erde in Deutschland lebe, sie kannten unsern Bismarck.

Mehrfach hörte ich die Leute sagen: „Bismarck ist der klügste Mann der Welt, nach ihm kommt Gladstone."

Beim Abschiede überreichte der Radja mir sein Bild, ihn in dem vollen perl- und edelsteinstrotzenden Schmuck eines in-

diſchen Fürſten darſtellend, mit der Bitte, ihm das meine zu
ſchicken und ihm ſpäter von meiner Reiſe durch das Land
ſeines Bruders zu berichten. Mit vielem Danke für alle mir
in Kaſchmir erwieſene Gaſtfreundſchaft ſchied ich von dem
liebenswürdigen Prinzen dieſes unvergleichlichen Landes.

Hätte ich nicht vor Mitte Oktober in Simla ſein müſſen,
um dort mit verſchiedenen Beamten des Foreign Office, welches
hier während der heißen Zeit reſidiert, Rückſprache wegen
meiner projektierten Reiſen in Nepal, Aſſam und Burma zu
nehmen, keine Macht der Welt hätte mich dazu gebracht,
Sirinagar zu verlaſſen, und ich würde wahrſcheinlich dort
geblieben ſein, bis Schnee und Eis mich aus meinem Para=
dieſe vertrieben hätten, denn auf den Gefrierpunkt bin ich ab=
ſolut nicht eingerichtet, und was darunter iſt, das iſt vom Übel.

Ich möchte im Winter wahrlich nicht in der Haut eines
Kaſchmiris ſtecken, geſchweige in der eines Bootsmanns, der
mit ſeiner geſamten Familie auch an Bord zu überwintern
pflegt. Hinter mir einen deutſchen Kachelofen und vor mir
ein praſſelndes Kaminfeuer, ſo laſſe ich mir die kalten Monate
ſchon gefallen; der Kaſchmiri kennt aber nichts von alledem,
ſein ganzer Wärmeapparat beſteht in einem irdenen Topfe
mit einer Handhabe aus Weidengeflecht verſehen, der, gefüllt
mit glimmender Holzkohle, unter ſeinen Sitz geſchoben oder
den gerade der Wärme bedürftigen Körperteilen genähert
wird, nicht ſelten ſo lange, bis eine Brandwunde entſteht,
das zeigen deutlich die vielen bei den Kaſchmiri anzutreffenden
Narben. Dieſe transportablen Öfen, „Kangri“ genannt,
die, wie alles in Kaſchmir, ſich durch eine originelle und
graziöſe Form auszeichnen, werden allerliebſt in Silber, wie
auch in emaillierter Bronze nachgebildet und eignen ſich
dann vortrefflich als Blumenbehälter und Nippes.

Unter diversen Vorbereitungen für die Reise durch die Kaschmirberge vergingen die letzten Tage, und schweren Herzens verließ ich am Nachmittage des 22. August Sirinagar. Wenn mich nach Jahr und Tag die Sehnsucht von neuem hierher zieht, ich werde, dessen bin ich leider sicher — das Sirinagar, welches ich verlassen habe, nicht mehr wiederfinden. Nach Eröffnung der Straße von Murree bis Baramulla werden nicht einige Hunderte, sondern Tausende von Fremden hier das suchen, was bisher alle Besucher gefunden haben, Ruhe und Glück. Ob sie es dann finden werden, ich bezweifle es. Gasthöfe werden wie Pilze aus der Erde wachsen, das Klavier, der Marterkasten der Menschheit, wird seinen Ein= zug halten, und unter den entsetzlichen Tönen singender Engländerinnen werden Fensterscheiben und Menschen erzittern, Billardbälle werden gegen einander klappen, Dampfboote den Jhelam pfeifend und lärmend auf= und niederfahren, und — wie lange noch wird es dauern — die alle Poesie in die Flucht treibende Eisenbahn wird dafür sorgen, daß Kaschmir von Reisenden aller Art überflutet wird. Vorbei ist es dann mit Glück und Ruhe, dahin sind Billigkeit und Ursprüng= lichkeit, und wie ein Märchen aus grauer Vorzeit wird man sich erzählen von den Zeiten, da das Dutzend Eier 10 Pf. gekostet hat und man einen ganzen Anzug für 7 M. erhalten konnte. Wer das Kaschmir sehen will, welches ich beschreibe, der eile und komme, bevor der erste Pfiff der Lokomotive die lieblichsten Thäler der Erde entweiht hat.

Besser daher, ich widerstehe in Zukunft dem Zuge meines Herzens und sage: „Sirinagar, farewell for ever." Das Glück finden wir fast immer nur da, wo wir es nicht erwarten, und wir thun wohl daran, nie dahin, wo wir einst glücklich waren, zurückzukehren, in der Erwartung es wieder zu sein.

Kurz vor meiner Abreise hatte ich vom Radja Amor Singh noch eine zweite Sendung von 72 Flaschen Wein erhalten, mit denen ich nun thatsächlich nicht wußte, was ich anfangen sollte, denn mit etwa zwölf Dutzend Flaschen Wein über die Berge klettern, wäre eine Thorheit gewesen. Kurz, es war ein richtiger embarras de richesse. Einen Teil des Weines schickte ich Seiner Majestät dem Kaiser nach Berlin, fünf Dutzend Flaschen waren für den Marsch nach Simla verpackt, und der Rest wurde, so weit es ging, mit Hilfe des zu meiner Begleitung kommandierten Babu Lakshmidas, der sich als ein ungewöhnlich begabter Zecher entpuppte, während der zweitägigen Bootsfahrt nach Islamabad auf das Wohl des Maharadja von Kaschmir getrunken.

Der erste Tag meiner Fahrt nach Islamabad, von wo aus die Reise nach Simla durch die Berge angetreten werden sollte, war wegen unablässlich rieselnden Regens ein wenig behaglicher, und Glühwein mußte in Permanenz erklärt werden, um der herrschenden Kälte genügend zu begegnen.

Fröstelnd verbrachte ich die Nacht, doch als ich früh morgens erwachte, sollte ich voll entschädigt werden durch das wunderbare Bild, welches sich im Glanze der Sonne meinen Blicken darbot. Alle Berge ringsum, von etwa 6000 Fuß aufwärts, waren bedeckt mit frisch gefallenem Schnee und hoben sich in blendender Weiße vom klaren, tiefblauen Himmel ab, eine Pracht sondergleichen. Ich ließ die Jalousien hochziehen und, mich streckend in der belebenden Wärme der Frühsonnenstrahlen, glitt ich stromauf auf den über Nacht hochangeschwollenen Fluten des Jhelam. Gegen Mittag fuhren wir an dem Dorf Marhama vorüber, in dessen Nähe einer der größten Flüsse Kaschmirs, der Veschan, sich in den Jhelam ergießt, und wenige Stunden später machten

wir kurze Raſt vor der langgeſtreckten Stabt Bijbehara,
deren Bewohner einen bedeutenden Töpfereihandel betreiben.
Während dann meine Gondel unter vielen Schwierigkeiten
die Brücke paſſierte, wanderte ich durch die ſchmutzigen
Gaſſen der Stadt zu einem von Golab Singh errichteten,
direkt am Ufer des Fluſſes gelegenen Tempel. Urſprünglich
ſtand an dieſer Stelle einer der ſchönſten Tempel Kaſchmirs,
250 Jahre v. Chr. von Aſoka erbaut. Dieſer wurde — ich
weiß nicht warum — von dem mohamedaniſchen Herrſcher
Shikander zerſtört und in eine Moſchee verwandelt, bis Golab
Singh in den fünfziger Jahren dieſes Jahrhunderts die
Trümmer der Moſchee wiederum zum Aufbau eines neuen
Tempels verwendete. Maſſenhafte Überreſte des urſprünglichen
Bauwerks finden ſich aufgehäuft unter einer uralten mächtigen
Platane und erfreuen ſich großer Verehrung von Seiten
der Hindus. Ich traf daſelbſt eine lagernde Pilgerſchar aus
Bengalen, die, zurückgekehrt von einer Reiſe nach den heiligen
Gewölben von Amarnath, jetzt hier eine Art Andacht ver-
richtete und ſich nebenher die vom Maharabja koſtenfrei ge-
ſpendete Nahrung trefflich munden ließ.

Amarnath, etwa ſechs Tagemärſche von Sirinagar und
gegen 14000 Fuß hoch gelegen, iſt einer der beſuchteſten
Wallfahrsorte Kaſchmirs. Dort befindet ſich in einer Kalk-
ſteinhöhle ein Lingam, gebildet durch unabläſſig von der
Decke herabfallende, am Boden angelangt, zu Eis erſtarrende
Waſſertropfen, zu dem im Auguſt jeden Jahres Tauſende
frommer, oder Heilung von ihren Gebrechen ſuchender Hindus
pilgern. Der letzte Tagesmarſch muß von Männlein wie Weiblein völlig unbekleidet zurückgelegt werden, bei Schnee oder
Regen jedenfalls ein ebenſo minderwertiges wie geſundheits-
ſchädliches Vergnügen, bei dem jährlich viele Menſchenleben

zu Grunde gehen.   Aber der fromme Hindu betrachtet es
als eine besondere Gnade Gottes, hier sterben zu dürfen;
denn von Amarnath führt der Weg direkt in sein erträumtes
Paradies.   Wie mein Begleiter mir erzählte, sollen im vergangenen Jahre von 3000 Pilgern über 200 den Anstrengungen der Reise erlegen sein.   Bemerkt sei noch, daß der
Maharadja von Kaschmir jedem Pilger Nahrung und eine
Rupie verabfolgen läßt, wie er überhaupt bedeutende Summen für fromme Zwecke jährlich den verschiedenen Tempeln
und heiligen Stätten zuwendet.   Der Blick, den man von
den Stufen der vom Tempel zum Flusse hinabführenden
Treppe, auf die aus erdgedeckten Blockhäusern bestehende,
sich bergan ziehende Stadt, auf den Jhelam und die schneebedeckten Berge genießt, ist meiner Ansicht nach der schönste
im ganzen Kaschmirthale, und es wurde mir nicht leicht, mich
zu trennen von diesem herrlichen Stückchen Erde.

Kurz vor Sonnenuntergang legten wir bei der Brücke
von Islamabad an, und ich siedelte für die Nacht in einen
mir vom Maharadja zur Verfügung gestellten Bungalow
über.   Hier gab es noch allerhand Auseinandersetzungen mit
den Bootsleuten, die mit dem ihnen von mir gespendeten
reichlichen „Bakshish", nämlich 30. v. H. ihres verdienten
Lohnes nicht zufrieden waren.   Sie jammerten und baten,
verabschiedeten sich aber schließlich glückselig mit einem Attest
darüber, daß sie ihre Schuldigkeit gethan hatten.   Die beiden
Pferde aus dem Marstall des Maharadja waren auf dem
Landwege bereits mit ihren Dienern angelangt, und tags
darauf wurde die Reise in die Berge in Begleitung von 13
mein Gepäck und den Wein tragenden Kulis angetreten.
In der etwa eine halbe Stunde vom Bungalow entfernten
Stadt besuchten wir einen hübschen Tempel mit Quelle und

großem gemauerten Bassin, in dem Tausende von heiligen
Fischen, eine Art Forelle, von den Hindus gefüttert werden.
Mir lief das Wasser ordentlich im Munde zusammen beim
Anblick dieser unzähligen wohlgenährten Tiere, denn auch
ich treibe eine Art Kultus mit Forellen — namentlich wenn
sie blau gekocht sind.

Im flotten Trabe, während die Kulis auf direktem Wege
nach Atchibal weiter marschierten, ging es nach dem Dorfe
Mattan. Hier ist wiederum ein ähnlicher Tempel mit Fisch=
teich dem Gotte Vishnu errichtet, der seiner Zeit so liebens=
würdig gewesen sein soll, durch Auseinandersprengen der
Berge bei Baramulla den damals das heutige Kaschmirthal
füllenden Wassermassen den Abfluß zu ermöglichen. Ein
häßliches Götzenbild wurde gerade bei meinem Eintritt unter
den entsetzlichen Tönen eines Hornes und sonstigem Brim=
borium auf wenige Minuten den Blicken der massenhaft
anwesenden Pilger zugänglich gemacht.

Mich ekelte das ganze wüste Treiben an, und ich machte,
daß ich fortkam, zumal ich zu bemerken glaubte, daß mein
gestiefeltes Erscheinen — die Hindus entledigen sich gleich
den Mohamedanern beim Betreten heiliger Stätten ihrer
Fußbekleidung — Anstoß erregte.

Den grandiosen Ruinen des ehemals herrlichsten Tempels
von Kaschmir, den Überresten des der Sonne geweihten
Tempels von Martand, galt mein nächster Besuch, und ich
muß gestehen, daß diese gigantischen, zum Teil noch wohl=
erhaltenen Ruinen würdig allem an die Seite gestellt werden
können, was uns aus dem klassischen Altertum in den Pracht=
bauten des Orients erhalten geblieben ist. Mir gehen leider
die architektonischen Kenntnisse ab, die notwendig sind, ein

auch nur einigermaßen anschauliches Bild von der Schönheit dieser Trümmer großartiger Vergangenheit zu liefern.

Ich weiß nicht, was ich mehr bewundern soll, die Masse des bewältigten Materials oder die schönen Verhältnisse des Gesamten, namentlich der dem Haupttempel umgebenden Kolonnaden. Das Bauwerk soll über 2000 Jahre alt sein, so erklärte der mich herumführende Hindupriester, der, als ich mich nach seinem Range in der Priesterschaft erkundigte, angab, etwa die gleiche Stellung einzunehmen, wie in der Christenheit ein Bischof. Diese hohe Stellung hielt indessen Seine Eminenz keineswegs ab, ein Bakshish in Höhe von etwa 40 Pfennigen gnädigst von mir anzunehmen und dafür den Segen aller Götter auf mein Haupt herabzuflehen. Auf meine beim Abschiede gestellte Frage, wie es den Erbauern des Tempels möglich gewesen, solche gewaltigen Steinmassen zu bewegen und zu Säulen zusammenzufügen, wurde mir bedeutet, die Körperlänge der Bauhandwerker habe damals durchschnittlich 40 Fuß betragen; so sei den Leuten das, was uns heute unerklärlich scheine, eine Kleinigkeit gewesen. Ja ja, das waren andere Zeiten.

Ein etwa halbstündiger Ritt, während dem ich nicht unterlassen konnte, immer und immer wieder rückwärts zu blicken, nach den hochgelegenen, sich scharf vom Blau des Himmels abhebenden Tempelresten, brachte uns nach dem idyllisch unter Platanen gelegenen Dorfe Atchibal. Der vom Kaiser Jehangir angelegte Lustgarten mit eiskalter Quelle, den üblichen Bassins und Fontänen, die wir schon von den Gärten des Dhalsees kennen, eignet sich mit seinen schattigen Baumgruppen wunderbar als Frühstücksplätzchen. Das hatte mein Diener auch sofort erkannt, und ein sauber gedeckter Tisch, geschmückt mit einem Strauße Kaschmirrosen,

harrte bereits meiner Ankunft. Während ich ben mir von
meinem Koch gebotenen Schüſſeln unb ben mir vom Ge=
meinbeoberhaupt bargebrachten Pflaumen, Pfirſichen unb
Trauben alle Ehre zu teil werben ließ, war mein Begleiter,
Babu Lakſhmibas, mit ber Anwerbung neuer Kulis be=
ſchäftigt. Die Träger von Islamabab hatten bis hierher
nicht mehr als 6 engliſche Meilen zurückgelegt, bie Ent=
fernung bes für bie Nacht beſtimmten Lagerplaßes Sagam
betrug ebenfalls 6 Meilen, bie Leute hätten alſo ſehr gut
bis bahin marſchieren können, benn von Ermübung konnte
keine Rebe ſein. Aber im Orient giebt es ein Wort, welches
bem Reiſenben überall in ben Ohren klingt unb ihn oft
genug zur Verzweiflung bringen kann. Ich meine bas aus
bem Perſiſchen ſtammenbe Wort „dasturi“, b. h. Sitte, Ge=
brauch, Gewohnheit. Gegen bas „dasturi“ kämpfen Götter
ſelbſt vergebens. So iſt es beiſpielsweiſe in Inbien „dasturi“,
baß bie Kulis eines Ortes nur bis zu ganz beſtimmten
anberen Ortſchaften marſchieren, unb auf keine Weiſe ſinb
ſie zu bewegen, über bieſe Grenze hinauszugehen. Von
Islamabab bis Atchibal zu wanbern, iſt dasturi, nicht einen
Schritt weiter; barum mußten von hier nach Sagam Leute
aus Atchibal angenommen werben. Dank ber auf Befehl
bes Maharabja an ſämtliche Behörben ber von mir zu
paſſierenben Ortſchaften erlaſſenen Verfügung, Träger für
mich bereit zu halten, war bieſe Angelegenheit balb erlebigt,
unb ſchon nach einer halben Stunde ſetzte ſich bie neue kleine
Kolonne in Bewegung, bieweil ich, mich behaglich in einer
Hängematte ſchaukelnb, Siesta hielt.

Durch bieſes tägliche, ja oft zweimal am Tage not=
wenbige Wechſeln ber Kulis unterſcheibet ſich bas Reiſen hier
zu Lanbe weſentlich von bem Reiſen in Oſtafrika, wo man

seine Träger stets auf die ganze Dauer einer Expedition, selbst wenn dieselbe jahrelang währt, für meist 10 Rupien monatlich engagiert, ein außerordentlich hoher Preis, wenn man bedenkt, daß man außerdem auch noch die Beköstigung der Leute zu bestreiten hat. Die Vorteile dieser afrikanischen Methode bestehen darin, daß man seine Leute stets zur Hand hat, bald ihre Sprache erlernt und jeden einzelnen seinen Fähigkeiten entsprechend verwenden kann. Jeder kennt seine Last, weiß, wie er sie zu behandeln hat und richtet sich dieselbe so ein, wie es ihm zum Tragen am bequemsten ist. Ich konnte mich anfangs durchaus nicht mit der hiesigen Art des Reisens befreunden und wollte daher von vornherein schon in der Ebene Kulis gegen monatlichen Lohn — hier nur 5 Rupien, wofür die Leute sich auch noch selbst verpflegen, — anwerben. Später war ich jedoch froh, diese meine anfängliche Absicht nicht ausgeführt zu haben, denn den ungewöhnlichen Schwierigkeiten, die namentlich nach der Regenzeit in den Bergen des Himalay zu überwinden sind, wären die Leute aus der Ebene sicherlich nicht gewachsen und ich daher genötigt gewesen, sie wieder zu entlassen.

Es läßt sich nicht leugnen, daß der beständige Kuli= wechsel viele Verdrießlichkeiten mit sich bringt, aber er hat auch seine Vorzüge. Man hat erstens während der ganzen Reise frische Leute und, was hier am schwersten in die Wage fällt, Leute, die mit den zu überwindenden Hindernissen genau vertraut sind.

Ich kann nicht unterlassen, den Kaschmir=Kulis meine unbeschränkte Bewunderung über ihre großartigen Leistungen als Träger auszusprechen. Das Gewicht meiner Lasten wechselte zwischen 50—80 Pfund, das von der Regierung festgesetzte Normalgewicht beträgt 64 Pfund. Es ist mir

nun nie paſſiert, daß einer der Träger die 80 Pfund Laſt
als zu ſchwer bezeichnet hätte, und während in Afrika die
Träger ſich geradezu um die leichteren Gepäckſtücke prügeln,
nahm hier jeder ohne weiteres die ihm zugewieſene Laſt auf
und trug ſie ſicher, meiſt die deutſche Meile in zwei Stunden
zurücklegend, über die ſchwierigſten Bergpfade, durch Bäche
und Schluchten, über Päſſe von 10=, 11= und 12 000 Fuß.
Gehen ſie für eigene Rechnung und Gefahr, ſo nehmen ihre
Laſten oft ganz erſtaunliches Gewicht an. Einen Kaſchmiri,
der eines Tages bei meinem Lager eine mir beſonders ge=
wichtig erſcheinende Laſt vorüberſchleppte, bat ich, dieſelbe
herunterzunehmen und auf meiner ſtets mitgeführten Feder=
wage wiegen zu laſſen. Sie hatte ein Gewicht von 182 Pfund
engliſch, und damit hatte der Mann einen ſchneebedeckten
Paß von 11 600 Fuß überſchritten.

Ich ſah des öfteren Leute 6—7zöllige Balken aus
Cedernholz von 10—12 Fuß Länge zum Thal ſchleppen; ſie
trugen zu dieſem Zweck Bruſt= und Rückenpanzer aus Stroh=
geflecht, der Balken ſelbſt war mit grünen, belaubten Weiden=
ruten auf dem Rücken befeſtigt. Mit ihrer ſonſt auf das
geringſte beſchränkten Bekleidung, dem grünen Laub und
ihren herkuliſchen Gliedmaßen hätte man ſie vom Fleck weg
als wilde Männer an das preußiſche Wappen ſtellen können.

Es ſei mir geſtattet, gleich hier einige Worte über das
Verhalten der Bevölkerung gegen den Europäer, wie ich es
auf meinem Marſche von Sirinagar nach Simla kennen ge=
lernt habe, zu verlieren.

Der aus Afrika kommende Reiſende wird außerordentlich
angenehm berührt durch den hohen Grad von Achtung, der
ihm faſt durchweg in Nord=Indien von der eingeborenen
Bevölkerung entgegengebracht wird. Ich ſpreche hier nicht

von den großen Städten, in denen der Europäer scharenweise
auftritt und in denen, namentlich in den Hafenstädten, aller=
hand europäisches Gesindel das Ansehen des weißen Mannes
längst untergraben hat, sondern von dem Innern des Landes,
insbesondere von den Himalayastaaten.

Begegnet man hier einem reitenden Eingeborenen, so
steigt er vom Pferde, klappt seinen Sonnenschirm zusammen,
macht seine Verbeugung, indem er gleichzeitig die Hand zur
Stirn führt, und sitzt erst wieder auf, wenn der „Sahib" —
so wird der höher stehende Europäer genannt — vorüber
ist. Der kleine Mann zieht seine Schuhe aus und macht
seine Reverenz, indem er die Hand zur Erde und darauf zum
Munde führt, was bedeuten soll: „Ich küsse den Staub, auf
dem dein erhabener Fuß ruhen wird."

Die hübscheste Art des Grußes, die ich gesehen habe,
ist ein Zusammenlegen der Hände wie zum Gebet, nicht
gefaltet, sondern gleich dem betenden Knaben von Rauch,
unter gleichzeitigem Senken des Hauptes. Ich kann mir
keinen schöneren, kindlicheren Gruß denken. Man empfängt
den Eindruck, als wolle der Grüßende sagen: „O Du großer
Mann, Du Beschützer der Armen, laß Deinen Blick gnädig
ruhen auf Deinem ergebenen Diener."

Ist das Erziehung oder angeborene Unterordnung unter
den Mächtigeren? Ich glaube das letztere, will aber auch
zugeben, daß die Engländer es hier zu Lande vorzüglich
verstehen, die Rolle des „höheren Wesens" zu spielen.

Welch ein Unterschied zwischen dem Neger der Ostküste
Afrikas und dem Inder, soweit ich ihn kennen gelernt habe.

Ich nehme keinen Anstand, ersteren mit einem gebildeten
Affen zu vergleichen, während der Inder ein Mensch, wenn
auch oft unzivilisierter Mensch ist. Gleich dem Affen ist der

Neger dem Europäer gegenüber zuerst furchtsam; dann kommt
die Neugierde, dieser folgt die Zudringlichkeit und endlich die
Unverschämtheit. Ich spreche hier nicht nur von den meist
verdorbenen Negern Sansibars, sondern von denen des
Innern, besonders von solchen, die selten oder nie zuvor
einen Weißen gesehen haben. Ist die erste Scheu überwunden, so strömen sie herbei, den weißen Mann und alles,
was ihn umgiebt, möglichst genau zu besichtigen, nicht selten
unter spöttischen Äußerungen, bis man sie sich schließlich nur
noch mit Gewalt oder einem kalten Wasserstrahl vom Halse
schaffen kann. Sie haben nicht, wie die Inder, Respekt vor
der Person des Europäers, sondern vor seinen Zauberkräften
und Schußwaffen. Nicht leugnen will ich, daß es Ausnahmen
giebt, aber in der Regel wird man das, was ich soeben gesagt
habe, bestätigt finden. Trotz alledem habe ich den Neger
Ostafrikas gern wegen seines Humors und seiner Harmlosigkeit.
Er trägt seinem Herrn nicht nach, wenn er gestraft worden
ist, und macht man, nachdem er eine Tracht Prügel empfangen
hat, eine scherzhafte Bemerkung, so lacht er aus vollem Halse
und findet seinen Bana zwar „kali", das heißt streng, aber
doch „msuri sana", das heißt „sehr gut". Es giebt kein
dankbareres Publikum für schlechte Witze als die Neger
Sansibars und des gegenüberliegenden Festlandes, und wer,
wie ich, es liebt, stets von lachenden glücklichen Menschen
umgeben zu sein, der findet hier seine Leute. Anders der
Inder: Sein Respekt geht so weit, daß er es garnicht wagt,
über einen Witz des Sahib zu lachen. Es passierte mir
einmal, daß ich einen Führer angenommen hatte, mir den
Weg nach einer bestimmten Ortschaft zu zeigen. Er ging
anfangs vor meinem Pferde, doch ließ ich ihn bald, wegen
seines mir nicht sympathischen Geruchs, hinter demselben

wandern. Bei einer Gabelung des Weges schlug ich den
mir als richtig erscheinenden Pfad ein und gewahrte erst
nach etwa einer halben Stunde, daß ich falsch geritten war.
Meinen Führer darüber zur Rede stellend, daß er mich nicht
sofort auf mein Versehen aufmerksam gemacht habe, erklärte
derselbe, er habe es nicht gewagt, mich zu korrigieren. Der
Inder ist — ich bemerke immer wieder, so weit ich ihn
kennen gelernt habe — überaus bescheiden und aus=
schließlich mit Güte zu behandeln, den Neger muß man
stets von neuem und oft durch mehr als nur moralischen
Zuspruch daran erinnern, daß man sein „Herr" ist und er
den weißen Mann nicht als seinesgleichen zu betrachten
habe. Die Rute muß bei ihm hinterm Spiegel stecken und
oft genug auch hinter demselben hervorgeholt werden.

Nach meinem ersten einjährigen Aufenthalt in Afrika
äußerte ich mich einmal dem Fürsten Bismarck gegenüber,
dahin, daß, meiner Ansicht nach, unsererseits in Ostafrika
durch Liebenswürdigkeit und Geschenke weit mehr zu gewinnen
sei als mit Pulver und Blei; denn ich hatte thatsächlich
während des Araber=Aufstandes und während Mandara am
Kilimandscharo von allen Seiten aufgefordert wurde, sich
gegen uns zu erheben, durch obige Mittel erreicht, ihn zu
unserem Verbündeten zu machen; ich hatte nie nötig gehabt,
zu strafen, aber auch hier und da fünf gerade sein lassen,
und ich stehe heute noch nicht an, zu glauben, daß durch
mehr Milde und Toleranz der Aufstand hätte vermieden
werden können. Möglich auch, daß er nur hinausgeschoben
worden wäre und daß sein frühzeitiger Ausbruch zu unserem
Besten war. Nachdem wir uns aber entschlossen hatten, den
Knoten mit dem Schwerte durchzuhauen, da mußten wir
auch, wie es geschehen, mit ganzer rücksichtsloser Strenge

auftreten, da mußte gesengt und gehängt werden, damit
der Neger sah, daß wir „zu alt seien um noch zu spielen".
Er hat etwas von der Hundenatur an sich und lernt den
Herrn lieben, der ihn züchtigt. Die verschiedenen Expeditionen,
auf denen ich Major Wißmann begleitete, haben mich be=
stimmt, meinen Grundsatz von der Milde dem Neger gegen=
über teilweise aufzugeben, und ich habe einsehen gelernt, daß
die Macht, die physische und nicht die moralische Über=
legenheit es ist, die dem Neger Achtung einflößt; denn der
Europäer an sich gilt ihm nicht, wie dem Inder, als „höheres
Wesen". Auch jetzt, nachdem wir ihn niedergeworfen, muß
er beständig daran erinnert werden, daß wir zu jeder Stunde
die Macht haben, ihn zu züchtigen, und stets von neuem
müssen wir ihm unser Überlegensein zu Gemüte führen.

Man wird mir einwenden, daß im Jahre 1857 auch
die Inder sich gegen die Engländer erhoben haben. Das
ist richtig, aber die ganze Sache ist mehr eine Meuterei
der eingeborenen Soldaten, und die Leiter derselben waren
unabhängige Fürsten, die sich in ihren Rechten, ihrem Eigen=
tum bedroht sahen. Nach Beendigung des Krieges gilt in
Indien der „Sahib" wieder genau dasselbe wie vor dem
Ausbruch desselben.

Der Europäer übt hier eine Macht über den Einge=
borenen aus, wie er sie in Afrika niemals ausüben wird.
Zuweilen ist es z. B. für den Reisenden schwer, die zur
Fortschaffung seines Gepäcks nötigen Kulis zu erhalten, und
der zum Ausheben dieser Leute an jedem Orte angestellte
eingeborene Beamte erklärt, er könne mit dem besten Willen
keine Träger auftreiben. Der Europäer nimmt die Sache
nun selber in die Hand und befiehlt dem ersten besten des
Weges Ziehenden, sein Gepäck gegen den überall von der

Regierung feſtgeſetzten Lohn zum nächſten Dorfe zu tragen.
Hie und da unter Murren, meiſtens aber ohne Widerſtreben,
nimmt er ſeine Laſt auf und beſorgt ſie ruhig an die be=
ſtimmte Adreſſe.

Was würde ein Neger im gleichen Falle thun? Er
würde entweder ſchleunigſt davonlaufen oder aber die em=
pfangene Laſt, ſobald er Gelegenheit dazu findet, fortwerfen
und ſich aus dem Staube machen.

Während man den Neger auf dem Marſche ſtets be=
aufſichtigen laſſen muß, läßt man hier den Kuli ruhig ſeines
Weges ziehen; und mir iſt kein Fall bekannt, daß er ſeine
Laſt im Stich gelaſſen oder ſich irgend einen Teil derſelben
angeeignet hat, mochte die Verſuchung durch ungenügende
Verpackung oder ſchlechten Verſchluß auch noch ſo groß ſein.

Ganz beſonders erleichtert wird das Reiſen noch durch
das faſt tägliche Antreffen größerer oder kleinerer Ortſchaften,
in denen man den erſchöpften Proviant ergänzen und mit
barer Münze einkaufen kann, ſobaß man nicht genötigt iſt,
ſich, wie im dunklen Weltteil, mit Tauſchartikeln aller Art
zu beſchweren. Hühner werden in den Himalayaſtaaten nur
von den Mohamedanern gehalten — den Indern gelten ſie
als unrein — und ſind daher oft ſchwer erhältlich, ebenſo
iſt Rindfleiſch von Kaſchmir bis Simla nicht zu haben, da
das Rind ein dem Hindu heiliges Tier iſt und unter keinen
Umſtänden getötet wird. Milch, Schafe, Ziegen und Mehl
findet man hingegen aller Orten.

Die ſoeben erwähnte Heiligkeit des Rindes iſt es, die
der britiſchen Regierung ein energiſches Einſchreiten gegen
die in verſchiedenen Gegenden des Landes graſſierende und
immer mehr um ſich greifende Lungenſeuche ganz unmöglich
macht. Bei uns in Deutſchland wird das von einer ſolchen

Krankheit befallene Vieh von Regierungs wegen getötet und
so der Herd derselben vernichtet. Hier würde ein gleiches
Vorgehen höchst wahrscheinlich eine Revolution zur Folge haben,
darum heißt es einfach: „Schicksal nimm Deinen Lauf" und
ganze Bezirke müssen ihre religiöse Befriedigung mit dem
Verlust ihrer Herden erkaufen.

In früheren Zeiten wurde in Kaschmir das Schlachten
eines Rindes mit dem Tode bestraft, und auch heute noch
würden über den Schuldigen die schwersten Strafen verhängt
werden. Selbst der sonst geheiligten Person des „Sahib"
würde der Genuß eines Beefsteaks übel bekommen, man
findet sich daher in das Unvermeidliche und begnügt sich mit
Ziegen=, Schaf= und Hühnerfleisch.

Sagam, eine unbedeutende Ortschaft, war für die Nacht
als Lagerplatz bestimmt worden, und als ich gegen Sonnen=
untergang daselbst anlangte, fand ich die Zelte bereits auf=
geschlagen und meinen Koch an seinem aus drei Steinen
improvisierten Herde in voller Thätigkeit.

Ich habe eine ausgesprochene Vorliebe für das Zelt=
leben, vorausgesetzt, daß es nicht tagelang hintereinander
regnet. Mag ein Bungalow auch noch so bequem einge=
richtet, noch so geräumig sein, ich fühle mich in demselben
immer als Gast, wohingegen ich in meinem Zelte als un=
umschränkter Herrscher schalten und walten kann wie mir's
beliebt. „My tent is my castle." Hier bin ich at home,
und kein nach mir anlangender Reisender kann mich, wie
im Dag Bungalow, wo ich nur für 24 Stunden Schutz
beanspruchen kann, an die Luft setzen.

Außerdem schlafe ich nirgends besser als im Zelt: denn
ich werde von keinem Ungeziefer heimgesucht, eine häufige
Zugabe in den Bungalows. Schlangen und Skorpione

haben mich bisher noch keines Besuches gewürdigt, man muß
überhaupt nicht glauben, daß es hier von derartigem Unge=
ziefer wimmelt. Schlangen habe ich im Laufe meiner Reise
seltener gefunden als beispielsweise Kreuzottern auf dem
Torfmoore meines Besitzes in Hinterpommern; die meisten
scheinen mir im Munde des Volkes zu leben. Der Kobra,
deren Biß in vielen Fällen tödlich ist, bin ich persönlich nur
in dem von Privaten unterhaltenen Zoologischen Museum
in Bombay begegnet, wo mehrere lebende Exemplare in
Glaskäfigen gehalten werden.

Man kann sich in der That kaum ein widerwärtigeres
Tier denken als die gereizte, sich hochaufrichtende und ihre
an beiden Seiten des Kopfes befindlichen Hautlefzen gleich
einem Medicikragen aufblähende Kobra.

Sie kommt in der Umgegend Bombays allerdings ziem=
lich häufig vor, und eine als Schlangentöterin bekannte, auf
Malabar=Hill wohnende deutsche Dame hat in einem Jahre
in ihrer Wohnung neun dieser gefährlichen Bestien zur Strecke
gebracht.

Von Sagam an beginnt die dreißig Tage dauernde
Bergsteigerei nach Simla. Auf Befehl des Maharadja
waren alle Schulzen der von mir berührten, zu Kaschmir
gehörenden Ortschaften angewiesen worden, mir zu meinem
nächsten Lagerplatze das Geleit zu geben und mir jeden ge=
wünschten Beistand zu gewähren. Was ich nun an mangel=
hafter Ortskenntnis bei diesen Herren kennen lernte, spottet
jeder Beschreibung. Die meisten von ihnen wußten nur in
ihrem Bezirk Bescheid; was darüber hinaus lag war ihnen
ein Buch mit sieben Siegeln, und sie konnten mir nicht den
Weg nach einem von dem ihrigen drei bis vier Stunden
entfernten Dorfe zeigen. Der Ortssinn scheint im allgemeinen

Lager in Kaschmir.

bei dem Kaſchmiri wenig ausgeprägt zu ſein, ſelten kann er auch nur annähernd angeben, wie weit man noch bis zum nächſten Lagerplatze hat. Er nennt irgend eine beliebige Anzahl Meilen, ohne, ſelbſt wenn er den Weg des öfteren zurückgelegt hat, die geringſte Ahnung zu haben. Hierin iſt ihm der Neger Oſtafrikas bei weitem über. Fragt man dieſen, wann man im Lager ſein werde, ſo zeigt er am Himmel den Platz, wo die Sonne ſtehen wird, wenn man ſein Ziel erreicht hat, und in einer Gegend, die er vor Jahren einmal durchzogen, wird er ſich faſt nie verirren. Als ich mich über dieſe Begabung des Negers einmal mit Stanley unterhielt, meinte derſelbe, ein nicht geringer Teil ſeiner Sanſibarleute würde im ſtande ſein, den Weg vom Kongo nach Bagamoyo wiederzufinden. Auch die Zulus finden ſich leicht zurecht, wohingegen bei den Sudaneſen, wie ich auf verſchiedenen Expeditionen mit unſerer oſtafrikaniſchen Schutztruppe zu beobachten Gelegenheit hatte, das Orien= tierungsvermögen verhältnismäßig ſchwach ausgeprägt iſt.

Gleich am erſten Tage wurden wir falſch geführt und erreichten ſo, trotzdem wir um 6 Uhr früh aufgebrochen waren, das 30 Kilometer entfernte Wankringi erſt gegen 2 Uhr nachmittags. Wankringi iſt keine Ortſchaft, ſondern ein Lagerplatz mitten im Walde an romantiſchem Abhange. Da wir uns hier in einer Höhe von 8000 Fuß befanden, ſo wurde es gegen Abend empfindlich kalt. Trotzdem zog eine kleine Pilgerſchar, welche den Marbalpaß überſchritten hatte und, wie ich mich leicht durch den Augenſchein über= zeugen konnte, aus lauter kräftigen Mitgliedern des männ= lichen Geſchlechts beſtand, ſplitternackt ihres Weges. Ihre Gewänder u. ſ. w. trugen ſie in Bündeln zuſammengeſchnürt auf dem Rücken. Ein bekleideter älterer Mann folgte ihnen

8*

und winkte vergnügt zu unserem Lager hinüber. Ich ließ
ihn heranrufen und erkundigte mich des Weges woher und
wohin. Auch er war auf einer Pilgerfahrt, aber als Moha=
medaner, nach dem Grabe irgend eines Propheten, wo er
ein etwa gänseeigroßes Stück Butter niederlegen wollte und
sich damit seiner Sünden zu entledigen glaubte.

Der mir beigegebene Munschi, Herr Lakshmidas, hatte
inzwischen versucht, der Kälte mit Hilfe einer halben Flasche
Whisky ein Paroli zu bieten, und ergötzlich war es nun an=
zusehen, welche Wirkung diese Dosis Alkohol auf den sonst
so gemessenen Brahminen ausübte. Während andere Menschen
Gott danken, sich nach dem Genusse einer solchen Quantität
auf beiden Beinen halten zu können, versuchte unser feister
kleiner Freund, sich gleich dem Storch oder Flamingo mit
einem einzigen zu begnügen, welcher Versuch jedesmal mit
einem völligen Umsturz endete, bis er das Thörichte dieses
Beginnens einsah und es vorzog, sich auf einen umgefallenen
Baumstamm zu setzen.

In aller Frühe des folgenden Morgens — die Sonne
hatte sich noch nicht den Schlaf aus den Augen gerieben —
alarmierte ich das Lager, da ich es selbst im Bette vor Kälte
nicht mehr aushalten konnte. Als ich aus dem Zelte trat,
bot mein kleiner Hilfsarbeiter aus dem Ministerium des
Innern in seinem Äußern einen jammervollen Anblick dar.
Zerknirscht, das weißbeturbante Haupt auf beide Hände ge=
stützt, saß er — ich weiß nicht, ob noch oder schon wieder
— auf dem umgefallenen Baumstamm, ein Bild namenlosen
Elends. O Du heiliger Brahma! Wie saß dein frommer
Jünger da, einem Häufchen Elend gleich, mit verglasten
Augen wehmütig zu mir emporschauend, als wollte er sagen:
„Hilf mir, Du großer Mann, wenn einer meinen Zustand

kennt, so bist Du es". In letzterem hatte er nun freilich nicht ganz unrecht, aber gegen den Kater ist bekanntlich kein Kraut gewachsen, und so hielt ich es für das beste, meinen Patienten, nicht ohne einen Anflug von Bosheit, damit zu trösten, daß ihm auf der Höhe des Marbalpasses schon besser werden würde. Der Ärmste! Er sollte nun auch noch eine Höhe von 11600 Fuß erklimmen. Aber was half's, ich ließ ihn aufs Pferd heben, um ihn wenigstens so weit als möglich tragen zu lassen. Aber schon nach kurzer Zeit mußte er den Sattel wieder verlassen.

Bergan ging's auf miserablem Pfade, erst sanft ansteigend zu Pferde, dann steil zu Fuß, mein Begleiter meist auf allen Vieren, pustend, ächzend, stöhnend. Ich bin ein geborener, aber keineswegs passionierter Bergsteiger; das einzige Vergnügen, welches ich von der Sache habe, ist die Freude, die ich empfinde, wenn ich am Ziel angelangt bin, und das war ich bereits kurz nach 9 Uhr. Oben auf der Höhe des Passes befindet sich ein aus Steinen lose aufgebautes Lingam, bedeckt mit welken Blumen, niedergelegt von frommen Pilgern. Hier faßte ich Posto und weidete mich an dem Anblick des schier verzweifelnden Babu, während ich die armen Kulis mit ihren Lasten auf dem Rücken und die des Kletterns ungewohnten Pferde bemitleidete. Als es mir schließlich zu windig wurde, begann ich allein den Abstieg und wartete bei einem Senner, mich labend an frischer Kuhmilch, fast zwei Stunden auf die Ankunft der Karawane. Der Brahmine kam seelenvergnügt, über Stock und Stein setzend, angehüpft; er war wieder ganz genesen, die Kur hatte geholfen. Um 1 1/2 Uhr bezogen wir Lager in Singpur, einem kleinen freundlichen Dorfe von 30 Einwohnern, inmitten amphitheatralisch sich übereinander erhebender, wogender Reisfelder. Die Leute, meist Hindus vom

reinsten Wasser, tragen das Haupthaar in der Mitte rasiert,
zu beiden Seiten dichte, weitabstehende Lockenbüschel, die unter
einer eigentümlich zugeschnittenen roten Kappe hervorquellen.
Ein kurzes Wams bedeckt den Oberkörper bis an die Lenden,
so daß sie aussehen wie der Rattenfänger von Hameln, der
vergessen hat, seine Trikots anzulegen. Hier, wie auch für
die nächsten Tage fanden wir Blockhäuser mit flachen Erd=
dächern, auf denen das zusammengetriebene Rindvieh behaglich
wiederkäuend lagert, oder auf denen Tomaten und andere
Früchte zum Trocknen ausgebreitet sind. Die Weiber machen
einen wenig erfreulichen Eindruck, meist in wollene Hemden
gehüllt, starren sie solcherweise von Schmutz, daß wir uns
von dem Dichter das: „O rühre, rühre nicht daran" wahrlich
nicht vorsingen zu lassen nötig haben, um uns in gemessener
Entfernung zu halten. Wir befinden uns hier in etwa
8000 Fuß Höhe und treffen unter den Feld= und Waldblumen
viele heimatliche Bekannte, u. a. Glockenblume, Löwenmaul,
Schafgarbe und Primel, sowie verschiedene Farrenarten.
Hier wie fast in ganz Kaschmir wird jährlich zweimal ge=
erntet, auf Weizen bezw. Gerste als Winterfrucht folgen
Mais, Reis oder Hirse. Wo irgend möglich, sind künstliche
Bewässerungen angelegt und werden gut im stande gehalten,
wohingegen der Wert des Stalldüngers leider, wie überall
in Indien, nicht gebührend geschätzt wird.

Den Bewohnern Kaschmirs kann man keinesfalls den Vor=
wurf machen, schlechte Ackerbauer zu sein, denn sie bestellen
ihre Felder äußerst sorgsam und halten dieselben von Unkraut
in vorzüglicher Weise frei. Würden sie den Dünger aus=
giebiger verwerten, so könnte man bei ihnen sogar von inten=
siver Wirtschaft sprechen. Ihre Ackergeräte sind zwar er=
staunlich primitiv und mögen vor 2—3000 Jahren genau so

beſchaffen geweſen ſein, aber die Anſchaffung teurer Maſchinen
würde ſich bei der Kleinheit des Betriebes nicht bezahlt
machen, und an Genoſſenſchaftsweſen iſt hier ebenſowenig wie
in Indien wegen des leidigen Kaſtengeiſtes zu denken. Zweifel=
los würde durch Erweiterung der Bewäſſerungsanlagen noch
viel Land unter Kultur gebracht werden können, der geringen
Bevölkerung genügt jedoch das vorhandene vollauf. Das ge=
ſchnittene Korn wird, in Garben gebunden, vielfach in Schobern,
und zwar auf den flachen Dächern der Häuſer, nicht ſelten aber
loſe in dem Geäſte der Bäume aufbewahrt. Da Niederſchläge
nach Mitte September ſo gut wie gar nicht vorkommen,
kann man ſich koſtſpielige Scheunenbauten erſparen. Unſerem
deutſchen Dreſchflegel bin ich auf meinen Wanderungen in
Kaſchmir nicht begegnet; es wird meiſt mit langen gebogenen
Stöcken gedroſchen; auch wird das Getreide mit Kühen viel=
fach ausgeritten, wie es noch heute, z. B. im Holſteiniſchen,
mit dem Raps geſchieht. Eine höchſt ſonderbare Dreſch=
methode, die ſicher um Tauſende von Jahren zurückreicht,
habe ich in Kiſchtwar kennen gelernt. Eine etwa 6 Fuß
große Steinplatte iſt in einem Winkel von etwa 70 Grad
in die Erde geſenkt, ſo daß dieſelbe 3—4 Fuß aus derſelben
hervorragt. Der Bauer faßt nun die einzelnen Garben am
unteren Ende und ſchlägt die Ährenbüſchel über die Kante
der Platte, bis das Korn herausgefallen iſt. Ich habe mich
überzeugt, daß bei dieſer etwas langwierigen Methode ſehr
rein ausgedroſchen wird, und nur wenige Körner im Stroh
verbleiben.

Nicht annähernd ſo günſtig, wie mit der Landwirtſchaft,
iſt es mit der Forſtwirtſchaft beſtellt, wenigſtens ſo weit ich
Gelegenheit hatte, dieſelbe kennen zu lernen. Ich erinnere
mich nicht, irgendwo in der Welt ſo wunderbare Nadelwälder

angetroffen zu haben, wie in dem von mir durchstreiften
Teile Kaschmirs, wo 6 Fuß im Durchmesser haltende und
gegen 100 Fuß hohe Bäume auch heute noch keineswegs
zu den Seltenheiten gehören. Diese prächtigen Waldriesen,
meist Deodar=Zedern, werden gefällt, indem man Feuer an
den unteren Teil der Stämme legt, bis sie umfallen, dann
behauen und zersägt in den nächsten Wasserlauf geworfen,
dessen während der Schneeschmelzzeit hoch anschwellende Fluten
sie dann in den bedeutenderen Chenab führen, gegen welche
wohlfeile und hier einzig mögliche Transportmethode sich ja
weiter nichts einwenden ließe, wenn nicht Tausende von kost=
baren Stämmen unterwegs zwischen Felsblöcken sitzen blieben,
ohne daß man sich bemühte, dieselben wieder flott zu machen.
Ich glaube nicht zu niedrig zu greifen, indem ich annehme,
daß gegen 30 v. H. der in die Bäche geworfenen Balken
nicht an ihr Ziel gelangen. Die in den Chenab treibenden
Hölzer werden in Aknur, dem Hauptholzstapelplatz Kaschmirs,
von mit aufgeblasenen Ziegenschläuchen bewaffneten Schwim-
mern geborgen, um entweder zu Flößen vereinigt weiter
stromab oder auf dem Landwege zur nächsten Bahnstation
Sialkot geführt zu werden.

Von einem Anpflanzen junger Bäume ist keine Rede,
und es scheint mir endlich an der Zeit, daß in dieser Richtung
entweder auf die Regierung Kaschmirs von den Engländern
ein energischer Druck ausgeübt, oder die Waldwirtschaft, wie
es bereits in verschiedenen sogenannten unabhängigen Staaten
der Fall ist, vom British Government in Pacht genommen
werde. Anderenfalls dürften die unvergleichlichen Waldungen
schnell ihrem gänzlichen Ruin entgegengehen.

Der Bär ist unstreitig eine der größten Plagen des
Landmannes, dessen Maisernte vom Meister Petz oft in

einer Nacht vernichtet wird, so daß er unausgesetzt auf dem
Posten sein muß, um den ungeschlachten Räuber zu ver=
scheuchen. Übrigens ist die Bärenjagd kein ganz ungefährliches
Vergnügen, und kaum ein Jahr vergeht, ohne daß einige
englische Offiziere dasselbe mit dem Leben büßen.

Die 30 Kilometer Weges von hier zu der nächsten
Ortschaft Mogul Mabam führen anfangs durch hohe Kiefern=
waldung mit eingesprengten Eichen, dann über kahle Felsen
und über derartig vernachlässigte Pfade, daß es mich heute
noch wundert, wie unsere Pferde mit heilen Knochen davon=
gekommen sind. Im Walde fand ich an mehreren Stellen
wildwachsenden, sich festonartig von Stamm zu Stamm
ringenden Wein, dicht behangen mit reifen, schwarzblauen
Trauben, deren allerdings sehr kleine Beeren sich durch Süße
und aromatischen Geschmack auszeichnen.

Mogul Mabam ist ein Dorf mit fünf verstreut liegenden
Häusern und einigen zwanzig meist kropfbehafteten Bewoh=
nern, die sämtlich erschienen, um mir bei meinem Frühstück
Gesellschaft zu leisten. Wie in den Bergen Tirols und Steier=
marks, ist auch in Kaschmir der Kropf eine nicht ungewöhnliche
Erscheinung, die von den Eingeborenen durchweg dem
schlechten Trinkwasser zugeschrieben wird, eine Ansicht, der ich
mich deswegen nicht anschließen kann, weil der Kropf sich nach
meinen eigenen Beobachtungen sowohl als auch nach ein=
gezogenen Erkundigungen, lediglich bei den Kulis, Wald=
arbeitern und sonstige schwere Arbeiten verrichtenden Personen,
kurz, in den untersten Klassen, nicht aber in den Reihen der
Soldaten, Priester, Schreiber u. s. w. findet, obgleich alle
dasselbe Wasser genießen. Wie mir mitgeteilt wurde, ver=
erbt sich die Krankheit häufig von den Eltern auf die Kinder,
die dann bereits mit kleinen Kröpfen auf die Welt kommen.

Die Zahl der in den Bezirken Kischtwar und Badrawar mit Kröpfen behafteten Personen wird auf 20 v. H. geschätzt.

Nachmittags wurde eine Steigung von etwa 800 Fuß überschritten und abends das Lager zwischen gewaltigen Felstrümmern auf einer Sandbank aufgeschlagen, gegenüber der Stelle, wo unter lautem Getöse sich die kristallklaren Wasser des Sinthun in die von Gletschermud grauweiß gefärbten Fluten des Wardwarflusses ergießen. Hunderte von wertvollen Stämmen glitten mit den Wellen des Wardwar vorüber, und während ich, hart am Flusse sitzend, mein Abendessen einnahm und eine Flasche Kaschmirweins dazu leerte, trieb nicht weit von meinem Tisch die leicht angesengte Leiche eines Hinduweibes ans Ufer, bei der man wahrscheinlich — wie das vielfach vorkommt — aus Sparsamkeit den Verbrennungsprozeß nur markiert hatte, anstatt ihr einen ordentlichen Scheiterhaufen aufzubauen. Meine Leute beeilten sich, den Kadaver wieder flottzumachen, und ich benutzte den Vorwand schwacher Nerven, um mich nach einer zweiten Flasche umzusehen.

Unsere Pferde hatten wir der lebensgefährlichen Wege halber in Mogul Madam zurücklassen müssen, so daß es von jetzt ab auf eigenen Füßen vorwärts ging. Ich habe in meinem Leben manches Gebirge durchstreift, bin an manchen Abgründen vorübergegangen, die Wege aber, die ich von hier nach Kischtwar und von da nach Badrawar gewandelt bin, übertreffen in Bezug auf die Anforderungen, die sie an den Schneid des Reisenden stellen, alles mir bis dahin Bekannte.

Stundenlang auf Pfaden, die kaum einem Fuße Raum gewähren, an gähnenden Abgründen von über 1000 Fuß Tiefe entlang zu tasten oder solche auf fünfzölligen Balken zu überschreiten, stundenlang das Bewußtsein zu haben, daß

die geringſte Unachtſamkeit, daß ein Zoll vom Wege, den
Tod bedeutet, das iſt mehr als ein angenehmer Nervenkitzel,
wie ich ihn beiſpielsweiſe bei Luftballonfahrten, ſogar bei
leiblich gefahrvollen empfunden habe. Für Lebensmüde
mag ein Spaziergang dieſer Art ſeine Reize haben, für mich,
der ich auch ohne eine königliche Stiefmutter ausrufe: „Das
Leben iſt doch ſchön“, bietet es ſolche keineswegs. —

Nach dieſem Bekenntnis wird man begreifen, daß ich
alles Mögliche that, einen Abſturz in die Tiefe zu vermeiden,
und nach Kräften bemüht war, mir das zu erhalten, was
ich erſt ſeit kurzem ſchätzen gelernt hatte — das Leben.

Die 9. Stunde des 28. Auguſt 1890 wird mir für
alle Zeit in lebhafter Erinnerung bleiben, denn in ihr habe
ich meiner Empfindung nach dem Tode näher geſtanden als
je zuvor, in ihr meine erſte Jhula überſchritten. Eine Jhula
iſt der Schrecken, nicht nur der meiſten Touriſten, ſondern
auch eines großen Teiles der eingeborenen Bevölkerung, die
lieber auf den Verkehr mit der übrigen Welt verzichtet als
ſich einer Jhula anzuvertrauen, denn eine Jhula iſt eine
Brücke, aber eine Brücke von höchſt eigenartiger Konſtruktion,
wie ſie in Kaſchmir meiſt zur Verbindung ſchroff abfallender
Flußufer Verwendung findet.

Man denke ſich zwiſchen die beiden Wände eines Ab-
grundes, zwei parallel, 4 Fuß von einander entfernte, in
gleicher Höhe liegende etwa 1 Fuß dicke Kabel aus Weidengeflecht geſpannt und 5 Fuß unter denſelben drei zuſammen-
gefügte armdicke Kabel, die mit den beiden oberen durch
vertikale, dünnere Stricke in einer Entfernung von je 8 Fuß
verbunden ſind, und man hat eine Jhula.

Mir iſt das Seiltanzen wahrlich nicht an der Wiege vor-
geſungen worden, und ich habe es leider auch verſäumt,

durch Privatunterricht selbst die Anfangsgründe dieser edlen
Kunst kennen zu lernen; aber ich hatte vor Jahren einmal
eine hohe Verehrung für eine junge Dame „auf schlaffem
Seil" im Zirkus Carré gehegt, und aus jener Zeit wußte
ich wenigstens eines, nämlich, daß sich meine Angebetete
jedes Mal „vor der Schlacht" die Sohlen ihrer allerliebsten
Schuhe mit Kreide bestrich. In Ermangelung solcher verwendete ich hierzu etwas trockenen Lehm und versuchte dann
meinen ersten „Paß", der aber beinahe mit einem Fiasko
mit tödlichem Ausgange geendigt hätte. Aha! dachte ich,
der Gott, der Füße wachsen ließ, der wollte keine Stiefel,
entledigte mich derselben, die Strümpfe einbegriffen, betrat
das Seil zum zweiten Mal, und dies Mal mit besserem Erfolg. Die ersten Schritte sind die unangenehmsten, da die
Brücke sich nach der Mitte zu in starkem Bogen senkt und
man daher auf dem glatten Weidengeflecht am leichtesten
ausgleitet. Wären an den zwei oberen Hauptkabeln Stricke
befestigt, an denen man sich festhalten könnte, so wäre die
Sache weit weniger gefährlich als jetzt, wo die armdicken,
festgeflochtenen Kabel den Händen gar keinen Halt bieten.
An dem einen Ende der Jhula befindet sich ein Häuschen
für einen Einsiedler, der erstens die Brücke in Stand zu
halten und zweitens den Passanten beim Übergange Beistand
zu leisten verpflichtet ist. Wie aber in dem bekannten Stu-
bentenliede, in dem es heißt: „Einsiedelmann ist nicht zu
Haus," so ging es auch hier, und ich mußte daher auf die
mir sonst hochwillkommen gewesene Hilfe dieses Herrn verzichten. Bis in die Mitte ging die Sache leidlich, da aber
erhob sich plötzlich ein heftiger Stoßwind, und die Jhula
begann hin- und herzuschwanken, unter gleichzeitigem recht
fatalen Auf- und Niederhüpfen. Mir wurde schwach vor

Eine Thula in Kaschmir.

den Augen; etwa 500 Fuß unter mir, da wallet's und
siedet's und brauset's und zischt's, derweil ich alle Beine und
Hände voll zu thun habe, mich vor dem Herabstürzen zu
bewahren. Zum Glück ging es ohne Sturz ab, und nach
einigen weiteren langen Minuten stand ich wieder auf festem
Boden mit einem Gefühl, als hätte ich die größte Helben=
that vollbracht. Meinen Dienern, die angsterfüllt am jen=
seitigen Ufer standen, rief ich zu, die Sache sei ein Kinder=
spiel, und sie kamen auch schließlich ohne Unfall herüber;
die meine Lasten tragenden Kulis folgten ihnen wie geborene
Seiltänzer.

Ich habe später mehrfach ähnliche Brücken ohne weiteres
Grauen passiert, nie aber eine derartig schlecht gehaltene und
nie wieder eine unter so ungünstigen Verhältnissen, wie die
hier den Wardwarfluß überspannende. Ich hoffe, daß spätere
Reisende den Weg via Kischtwar nach Babrawar, dank
meinem Bericht an den Radja Amor Singh, in einer besseren,
weniger lebensgefährlichen Verfassung vorfinden werden, als
ich es that.

Selbstverständlich wird durch die Schlechtigkeit der Wege
der Genuß der wunderbaren, stets wechselnden Scenerien,
wesentlich beeinträchtigt. Der Marsch führt teils in 600 bis
1000 Fuß Höhe über dem Wardwarfluß, teils am Ufer
desselben an schwach bewaldeten oder auch ganz kahlen Felsen
entlang, bei jeder Biegung neue Blicke erschließend, bald
auf an Wildheit ihresgleichen suchende Felspartien, bald in
liebliche enge Seitenthäler mit freundlichen Häuschen und
in allen möglichen Farben prangenden Hirse= und Reisfeldern.
Murmelnde Bächlein und schäumende Bäche, denen ihr Bett
zu eng geworden, vereinigen sich mit dem sich über Steine
und gewaltige Felsblöcke dahinwälzenden Wardwar oder·

ſtürzen in Geſtalt von Waſſerfällen oft aus mehreren hun=
dert Fuß Höhe in die Tiefe. Ich ſah hier zum erſten Mal
die wilde Olive, die ſich aber auf die Abhänge zu beiden
Seiten des Wardwar und des Chenab zu beſchränken ſcheint,
wenigſtens bin ich ihr ſpäter nicht wieder begegnet. Den
letztgenannten, ſich bei Atuk in den Indus ergießenden Fluß
überſchritten wir am gleichen Tage auf einer Jhula, um
dann über Sandſteinfelſen etwa eine Stunde bergan zu
klettern. Stufenüberreſte deuten an, daß einſt eine breite
Treppe zur Höhe geführt hat, auf der noch heute die Trümmer
einiger zwanzig von behauenen Steinen eingefaßter, jetzt ver=
ſiegter Quellen vorhanden ſind.

Endlich nach recht heißem Marſche betrat ich gegen
Mittag das 4500 Fuß hochgelegene Kiſchtwarthal, die er=
müdeten Träger erſchienen erſt einige Stunden ſpäter am
Platze. Wenn man tagelang zwiſchen engen Felsſchluchten
herumgeklettert iſt und kaum einige Quadratmeter ebenen
Landes hat entdecken können, ſo begrüßt man die erſte größere
Strecke flachen Geländes mit unverhohlener Freude, und ſeien
es auch nur wenige hundert Morgen, wie es hier der Fall
war. Etwa ein Drittel der geſamten Fläche wurde von dem
polo-ground eingenommen, auf dem zu Zeiten, als in Kiſcht=
war noch ein unabhängiger Radja reſidierte, das Poloſpiel
allabendlich eifrig betrieben wurde. Erſt der Vater des jetzigen
Maharadja von Kaſchmir, Ranbir Singh, hat Kiſchtwar
ſeinem Staate einverleibt, und mit der Radjaherrlichkeit wie
mit dem Poloſpiel hat es ſeitdem ſein Ende erreicht. Von
erſterer zeugt ein verfallener ſogenannter Palaſt in einem auf
einer Anhöhe inmitten des Thales gelegenen Fort, welches
noch unter Ranbir Singh mit 600 Soldaten und 20 Bronze=
geſchützen armiert war und heute drei verſchlafenen Wächtern

als Wohnung dient, von letzterem der etwa 100 Morgen
große, künstlich geebnete, prächtige Rasen. Einen Winkel
desselben mit einer Gruppe dicht belaubter Platanen wählte
ich als Lagerplatz und empfing dann die Besuche der ver=
schiedenen hier stationierten Beamten, die kamen, dem Freunde
ihres Landesherrn ihre Aufwartung zu machen und ihm
Geschenke an Mehl, Reis, Honig, Hühnern, Früchten u. s. w.
zu Füßen zu legen.

Auf meine Frage, warum das Polospiel nicht mehr
ausgeübt werde, wurde mir bedeutet, es fehle hierzu die
nötige Anzahl vermögender Leute, denn es gäbe zur Zeit
nur zwei Pferdebesitzer in Kischtwar, wohingegen unter dem
früheren Radja fast jedermann Pferde zum Polospiel ge=
halten habe.

Ich hatte das Spiel bisher immer für eine englische
Erfindung gehalten, bis ich in Kaschmir erfuhr, daß es hier
seit Jahrhunderten gespielt wird. Seine eigentliche Heimat
soll Darbistan oder Baltistan, nach anderer Ansicht Manipur
sein, wo es auch heute noch in voller Blüte steht; von den
Engländern ist es erst vor wenigen Jahrzehnten übernommen
worden. Das „polo" läßt sich am besten mit einem Krocket
zu Pferde vergleichen. An jedem Ende des rasenbedeckten
Spielplatzes befindet sich ein kleiner, deutlich abgegrenzter
Kreis, einer für jede Partei. Aufgabe der Spielenden nun
ist es, mit Hilfe hammerartig auslaufender Stöcke einen
leichten Holzball etwa von der doppelten Größe der Krocket=
bälle in den Kreis der Gegenpartei zu treiben. (Die Eng=
länder ersetzen den Kreis durch 2 in den Boden geschlagene,
nahe bei einander stehende Pfähle.) Das Spiel, welches
an die Gewandtheit von Roß und Reiter nicht geringe An=
sprüche stellt, ist in gleicher Weise aufregend für Spieler wie

Zuschauer und zweifellos eine nicht zu unterschätzende kaval=
leristische Übung.

Eines der beiden einem Vezir gehörenden Pferde des
Ortes wurde mir für den folgenden Tag zur Verfügung ge=
stellt, und ich benutzte dasselbe zu einem Ausfluge in die
Stadt und zu dem auf einer Anhöhe inmitten der Thalenge
gelegenen Fort, von dem aus ich einen der reizvollsten Blicke
genoß, dessen ich mich überhaupt in Gebirgsgegenden ent=
sinnen kann. Nach Norden und Süden sieht man hinunter
in fruchtbare, grünende Thäler, nach allen Seiten auf teils
spärlich bewaldete, teils kahle Berge. Von einem der letzteren
stürzt aus 2500 Fuß Höhe ein Wasserfall in mehreren Kas=
kaden in die Tiefe. Die Stadt selbst bietet außer ihren aus
einer Art Mosaik von Holz= und Steinblöcken aufgebauten
Häusern mit hübsch geschnitzten Thüren und Balkonen wenig
Sehenswertes. Sie könnte mit geringen Kosten mit vorzüg=
licher Wasserleitung versehen werden, während jetzt jeder
Tropfen von einer etwa eine halbe Stunde entfernten Quelle
herbeigeschafft werden muß. Der Bazar ist ohne alles Leben,
die Läden in demselben waren um 10 Uhr noch nicht ge=
öffnet, und um 5 Uhr nachmittags, als mich mein Weg
zum zweiten Male hindurchführte, bereits wieder geschlossen.

Als Landwirt interessierte mich besonders der viel ge=
pflegte Anbau des Safrans, dessen Zwiebel gerade in jenen
Tagen unter langgezogenen melancholischen Gesängen der
Erde anvertraut wurde. Wie bei uns nach alter Methode
die Kartoffel, wird die Saat in eine Furche gelegt, um von
dem die nächste Furche ziehenden Haken mit Erde bestülpt
zu werden. Nach drei Monaten, also Ende November, be=
ginnt die Blüte und mit dem Pflücken dieser auch die
Ernte. Da ein Pfund getrockneter Blumen mit 45 Mark

bezahlt wird, ſo iſt der Anbau des Safrans, deſſen Farbe
ſich bei den Indern hoher Gunſt erfreut, ſehr lohnend. Auch
Mohn wird zur Gewinnung des Opiums mit gutem Erfolge
gebaut.

Die weibliche Bevölkerung macht in ihrer kleidſamen
Tracht, engen bunten Hoſen und langen weißen, durch roten
Gürtel zuſammengehaltenen Gewändern, roter, cerevisartiger
Kopfbedeckung, einen weit ſauberern Eindruck als ſonſtwo
im Lande. Die Männer tragen meiſt grauwollene Bein=
kleider, kurze Kittel und eine Filzkappe, welche Stirn, Kopf
und Genick bedeckt. Sämtliche Leute zeichnen ſich durch
heiteres, liebenswürdiges, beſcheidenes Benehmen aus, und
nirgendwo in Kaſchmir habe ich ſo das Gefühl gehabt, den
Bewohnern durch meinen Beſuch eine Freude zu machen,
wie in Kiſchtwar. Ich brauchte nur einen Wunſch zu äußern,
und alle Welt wetteiferte, denſelben zu erfüllen. Als ich
ſpäter bei meiner Abreiſe die Rechnung begleichen wollte,
wurde mir bedeutet: „Der Gaſt unſeres Maharadja iſt auch
der unſrige“ und jede Annahme einer Bezahlung ſtolz zurück=
gewieſen. Mit der Hoffnung, es möge mir vergönnt ſein,
noch einmal im Leben in dieſes gaſtliche Thal zurückzukehren,
verließ ich Kiſchtwar in der Richtung nach Babrawar.

Anfangs führte der Weg etwa 1200 Fuß über Fels=
geröll bergab, dann begann wieder die Aufwärtskletterei
auf womöglich noch ſchlechteren Pfaden als bisher. Aus
Reisſtroh geflochtene Schuhe, die ich in Kiſchtwar erhalten
hatte, thaten gute Dienſte, da ſie das Ausgleiten auf glatten
Felsplatten verhinderten. Nur wenige nackte Pilger mit
ungewöhnlich großen, aus Weidengeflecht und Blättern her=
geſtellten Sonnenſchirmen begegneten uns. Die Landſchaft
wurde wilder und wilder, und nur vereinzelte kleine Stein=

häuschen erinnerten daran, daß wir uns in bewohnter
Gegend befanden.

Bei einer verlaſſenen Waſſermühle im Duodez-Format,
in der neben zwei kleinen Mahlſteinen kaum Plaß für den
Müller vorhanden war, wurde Halt gemacht, um das Frühſtück zu bereiten. Während der Koch an der Arbeit war,
nahm ich mir die Mühe, eine der Höhen zu erklettern, um
zu ſehen, ob hinterm Berge auch noch Leute wohnten. Mein
Auge ſah hinab in eine kleine, angebaute Thalſchlucht, die
ſicher noch nie eines Europäers Fuß betreten, auf der kaum
je zuvor eines weißen Mannes Blick geruht hatte, denn alles
hier nicht direkt am Wege Liegende iſt terra incognita, und
wem es beſonderes Vergnügen macht, jungfräuliche Höhen,
Berge und Bergrieſen in allen Formen und Geſtalten, mit
oder ohne Schnee, ganz nach Wahl zu erklimmen, der findet
hier im Überfluß, was er ſucht.

Die Nacht wurde, da ſich kein Plaß zum Aufſchlagen
eines Zeltes ermitteln ließ, in einer Felshöhle zugebracht
und am andern Morgen beim Mondſchein ſchon um 4 Uhr
wieder aufgebrochen. Von dieſem Marſche iſt mir beſonders
ein Punkt von ſeltener Schönheit in Erinnerung geblieben.
Ich hatte auf ſchmaler, ſchwankender Brücke den Tartara
in ſchwindelnder Höhe überſchritten und ſah nun von ſicherem
Port hinab in die Tiefe, in der ſich in rechtem Winkel die
brauſenden Fluten des Tartara in den Chenab ergießen.
Ringsum ſchroffe Felsmaſſen; troß einiger gleich Schwalben-
neſtern an die Felſen geklebten Häuschen kein lebendes Weſen
ringsum, kein Laut, außer dem Toſen der Wäſſer. Ich war
meinen Leuten vorausgeeilt, genoß in vollen Zügen die Ein-
ſamkeit inmitten wildeſter Berglandſchaft und pries mich
glücklich, fernab vom Getriebe der großen Welt allein ſein

zu können mit mir selber, allein mit der wunderbaren
Natur.

Gegen Mittag hielten wir in der größeren Ortschaft
Jangalwar kurze Rast. Nachdem dort gefrühstückt war und
neue Kulis die Stelle der ermatteten eingenommen hatten,
ward der Marsch in glühender Sonnenhitze fortgesetzt. Mehr
als 3000 Fuß galt es auf steilen Zickzackwegen zu überwinden, eine Arbeit, die manchen Schweißtropfen gekostet
hat. Bis gegen 8000 Fuß Höhe sahen wir Reis- und Hirse-
felder, doch habe ich später solche, wie auch Weizenkulturen
bis über 9000 Fuß angetroffen, ja letztere finden sich in
Labakh bis zu 12000 Fuß über dem Meeresspiegel, und
eine Art Gerste, „grim“ genannt, reift in diesem merk-
würdigen Lande, in dem kein Fleckchen angebauten Landes
unterhalb 9000 Fuß liegt, sogar in Höhen von 13000,
ja selbst 14000 Fuß, der größten bekannten Höhe, in der
überhaupt Feldkulturen existieren. Die Bewohner dieser zu
Kaschmir gehörenden, etwa 30000 Einwohner zählenden
Provinz, in der jede Handbreit anbaufähigen Landes beackert
wird und in der ein weiteres Ausdehnen der Landwirtschaft
und damit auch eine Vermehrung der Wohnsitze ausgeschlossen ist, haben nun „aus Mangel an Raum“ oder auch
von dem Standpunkte ausgehend, daß, wie viele Hunde des
Hasen, so viele Weiber des Mannes Tod sind, an Stelle
der Polygamie die Polyandrie eingeführt und zwar in höchst
sonderbarer Weise. Der älteste Sohn einer Familie erkiest
sich ein seinem Geschmack zusagendes Weiblein. An der von
ihm geschlossenen Ehe nehmen seine sämtlichen Brüder teil,
gleichgiltig in welcher Zahl, mit gleichen Rechten, und die
von dieser Kommanditgesellschaft gezeugten Kinder gehören
allen Teilhabern gemeinschaftlich. Erstere sprechen daher,

9*

wie wir etwa von Onkeln und Tanten, von ihrem größeren,
kleineren, älteren und jüngeren, dicken oder dünnen Vater.
Sobald das erſte Kind geboren iſt, verlaſſen Großmutter
und die reſpektiven Großväter, die bis dahin mit ihren
Kindern zuſammengelebt haben, das Haus und ziehen auf
Altenteil, ſich mit wenigen Kühen und genug Landes, um
ſie vor dem Verhungern zu bewahren, begnügend. Soweit
bliebe ja alles „in der Familie", aber nicht genug an dem.
Nein, es iſt den bereits mehrfach bemannten Frauen auch
noch geſtattet, ſich nach ihrem Geſchmack ein bis zwei Neben=
männer aus der Nachbarſchaft zuzulegen, die dann gleichfalls
eheliche Rechte ausüben, ohne ſpäter ſolche als Väter der
Kinder beanſpruchen zu können. Man denke ſich, welch
wunderbare Motive ſich hier einem Eheſtanddramatiker à la
Victorien Sardou böten. Was würden ſich für prächtige
Eiferſuchtsſcenen mit, ſagen wir, z. B. fünf Ehemännern
und zwei Hoſpitanten erfinden laſſen. Es giebt wahrlich
höchſt eigentümliche Sitten in der Welt; ich für meinen Teil
würde mich, wenn ich die Wahl hätte, immerhin eher für
die Polygamie als für die Polyandrie begeiſtern können.
Bemerkt ſei noch, daß die Ladakhis ſich zur buddhiſtiſchen
Religion bekennen und ein großer Teil derſelben, Männlein
ſowie Weiblein, die Freuden des Kloſterlebens denen der
Ehe vorzieht.

Doch zurück nach Kaſchmir, zurück in unſer heutiges
Nachtquartier, welches, da wiederum kein Zeltplatz vor=
handen iſt, angeſichts der von der ſinkenden Sonne vergoldeten
Schneeberge auf dem Dache eines Bauernhauſes in dem
Örtchen Jora aufgeſchlagen worden iſt. Das Haus beſteht
aus zwei Stockwerken, beide aber ſind, da an einem Berg=
abhang, auf verſchiedenen Baſen errichtet, ſo daß das flache

Dach des unteren den Bewohnern des höher gelegenen als Tenne, Spielplatz, Balkon u. s. w. dient. Unter der Veranda des letzteren hatte ich Unterkunft gefunden, Tisch und Stuhl standen auf dem Dach des ersteren. Meistens pflegen, wie schon erwähnt, hier die Getreidevorräte untergebracht zu werden, und die Häuser, auf deren Dächern in mächtigen, vortrefflich gesetzten Schobern die Ergebnisse der letzten Ernte aufgebaut sind, erhalten dadurch von weitem das Aussehen kuppelgekrönter Tempel.

Meine braven Wirte gaben sich die erdenklichste Mühe, mir den Aufenthalt für die Nacht erträglich zu gestalten, aber die sofort nach Sonnenuntergang eintretende eisige Kälte und der Lärm, den einige in den Nachbarfeldern schmausende Bären vollführten, ließen mich kein Auge schließen, so daß ich mit Freuden den dämmernden Morgen begrüßte und mich erst wieder wohl zu fühlen begann, als die Bewegung des Kletterns das Blut in meinen Adern in Fluß brachte.

Auf einer Höhe von über 8000 Fuß gelangten wir zu einem der Gottheit Bhadrakali, einer mit 8 Armen behafteten Dame, geweihten Holztempel. Gleich einer Heiligen der katho=lischen Kirche war die Göttin angethan mit seidenem Gewande, geschmückt mit Edelsteinen und Blumen, und machte ein vergnügtes Gesicht, als ich sie begrüßte. Letzteres aber ge=schah lediglich, um mir von ihr die Erlaubnis zu erbitten, mich von der ihr Heim umgebenden Veranda ein wenig um=sehen zu dürfen. Welch ein Blick! Vor mir lagen die grauen Bergesrücken einem Meere felsgewordener Wogen gleich, aus dem fern am Horizent der Nana und Khana — davon der erstere 23 447 Fuß hoch — schneestarrend sich von dem lichten Blau des Morgenhimmels abhoben. Von nun an ging es langsam bergab, und ich vertrieb mir die Zeit damit, möglichst

viele der zu Tausenden im Sonnenlichte sich tummelnden farben-
schillernden Schmetterlinge zu fangen und meiner im Laufe
der Reise allmählich recht umfangreich gewordenen Sammlung
einzuverleiben.

Seit gestern bereits befanden wir uns im Bezirk Babrawar, einer dem Bruder des Maharadja, dem uns aus
Sirinagar bekannten liebenswürdigen Radja Amor Singh,
gehörenden Landschaft, die demselben eine jährliche Rente
von etwa 200000 Mark einbringt. Die Wege waren hier in
besserem Zustande als im übrigen Kaschmir, mit der Waldwirtschaft aber sah es womöglich noch kläglicher aus, und
die riesenhaften Stämme lagen zu Hunderten faulend am
Boden. Die hiesigen Bewohner scheinen viel Sinn für die
Schönheit der sie umgebenden Natur zu besitzen, wenigstens
läßt mich der Umstand, daß an allen hervorragenden Aus-
sichtspunkten umgehauene Stämme zu Bänken hergerichtet
waren, diesen Schluß ziehen. Von einem solchen Punkte
bot sich mir ein bezaubernder Blick auf die tief unten im
Thale liegende Stadt und das dieselbe beherrschende, mit
vier runden Ecktürmen versehene Fort.

Mein heutiges Reiseziel schien mir so nahe, und die
Kulis waren so weit zurück, daß ich mir etwa eine halbe
Stunde Rast gönnte und mich an dem Anblick der sich unter
mir ausbreitenden üppigen Landschaft weidete. Ich war
späterhin recht unangenehm enttäuscht, als es noch etwa
1½ Stunden unbequemen Bergabkletterns beburfte, um den
vom Gouverneur für mich hergerichteten Lagerplatz zu erreichen, und zweier weiterer Stunden Wartens, bis Zelt und
Gepäck anlangten.

Babrawar, die Stadt, hat mir wenig gefallen, sie bot
mit ihren engen, unregelmäßigen Gassen, unsauberen Häusern

und Bewohnern ein Bild der Unordnung und des Schmutzes.
Nie sind mir so mordsgarstige Weiber begegnet, wie hier,
die, ich glaube, der Wohlthat eines Bades oder auch nur
einer gründlichen Waschung von Kindesbeinen an nicht teilhaftig geworden sind. Man denke sich hierzu verfilztes,
scheinbar nur einmal im Leben in Zöpfe geflochtenes Haar,
kropfbehangene, dünne Hälse, und man wird begreifen, daß
ich die Frage aufwarf: Wie ist es möglich, daß bei Abwesenheit aller weiblichen Reize ein solches Geschlecht überhaupt fortpflanzungsfähig bleibt?

Trotz aller Anstrengungen des Gouverneurs, mich länger
an den Ort, der, nebenbei bemerkt, 2500 Einwohner zählt, zu
fesseln, wandte ich Babrawar in der Frühe des nächsten Tages
den Rücken, erreichte um 10 Uhr Tanela, einen ausschließlich
von Schmieden und Blecharbeitern bewohnten Ort in Höhe
von 7500 Fuß, und nach weiteren drei Stunden in etwa
10000 Fuß die Grenze zwischen Kaschmir und dem unabhängigen Staate Chamba. Hier befinden sich außer einem
Zollhäuschen des Maharadja, in dem 6. v. H. Steuer von
allen eingeführten Produkten erhoben werden, einige wenige,
von Milchwirten, deren Herden im Sommer auf den gut-
begrasten Almen weiden, bewohnte Steinhäuser. Ich hatte
ursprünglich beschlossen, hier zu nächtigen, doch stand ich eines
eisigen Windes wegen, trotz der Erschöpfung meiner Träger,
von diesem Vorhaben ab und setzte den Marsch, auf Chamba-
Territorium bergabsteigend, nach kurzer Ruhepause fort. Meine
Hoffnung, bald irgendwo einige Quadratmeter ebenen Landes
für einen Lagerplatz anzutreffen, sollte sich leider nicht erfüllen, und ich mußte froh sein, endlich am Fuße eines Wasser-
falles gerade Raum genug zu finden, um mein Feldbett aufstellen zu können. Ein romantischeres Plätzchen für ein Lager

konnte man ſich wahrlich nicht wünſchen, bequem freilich war etwas anderes, und für die Diener und Träger gab es kaum auf den Felſen ringsum eine Möglichkeit ſich niederzulegen. Trotz allen Ungemachs und grimmiger Nachtkälte werde ich mich ſtets gern dieſes eigentümlichſten Lagerplatzes, den ich je bezogen habe, erinnern. Mein Bett ſtand etwa zehn Schritt entfernt von dem zwiſchen zwei mit hohen Kiefern bedeckten Felſen in die enge Schlucht niederſtürzenden Fall, deſſen Waſſer im Lichte des Mondes flüſſigem Silber glichen und einen zauberhaften Kontraſt gegen das dunkle Rot der lobernden, kniſternden Wachtfeuer boten.

Ich kann meinen Bericht über das paradieſiſche Kaſchmir unmöglich ſchließen, ohne der Liebe und Verehrung Erwähnung zu thun, die alle Schichten der Bevölkerung für ihren Maharabja hegen. Überall wo es auch war, erging man ſich über denſelben in ungekünſtelten Lobeserhebungen, jedermann pries die Milde, Gerechtigkeit und Hilfsbereitſchaft des einem Gotte gleich geachteten Landesherrn, und niemand klagte über drückende Abgaben oder unterdrückte Freiheit. Kein Menſch konnte mir ſagen, aus welchem Grunde ihr Fürſt von den Engländern unter Vormundſchaft geſtellt worden ſei. Letzteres geſchah bekanntlich mit der Begründung, der Mißwirtſchaft des Maharabja ein Ende machen zu wollen, Thatſache aber iſt, daß man engliſcherſeits einem ſtark kompromittierenden Briefwechſel zwiſchen dem Staatsoberhaupte Kaſchmirs und Rußland auf die Spur gekommen iſt, und es daher für ratſam hielt, einen ſo gefährlichen Vaſallen bis auf weiteres kalt zu ſtellen. Die vox populi hat jedenfalls mit der Sache nichts zu thun gehabt! Heute, beim Erſcheinen dieſes Buches, iſt, wie ich vernehme, der Fürſt wieder in ſeine Rechte eingeſetzt.

—·—·—·—

Chamba. Mundi. Belaspur. Arki.

Der Übergang von Kaschmir auf Chambagebiet macht
sich vorteilhaft bemerkbar durch das Besserwerden der
Wege. Wenn ich sage „Besserwerden", so soll damit noch
keineswegs von dem „Gutwerden" die Rede sein; aber
man merkt den schmalen Bergpfaden doch an, daß sie ihr
Dasein Menschenhänden und nicht, wie die bisherigen, das=
selbe lediglich Menschenfüßen verdanken, sowie, daß sich ab
und zu jemand um dieselben bekümmert. Von Kaschmir
kommend, hat man jedenfalls das Gefühl, als käme man
von einem Knüppeldamm auf Asphaltpflaster. Das Lager
am Wasserfall wurde in aller Frühe verlassen. Gegen 7 Uhr,
nach zweistündigem Marsch, kamen wir an eine Hirtenhütte,
in der mein Begleiter, der Munschi aus Kaschmir, dem es
bei uns zu unbehaglich geworden war, genächtigt hatte. Er
stand mit seinen kurzen Beinchen und seinem feisten Gesicht
so herausfordernd da, als wolle er sagen: „Ihr Langschläfer!
Ich warte hier schon stundenlang", trotzdem man ihm an=

merkte, daß er seinen Heuhaufen erst vor einigen Augen=
blicken verlassen hatte.

Unser Weg führte fast eine Stunde lang über unver=
gleichlich schöne Kleeweide, deren Wert voll und ganz zu
schätzen man in der Haut eines der wohlgenährten, ringsum
grasenden Ochsen hätte stecken müssen. In der auf einem
von oben bis unten mit lilablühenden Sträuchern über=
wucherten Berge gelegenen Ortschaft Langera fand Kuli=
wechsel statt, und dann ging es bergauf, bergab, entlang
dem Flüßchen Sewl, vorbei an unzähligen Wasserfällen und
hübschen freundlichen Dorfschaften nach Banghal, wo in
einem behaglichen Waldbungalow Quartier genommen wurde.
Von dem Forstbeamten erfuhr ich, daß die gesamten Forsten
des Radja von Chamba von der britischen Regierung für
jährlich 36000 Mark gepachtet sind. Stärkeres Holz ist in
diesen Waldungen wenig mehr vorhanden; dagegen viel sol=
ches, wie es sich zu Eisenbahnschwellen eignet. Besonders das
Holz der cedar deodarus wird von den Bahnverwaltungen
geschätzt, denn es widersteht dem Zerstörungstrieb der weißen
Ameise am längsten. Die bearbeiteten Schwellen werden in
den Sewl geworfen, von diesem in den Ravi und so nach
Lahore getrieben, wo das Stück mit 4 Mark 80 Pf. bezahlt
wird. Trotzdem macht die britische Regierung schlechte Ge=
schäfte mit der Pacht, denn die Unkosten für die Schwelle
stellen sich auf 3,20 Mark, was bei den niederen Löhnen
nur erklärlich ist durch die viele Arbeit, die das mühsame,
zeitraubende Loslösen der zwischen Steinen festgerannten
Hölzer erfordert.

Die Hauptholzarten der Forsten in Chamba sind: cedar
deodarus, pinus excelsa, pinus longifolia, Akazie und Eiche,
doch muß man sich unter letzterer keinen so prächtigen Baum=

riesen vorstellen, wie unsern deutschen Baum, mit dessen
Majestät sich die Schwester am Himalaya auch nicht annähernd
messen kann. Brauner und schwarzer Bär, Leopard, Hirsch
und Wildziege sind die am meisten vertretenen Wildarten.

Die Häuser in den Bergen Chambas gleichen mit ihren
flachen Erddächern denen in Kaschmir, doch wird der mittlere
Raum der Vorderseite fast durchweg von einer geräumigen,
luftigen Loggia eingenommen, die mit einer geschnitzten Holz=
brustwehr versehen ist und deren Dach von, wenn auch ziem=
lich roh geschnitzten, so doch überaus wirkungsvollen Holz=
pfeilern gestützt wird. Die Frauen tragen bunte, kurze Röcke,
ein übers Kreuz befestigtes, die Brust zur schönsten Geltung
bringendes Mieder und bloße Beine. Mit Silberschmuck in
den Ohren sind sie geradezu überladen, und selten fehlt ein
feiner goldener, durch einen Nasenflügel gezogener Reif von
solchen Dimensionen, daß ein kleiner Papagei sich bequem
darin schaukeln könnte. Die Männer gehen in kurzen Kitteln
und Filzkappen einher. Meist trifft man baumwollene Ge=
wänder, doch „wer weise, wählt Wolle"; denn die Temperatur
ist bedeutenden Schwankungen unterworfen. Fast alle er=
wachsenen männlichen Bewohner Chambas tragen auf der
Brust ein in drei Längsfelder geteiltes, etwa 5 Zoll langes
und 3 Zoll breites silbernes Schild. Jedes Feld enthält
das Bildnis einer Gottheit.

Auf dem Rücken eines mir vom Forstbeamten geliehenen
Pferdes gelangte ich am folgenden Tage nach Manjera, einer
Ortschaft, deren ich nur deshalb Erwähnung thue, weil da=
selbst der seinerzeit wegen unliebenswürdigen Benehmens
gegen die Engländer seines Thrones entsetzte „unabhängige"
Radja von Chamba, Vater des jetzt regierenden, seine Tage
in der Verbannung verbringt, und zwar mit einer Rente

von 800 Mark monatlich, während sein Sohn etwa über das dreißigfache Einkommen verfügt. Ich hätte den alten Herrn gern gesprochen, man bedeutete mir aber, Seine Hoheit litten an einer Idiosynkrasie gegen Europäer, ein Gefühl, welches ich begriff und zu achten wußte.

Seit langer Zeit sah ich hier zum ersten Mal wieder Palmen. Es geht mir mit denselben, wie mit Süßigkeiten: ab und zu genieße ich solche recht gern, aber ich liebe es nicht, mit ihnen überfüttert zu werden. In Afrika hatte ich mir den Magen daran verdorben, heute aber, nach wochen= langem Wandern durch Nadel= und Laubwald, wurden sie mir gewissermaßen als Dessert aufgetischt, und ich begrüßte sie als solches mit Freuden.

Die Vollmondnacht benutzend, machten wir uns um zwei Uhr morgens wieder an die Arbeit, um für den langen vor uns liegenden Marsch nach Chamba, der Hauptstadt des 120 000 Einwohner zählenden Landes, möglichst von der Kühle der Nacht profitieren zu können. Von jetzt ab wurden die Pfade nicht nur besser, sondern sogar gut; denn vor Jahren war einmal ein Vizekönig des Weges gezogen, und die Stätte, die in Indien ein solcher Mensch betritt, ist ein= geweiht für alle Zeiten. Es ist ein wahrer Segen, daß die Vizekönige möglichst viel im Lande herumreisen, denn wohin sie kommen, werden wie mit Zauberschlag elende Wege in vorzügliche Straßen, schwankende Stege in prächtige Brücken verwandelt, zu Nutz und Frommen aller späteren Reisenden. Nebenbei läßt sich nicht leugnen, daß der jetzt regierende Radja von Chamba selbst lebhaften Anteil an der Verbesserung der Verkehrsadern seines Landes nimmt und jährlich bedeutende Summen für dieselben aufwendet. Es ist überhaupt ein Mann von Unternehmungsgeist, und als ich am folgenden

Tage bei sengender Mittagshitze seine Residenz betrat, da
wurde gehämmert, gekarrt, gegraben und geebnet, als solle
nächster Tage eine Weltausstellung in Chamba eröffnet werden.
Die Stadt selbst, hoch am Berge über dem Ravi gelegen
und überragt von dem imposanten Palast des Fürsten, sowie
mehreren Tempeln, zählt 8000 Einwohner und macht mit
ihren weiß getünchten, mit Schiefer gedeckten Giebelhäusern
einen hervorragend hübschen Eindruck. Ich habe in Indien,
mit Ausnahme von Zeypur, bis jetzt keine andere so regel=
mäßig und luftig gebaute Stadt kennen gelernt. Die Bazare
bestehen hier nicht, wie anderwärts, aus finsteren, dumpfen
Höhlen, in die kaum ein Sonnenstrahl gelangt, sondern aus
gleichmäßig gebauten, um einen ausgedehnten Rasenplatz
gelegenen geräumigen, lichten Hallen. Dieser Platz, auf
dem sich für gewöhnlich die liebe Jugend tummelt, dient an
besonders vom Radja festgesetzten Tagen, zum Polo=Spiel, so=
wie zweimal des Jahres zu den hier stattfindenden Rennen.

Ein hübsches großes Hospital, welches binnen kurzem
vollendet sein dürfte, bildet auf der einen, der Garten des
ehemaligen britischen, seit der Großjährigkeit des Radja ver=
einsamt dastehenden Residenzgebäudes auf der andern Seite
den Abschluß dieses Platzes. Allerliebst, inmitten freund=
licher, wenn auch etwas altväterischer Blumenanlagen, un=
mittelbar über dem Flusse liegt der Bungalow für Reisende,
in dem ich drei genußreiche, friedliche Tage mit Briefschreiben
und dem Ordnen meiner Sammlungen verbrachte. Kurz nach
meiner Ankunft besuchte mich daselbst der Vezir des auf
Jagd abwesenden Radja, um mich zu begrüßen und sich
nach meinen Wünschen zu erkundigen.

Ich unterhielt mich längere Zeit mit dem gemütlichen
alten Herrn über Land und Leute, seinen Fürsten und dessen

Familie, hätte ihm aber beinahe laut ins Gesicht gelacht,
als er mir auf meine Frage, wie lange die jetzige Herrscher=
familie bereits im Lande regiere, kalt lächelnd entgegnete:
„Etwa 2000 Jahre." Das klingt für einen Europäer fast
unglaublich, aber trotzdem mag der Mann recht haben, denn
wie mir später von englischen Beamten versichert worden ist,
giebt es in Indien Fürstengeschlechter, die nachweislich seit
nahezu 3000 Jahre in ihrem Lande sitzen, und ein Richter
erzählte mir, es sei gar nichts Seltenes, daß vor dem „Court"
gewöhnliche Personen mit 6—700 Jahre alten, meist auf
Baumrinde geschriebenen Dokumenten erschienen.

Was mich besonders in Chamba interessierte, das waren
die etwa 1000 Jahre alten, ihrer Form — Regel auf qua=
dratischer Basis — nach zu urteilen, von Buddhisten er=
bauten Tempel. Dieselben sind von oben bis unten mit
sehr originellen Bildhauer=Arbeiten bedeckt und bieten im
Innern meist nur Raum für irgend ein Götzenbild.

Eine oberhalb des Palastes entspringende Quelle versorgt
die Stadtbewohner mit vorzüglichem Wasser. An dieselbe
knüpft sich folgende Sage: Vor grauen Jahren wurde Chamba
von einer entsetzlichen Dürre heimgesucht, alle Wasserläufe
versiegten und selbst im Bette des Ravi war kein Tröpfchen
mehr zu entdecken, so daß Menschen und Vieh vor Durst
dahinstarben. Da berief der Radja sämtliche Weisen, Priester,
Astrologen und sonstige Professionsschwindler seines Reiches
zu sich und ließ sie beraten, wie der schrecklichen Not ge=
steuert werden könne. Nach langer, trockener Sitzung war
man übereingekommen, es würde keine Quelle im Lande
rinnen, bevor nicht der Radja das Liebste, was er auf Erden
besitze, den Göttern zum Opfer gebracht habe. Ein wenig
verstimmt empfing der Fürst diese Kunde, doch entschloß er

sich dem Rate der Weisen Folge zu geben. Die Frage
war nun, wer sollte geopfert werden? Denn daß es sich um
ein Menschenopfer handelte, verstand sich von selbst. Seine
Gattin wagte er mit dieser peinlichen Angelegenheit nicht
zu belästigen — eine Schwiegermutter besaß er nicht — und
so fiel die Wahl auf seinen einzigen Sohn, den 18jährigen
Thronerben. Sei es nun, daß sein Vaterherz ein menschliches Rühren fühlte und die Jugend des Knaben ihn reute,
sei es, daß er sich sagte: „Was kann das schlechte Leben
nützen?" Thatsache ist, daß er sich nach langer Überlegung
entschloß, selber auf den Scheiterhaufen zu steigen und somit
der Sache ein rasches Ende zu machen. Alles war bereits
zu dem feierlichen Akte hergerichtet, als die Gemahlin des
Radja, die Rani, Kunde von dem Vorhaben ihres Mannes
erhielt. Ohne weiteres stürzte sie in sein Zimmer und machte
ihm eine heftige Scene, wie er sich unterstehen könne, seinen
Unterthanen den Landesvater rauben zu wollen, er, der
Steuerer des Staatsschiffes, der Lenker der Geschicke des
Landes. Ihr gebühre bei dieser Gelegenheit der Vortritt,
ihr der Scheiterhaufen, denn sie bäte sich aus, für das
Liebste ihres Gatten zu gelten — und was dergleichen Redensarten einer polternden Alten mehr sind. Kurz und gut, als
richtiger Pantoffelheld gab er dem Drängen der Rani nach,
ließ ihr den Willen und sie verbrennen. Unter ihren Aschen-
resten aber sprudelte noch selbigen Tages ein silberklarer
Quell hervor zur Erquickung und Labsal des schier ver-
dursteten Volkes. Dieser Quell ist es, der noch heute die
Stadt mit Wasser versieht. Ein Tempel ist über der Stelle
errichtet, an der einst das ersehnte Naß dem Boden ent-
quoll, zum Andenken einer braven Frau, die ihr Leben hingab
für das Wohl des Landes und ihrer darbenden Mitmenschen.

Als einziger Europäer lebt in Chamba ein junger, fein=
gebildeter Missionar der schottischen Kirche, Mr. Walder, den
man wahrlich um seinen, oberhalb des Zusammenflusses des
Sow mit dem Ravi entzückend gelegenen Wohnsitz, eine kleine,
im gotischen Stil erbaute Villa, die auch im Innern stil=
voll möbliert ist, beneiden könnte. Dieser liebenswürdige
Herr, dem ich, um ihn nicht in Verlegenheit zu setzen, die
Frage nach der Zahl seiner Schüler und Jünger erspart habe,
hat mir viele Freundlichkeiten erwiesen und mich mit manchen
eigentümlichen Gebräuchen der Bewohner des Landes ver=
traut gemacht.

Eine der Hauptfestlichkeiten in Chamba bildet das im
Frühjahr stattfindende Bullenfest. Bei dieser Gelegenheit, zu
der sich alles, was Beine hat, an den Ufern des Ravi ein=
findet, wird von den Priestern ein Stier in den Fluß ge=
trieben, und von seinem Benehmen hängt es dann ab, ob
das Jahr ein günstiges oder ungünstiges wird. Schweres
Unglück droht dem Lande, wenn der Bulle an demselben Ufer
landet, von dem er ins Wasser gejagt ist, schwimmt er auf
die andere Seite des Flußbettes, so bedeutet das ein nor=
males Jahr. Großes Glück aber birgt die Zukunft, im Falle
das arme Opfertier das Land schwimmend verläßt und ent=
weder ertrinkt oder in einem Nachbarstaat sich ans Ufer
rettet. Meistens pflegt das letztere der Fall zu sein, denn
das an den Ufern versammelte Volk hält ein „corriger la
fortune" für erlaubt und verhindert mit Stöcken und Stein=
würfen ein Landen des Bullen nach Möglichkeit. — Am
Abend des zweiten Tages meines Aufenthalts war der Radja
von der Jagd heimgekehrt, und da ich den Wunsch geäußert
hatte, ihm meine Aufwartung zu machen, erschien am folgen=
den Morgen eine Art Hofmarschall in Begleitung eines

herrlich aufgezäumten Schimmels, auf dem ich die wenigen
Schritte zum Palaste zurücklegte. Im Portal des letzteren
trat die Wache ins Gewehr und präsentierte. Ich gelangte
in einen mit Blumenanlagen, Rasen und Springbrunnen
geschmückten Hofraum und wurde von dort in den glanzvoll,
in europäischem Stil eingerichteten Empfangssaal geleitet.
„His Highness" — dieses Prädikat nebst den dazu gehöri=
gen, je nach Größe des be=
herrschten Landes zwischen
7—21 schwankenden Salut=
schüssen ist allen Rabjas von
der britischen Regierung zu=
erkannt — ließ mir gerade
Zeit genug, mir ein auf
dem Tische liegendes Album
etwas genauer anzusehen.

Zu meinem Erstaunen
fand ich unter den Photo=
graphien zahlreicher indischer
Größen neben einem Bilde
der Königin von England
auch solche des Kaisers

Sham Singh Radja von Chamba.

Friedrich und des Fürsten Bismarck, doch setzte mich das
weit weniger in Erstaunen, als später in der Branntwein=
bude des Eingeborenen=Bazars in Simla das Auffinden
eines Holzschnittes, welcher eine unserer ersten medizinischen
Berühmtheiten, Geheimrat Leyden, darstellte. Wie sich mein
sonst so mäßiger, liebenswürdiger Freund, in dessen gast=
lichem Hause in Berlin ich manche genußreiche Stunde ver=
lebt habe, hierher, gewissermaßen als Schutzgott des Schnaps=
und Petroleumausschankes, verirrt hat, ist mir leider a conto

meiner mangelhaften Kenntnis des Hindustani rätselhaft ge=
blieben.

Nach wenigen Minuten erschien „Seine Hoheit Sham
Singh", ein hagerer blasser Jüngling mit schwarzem Schnurr=
bärtchen in elegantem dunklen europäischen Anzuge und
weißem Turban. Er sprach gut englisch, führte mich durch
die ausgedehnten, in indischem Geschmack dekorierten Räume
des Palastes und lud mich, nachdem ich seine Frage, ob ich
Lawn tennis spiele, bejaht hatte, ein, ihm das Vergnügen
zu machen, in einem seiner Gärten nachmittags eine Partie
mit ihm zu versuchen. Zur festgesetzten Stunde wurde ich
in gleicher Weise wie am Morgen abgeholt und zum Spiel=
platz geführt, wo ich von der mir zu Ehren in roter Gala=
Uniform angetretenen, zwischen 30 und 40 Mann starken
Musikkapelle mit „Heil Dir im Siegerkranz" und von dem
Radja mit verlegenem Gruße empfangen wurde.

Auf einer Seite des Platzes war ein mit den Initialen
des Fürsten und der Königskrone versehenes, in englischer
Sprache geschriebenes Programm, welches ausschließlich
deutsche Weisen enthielt, angebracht. Da die Kapelle von
einem deutschen Musikmeister geschult war, überraschte mich
dieses Programm ebensowenig, wie die wirklich vortrefflichen
Leistungen der Bande. Die Pausen zwischen den einzelnen
Nummern wurden von nach Art der schottischen „highlan=
ders" mit Dudelsack und Querpfeifen ausgerüsteten Spiel=
leuten ausgefüllt.

Nachdem ich dem erst achtzehnjährigen, aber bereits ver=
heirateten und sich mehrfacher Vaterschaft erfreuenden Bruder
des Radja, einem allerliebsten, vergnügten Jungen, sowie
diversen Männern von Rang vorgestellt worden war, begann
das Spiel und endete schließlich, zur unverhohlenen Freude

des Radja, der Hofschranzen und des rundum in Massen
versammelten Volkes, mit einem Siege des Fürsten. Beim
Abschied überreichte mir dieser sein Bild. Als ich ihn bat,
dasselbe mit seiner Unterschrift zu versehen, wurden Dinte
und Feder gebracht, und der Spender schrieb — bezeichnend,
welchen Wert er auf seinen Titel legt — auf die Rückseite
die Worte: „Presented by His Highness Sham Singh,
Radja of Camba, 9. September 90".

Da gerade die Stunde gekommen war, in der die
Götter unter einem Höllenspektakel mit Pauken und Horn=
gebläse sich zu Bette begaben, fragte ich den Fürsten, welche
Gottheit hauptsächlich im Lande verehrt werde. Lachend
meinte er: „Bei uns können Sie alles haben, Götter männ=
lichen und weiblichen Geschlechts, mit zwei, vier, sechs und
acht Armen, Beinen oder was Sie wünschen, wir haben eine
große Auswahl und jeder Gott hat seine Anhänger".

Des ewigen Kuliwechsels müde und unterrichtet von
der guten Beschaffenheit der Wege bis Simla hatte ich mich
für einen Weitermarsch mit Maultieren entschieden und vier
dieser unter Umständen so nützlichen Vierfüßler nebst zwei
Treibern zum Preise von achtzig Mark für sechzehn Tage=
märsche gemietet. Am Morgen des Aufbruches begann das
langweilige Geschäft des Verteilens und Festschnürens der
Lasten, und ich möchte jedem Reisenden raten, sich nur da
irgendwelcher Lasttiere zu bedienen, wo die Treiber gewohnt
sind, Gepäckstücke von Europäern und nicht nur Säcke mit
Getreide rc. zu verladen; denn es ist durchaus nicht leicht,
Tische, Stühle, Betten, Zeltstangen und sonstige Kleinigkeiten,
sowie sämtliche für Kulis eingerichtete Lasten auf dem Rücken
der Tiere so zu befestigen, daß ein Herunterrutschen ausge=
schlossen ist. Als die Gepäckkarawane abmarschiert war,

nahm ich im Hause meines Missionsfreundes das Frühstück
ein und schwang mich nach Beendigung desselben auf eine
kleine braune Stute, die mir der Radja nebst einem Diener
in der Frühe mit der Bitte geschickt hatte, mich derselben
bis Simla zu bedienen. Trotzdem ich 2½ Stunden später
aufgebrochen war, als die Maultiere, holte ich dieselben nach
kaum einstündigem Ritt ein. Die Gepäckstücke hatten sich
gelockert, und es mußte von neuem geladen werden. Sobald
das geschehen war, ritt ich weiter und langte nach mühseligem
Überschreiten eines Passes von über 7000 Fuß gegen 2 Uhr
in meinem Nachtquartier, dem Bungalow von Choari, an.
Ich wartete den ganzen Nachmittag, ich wartete den Abend,
kein Maultier kam, und ich saß da ohne Bettzeug, ohne
Nahrungsmittel. In jedem anderen Lande wäre ich in
solchem Falle in das nahegelegene Dorf gegangen und hätte
mir Spiegeleier bereiten oder ein Huhn braten lassen. Aber
dem Inder gilt bekanntlich der Europäer als ein unreines
Wesen, mit dem er unter keinen Umständen seine Nahrung
teilen oder für den er ein so verabscheutes Tier, wie das
Huhn, herrichten würde, denn schon der Schatten eines
Christen oder eines Mannes von niederer Rasse, wenn er
zufällig auf die Speisen eines orthodoxen Brahminen fällt,
genügt, dieselben für letzteren ungenießbar zu machen. So
war ich denn für die Nachtmahlzeit auf zwei harte Eier, die
für alle Fälle mitgenommen waren, angewiesen, ein minder=
wertiger Genuß, wenn dieselben ohne Brot und Butter ge=
nossen und mit Wasser hinuntergespült werden müssen, auch
gelang es mir, einige dem Radja gehörige Steppdecken auf=
zutreiben und damit ein leidliches Bett herzurichten.

    Gegen 3 Uhr morgens wurde ich von meinem Diener
geweckt; derselbe war angelangt, aber nur mit drei Maul=

tieren und davon obendrein auch noch eines ohne Last. Ich erfuhr nun, das vierte sei niedergebrochen und sein Gepäck, Zelt x. am Wege liegen geblieben, ein anderes hätte an einem Felsvorsprung seine Last abgestreift, dieselbe sei etwa 1000 Fuß tief in einen Abgrund gestürzt und unwieder= bringlich verloren, was ich begriff, als ich ausfindig gemacht hatte, daß dieselbe aus 18 Flaschen Kaschmirwein, meinem photographischen Apparat einschließlich sämtlicher unterwegs gemachter Aufnahmen und einer botanischen Sammlung bestand.

Den Chopinschen Trauermarsch pfeifend, legte ich mich wieder ins Bett, schlief bis zum Morgengrauen und machte mich dann mit meinen Leuten auf die Suche nach der liegen gebliebenen Zeltlast, die bald aufgefunden wurde. Etwas weiter entfernt lag die zweite Unglücksstätte, an der ich mich überzeugte, daß nichts mehr zu retten war. Trotz der ge= machten trüben Erfahrungen versuchte ich es für den nächsten Marsch noch einmal mit Maultieren, aber mit nicht viel besserem Erfolge. Zwar ging dieses Mal nichts verloren, aber ich hatte wiederum bis 11 Uhr nachts auf Speise, Trank und Lager zu warten, so daß ich Maultiere, Esel, Ponys und wie diese Transporttiere alle heißen mögen, für meine weitere Reise in den Bergen in Acht und Bann zu thun und mich fortan wieder mit Kulis zu begnügen entschlossen war.

Am dritten Marschtage wurde die Grenze des Ländchens Chamba überschritten, und auf breiter Fahrstraße zog ich ein in den unter britischer Verwaltung stehenden Rangrathal= Bezirk. Dieser letzte Marsch auf Chamba=Territorium war zugleich der erste bequeme, seitdem ich Sirinagar verlassen hatte, und dazu ein selten genußreicher, da der meist auf Bergeskamm entlang führende, sich sanft senkende Pfad nach

Norden Blicke in tiefe Thalschluchten bot, während nach
Süden das Auge über Hügelketten hinweg in die weite
indische Ebene schweifte.

Das Kangrathal ist berühmt wegen seiner Theepflanzun=
gen, und mein Weg führte gleich anfangs an einer solchen, von
der Regierung angelegten und von einem Inder in Pacht
genommenen Pflanzung vorüber. Die etwa vier Fuß von
einander entfernt stehenden Theesträucher sind buschig, dicht
belaubt mit kleinen dunkelgrünen, lanzettförmigen Blättchen,
und hier meist nicht höher als $2-2\frac{1}{2}$ Fuß. Sehr bald
sieht man einer Pflanzung an, ob sie von Eingeborenen
oder Europäern bewirtschaftet wird; denn die ersteren pflücken
in irrationeller Weise alle jungen Schößlinge, so daß der
Strauch meist auf oben erwähnter Höhe bleibt und weniger
umfangreich ist, als in den Anlagen der Europäer, die ihm
Gelegenheit geben, sich auszubreiten. Aber auch hier ist er
meist nicht höher als $3-4$ Fuß.

Die Fahrstraße, auf der ich mich nunmehr befand, er=
schien mir nach mehrwöchigem Wandern durch Wildnis mit
ihrem Ochsenkarren-, Ekka= und Duliverkehr als der Inbegriff
aller Zivilisation. Die Karren und Ekkas habe ich bereits
beschrieben, aber ein Duli war mir bisher nicht begegnet.
Es ist dies ein etwa 12 Fuß langer und 4 Fuß hoher, an
den Seiten mit Öffnungen versehener Kasten, durch dessen
Daches Längsachse eine Bambusstange läuft. Zwei Kulis vorn
und zwei hinten tragen diesen Koffer, dessen sich Eingeborene
so gut wie Europäer zum Reisen bedienen, unter taktmäßigem
Ächzen und Stöhnen. Alle 10 Minuten werden sie abgelöst,
so daß man 8 Mann nötig hat, um sich auf diese, mir
höchst unsympathische Weise fortbewegen zu lassen.

Ich hatte in meinem heutigen Reiseziel, mit dem stolzen

Namen Shahpore, eine Stadt, zum mindesten aber einen
größeren Marktflecken, in dem mir Gelegenheit geboten würde,
meine erschöpften Vorräte zu ergänzen, erwartet und war
bitter enttäuscht, in demselben ein ganz elendes Dorf vorzufinden, in dem weder Milch noch Butter, weder Huhn noch
Ei zu haben war. Der Bungalow war neu erbaut und noch
nicht eingerichtet, und so suchte ich Schutz gegen die glühende
Sonne unter der Veranda des Postgebäudes, erwartete daselbst die Ankunft meiner Träger und ließ mir mit einer
wahren Engelsgeduld von dem mitteilsamen Postbabu Wolken
von Tabaksqualm ins Gesicht blasen. Landbriefträger kamen
und gingen, ihre Briefsäcke an mit eisernen Spitzen versehenen
Stöcken auf der Schulter tragend. Unterhalb dieser Spitze
befindet sich ein Bündel messingner Schellen, und da die Träger
durch ihre Verpflichtung, die deutsche Meile in 40 Minuten
zurückzulegen, zu unausgesetztem kurzen Traben gezwungen
sind, so hört ihr Ankommen sich an, als führe ein Schlitten
vor. Infolge häufigen Wechsels der Träger ist die Brief-
beförderung eine erstaunlich schnelle.

Die Bergstation Dharmsala war nur etwa 3 Meilen
entfernt. Ich entschloß mich daher, noch selbigen Tages
dahin weiterzuziehen, beschied den Ortsvorsteher zu mir und
bestellte neue Kulis, die mir auch zugesagt wurden. Meine
Leute waren längst eingetroffen, und zwei Stunden vergangen,
als mir mitgeteilt wurde, es sei unmöglich, Kulis aufzutreiben.
Da mein Entschluß, in Dharmsala zu nächtigen, feststand,
so nahm ich die Sache selber in die Hand, griff die ersten
besten des Weges ziehenden Grasschneider auf, nahm ihnen
ihre Sicheln ab, deponierte dieselben beim Postbabu und
bewog sie, meine Lasten aufzunehmen. So ging's, und ehe
15 Minuten verstrichen waren, befanden wir uns wieder auf

dem Marsche. Nach kurzer Weile wurde die Heerstraße ver=
lassen und auf ausgewaschenen, steinigen Pfaden ging es zu
dem 5500 Fuß hoch gelegenen Bergstädtchen hinauf, welches
bei einbrechender Nacht glücklich erreicht wurde.

Kaum hatte ich mir's im Bungalow bequem gemacht
und meinen gepreßten Kulis zu ihrer großen Zufriedenheit
doppelte Löhne ausgezahlt, als ein junger Schwede bei mir
eintrat, der wahrscheinlich zu viel Punsch getrunken hatte;
jedenfalls befand er sich in einer Verfassung, die — ich weiß
nicht wie im Schwedischen — im Deutschen aber mit „totaler
Trunkenheit" bezeichnet wird. Ich teilte dem jungen Herrn
unverblümt mit, daß, falls er irgend ein Anliegen an mich
habe, ich es vorzöge, er möge, bevor er zu mir käme, erst
einmal zu sich selber kommen worauf er sich zurückzog, um
mich am nächsten Morgen mit einem Briefe zu überraschen,
in dem er mir seine Dienste als Reisebegleiter antrug. Da
ich nun auf Löschung schwedischen Durstes keineswegs ein=
gerichtet bin und mein bischen Spiritus kaum für mich
selbst ausreicht, so wird man ermessen können, mit wie
heißem Danke ich dieses uneigennützige Anerbieten ablehnte.

Dharmsala ist eine jener Himalayastationen, in denen
die in der Ebene lebenden Europäer Erfrischung während
der heißen Sommermonate suchen. Da die bis über 6000 Fuß
hoch zerstreut in den Bergen liegenden Bungalows meist
durch große Entfernungen von einander getrennt sind, ist ein
reger gesellschaftlicher Verkehr, wie ein solcher an anderen,
gleichen Zwecken dienenden Orten stattfindet, ausgeschlossen
— meiner Ansicht nach ein großer Vorteil für die Erholung
von den Salonstrapazen des Winters suchenden Kurgäste.

In Dharmsala steht — ich weiß nicht, ob nur zur
Sommerszeit, oder ständig — ein Gurka=Regiment.

Die Mannschaften eines solchen sind freiwillig sich zum Dienste meldende Repalesen, kleine verschmitzt und vergnügt aussehende Kerle mit mongolischem Typus. Sie werden allgemein als vorzügliche Soldaten gerühmt und machen in ihren dunkelgrauen Uniformen, mit cerevisartigen, verwegen auf das eine Ohr gesetzten Käppis und ihrer strammen Haltung einen wohlthuend militärischen Eindruck. Sie sind, da fast alle verheiratet, in einigen hundert beisammenliegenden, kleinen, sauberen, mit Gärten versehenen Häuschen unter=gebracht und erhalten monatlich 11—16 Mark Löhnung, wofür sie sich selber zu verpflegen haben. Kurz vor meiner Ankunft hatte die Cholera arg unter ihnen gewütet, und unmittelbar vor meinem Bungalow befand sich ein aus 12 Zelten bestehendes Rekonvaleszentenlazarett, ein Umstand, der nicht gerade geeignet war, mich zu einem längeren Ver=weilen am Orte zu ermuntern, und so ließ ich es denn an einem Ruhetage genug sein, trotz des sehr hübschen Blickes auf bewaldete Berge, Theegärten und der Reife entgegen=sehende Reisfelder.

In dem kleinen Orte Dahda wurde das nächste Zelt=lager bezogen. Zwei hier vorbeikommende Engländer luden mich ein, sie am folgenden Tage, da mein Weg mich ohne=hin an ihrem Theegarten vorüber führte, zu besuchen und das Frühstück mit ihnen zu teilen. Ich bedaure nicht, dieser freundlichen Aufforderung gefolgt zu sein, und habe einige genußreiche, unterhaltende Stunden in ihrem hübschen, von blühenden Rosenanlagen und Theepflanzungen umgebenen Heim zugebracht. Zum ersten Male fand ich hier Gelegen=heit, die Ernte und Behandlung des Thees kennen zu lernen und mich von den Annehmlichkeiten eines Theepflanzerlebens zu überzeugen.

Von Palanpur bis an die Grenze von Mundi befanden
sich die Wege von einem Ende bis zum anderen in gleich=
mäßig bejammernswerter Verfassung, nur hier und da
brachte eine ganz oder teilweise während der letzten Regen=
zeit zerstörte Brücke etwas Abwechselung in das unerfreuliche
Einerlei. Man sollte annehmen, die britische Verwaltung
würde sich von ihren kleinen Nachbarstaaten nicht beschämen
lassen; aber leider ist diese Erwartung trügerisch, wie Frauen=
herzen, denn sobald der Mundistaat beginnt, sucht man ver=
gebens nach selbst dem winzigsten Stein des Anstoßes für
den Pferdehuf, und in flottem Trabe kann man die deutsche
Meile in 30 Minuten zurücklegen. Zur Frühstückszeit hielten
wir vor dem vom Radja allen Reisenden unentgeltlich zur
Verfügung gestellten Dak Bungalow in Dehlu. Ein mit
dunkelblauer Uniform und rotem Turban bekleideter reitender
Gendarm erwartete mich hier, um mir einen Brief mit fol=
gender kuriosen Adresse zu überreichen: „His Excellency
the traveller, coming from Germany to Mundi". Meine
Excellenz wurden in demselben von dem Minister Jowallah
Singh im Namen des Radja willkommen geheißen, ich sollte
mich überall im Lande als Gast Seiner Hoheit betrachten,
die sich glücklich schätze, in mir den ersten Deutschen in Mundi
zu begrüßen und nicht verfehlen würde, mich mit allen mir
gebührenden Ehren in ihrer Residenz zu empfangen. In
einer Nachschrift wurde ich gebeten, dem Minister mitzuteilen,
welche Zahl von Salutschüssen man mir geben dürfe.

Ich erwiderte umgehend, daß ich zur Zeit noch keine
Excellenz sei und im allgemeinen keines Salutschusses Pulver
für wert erachte werde, lediglich als Studienreisender käme,
um Land und Leute kennen zu lernen, als solcher die mir
gebotene Gastfreundschaft herzlich dankend annehme und hoffe,

Gelegenheit zu haben, diefen meinen Dank in wenigen Tagen
Seiner Hoheit perfönlich wiederholen zu können.

Alles, was das Herz meines Koches begehrte — und
Köche pflegen bei folchen Gelegenheiten nicht an Engherzigkeit
zu leiden — wurde nun vom Ortsvorfteher zur Stelle gefchafft, ebenfo Heu und Tana — eine Erbfenart, die hier
zu Lande als beftes Pferdefutter gilt — für meine kleine
braune Stute aus Chamba. Es ift Sitte in Indien, daß
wo der Herr als Gaft geladen ift, fich die Gaftfreundfchaft
auch auf die Diener desfelben erftreckt, und fo ließen wir
es uns fämtlich wohl fein auf Koften unferes freundlichen
Wirtes, hier wie in den übrigen Bungalows, die uns als
Nachtquartier dienten, bis die Hauptftadt erreicht war.

Während des folgenden Marfches ftattete ich in dem am
Wege liegenden Orte Goma einem dafelbft ftationierten
englifchen Zollbeamten Mr. Dickenfon meinen Befuch ab.
Diefer Herr, der fich glücklich fchätzte, in feiner Abgefchloffen-
heit einen Europäer vor fich zu fehen, ift vom British
government zur Überwachung der hiefigen Salzgräbereien
angeftellt. In letzteren find etwa 200 Arbeiter mit einem
Monatslohn von je 6 Mark befchäftigt. Diefelben fördern
im Jahre gegen 100000 Zentner eines meift nur einige
Fuß unter der Erdoberfläche gelagerten, zu zwei Drittel mit
Lehm und Erde gemifchten Salzes, welches mit 2 Mark
30 Pf. der Zentner bezahlt und auf Efeln, Ochfen und
Maultieren zu Thal gefchafft wird. Die britifche Regierung,
die verfchiedene Salzlager in Nordindien ausbeutet, hat es
nun für gut befunden, dem felbftändigen Radja von Mundi,
als ihrem Hauptkonkurrenten, einen Salzzoll in Höhe von
60 Pf. den Zentner aufzuzwingen, und Mr. Dickenfon, der
mir alle diefe Einzelheiten an einer vortrefflich befetzten Früh-

stückstafel mitteilte, hat an Ort und Stelle den Zoll einzu=
kassieren, sowie Betrügereien nach Möglichkeit zu verhindern.
In die Tasche des Radja, der alles in allem über ein Ein=
kommen von etwa 900000 Mark verfügt, fließt aus dieser
Einnahmequelle immerhin, nach Abzug sämtlicher Unkosten,
alljährlich das hübsche Sümmchen von 150000 Mark.
Übrigens wird Salz aus Europa, namentlich über Hamburg,
als Ballast in großen Mengen nach Indien eingeführt, da
die eigene Produktion im Lande nicht für den Konsum
ausreicht.

Während wir noch bei Tische saßen, erschien der Wege=
inspektor des Radja, einer jener unausstehlichen, aufdring=
lichen, englisch redenden, bezw. radebrechenden, sich halb
europäisch kleidenden bengalischen Babus, die man von einem
Ende Indiens zum andern als Schreiber, Postbeamte u. s. w.
antrifft. Derselbe war gekommen, mich im Namen seines
Herrn zu begrüßen und mir zu melden, daß, trotzdem die
Wege in letzter Zeit durch Erdrutsche an mehreren Stellen
arg gelitten hätten, dieselben in aller Eile soweit in stand
gesetzt worden seien, daß eine Gefahr für mich und mein
Pferd ausgeschlossen sei. Außerdem habe er Befehl erhalten,
mich nach Mundi zu begleiten und zu sorgen, daß es mir
an nichts fehle. Gefolgt von diesem unglaublich schwatz=
haften Menschen und einem zweiten auf der Bildfläche er=
schienenen Gendarmen setzte ich dann den Marsch nach Urla
fort. Das Gebirge nimmt von hier an einen meist lyrischen
Charakter an, die Formen werden weicher als bisher, die
Thaleinschnitte weiter, und saftiges Grün bedeckt die etwa
5000 Fuß hohen Berge vom Fuße bis zum Gipfel. Schmucke,
terrassenförmig aufgebaute Dörfer mit schiefergedeckten, weiß=
getünchten Häusern bieten dem Auge willkommene Ruhe=

punkte und sprechen für den Wohlstand der Bevölkerung.
Weiber wie Männer tragen tellerförmige, rote Kopfbedeckungen
mit umlaufendem schwarzen Wulst. Mein diensteifriger Babu
war mir mit seiner Sorge um mein Wohlergehen äußerst
lästig, er ließ mir keinen Augenblick Ruhe, und als ich mich
endlich in der Hoffnung, ihn los zu werden, aufs Bett legte,
löste er mir die Schuhriemen und fing an, mich zu massieren.
Diese Kunst wird in Nordindien fast von jedermann geübt,
namentlich in Kaschmir, wo das Massieren als eine Art der
Unterwürfigkeit gegen Höherstehende aufgefaßt zu werden
scheint; denn kaum hatte ich mich dort irgendwo niedergelassen, etwa um ein Glas Milch zu trinken oder mich an
Trauben, Bananen und dgl. zu erfrischen, flugs hatte mich
auch einer bei den Waden zu fassen und fing an, dieselben
zu streichen und zu drücken, zu zwacken und zu zwicken, eine
große Wohlthat nach langen Märschen, wenn sie lautlos
verrichtet wird und nicht von einem so gesprächigen Menschen,
wie mein Freund der Weginspektor.

Gegen Abend meldete sich noch ein Depeschenreiter mit
einem Brief von Herrn Jowallah Singh, mit der Bitte,
genau die Stunde meiner Ankunft in Mundi anzugeben.
Das geschah, und zeitig am nächsten Morgen machte ich mich
auf den Weg, um gegen zehn Uhr in die Residenz einrücken
zu können. Etwa einen Kilometer von derselben kam mir
der Minister auf herrlich aufgezäumtem Schimmel und mit
großem Gefolge entgegen. Als er auf etwa zwanzig Schritte
herangekommen war, sprang er vom Pferde; ich that desgleichen und wurde dann in längerer Rede, von der ich kein
Wort verstand, bewillkommnet. Man stelle sich einen langen,
kornblumenblauen Sammetrock mit überreicher Goldstickerei
vor, getragen von einer hohen kräftigen Mannesgestalt, setze

auf diese einen schönen, hellbraunen Radjputenkopf mit raben=
schwarzem, in der Mitte geteiltem Vollbart, bedeckt mit einem
weißen, goldburchwirkten Turban, gürte die ganze Figur mit
einem in goldener, edelsteinfunkelnder Scheide steckenden
Säbel und man hat Herrn Jowallah Singh, Minister des
Innern Seiner Hoheit des Radja von Mundi, so wie er
vor mir stand in jenem Augenblicke der Begrüßung.

Nachdem wir die Pferde bestiegen hatten, setzte sich
unser nunmehr aus etwa 60 Personen bestehender Zug
wieder in Marsch. Unmittelbar vor der Hauptstadt führte
eine Hängebrücke, deren Pfeiler das Medaillonbild der
Königin von England tragen, über den Bias, dessen hohe
Ufer mit Menschenmassen bedeckt waren, als gälte es dem
Einzug Karls des Fünften in Antwerpen, wo bei ich mich
über einen Mangel an mehr oder minder bekolletierten
Frauengestalten wahrlich nicht beklagen konnte. In den
engen Straßen des Bazars drängte sich Kopf an Kopf, und
jeder dieser Köpfe neigte sich tief zur Erde, sobald ich nahte.
Dergleichen Huldigungen waren mir nichts Neues: man ge=
wöhnt sich daran merkwürdig schnell in einem Lande, in dem
man eben das „höhere Wesen" ist. Aber als ich den von
Polizisten freigehaltenen, sauber gefegten Platz vor dem
Palaste des Radja betrat, wäre ich vor Überraschung und
Vergnügen beinahe vom Pferde gefallen; denn in Reih und
Glied aufmarschiert stand eine Ehrenkompagnie und hinter
derselben, in roten Röcken und schwarzen Turbanen das
Musikkorps mit der Fahne des Radja, einen die Zunge aus=
streckenden, den Schwanz kunstvoll rollenden roten Affen auf
weißem Felde darstellend. Unter „Heil Dir im Siegerkranz",
präsentiertem Gewehr und gesenkter Fahne ritt ich salutierend
die Front ab. Dann ging es weiter zum Bungalow, während

das Musikkorps einschwenkte und mir unter den Klängen der
Melodie „Lott' is tot" das Geleite gab. Im Bungalow,
einem hübschen, einfachen Hause, inmitten eines Blumen=
gartens, harrte eine Schar Diener in blutroten Gewändern
meiner Ankunft, ein warmes Bad stand bereit, der Früh=
stückstisch war gedeckt, kurz, es fehlte an nichts, und herzlich
dankend verließ ich den vor Unterwürfigkeit fast zerschmelzenden
Minister.

Etwas ähnlich Operettenhaftes, wie diesen meinen Ein=
zug in Mundi, hatte ich denn doch noch nicht erlebt, und
ich fing an, mich als ganz „kleinen Herzog" zu fühlen. Das
erste, was ich als solcher that, war, mich zu rasieren, eine
Verrichtung, die ich, ganz entgegen meiner Gewohnheit, in
den letzten Tagen versäumt hatte; dann wurde ich außer=
ordentlich leutselig und verteilte die Strahlen meiner Gnaden=
sonne gleichmäßig auf die gekrümmten Rücken von hoch und
niedrig. Damit glaubte ich für den Anfang meinen herzog=
lichen Pflichten genügt zu haben und dem Knurren meines
in dieser Hinsicht ganz plebejischen Magens Gehör schenken
zu dürfen. An reich besetzter Tafel schwelgend, verbrachte
ich die nächste halbe Stunde und empfing dann ein Schreiben
von dem Minister des Äußern, einem Engländer, Mr. Fenball,
in dem derselbe anfragte, wann er mir seine Aufwartung
machen dürfe? Ich antwortete, ich hielte es für selbstverständ=
lich, daß ich ihm zuerst meinen Besuch mache, doch erschien
er bald darauf selber und zwar, wie er mir sofort mitteilte, auf
Befehl des Radja, der außer sich vor Freude über meinen
Besuch sei und gar nicht wisse, was er mir anthun solle. Er
sei von meinem Empfange in Kaschmir und Chamba unter=
richtet worden und setze seinen Ehrgeiz darin, diese beiden
Staaten in Bezug auf Gastlichkeit und Europäerfreundlichkeit

zu übertreffen, ich hätte ihm seine Freude zum Teil dadurch
verdorben, daß ich die Salutschüsse abgelehnt habe; denn
Kanonendonner gehe den indischen Fürsten und besonders
dem Herrscher von Mundi über alles.   Lachend meinte
Mr. Fendall, der Radja habe sogar gewollt, er solle mir
seinen Besuch mit hohem schwarzen Hut machen und nur dem
Mangel eines solchen habe ich es zuzuschreiben, daß dieses
nicht geschehen sei.   Es wurde nun verabredet, daß ich den
Radja, der darauf bestehe, mich zuerst und zwar im Laufe
des Nachmittags zu besuchen, um 4 Uhr empfangen solle.

Kaum hatte dieser liebenswürdige Herr mich verlassen, als
ein anderer Beamter erschien, gefolgt von etwa 20 Kulis, die
in flachen, wagenradgroßen Körben die Gastgeschenke des
Fürsten trugen.   Um dem Leser ein für alle mal einen Begriff von indischer Gastfreundschaft zu geben, werde ich mich
bemühen, nach dem Gedächtnisse die zu meinen Füßen nieder-
gelegten Gaben aufzuzählen.   Außer etwa zehn Körben mit
den verschiedensten Gartenfrüchten waren da je ein Korb
mit Zucker, Mehl, Reis, Pferdefutter, Kartoffeln, Bananen
Melonen, Mandeln, Nüssen und Rosinen, sowie zwei Töpfe
mit etwa acht Litern Honig und 15 Pfund Butter.   Drei
Pfund Thee, eine Flasche Benediktiner, zwei Fettschafe und
mehrere Hühner vervollständigten diese Speisevorräte, eine
enorme Menge, wenn man bedenkt, daß ich geäußert hatte,
nur zwei Tage in Mundi verweilen zu wollen.   Meine Diener
erhielten außerdem noch eine solche Quantität Reis und
Curry, als gelte es, eine Kompagnie Soldaten zu sättigen.

Zur festgesetzten Stunde verkündete Musik das Nahen des
Landesherrn.   Zuerst erschien eine Abteilung der Palastgarde
und nahm vor meinem Bungalow Aufstellung, dann folgte
das Leibpferd, ein Scheckenpony mit silberner Zäumung und

rotsamtnem Sattel, darauf verschiedene männliche Mitglieder
der Herrscherfamilie, die beiden Minister und ein Träger mit
der uns bereits bekannten Affenfahne, endlich, getragen in
einer Sänfte in Form eines Sarges ohne Deckel, der Rabja.
Zwei Stanbartenträger und in deren Mitte zwei andere mit
den Abzeichen der königlichen Würde, einem goldenen Köcher
mit großem Pfauenfederbüschel und dem weißen, buschigen
Schweifendebes Jackbüffels,
schlossen den Zug.

Vor der Gartenpforte
wurde die Sänfte niederge=
setzt, und ihr entstieg der Be=
herrscher bes 120 000 Ein=
wohner zählenden Länb=
chens, ein zwergartiges
Männchen, dessen Wiege,
seinen Gesichtszügen nach
zu urteilen, sehr wohl auf
bem seligen Mühlenbamm
in Berlin gestanden haben
könnte. Seine Füßchen
steckten in golbgestickten

Dige Sen Rabja von Mundi.

Pantöffelchen, seine Beinchen in weißseidenen Höschen; hell=
gelbe Weste und himmelblauer, reichgestickter Rock vervoll=
ständigten die Toilette; das Haupt war bedeckt mit einem
himbeerfarbenen Turban, gewunden in einer mir bisher nicht
vorgekommenen Form, derartig, baß die beiden Enden lang
auf die Schultern herabfielen.

Das Männlein gefiel mir. Wie es ba angetrippelt kam,
glich es ganz und gar einer indischen Märchenfigur und war
jedenfalls eine der originellsten Erscheinungen, die mir be=

gegnet sind. Ich kam ihm auf halbem Wege entgegen, die
Soldaten präsentierten das Gewehr und die Begrüßung fand
statt unter kräftigem Händeschütteln und den Ausbrüchen leb=
haften Dankes meinerseits für die mir erwiesenen Aufmerk=
samkeiten. Nachdem wir und die beiden Minister auf herbei=
gebrachten Sesseln unter einem schattenspendenden Baume
Platz genommen hatten, bewillkommnete mich der Rabja mit
folgender Rede:

„Ich bin stolz darauf, einen Sohn des Landes bei mir
zu sehen, von dessen großem weißbärtigen Kaiser, der noch
mit 90 Jahren auf die Jagd gegangen ist, ich so viel gehört
habe, einen Sohn des Landes, welches den klügsten Mann
der Welt, den Fürsten Bismarck, sein eigen nennt, und in
dem Max Müller, der große Sanskritgelehrte, geboren ist.
Ich hoffe, du wirst mir die Ehre erweisen, lange bei mir
zu bleiben, und Mr. Jenball wird Sorge tragen, daß du
alles erhältst, was dir den Aufenthalt hier angenehm machen
kann."

Diese im Hindustani gesprochenen Worte wurden von
letztgenanntem Herrn in sein geliebtes Englisch übertragen,
worauf ich mit einigen passenden Redensarten dankte, dem
Rabja mein Kompliment über die vorzügliche Beschaffenheit
seiner Wege, die Sauberkeit seiner Residenz und die Ge=
wähltheit seines Anzuges machte, die kräftige Figur des
Leibschecken lobte und mich anerkennend über seine kleine
Truppe äußerte.

Seine Hoheit kam in beste Laune und überreichte mir
mit einer gewissen Feierlichkeit ein Lederbeutelchen, welches
ich — neugierig wie ich bin — sofort zu öffnen versuchte;
doch verhinderte das der Spender mit den Worten: „Ach,
es ist nichts darin, es ist lediglich ein leeres Säckchen aus

dem Fell des Moschus-Bockes, welches ich, alter Landessitte
gemäß, meinen Freunden als ein Zeichen meiner Zuneigung
zu schenken pflege. Ich hoffe, du wirst nicht böse darüber
sein." Natürlich war ich durchaus nicht böse und steckte das
übelriechende Beutelchen in die Tasche. Ich mußte dann
von unserem jungen Kaiser erzählen und holte ein Bild hervor, welches mir Seine Majestät bei meiner letzten Anwesenheit
in Berlin zum Geschenk gemacht hatte, sowie ein anderes,
die fünf kaiserlichen Prinzen darstellend. Lange Zeit betrach-
tete mein kleiner Freund diese Gruppe, wie mir schien, nicht
ohne Rührung; dann gab er mir die Bilder zurück und
sagte: „Dein Kaiser ist ein reicher, glücklicher Mann."

Von Mr. Fendall erfuhr ich später, daß der Radja seinen
einzigen rechtmäßigen Sohn wenige Wochen nach der Geburt
desselben verloren hat und jetzt nur noch einen Sohn von
einer seiner Nebenfrauen besitzt, der als solcher nicht erbfolge-
berechtigt ist. Seit dem Tode des kleinen Thronerben, dessen
Leiche, wie das häufig in Indien mit Kinderleichen geschieht,
nicht verbrannt, sondern in den Fluß geworfen worden ist,
sind alle Fische des Bias, da dieselben von dem Leichnam
gefressen haben könnten, für heilig erklärt, und der Fischfang,
sowie der Genuß von Fischen im Mundi-Staate strengstens
verboten. Der kleine Fürst hatte mir bis dahin einen merkwürdig gebildeten Eindruck gemacht, umsomehr überraschte
es mich daher, im weiteren Laufe des Gesprächs zu hören,
daß Deutschland seiner Meinung nach, unmittelbar bei
Amerika liege und ein entsetzlich kaltes, eis- und schnee-
starrendes Land sei. Mit Hilfe meines schleunigst herbei-
geholten Perthes'schen Taschenatlas, durch dessen Herausgabe
sich die genannte Firma unstreitig ein Anrecht auf den Dank
der gesamten Menschheit erworben hat, machte ich meinem

Wirte klar, daß Deutschland von Amerika immerhin durch einige Hektoliter Wasser getrennt sei, auch belehrte ich ihn dahin, daß es nicht absolut nötig sei, sich in meinem Vater= lande jahraus jahrein, gleich nach Verlassen des Bettes, die Schlittschuhe anzuschnallen.

Neben manchem anderen hatte er erfahren, die deutsche Sprache ähnele dem Sanskrit und letzteres werde in allen deutschen Schulen gelehrt — nota bene eine Ansicht, der man vielfach in Indien begegnet. Als ich mein Bedauern aussprach, zu den wenigen Deutschen zu zählen, die des Sanskrit nicht mächtig seien, meinte der Fürst sichtlich ent= täuscht: „Du bist ein deutscher Doktor und verstehst kein Sanskrit?"

„Leider ist es so und ich bin nicht einmal Doktor!"

„Warum leugnest du, ein solcher zu sein, wir wissen, daß du ein Doktor bist. Mr. Fendal hat es mir aus der Zeitung vorgelesen."

O dieser leidige „Doktor"! Er verfolgt mich wie ein Gläubiger den Schuldner. Was hat es mir genützt, daß ich es absichtlich unterlassen habe, mir, gleich vielen meiner Freunde, als Abschluß meiner korpsstudentischen Laufbahn den Doktorhut aufs Haupt stülpen zu lassen, lediglich, um keinem Menschen das Recht zu geben, mich mit dem damit verbundenen, mir hochgradig unsympathischen Titel anzu= reden? In Indien hat mich mein Schicksal ereilt. Sei es, daß die Behörde, die mich dem indischen Auswärtigen Amte und dem Vizekönige empfohlen hat, einen Irrtum beging, oder an die Worte des Mephisto dachte: „Ein Titel muß sie erst vertraulich machen," Thatsache ist, daß ich als „Dr. Ehlers, a wellknown German explorer in Africa" wo immer ich hier erscheine, bereits angemeldet bin. An=

fangs ärgerte ich mich darüber, protestierte und erklärte, bis
ich endlich des täglichen Wiederkäuens derselben Sache über=
drüssig wurde und für gewöhnlich jetzt den „Doktor" über
mich ergehen lasse, mit der gleichen Resignation, mit der ich
so manches andere von Reisen unzertrennliche Ungemach zu
tragen pflege.

Als mein fürstlicher Freund sich von dem Erstaunen
in mir einen Sanskritunkundigen vor sich zu sehen, erholt
hatte, bat er sich die Erlaubnis aus, mir etwas in dieser
seiner Lieblingssprache vorbeklamieren zu dürfen, lehnte sich
dann in den Sessel zurück, schloß die kleinen freundlichen
Augen eine Weile und begann seinen Vortrag. Es war
äußerst komisch, das kleine exaltiert redende und gestikulierende
Männlein zu beobachten, wie es dasaß in seinem bunten
Flitterstaat, vollkommen bei der Sache, und doch forschend,
welchen Eindruck die wohllautende Sprache auf mich mache.
Nach etwa 10 Minuten brach er ab, sah mich und Mr. Fen=
dall an, als wolle er fragen, ob er seine Sache gut gemacht
habe, und drückte uns schweigend die Hand. Ich stellte mich
tief ergriffen, und der Fürst hielt den Augenblick für ge=
eignet, sich von mir zu verabschieden. Der farbenprächtige
Zug setzte sich, nachdem das zwergartige Männlein wieder
in seinen Sarg geklettert war, in der gleichen Reihenfolge,
wie er gekommen, in Bewegung. Das Volk verlief sich,
und ich blieb allein mit Mr. Fendall, mit dem ich später
einen Spaziergang durch die erstaunlich sauber gehaltenen
Straßen der Stadt machte. Störend waren nur hier die
massenhaft lustwandelnden, vielfach den Verkehr hemmenden
Kühe, die im Bewußtsein ihrer Heiligkeit und Unantastbar=
keit selbst dem Sahib nicht auswichen und von den uns
voranschreitenden Polizisten erst durch längeres, sanftes

Zurseitebrücken bewogen werden mußten, uns Platz zu
machen.

Abends fand im Hause des Mr. Fenball ein mir vom
Radja gegebenes Festessen statt, nach dessen Beendigung wir
noch lange plaudernd in geräumiger Halle saßen, unmittel=
bar an einem heiligen Wassertank, in dessen Mitte sich ein
Pfeiler erhebt, in dem der Kopf eines Vorfahren des
Landesherrn eingemauert ist. Eine den Pfeiler krönende
Lampe brennt von Sonnenuntergang bis zum frühen Morgen
zum Andenken an den Verstorbenen. Das Haus, welches
Mr. Fenball bewohnt, ist ein vom Radja für sich selbst neu=
erbauter Palast, den der gutherzige kleine Herr seinem hoch=
verehrten Ratgeber eingeräumt hat. Hier stattete ich auch
dem Fürsten am folgenden Tage meinen Gegenbesuch ab,
bei dem es glücklicherweise weniger zeremoniell als am Tage
zuvor herging. Besonders interessant war mir ein längeres
Gespräch mit ihm über die in Deutschland herrschenden
Religionen, während dessen sich mein Freund eingehend nach
dem Unterschiede zwischen Katholizismus und Protestantentum
erkundigte. Schließlich meinte er: „Jede Religion ist gut,
wenn sie den Menschen lehrt, Gutes zu thun," eine Erkennt=
nis, die mich von einem so frommen Brahminen wie Radja
Bige Sen überraschte, zumal Toleranz sonst keineswegs zu
den Eigenschaften der Anhänger Brahmas gehört.

Einem Wunsche meines Wirtes gemäß versprach ich
noch einen weiteren Tag in dem gastlichen Mundl zu ver=
weilen und begab mich dann, beschenkt mit einem bunt=
schillernden Vogel in der Größe eines Pfauen, einem so=
genannten Königsfasan, hier „manal" genannt, in meinen
Bungalow zurück. Im Laufe des nächsten Nachmittags
erschien bei strömendem Regen der Radja nochmals in meiner

Wohnung, um seine und seines Ministers Jowallah Singh Photographie mit in Sanskrit geschriebenen Widmungen zu überreichen und einige Stunden in heiterster Laune zu verplaudern. Ich machte ihm eine mit Rosen gefüllte silberne Kaschmirschale zum Geschenk und nahm endlich Abschied von dem kleinen Regenten, den ich während der wenigen Tage aufrichtig liebgewonnen und schätzen gelernt hatte.

Tags darauf — ich war bereits marschfertig — erschien ein Bote des Radja mit der Bitte, ich möge, bevor ich Mundi verließe, noch auf einige Augenblicke zu ihm kommen. Selbst= verständlich entsprach ich dieser Aufforderung, ritt zum Palast und wurde hier von Mr. Fenball begrüßt, der mir mitteilte, sein Herr wolle mir eine ganz besondere Auszeichnung zu teil werden lassen, nämlich mich in seinem Tempelgarten empfangen, um sich dort nochmals von mir zu verabschieden. Nachdem der Wachtposten ein mächtiges Holzthor geöffnet hatte, traten wir ein in das Heiligtum des Fürsten, der uns entgegenkam, dieses Mal nicht en grande tenue, sondern in einem pfirsichblütfarbenen Flanellanzuge, mit goldgestickten Pantoffeln und ebensolchem Käppchen.

Der Garten, den ich dann unter Führung seines Be= sitzers bewundern mußte, wäre mir bei jedem andern Radja einfach abgeschmackt erschienen, mit seinen schmalen Pfaden, bratentellergroßen Blumenbeeten, mit seinem Ententeiche in der Größe einer Badewanne, den vielen herumstehenden meterhohen Nachbildungen der berühmtesten Tempel Indiens und sonstigen Modellen; aber zu dem zwergartigen Männlein, welches in ihm schaltete und waltete, paßte diese sonderbare Umgebung durchaus. Ich hatte das Gefühl, ich sei als Gulliver zum Besuch bei den Liliputanern, und auf Schritt und Tritt mußte ich acht geben, keinen der Tempel umzu=

stoßen oder mit dem Kopf gegen die überall herumhängenden
Vogelkäfige anzurennen. Ein neuer Holzpavillon, nicht viel
größer als ein Papageienbauer, war soeben vollendet worden,
und ich hatte die Farben zu wählen, mit denen er gestrichen
werden sollte. Nachdem das geschehen, wurde ich zu einem
Tempelchen geleitet, in dessen Mitte meine silberne Kaschmirschale mit den Rosen aufgestellt war, eine unstreitig zarte
und taktvolle Aufmerksamkeit gegen mich als Spender derselben. Während dieser ganzen Zeit hatte ich Gelegenheit,
dem Frühstück des in einem größeren Sandsteintempel untergebrachten Hofgottes Seiner Hoheit beizuwohnen, zu dem
Priester oder Tempeldiener ununterbrochen frischgebackene
„Chupatties“, das landesübliche Brot in der Form von
Eierkuchen herbeibrachten. Ein nicht unbeträchtlicher Haufen
dieses Gebäckes lag bereits aufgestapelt zu den Füßen des
Gottes, der mit vortrefflichen Appetit gesegnet zu sein scheint.
Vielfach werden die Götzen genau so behandelt wie lebende
Wesen. Nachdem sie in der Frühe unter den Klängen von
Pauken und Hörnern erwacht sind, werden sie gebadet, mit
Blumen geschmückt und erhalten dann ihr Frühmal, worauf
die Tempelvorhänge geschlossen werden, damit die Gottheit
ungestört essen und danach ihr Mittagsschläfchen halten kann.
Nachmittags wird diese Farce wiederholt und abends das
Götzenbild unter allerlei Allotria zu Bette gebracht. Ich
fragte später einen Tempeldiener, was mit all den „Chupatties“
geschähe: „Der Gott ißt sie.“ Ob er je gesehen, daß der
Gott äße. „Nein“, war die Antwort, „er ißt nur, wenn
man es nicht sieht.“

Als ich alle Einzelheiten in Augenschein genommen hatte,
meinte das Duodezmännlein, ich sei so freundlich gegen ihn
gewesen, daß er es wage, eine große Bitte an mich zu richten.

Ich gab ihm die Versicherung, daß ich jeden seiner Wünsche,
falls es in meiner Macht läge, zu erfüllen bereit sei, worauf
er mich nicht ohne Verlegenheit bat, sein Leibpferd, den
Schecenpony, dessen vorzügliche Figur ich einige Tage zuvor
gelobt, von ihm als Andenken anzunehmen. „Nur nicht
kleinlich in solchen Sachen", dachte ich und nahm das herbei=
geführte Geschenk dankend entgegen. Hätte ich die Wahl
gehabt, ich würde mir sicherlich ein weniger auffallend ge=
zeichnetes Pferd ausgesucht haben, aber

> „Einem geschenkten Schecken
> Sieht man nicht nach den Flecken"

und außerdem muß man immer froh sein, überhaupt ein
Pferd, wie es auch beschaffen sei, geschenkt zu erhalten. Ich
habe später wahrlich keinen Grund gehabt, die Bereitwillig=
keit, mit der ich auf den Wunsch des Raja eingegangen bin,
zu bereuen, denn mein Pony hat sich wunderbar bewährt,
in den Bergen sowohl wie in der Ebene, in winterlicher
Kälte, wie in tropischer Hitze.

Die mir vom Radja in Chamba geliehene braune Stute
sandte ich nunmehr zurück, bestieg meinen Scheckwallach, und
nachdem ich endgiltig dem Landesherrn von Mundi „Lebe=
wohl" gesagt, ging es in flottem Tempo auf breitem, ebenem
Wege nach Sukket, der Residenz des Radja eines kleinen
gleichnamigen, 26 englische Quadratmeilen umfassenden Fürsten=
tums. Der Radja von Mundi hatte alle ihm benachbarten
Fürsten, durch deren Länder mich mein Weg führte, von
meinem Kommen benachrichtigt, und so fand ich, als ich spät
abends Sukket erreichte, in dem mir eingeräumten Bungalow
den Boden bedeckt mit den üblichen Gastgeschenken, sowie
auf der Veranda eine Abordnung, die mich im Namen des
Fürsten bewillkommnete. Da ich mit nächstem Tagesgrauen

weiterzog, habe ich keine Gelegenheit gehabt, meinen Wirt
kennen zu lernen. Was ich über ihn erfahren, war wenig
rühmlich, und während ich diese Zeilen schreibe, dürfte er
bereits wegen Mißwirtschaft und weil er es unterlassen hat,
einige seiner Unterthanen, die einen englischen Offizier be-
leidigt haben, gebührend zu bestrafen, seines Thrones ent-
hoben worden sein, um „fern von Sukket" über die Folgen
seines Lebenswandels und seines Ungehorsams nachzubenken.

In dem etwa drei englische Meilen von Sukket entfernten Orte Dehra sollte mir noch einmal die Gastfreundschaft
des Radja in einem ihm gehörenden Rasthäuschen zu teil
werden. Da man mich hier aber erst einen Tag später erwartet hatte, kam ich gerade darüber, als die stark ver-
räucherten Räume desselben mir zu Ehren frisch geweißt
wurden, so daß ich es vorzog, mein Zelt auf einer Anhöhe
hart am Sutlet aufschlagen zu lassen.

Es war ein hübsches Lagerplätzchen mit schöner Aussicht
auf die umliegenden Berge und auf eine hoch gelegene,
schloßartige Veste, die vor Erfindung weittragender Berg-
geschütze wohl uneinnehmbar gewesen sein mag, jetzt aber
von allen umliegenden Höhen leicht beherrscht wird. Die
Fürsten von Mundi, Sukket, Belaspur u. s. w. scheinen in
früheren Zeiten gar streitbare Herren gewesen zu sein,
wenigstens lassen die überall auf den Bergen vorhandenen
Überreste von Befestigungen darauf schließen. Heute, wo
das mächtige England sie unter seine Fittiche genommen
hat, kommt es unter diesen Fürstenküchlein schlimmstenfalls
noch zu einem Federkrieg, die Waffen aber haben zu ruhen
und sind unter Schutt und Trümmern dem Rost, dem Zahn
der Zeit und der Vergessenheit verfallen. Natürlich unterließ ich es nicht, der alten Festung meinen Besuch zu machen,

doch gelang es mir erst nach längeren Verhandlungen mit
den Ortsbehörden, Einlaß in das von zwei Cerberussen in
Gestalt von Nachtwächtern behütete Innere des Baues zu
erhalten, da diese beiden pflichtgetreuen Beamten sich selbst
dem verlockenden, sonst alle Pforten im Orient öffnenden
Klange einiger Silberlinge unzugänglich gezeigt hatten.
Nachdem ich eine steile, schmale Steintreppe erklommen,
gelangte ich in einen mit vier Zisternen versehenen Hofraum,
in dem mehrere alte Geschütze auf niedergebrochenen Lafetten
umherstanden, und von dort mittels wurmstichiger Leiter zu
den Schießscharten. Eine bezaubernde Aussicht auf die
friedlich daliegende Landschaft lohnte meine Bemühungen
und bewog mich, trotz heftigen Windes, etwa eine halbe
Stunde daselbst auszuharren.

Gegen Abend erschienen Abgesandte von Belaspur, um
mich im Namen des Staatsrates, der wegen Minderjährig=
keit des Radja die Regierungsgeschäfte dieses Ländchens ver=
sieht, zu begrüßen und mich einzuladen, einige Tage in der
Residenz Quartier zu nehmen. Als ich mich am folgenden
Morgen dorthin auf den Weg machte, wurde mir wieder
einmal Gelegenheit geboten, mich über das, was man in
Indien „dasturi“ heißt, zu ärgern. Nicht ohne Mühe war
es mir nämlich gelungen, zehn Kulis für den Marsch zu
gewinnen — wenigstens glaubte ich, als ich sie anwarb, sie
würden mich bis Belaspur begleiten. Doch war es wieder
einmal, wie mein Freund Wippchen sagen würde, „Essig“,
worin ich mich gewiegt; denn sobald wir an das etwa zwei=
hundert Schritte von meinem Lagerplatz entfernte Flußufer
kamen, wo die Lasten einem Fährboot anvertraut wurden,
weigerten sich die Träger, mir zur anderen Seite zu folgen,
mit der Begründung, es sei nicht dasturi für sie, Lasten

weiter zu befördern, als bis an den Sutlej. Jeder Mann
hatte für seine Arbeitsleistung 20 Pfennige zu beanspruchen,
und ich mußte, wohl oder übel, allein mit meinen Dienern
übersetzen. Zum Glück hatte der Staatsrat von Belaspur
Sorge getragen, daß ich am anderen Ufer die nötigen Träger
vorfand und den Marsch nach kurzem Aufenthalt fortsetzen
konnte. Der meist über Felsgeröll bergauf, bergab führende
Weg gereichte der Verwaltung dieses Duodezstaates keineswegs zur Ehre, und es war äußerst beschwerlich, vorwärts
zu gelangen, für die Kulis sowohl wie für meinen Schecken.
Um so besser in Ordnung waren die teils noch mit Reis
bestandenen, teils zur Wintersaat (Weizen und Gerste) frisch
beackerten Felder. Alle am Wege liegenden Ortschaften
machten einen wohlhabenden Eindruck, und ihre Bewohner
zeichneten sich durch freundliches, entgegenkommendes Benehmen aus. So verfehlten die Schulzen, oder was sie
sonst sein mochten, in keinem der von mir passierten Dörfer,
mir Milch anzubieten, die aber fast überall, an ihrem kalk-
wässerigen Aussehen von mir sofort als Büffelmilch erkannt
und als solche dankend abgelehnt wurde. Gute Kuhmilch
ist in Indien schwer erhältlich, da der Wasserbüffel von den
Eingeborenen als besserer Milchgeber bevorzugt zu werden
pflegt. Mir ist jegliches Molkereiprodukt aus der Milch der
Büffelkuh ebenso widerwärtig, wie das Tier selbst, denn es
verdient entschieden zu den garstigsten Schöpfungen der
Mutter Natur gezählt zu werden. Grauschwarz, mit borsten-
artigen dünnen Haaren bedeckt, mit plattgedrücktem, meist
weit vorgestrecktem Kopfe, stark nach hinten gebogenen
Hörnern und blödem, zuweilen wasserblauem Auge, sieht
man diese Ungetüme langsam und schwerfällig ihrer Nahrung
nachgehen, oder wiederkäuend sich in schmutzigen Wasser-

und Schlammlöchern fielen. Obendrein besitzen jene Urbilder
der Häßlichkeit noch die fatale Eigenschaft, böswillig zu sein
und Menschen wie Pferde, ohne irgendwie gereizt zu werden,
anzunehmen. Wenn sie den Hindu auch nicht als heilig
gelten, wie das Rindvieh, so wird ihr Fleisch doch nur in
vereinzelten Gegenden genossen, u. a. in Nepal, wo ich
mehrfach Gelegenheit hatte, mich von der Güte desselben
zu überzeugen.

Das lang am linken Ufer des Sutlet sich hinstreckende
Städtchen Belaspur nimmt durch seine Lage sowohl als
auch durch seine hübschen Häuser auf den ersten Blick für
sich ein. Vorbei an Tempeln, Schulen, einer Polizeistation
und dem Hospital gelangt der Reisende auf einen weiten,
grasbedeckten Platz, in dessen einem Winkel sich die weiß-
getünchten Palastbauten des Radja gar stattlich ausnehmen.
Ein Gartenhäuschen des in Simla weilenden Fürsten, allerliebst in einer fast rechtwinkligen Biegung des Flusses gelegen und mit schattigen blumenüberrankten Veranden versehen, wurde mir als Wohnung angewiesen. Die inneren
Räume dieses zweistöckigen Gebäudes, welches dem etwa
16jährigen Fürsten, der nach den verschiedenen Kritzeleien
an Wänden, Thüren und Fenstern ein vielversprechendes
Bürschlein sein muß, als Studienpavillon dient, ist in echt
indischer Weise möbliert, d. h. mit allerhand europäischem
Schund angefüllt, was aber nicht ausschloß, daß ich mich in
demselben ungemein behaglich fühlte. Von der Veranda
übersah ich den mit starker Strömung vorüberfließenden
Sutlet, der von reiselustigen Eingeborenen als bequemste
Verkehrsstraße vielfach benutzt wird, nicht etwa in Booten,
sondern in den von mir bereits beschriebenen, unter den
Armen des Schwimmenden ruhenden, luftgefüllten Ziegen-

häuten. Ein spatelförmiges kurzes Ruder dient zur Steuerung. Etwa zwanzig Schwimmer glitten auf diese Weise
innerhalb einer Stunde stromabwärts und schienen sich mit
ihren mussaks (dies ist der Name der aufgeblasenen Häute)
durchaus in ihrem Element zu befinden.

Nachmittags wurde ich von einem englisch sprechenden
Beamten in elegantem Landauer abgeholt, zum Palast gefahren und daselbst in der gold- und silberstrotzenden Durbar-
halle feierlich von den drei Mitgliedern des Staatsrates
empfangen, von denen zwei jüngere Herren sich aufgeräumt,
intelligent und mitteilsam zeigten. Der Präsident dieses
Dreirates jedoch, ein Onkel des jungen Rabja, mußte entweder taubstumm oder stumpfsinnig sein, denn er that, als
ginge ihm die ganze Sache absolut nichts an. Doch er war
weder das eine, noch das andere, er wollte nur auf das
richtige Thema gebracht sein, und dieses war die Jagd.
Kaum hatte ich das Wort chikar, d. h. Wild, ausgesprochen,
so belebten sich die Züge des alten Herrn, und er entpuppte
sich als ein ebenso redseliger wie begeisterter Nimrod. Nachdem so das Eis zwischen uns gebrochen war, schlossen wir
schnell Freundschaft; ich mußte unter seiner Führung sämtliche Räume des Palastes durchwandern, und nur die Frauen-
abteilung, die zenana, wurde leider meinen Blicken vor-
enthalten. Schließlich wurden zwei Elefanten vorgeführt,
der erste von mir und dem Präsidenten, der zweite von den
andern Herren bestiegen, und gefolgt von großen Scharen
Volkes, ging es hinunter zur Stadt, hinein in das Gewimmel
des Bazars.

Wenn es die Absicht meiner Wirte war, mir auf diese
Weise einen Einblick in das Straßenleben Belaspurs zu verschaffen, so wurde dieselbe gänzlich vereitelt. Die Straßen

waren derartig eng, daß alt und jung in die Häuser fliehen
mußte, um nicht unter die Füße unserer Dickhäuter zu ge=
langen. Letztere waren außerdem solche Riesenexemplare, daß
sie die niedrigen Dächer überragten und ich somit nur diese
und ab und zu den Rücken eines sich in tiefster Devotion
verneigenden Eingeborenen sehen konnte. Im übrigen bekam
uns dieser sonderbare Inspektionsritt besser, als den Bazar=
dächern, deren Sparren rechts und links von unseren Elefanten
zersplittert zur Erde fielen.

Mit der Rückkehr zum Palaste war das Vergnügungs=
programm noch keineswegs erschöpft; ich mußte wohl oder
übel wieder in den Landauer und mit diesem eine halbe
Stunde lang auf dem etwa vier Morgen großen Platze in
schnellster Gangart Karussel fahren, denn keiner der Wege
im Lande ist auf dieses Vehikel eingerichtet. Endlich war
ich erlöst und konnte in mein niedliches Logis heimkehren,
um hier in aller Ruhe das Abendessen einzunehmen, zu dem
aus dem Keller des Radja Heidsik Monopole herbeigeschafft
worden war. Von orientalischen Fürstlichkeiten geliefertem
Sekt pflege ich, gewitzigt durch Erfahrung, stets ein gewisses
Mißtrauen entgegen zu bringen; denn derselbe wird meistens
Jahre lang „stehend" aufbewahrt und verliert dadurch
seine Kohlensäure und jeden Geschmack. So war es auch
heute, und mit Wasser verdünnter Whisky — das landes=
übliche Getränk der Europäer in Indien — trat an die
Stelle des schal gewordenen Champagners.

In der Frühe des folgenden Morgens ging es weiter,
zum großen Verdruß des Staatsrates, der es für eine Zurück=
setzung hielt, daß ich Belaspur schon nach eintägigem Aufent=
halt verließ, während ich Mundi mit dreitägigem Besuche be=
dacht hatte. Ein Forstbeamter des Ländchens hatte mich zum

nächsten Nachtquartier, dem Rasthause in Remoli, zu begleiten. Was ich auf dem Marsche dorthin an Waldungen
zu sehen bekam, war jämmerlich, die Wege waren schlecht
und die Auf= und Abstiege ungewöhnlich steil und mühselig.
Nie sind mir außerdem so langweilig aussehende Dörfer in
Indien zu Gesicht gekommen wie hier; ein Haus sah aus
wie das andere, alle waren gänzlich schmucklos, mit einer
kaltgrauen Farbe gestrichen und mit Stroh gedeckt.

Das nach fünfstündigem Marsch uns als Obdach dienende, noch im Staat Belaspur, der im ganzen 75 Quadratmeilen umfaßt, gelegene Rasthaus bietet von hohem Bergesrücken nach zwei Seiten herrliche weite Ausblicke in fruchtbare
Thäler. Hier verbrachte ich die Nacht und erreichte tags
darauf gegen Mittag bereits die Hauptstadt eines anderen
Fürstentums, nämlich des 37 Quadratmeilen messenden Radja-
staates Arki. Ich hatte mir die Residenz eines Gebieters
über kaum zwei Dutzend tausend Einwohner als ein größeres
Dorf vorgestellt, in dem dieser selbst in einfachen Verhältnissen als eine Art Gutsbesitzer lebe, doch war ich schon
während des Marsches durch das weit in die Lande ragende
prächtige Schloß eines besseren belehrt worden. Ich durch-
ritt einen belebten Bazar, und als ich schließlich vor dem
für europäische Reisende vom Radja erbauten Bungalow
meinem Sais die Zügel zugeworfen, die von dorischen Säulen
getragene Vorhalle betreten hatte und nun meinen Blick über
die freundlich unter mir sich ausdehnende Stadt und das im-
posant auf einer Höhe gelegene burgartige Palastgebäude
schweifen ließ, da mußte ich mir sagen, daß kein europäischer
Duodezfürst sich einer so schmucken Residenz zu schämen brauche.

Gänzlich unbemerkt war ich in Arki eingezogen, und erst
nach längerer Zeit erschien ein älterer Mann in Gestalt des

Erziehers des jungen Kronprinzen, ein ergrauter, fließend
englisch sprechender ehemaliger Missionszögling christlichen
Glaubens. Aus dem Munde dieses Biedermannes erfuhr ich,
daß der Fürst durch ein Schreiben des Radja von Mundi
zwar von meiner bevorstehenden Ankunft unterrichtet worden
sei, aber erwartet habe, ich würde Tag und Stunde meines
Eintreffens einen Tag zuvor mitteilen. Man habe die Ab=
sicht gehabt, mich mit Elefanten und dem Musikkorps einzu=
holen und werde jedenfalls aufrichtig bedauern, infolge
meines unverhofften Erscheinens nicht in der Lage gewesen
zu sein, den mir zugedachten Empfang zur Ausführung bringen
zu können. Dies wurde mir denn auch kurz darauf von dem
zu meiner Begrüßung erscheinenden Bruder des Landesherrn,
dem Mian Udheb, in dem ich eine selten sympathische, liebens=
würdige und gebildete Persönlichkeit kennen lernte, bestätigt.
Während ich mich mit diesem freundlichen, etwa 30 jährigen
Herrn unterhielt, blitzte es auf der Ummauerung der Burg
plötzlich auf, eine weiße Rauchwolke erschien und — Bumm!
nur etwas lauter, hallte es dumpf durch das liebliche Thal;
noch einmal — Bumm! und so dreizehnmal hintereinander.
Es war der mir vom Radja zu teil werdende Salut, und
ich hatte zum ersten Male das Vergnügen gehabt, mir von
einem regierenden Herrn etwas vorschießen zu lassen. Mian
Udheb war aber nicht nur ein gebildeter Mann, sondern er
zeigte auch ein bei Indern nicht häufig gefundenes Ver=
ständnis für den inneren Menschen, indem er sich erkundigte,
ob ich bereits gefrühstückt habe, was ich guten Gewissens
und leeren Magens verneinen konnte. Meine Diener und
Lastträger konnten bei den beschwerlichen Wegen kaum vor
Ablauf zweier Stunden anlangen, und ich nahm infolge dessen
trotz aller Abneigung gegen indische Kost, das Anerbieten

des Mian, mir einen Imbiß aus der fürstlichen Küche zu schicken, dankbar an.

Nachdem ich noch den Wunsch geäußert hatte, seinem Bruder im Laufe des Nachmittags meinen Besuch zu machen, empfahl sich mein neuer Freund, und nach kaum einer halben Stunde wurde auf großer silberner Platte das versprochene Frühstück herbeigebracht.

Der rechtgläubige Brahmine bedient sich bei seinen Mahlzeiten weder eines Tellers noch Löffels, Messers u. dgl. Alle Speisen werden in aus frischen Blättern geformten Schüsseln aufgetragen und mit Hilfe der zwei uns von Gott verliehenen fünfzinkigen Gabeln zum Munde geführt. Europäer kommen selten nach Arki, man ist mit Porzellan und Bestecken am Hofe nicht ausgerüstet und servierte mir somit mein Mahl nach Landessitte. Die verschiedenen kleinen Blattschüsselchen, gefüllt mit kaltem gebratenen Huhn, ebensolchem Rebhuhn, gebackenen, gerösteten und gekochten Kartoffeln, je zwei von jeder Sorte in besonderer Schüssel, diversen eingemachten Früchten, Radieschen, frischer Butter, Salz ꝛc. machten einen ganz appetitlichen Eindruck, und ich that ihnen, ebenso wie der in einem kugelförmigen Messinggefäß dargebrachten frischen Ziegenmilch alle Ehre an.

Gegen 4 Uhr verkündete Glockengeläute das Nahen eines Elefanten, und wenige Minuten darauf stand ein kolossaler Rüsselträger, mit zwei mächtigen Stoßzähnen bewaffnet, vor meiner Veranda. Breite, massiv goldene Ringe schmückten seine Zähne, während eine purpurfarbene, fast bis zur Erde reichende, überreich mit Gold gestickte Decke, deren Wert mir auf 6000 Mark angegeben wurde, vom Rücken des Elefanten zu beiden Seiten herabfiel. Mian Ubheb war auf silbergeschmücktem Zelter erschienen. Mit ihm gemeinsam bestieg

ich den Staatselefanten, dann ging es auf einem Wege, ähn=
lich dem, der zur Heidelberger Schloßruine führt, zum Pa=
laste. Oben angekommen, durchschritten wir zuerst einen
kleineren, von starken Mauern umschlossenen Hofraum und
gelangten von dort auf einer für orientalische Paläste charak=
teristischen, engen dunklen Steintreppe in eine glänzende
Audienzhalle. Hier kam mir der Fürst, gefolgt von zwei
anderen seiner Brüder und
dem gesamten Hofstaate ent=
gegen, ein untersetzter Herr
von etwa 40 Jahren und
auffallend hübschen, regel=
mäßigen Gesichtszügen. Daß
die kleinsten Fürsten in der
Regel den größten Prunk
entfalten, bewahrheitete sich
auch hier. Nicht nur die
Halle war mit verschwende=
rischer Pracht ausgestattet,
sondern auch die Gewänder
aller Anwesenden aus den
teuersten Seidenstoffen, über=

Radja von Arki.

laden mit Edelsteinen in den verschiedensten Farben. Ich be=
merke hier, daß alle Steine, dem indischen Geschmack ent=
sprechend, einfach konvex und nicht nach europäischer Art facett=
artig geschliffen sind. Es ist ein Jammer, wie auf diese Weise
die schönsten Steine geradezu verhunzt werden; die kostbarsten
Diamanten machen den Eindruck von Glasstücken, und nur
Rubin und Opal büßen nichts von ihrer Schönheit ein. An
der einen Schmalseite der Halle, deren hohe offene Fenster=
bogen einen entzückenden Blick auf die Simlaberge gestatten,

12*

stand der diwanartige, silberne Thron, zu dessen Rechten der
Radja, ihm gegenüber meine Wenigkeit auf ebenfalls silber=
nen Armstühlen Platz nahm. Neben dem Fürsten ließen
sich zwei seiner Brüder nieder. Mian Udheb setzte sich neben
mich, dann folgten, ihrem Range nach, die übrigen Würden=
träger. Der Radja, der anfangs eine gewisse Befangenheit
zur Schau trug, diese jedoch im Laufe der Unterhaltung
allmählich verlor, äußerte sich tiefbetrübt über mein Vor=
haben, schon am nächsten Morgen nach Simla weiterreisen
zu wollen, und fragte mich, ob ich mich nicht zur Zugabe
eines zweiten Tages entschließen wolle, wenn er eine Treib=
jagd für mich veranstaltete. Auf dieses Anerbieten sagte
ich zu, und wir trafen die nötigen Verabredungen; dann
verabschiedete ich mich.

Als ich den vorhin erwähnten Hofraum wieder betrat,
standen hier zwölf Leibrosse des Fürsten mit ihren Gala=
schabracken und Silberzaumzeugen aufmarschiert, jedes Pferd
trug einen Federbusch auf dem Kopfe und um den Hals
einen Schmuck aus Maria=Theresia=Thalern, alles waren
schöne, langmähnige Schimmel= oder Scheckhengste indischen
Blutes aus der Gegend von Meerut.

Eine wunderbar linde Tropennacht folgte diesem Tage,
und lange noch saß ich beim Scheine des Vollmondes, der
Schloß und Stadt, Berge und Thal mit seinem Silberlicht
überflutete, auf einer Terasse vor dem Bungalow. In später
Stunde erst betrat ich mein Schlafzimmer und fand hier
mein kleines Feldbett durch eine heimlich aus dem Palaste
herbeigeschaffte silberne Bettstelle von riesigen Dimensionen
ersetzt. Ich dachte einen langen Schlaf zu thun, da die
Jagd erst um 9 Uhr beginnen sollte; die silberne Bettstelle
sah gar zu verlockend aus, und mit jenem unbeschreiblichen

Wohlbehagen, welches man nach anstrengenden Märschen empfindet, streckte ich mich auf mein Lager hin, vertrauens= voll den stets willkommenen Morpheus erwartend. Statt seiner aber erschienen verschiedene Plagegeister in Gestalt von — verzeihen Sie das harte Wort — Wanzen. Es waren zwar fürstliche Wanzen, Bewohner einer silbernen Behausung, aber sie bissen genau so wie ihre minder üppig beherbergten Stammesgenossen, und — rücksichtslos, wie ich in solchen Fällen bin — eröffnete ich sofort einen energischen Krieg gegen sie mit persischem Insektenpulver, welches wunder= barerweise bisher noch unbenutzt im Koffer gelegen hatte. Das half; ungestört verbrachte ich den Rest der Nacht, und neugestärkt ging es dann auf einem Pferde aus dem Marstall zum etwa eine Meile entfernten Jagd=Rendezvous.

Gegen 200 Treiber waren angetreten, und unter ent= setzlichem Spektakel begann das erste Waldtreiben. Da ohne jede Disziplin getrieben wurde, ging das meiste Wild durch die Treiberlinie, und nur einige Wildziegen zeigten sich in einiger Entfernung. Ich hätte auf verschiedene Pfauen zu Schuß kommen können, aber trotzdem der Radja mich aus= drücklich aufgefordert hatte, diese in seinem Lande sonst als geheiligt geltenden Tiere nicht zu schonen, unterdrückte ich meine Mordgier aus Rücksicht auf die Gefühle der Ein= geborenen. Im Verlaufe des vierten Treibens bekam ich einen Fieberanfall, der mich nötigte, nach Hause zu reiten, worauf auch von den Brüdern des Landesherrn — dieser selbst war nicht erschienen — die Jagd aufgegeben wurde. Die ganze Beute bestand aus einer Wildziege, erlegt von Mian Ubheb, der gleich seinen Brüdern ein Perkussions= gewehr führte.

Mein Fieberanfall war heftig, aber von kurzer Dauer,

so daß ich am Nachmittag den Gegenbesuch des Radja
empfangen konnte. Er kam auf dem Staatselefanten unter
Vorantritt dreier Leibpferde und seiner Wasserpfeifenträger.
Auf einem zweiten Elefanten folgte der Thronerbe mit drei
seiner Vettern, sämtlich allerliebste Bürschlein von 7—10
Jahren. Träger mit gold= und silberschaum=überzogenem
Zuckerwerk, letzteres von den Damen des Palastes, wie mir
der Radja mitteilte, eigenhändig für mich bereitet, machten
den Schluß. Auch der erlegte Wildbock wurde gebracht und
von mir ohne Säumen an unsern zur Zeit in Simla
weilenden Generalkonsul, Baron Heyking, der mich brieflich
eingeladen hatte, in seinem Hause Wohnung zu nehmen,
weiterbefördert.

Der Radja, mit dem ich mich über eine Stunde in
angenehmster Weise unterhielt, hat eine eigentümliche Ver=
gangenheit. Er war der Neffe seines Vorgängers und, da
dieser kinderlos, berechtigter Thronerbe. Wegen verschiedener
Differenzen mit seinem regierenden Onkel verließ er Arki
und kam, aller Mittel bar, nach Mundi, dessen Radja ihm
Gastfreundschaft gewährte und später den Posten eines Ober=
stallmeisters übertrug. Als der Onkel die Augen geschlossen,
wurde er von der englischen Regierung als dessen Nach=
folger anerkannt und dann mit großem Pomp von seinem
Freunde in Mundi als regierender Herr nach Arki zurück=
geführt.

Er ist ein überaus frommer Mann, unterhält eine Un=
zahl heiliger Brahminen und treibt einen eigenartigen Kultus
mit seinen Elefanten, mit denen er allmonatlich zu einem
entlegenen Tempel pilgert, wo dieselben mit Blumen, Früchten
und Zuckerwerk gefüttert werden. Auch einen Astrologen
beherbergt er in seinem Palast, und kein Schritt wird unter=

nommen, ohne daß dieser Schwindelmeier um Rat gefragt
wird. Hat der Rabja beispielsweise die Absicht, nach dem
4 Meilen entfernten Simla zu reisen, so wird der Astrologe
beauftragt, die Sterne zu befragen, ob die Reise den Göt=
tern genehm sei oder nicht. Dieser Herr, der als Hof=Astro=
loge auch noch bedeutende Privatpraxis auszuüben berechtigt
ist und allen Ratsbedürftigen das Geld aus der Tasche zieht,
stellt nun sein Horoskop und bestimmt dann z. B., der Rabja
müsse an dem und dem Tage, zu dieser oder jener Stunde
aufbrechen, zwei Stunden weit marschieren, darauf umkehren,
¼ Meile zurückgehen, Lager beziehen und am folgenden Tage
zu einer angegebenen Zeit die Reise fortsetzen. Diese Rat=
schläge werden pünktlich befolgt, und der Astrologe lacht
sich ins Fäustchen.

Bisher hatte ich immer angenommen, das Tragen
falscher Zähne sei eine Spezialität des mehr oder minder
zivilisierten Menschen. Durch den Rabja von Arki wurde
ich indessen belehrt, daß die Kultur, die alle Welt beleckt,
auch auf den Elefanten sich erstreckt. Im Laufe unseres
Gespräches hatte ich den glänzenden, goldbereiften Stoß=
zähnen des Staats=Elefanten die gebührende Anerkennung
gezollt. Verschmitzt lächelnd erteilte mein fürstlicher Wirt
darauf dem Wärter dieses Prachttieres einen Befehl. Der=
selbe begann nun an dem einen Zahn zu drehen und zu
schrauben und legte ihn dann zu meinen Füßen nieder.
Beide Stoßzähne waren falsch und wurden nur bei feierlichen
Gelegenheiten an den verschwindend kleinen echten Zähnen
des Elefanten befestigt.

Eine Nacht noch verbrachte ich auf dem Silberbette,
um mit dem nächsten Frührot weiter gen Simla zu ziehen.
Die verhältnismäßig kurze Entfernung, die mich von diesem

meinem vorläufigen Reiseziel trennte, hätte ich gut in einem
Tage zurücklegen können; aber erstens war eine bedeutende
Steigung dorthin zu überwinden (Simla liegt 7084 Fuß
über dem Meere) und zweitens war es „dasturi" für die
Arkileute, nicht weiter als bis zu dem 2½ Meilen entfernten
Orte Gane ka Hati zu gehen, wo somit neue Träger angenommen werden mußten. Meine kleine Karawane war,
das Mondlicht benutzend, schon über Nacht aufgebrochen,
und so fand ich, als ich kurz nach zehn Uhr in Gane ka
Hati anlangte, das Zelt in einer Waldeslichtung aufgeschlagen
und den Frühstückstisch gedeckt.

Ein vorübergehend zur Jagd hier anwesender Rabja —
man sieht, daß man in dieser Gegend geradezu über eingeborene Fürsten stolpert — hatte Fasanen, Eier, Milch, Butter,
und Honig gesandt und erschien bald darauf selbst, mir seinen
Besuch zu machen. Den Namen seines Landes habe ich zu
erfragen versäumt, trotzdem er mir sein ganzes Reich zu
Jagdzwecken zur Verfügung stellte. Er selbst sprach gut
englisch und lud mich ein, mit ihm gemeinsam am folgenden
Tage nach Simla zu reisen.

Zu meiner Überraschung wurde vor dem Aufbruche in
aller Frühe eine Rechnung in mein Lager gebracht, auf der
sämtliche mir tags zuvor übersandten Geschenke mit unverhältnismäßig hohen Preisen vermerkt waren. Ich zahlte,
nahm mir aber vor, den Fürsten über diese wunderbare
Angelegenheit zu interpellieren. Das geschah, und es stellte
sich heraus, daß ein Beamter die Gelegenheit benutzt hatte,
sich auf meine Kosten und die des Rufes seines Herrn in
den Besitz einiger Rupien zu setzen. Er mußte dieselben
wieder herausrücken und damit war die Sache erledigt.

Ein indischer Herrscher, und sei er selbst einer von nur

sieben Salutschüssen, wie mein Rabja mit dem unbekannten
Reiche, hat stets einen wahren Kometenschweif von Dienern
und Beamten hinter sich, und daher hielt ich denn mit
großem Gefolge am Morgen des 30. September meinen
Einzug in Simla, dem „most fashionable" Sommeraufenthalt
der Europäer Indiens, wo ich dank der Gastfreundschaft
unseres liebenswürdigen Generalkonsuls vierzehn genußreiche
Tage verleben sollte.

Alte indische Münze.

Simla. Tiri. Almora.

Simla, seit 1864 die Sommerresidenz des Vizekönigs, des Auswärtigen Amtes, des Generalkommandos und verschiedener anderer Behörden, die während der kalten Jahreszeit ihren Sitz in Kalkutta haben, ist für normale Menschen, d. h. solche, die sich der Eisenbahn bis Umballa und von dort einer Tonga bedienen, in etwa 80 Stunden von Bombay in fünfzig von Kalkutta zu erreichen und das Haupt-Sanatorium Britisch-Indiens. Etwas über 7000 Fuß über dem Meeresspiegel, am Südabhange der Himalayaberge gelegen versetzt es den aus der Gluthitze der Ebene erschlafft hier anlangenden Europäer mit seinen Waldungen von Koniferen, Eichen und Rhododendren in eine andere, ihn an die ferne Heimat erinnernde Welt. Die Temperatur in dieser Höhe ist selbst im Hochsommer verhältnismäßig niedrig, und sollte wirklich die Mittagshitze zuweilen an die Tropen gemahnen, so sind doch die Nächte, Morgen- und Abendstunden immer erquickend kühl, ja im Herbste sogar empfindlich kalt.

Die europäische Gesellschaft setzt sich durchweg aus in
Simla beschäftigten oder Erholung suchenden Offizieren und
Beamten aller Rangstufen zusammen, die entweder mit ihren
Familien in verstreut in den Bergen liegenden, wohnlich ein=
gerichteten Bungalows, oder als Junggesellen in den zwei
vorzüglich gehaltenen Klubs Unterkunft finden. Auch mehrere
Gasthöfe, bescheidenen Ansprüchen genügend, dienen vorüber=
gehend sich in Simla aufhaltenden Reisenden zur Wohnung,
doch sind sie sämmtlich unbehagliche Massenquartiere, wie die
meisten indischen Gasthöfe. Im allgemeinen lebt alles in
Simla auf gleichem Fuße, und daß dieser Fuß ein groß=
artiger ist, versteht sich bei den für europäische Begriffe
fabelhaft hohen Gehältern der Offiziere und Beamten von
selbst. Der jüngste Lieutenant in einem Eingeborenen=
Regiment erhält monatlich bereits gegen 560 M., der seine
Laufbahn beginnende junge Zivilbeamte 600 M. Das
Gehalt eines Regimentskommandeurs beläuft sich auf etwa
2200 M. monatlich, und Zivilbeamte mit 60 bis 100 000 M.
jährlich sind keine ungewöhnlichen Erscheinungen. Ich hatte
das Vergnügen, in Kaschmir einen 32 jährigen englischen
Oberstlieutenant, der dem Maharadja als militärischer Be=
rater zuerteilt ist, kennen zu lernen. Dieser Herr bezieht nicht
nur jährlich gegen 50 000 M., sondern verfügt in Gulmarg
wie in Sirinagar sowohl über freie Wohnung, als auch an
letzterem Orte über eine Anzahl Pferde, Boote u. s. w. Der
alle fünf Jahre neuernannte Vizekönig, dem verschiedene Paläste
und freie Dienerschaft zur Verfügung stehen, hat ein Jahres=
gehalt von etwa einer halben Million Mark, und wenn er
damit nicht auskommt, so ist das seine Sache.

Diese hohen Besoldungen wird man vollkommen gerecht=
fertigt finden, wenn man bedenkt, daß, abgesehen von dem

immerhin nicht billigen Leben in Indien, die verheirateten
Beamten große Summen für die Erziehung ihrer Kinder in
Europa zu verausgaben gezwungen sind und meistens auch,
falls ihr Beruf sie an eine Stadt in der Ebene bindet, im
Interesse des Wohlbefindens ihrer Frauen für die Dauer
der heißen Jahreszeit im Gebirge eine zweite Haushaltung
zu führen haben. Dazu kommen kostspielige Urlaubsreisen
in die Heimat, und endlich darf man nicht vergessen, daß
niemand nach Indien geht, um daselbst ein schlechteres Leben
zu führen als daheim. So luxuriös wie in Simla wird
freilich im allgemeinen hier zu Lande nicht gelebt, und den
Zuschnitt hiesiger Haushaltungen als Norm für die eines
Anglo-Inders überhaupt aufzuführen, wäre ebenso verkehrt
wie die Schilderung Baden-Badens als des Urbildes einer
deutschen Kleinstadt. Die Anwesenheit des Vizekönigs drückt
dem Ganzen den Stempel des Hoflebens auf, hierzu kommt
noch die Prachtentfaltung einer Menge eingeborener Fürsten,
die es vorziehen, ihr Geld in Simla zu vergeuden, anstatt
sich um die Verwaltung ihrer Länder zu kümmern.

Ich glaube, nirgends in der Welt findet man auf einem
verhältnismäßig kleinen Stückchen Erde so viele gastfreie
Häuser wie in Simla, und für den vorübergehend hier an=
wesenden Fremden bietet das gesellschaftliche Leben dieser Berg=
station ungewöhnliche Reize. Was mich besonders angenehm
berührte, war die Freiheit, welche dem schönen Geschlecht dem
minder schönen gegenüber eingeräumt wird. In Deutschland
würde man Hände und Füße über den Kopf zusammenschlagen,
wenn man sähe, wie hier Damen der Gesellschaft bevorzugten
Junggesellen Besuche in ihren Bureaus machen oder bei den=
selben ungeniert, ohne den bei uns für unentbehrlich gehal=
tenen männlichen Schutz, zum 5 o'cklock tea erscheinen, wie

junge Mädchen allein zu Roß weite Ausflüge unternehmen
und ohne Mamas und Tanten an Picknicks sich beteiligen.
Solche Freiheiten erleichtern Leben und Verkehr natürlich in
angenehmster Weise und ich habe bisher vergebens nach Beweisen dafür gesucht, daß dadurch Schaden an Leib und Seele
genommen würde. Im Gegenteil, ich behaupte, die Moral
der sogenannten guten Gesellschaft steht hier auf einer höheren
Stufe als daheim. Gegen unverschämte Belästigungen Eingeborener ist die Europäerin vollständig gesichert, und ich
habe Fälle erlebt, daß Damen nach beendigtem Festessen ihre
Gesellschaftstoilette mit dem Reitkleid vertauschten und in
finsterer Mitternacht zu ihren oft weit entfernten Bungalows
heimritten, lediglich begleitet von dem neben dem Pferde her-
laufenden Sais. In England würde man das wahrscheinlich
„shocking" finden, in Indien ist es durchaus „ladylike",
und mir gefällt es.

Beim Vizekönig, Lord Lansdowne, hatte ich mich kurz
nach meiner Ankunft in Simla eingeschrieben und einen
Empfehlungsbrief des englischen Botschafters in Berlin, Sir
Eduard Malet, abgegeben, demzufolge ich für den folgenden
Tag mit einer Einladung zu einem vizeköniglichen Waldfrühstück bedacht wurde. Unter schattigen Bäumen war ein
prächtiges an den Seiten offenes Zelt, eine sogen. „sha-
miana" von gewaltigen Dimensionen aufgeschlagen, etwa
60 Personen waren geladen und nahmen an entzückend mit
Blumen geschmückten Tafeln Platz. Blumenschmuck findet
man in Simla selbst in den einfachsten Haushaltungen auf
jedem Speisetisch, und die indischen Diener stehen als Tafel-
decker unerreicht da, namentlich was das Ordnen der Blumen
und Farrenkräuter betrifft, die oft zu wahren Teppichbeeten
zusammengefügt sind.

Der Vizekönig, dem ich bei dieser Gelegenheit vorgestellt wurde, besitzt die herzgewinnende Liebenswürdigkeit des vornehmen Engländers in hohem Maße. Er bekundete ein lebhaftes Interesse für meine Reise, machte mich mit mehreren für mich wichtigen Persönlichkeiten bekannt und sagte mir jegliche Förderung meiner Pläne zu. Ich will hier gleich vorweg bemerken, daß es nicht allein bei diesem Versprechen geblieben ist, sondern daß meine Erwartungen in jeder Hinsicht weit übertroffen worden sind. Abgesehen davon, daß auf Lord Lansdownes Ersuchen vom Generalstabe eine detaillirte Marschroute für mich bis Siam ausgearbeitet wurde, mit genauer Angabe der einzelnen Lagerplätze, der etwa vorhandenen oder nicht vorhandenen Lebensmittel, Transportmenschen und -Tiere u. s. w., nein, auch sämtliche Zivil- und Militärbehörden aller für mich in Betracht kommenden Orte wurden angewiesen, mir förderlich und dienstlich zu sein, und die besten Karten zu meiner Verfügung gestellt. Übrigens wurde ich keineswegs an die ausgearbeitete Route gebunden, sondern es war mir anheim gegeben, nach Belieben von derselben abzuweichen.

Nachdem unsere ganze Gesellschaft von einem Photographen auf die Platte gebracht war, ging es hinunter zu dem rings von Bergen eingeschlossenen Rennplatz Annendale, wo sich inzwischen ein nahezu großstädtisches Leben entfaltet hatte, dessen Beobachtung zweifellos größere Reize bot, als die mit wenig Ernst betriebenen Flachrennen, die erst mit sinkender Sonne ihr Ende fanden. Zu Pferde oder in Jinrickshaws zog dann alle Welt heim nach Simla, um bis zur Essensstunde am wärmenden Holzfeuer des Kamins über die Ereignisse des Tages zu plaudern. Die Jinrickshaws, kleine, einsitzige Wägelchen, welche gleichzeitig von zwei Kulis

gezogen und von dreien geschoben werden, sind die einzigen
Gefährte, deren sich gewöhnliche Sterbliche in Simla bedienen
können. Nur der Vizekönig und der commander in chief
sind berechtigt, von Pferden gezogene Wagen zu halten, da
anderenfalls bei der geringen Breite der Wege und dem
vielen Auf und Ab derselben, der Verkehr geradezu gefährlich
wäre. Jede Dame hat somit ihre Jinrickshaw und auch Herren
benutzen solche, um abends in Gesellschaften zu fahren. Da
die Kulis jedes dieser Wägelchen anders gekleidet sind, meist
in schneeweiße Gewänder mit farbigen Gürteln, gleichfarbigem
Bande um den weißen Turban und die braunen Waden un=
bedeckt lassenden kurzen Hosen, so kann man sich vorstellen,
daß das Bild, welches allnachmittäglich der Korso bietet, an
Licht und Farbenpracht nichts zu wünschen läßt. Gleichzeitig
wird man sich aber auch einen Begriff machen können, zu
welcher Höhe die Zahl der Dienerschaft in Häusern anschwillt,
wo die Anwesenheit mehrerer Damen eine größere Anzahl
von Jinrickshaws bedingt.

Unser im Sommer in Simla residierender Generalkonsul
für Kalkutta, Baron Heyking, und dessen Gemahlin haben
es in seltener Weise verstanden, sich die Gunst der englischen
Gesellschaft, vom Vizekönig abwärts bis zum jüngsten Be=
amten zu erwerben, und der Salon der Baronin ist einer
der gesuchtesten Simlas. Mir, der ich das Glück hatte,
nahezu zwei Wochen lang Gast dieses bevorzugten Hauses
zu sein, wurde somit Gelegenheit gegeben, zahlreiche für mich
wertvolle Bekanntschaften zu machen, und ich zähle die Tage
meines Aufenthalts daselbst, die eine ununterbrochene Folge
von Ausflügen, Picnicks und Mittagessen bildeten, zu den
angenehmsten Erinnerungen meiner indischen Reise. Ein
Diner beim Vizekönig, der ein erst vor zwei Jahren voll

enbetes, auf bewaldetem Berge gelegenes Schloß im Stil
Elisabeth II. bewohnt, bildete unter den Festlichkeiten für
mich die „pièce de résistance". Durch einen hohen Thor-
bogen, in dem sich eine Wache von Gurkas befindet, gelangt
man in den nachts von elektrischem Licht erhellten Park und
nach etwa fünf Minuten an die Rampe des Schlosses. Hier
stehen uniformierte Posten der Body Guard des Vizekönigs

Lord Lansdowne, Vizekönig von Indien.

aufmarschiert, wahre Rie-
sen und ausgesucht schöne
Leute aus der Ebene. Das
Innere des gewaltigen Ge-
bäudes ist mit großem Ge-
schmack und wahrhaft fürstlicher Pracht ausgestattet,
alle Räume sind elektrisch
erleuchtet.

Sobald sich die etwa
dreißig geladenen Gäste im
drawing room versam-
melt hatten, erschien ganz
wie bei Hofe, einer der
Adjutanten (dieselben tra-

gen schwarze Fracks mit goldenen Knöpfen und himmelblau-
seidenen Aufschlägen, und meldete: „His Exellency". Lord
Lansdowne trat ein, begrüßte jeden der Anwesenden und
unter den Klängen der vizeköniglichen Kapelle ging es zum
Speisesaal, dessen Wände die Wappen aller bisherigen Vizekönige zieren. Die Tafel glich einem Meer von Blumen.
Während der Suppe wurde von einem Diener über dem
Kopfe Lord Lansdownes ein buschiger weißer Jackschweif,
das Abzeichen königlicher Würde, hin- und hergedreht. Alle

Speisen wurden auf Silber gereicht und der ganze Zuschnitt war in jeder Weise der hohen Stellung des Gastgebers würdig.

Nach Beendigung des Diners, d. h. nachdem die Damen sich zurückgezogen, wurden nach englischem Brauch Rotwein, Portwein und Zigarren gereicht, und man plauderte etwa eine Stunde an abgedeckter Tafel, um sich dann im drawing room wiederum der Huldigung des schönen Geschlechts hin= zugeben, bis gegen 11 Uhr, indischer Sitte gemäß, die vom Hausherrn zu Tisch geführte Dame das Zeichen zum Auf= bruch gab.

Ich folgte, nachdem sich der Schwarm verlaufen hatte, noch einer Einladung einiger Herren des Gefolges ins Ad= jutantenzimmer, wo wir bei Whisky und Soda bis nach Mitternacht in angenehmer Unterhaltung vereint blieben. Fünf Kulis brachten mich dann in meiner Jinrickshaw im Trabe in mein Quartier zurück.

Leider beurlaubten sich, des anstrengenden, unausgesetzten Wanderns über Berg und Thal müde, meine beiden besten Diener in Simla von mir. Jeder Dienstbote hat hier zu Lande stets eine Anzahl erkrankter oder soeben gestorbener Frauen, Kinder, Mütter und Tanten in Bereitschaft, und sobald ihm sein Dienst nicht behagt, nimmt er Urlaub, unter dem Vorwande, in seinem Heimatsorte religiöse Pflichten gegen Sterbende und Verstorbene erfüllen zu müssen, d. h. um auf Nimmerwiedersehen zu verschwinden. Ich hatte mich daher nach Ersatz umzusehen, eine Aufgabe, die ebenso zeit= raubend wie ermüdend ist. Dutzende von stellenlosen Leuten erscheinen, Kinder wie Greise, alle ausgerüstet mit gewaltigen Bündeln herrlichster Zeugnisse, die sie, da solche einen Leih= und Handelsartikel in den Bazars bilden, sich vielleicht kurz

vorher für wenige Pesas geborgt oder für einige Rupien
gekauft haben. Natürlich sind sie alle unschuldsvolle Engel
und wollen sich diese erborgte oder erkaufte Engelschaft mög=
lichst teuer bezahlen lassen, namentlich wenn sie Christen sind
und damit die Berechtigung erlangt zu haben glauben, ihrem
Herrn beim Verbrauch von Spirituosen und Zigarren be=
hilflich sein zu dürfen. Unter allen sich mir Vorstellenden
fand ich nicht eine einzige vertrauenerweckende Persönlichkeit
und mußte endlich, am Tage vor meinem Abmarsche, den
Magistrat behelligen und drei Kerle anwerben, die mir von
diesem „ohne Gewähr" zugewiesen wurden. Meine Reise
sollte durch die Berge über Tiri, Moussourie nach Almora
gehen, und ich war genötigt, mich dafür mit Vorräten an
Lebensmitteln zu versehen; denn auf der für mich ausge=
arbeiteten Marschliste fanden sich bei fast allen Stationen
bis Moussourie unerfreuliche Vermerke wie „supplies scarce",
„no supplies", „no food procurable" u. s. w. neben anderen
wie „road bad", „road very bad", „road dangerous".

In der Frühe des 17. Oktober verabschiedete ich mich
von meinen liebenswürdigen Wirten, und mit einem regu=
lären Katzenjammer im Kopfe, eine Folge zahlreicher Ab=
schiedstrunke, steuerte ich der Wildnis zu. Es war bitter
kalt, ein eisiger Wind blies aus Norden, und ich fühlte mich
erst wieder wohl, als ich abends, bei teuer erkauftem Holz=
feuer, allmählich aufzutauen begann. Meine Reise bis Tiri
war trotz gelegentlichen Schneegestöbers und andauernder
Kälte entzückend schön. Tag für Tag ging es über 7=, 8=,
und gegen 10000 Fuß hohe Berge, durch Wald, über
schäumende Bäche und entlang an schwindelerregenden Ab=
hängen, von deren Höhe sich die unten im Thale liegenden
Felder mit rot blühender Penicillaria, goldgelbem Mais,

reifendem Buchweizen oder faftigem Kleegrün ausnahmen
wie riefengroße Schüffeln garnierten Heringsfalats. Der
Vergleich ist zwar nichts weniger als poetifch, aber ich fuche
vergebens nach einem zutreffenderen und anfchaulicheren.

Wegen der namentlich nachts und am Frühmorgen
herrfchenden Kälte verzichtete ich, wo irgend möglich, auf
mein luftiges Zeltgebäude und fuchte Schutz in verlaffenen
Hütten oder leeren Stallräumen. In einem folchen empfing
ich eines Abends den Befuch eines kleinen Rabjas, eines
erbärmlich ausfehenden Männleins, der, in eine grünwollene
Bettdecke gehüllt, zähneklappernd erfchienen war, mir Ge=
fchenke in Geftalt von Honig und zwei Fafanen zu über=
reichen. Er teilte mir auf meine Frage nach der Größe
feines Reiches mit, daß er über etwa hundert Unterthanen
und 3 Pferde verfüge. Von erfteren befanden fich gegen
30 in feinem Gefolge, während zwei der letzteren von halb=
nackten Stalljungen am Zügel geführt wurden. Ich glaube,
fie wären felbft einem Berliner Drofchkenkutfcher zweiter
Güte wenig begehrenswert erfchienen. Wie viele Salutfchüffe
diefe indifche Fürftlichkeit von der englifchen Regierung zu
fordern berechtigt ift, habe ich nicht erfahren.

An verfchiedenen Orten fand ich fehr originelle Holz=
bauten im Pagodenftil mit mehreren Stockwerken und über=
einander liegenden, weit vorfpringenden Schindelbächern,
letztere rundum befranft mit fußlangen Holzklöppeln, die,
vom Winde bewegt, klappernd gegeneinanderfchlugen. Manche
diefer Häufer fahen aus wie koloffale Taubenfchläge, dienten
aber, wie ich mich überzeugt habe, teils als Tempel, teils
als menfchliche Wohnungen. Jedenfalls waren fie von groß=
artig malerifcher Wirkung, und ich vermißte mehr denn je
meinen photographifchen Apparat. Wo immer ich genötigt

13*

war, Zeltlager zu beziehen, wurden von den Ortsbehörden abends Wächter zu meinem Schutze gegen Bären und Leoparden gesandt, die aber, um letztere fernzuhalten, mit Trommeln und Pauken einen solchen Höllenlärm vollführten, daß ich kein Auge schließen konnte und es vorzog, lieber auf diese Trommelgeister als auf den Schlaf Verzicht zu leisten, selbst auf die Gefahr hin, die nähere Bekanntschaft eines Bären zu machen. Aber es kam keiner; ebenso wenig einer der vielen ringsum ihr Nachtkonzert vollführenden Leoparden.

Bei klarem Wetter hatte ich fast täglich Ausblicke auf die nördlich gelegenen schneebedeckten Bergriesen des Himalaya, den Kedarhant, Jumroti Peak und den über 20000 Fuß hohen Banderpunch, deren imposante Schönheit, namentlich im Glanze der untergehenden Sonne, mich reichlich für alle Mühen der Reise entschädigte, und angesichts deren mir meine einfachen, meist aus Erbsensuppe und Büchsenfleisch bestehenden Mahlzeiten besser mundeten als die üppigsten Festessen in Simla.

Seitdem ich letzteres verlassen, hatte ich außer den beiden Fasanen des Radja kein eßbares Getier auftreiben oder er= legen können, mein mitgenommener Hühnervorrat war bis auf einen Hahn erschöpft und Schmalhans Küchenmeister. Mit diesem „einen Hahn" hatte es seine eigene Bewandtnis. Er war, als es ihm an den Kragen gehen sollte, meinem Koch entflogen und hatte in einem dem Gotte Schiwa ge= weihten Tempel Schutz gesucht. Die vor demselben ver= sammelten Hindus wollten meinen mohamedanischen Dienern den Eintritt in dieses Heiligtum nicht gestatten, und ich kam gerade rechtzeitig dazu, eine solenne Keilerei zwischen den Parteien zu verhüten. Mein Hahn saß auf dem Haupt des Götzenbildes und sah mich mit auf die Seite gelegtem

Kopfe so urkomisch an, daß ich ihm bis auf weiteres das
Leben zu schenken beschloß. Man gestattete mir, mich seiner
zu bemächtigen, und er wurde ins Lager zurückgebracht.
Hier schien ihm ein weiterer Verkehr mit dem Küchenpersonal
nichts weniger als empfehlenswert, er kam in mein Zelt und
setzte sich unters Bett. Wir freundeten uns in kurzer Zeit
an und Schiwa, so hatte ich ihn getauft nach dem Gotte,
dem er sein Leben verdankte, avancierte schnell zu meinem
Leib= und Zelthahn. Er wurde so zahm, daß ich ihm selbst
den Käfig für den Marsch ersparen konnte, und auf irgend
einer der Lasten sitzend, gelangte er in der für einen Hahn
denkbar angenehmsten Weise von Lager zu Lager. Er strafte
den Koch mit Verachtung, nahm nur von mir Futter ent=
gegen, behütete nachts mein Zelt gegen etwaige Eindringlinge
und weckte mich in der Frühe mit fröhlichem Krähen. So
lebte „Schiwa" längere Zeit glücklich, zufrieden und ohne
Sorge um den kommenden Morgen.

Endlich aber waren selbst meine Büchsen=Fleischvorräte
den ihnen vorgeschriebenen Weg gegangen, ich fing an am
Hungertuche zu nagen, und den Einflüsterungen meines
Koches nachgebend, sprach ich das Todesurteil über „Schiwa";
er sollte am nächsten Tage geschlachtet werden. So stand
denn „Schiwa" schon mit einem Fuße in der Bratpfanne,
als der Himmel ein Einsehen hatte. Ein Mann mit Schafen
kam des Weges daher, und es gelang mir nach längeren
Unterhandlungen diesen zu bewegen, mir ein Tier seiner
Herde für schweres Geld zu verkaufen. Der Hahn war
zum zweiten Mal gerettet und ist noch längere Zeit mein
treuer Begleiter geblieben, bis er eines Tages verschwunden
war, sei es, daß ihn sein Schicksal in Gestalt eines Leoparden

ereilt hat, ober daß er heimlicherweise in ben Topf meines
Koches gewandert ist.

Am 24. Oktober erreichte ich Kotni, einen kleinen bereits
in ber Norbwest=Provinz gelegenen Ort mitten im Walbe,
in bem unter Leitung eines eingeborenen Forstbeamten Harz
zur Terpentinbereitung gewonnen wirb. Durch rationell be=
triebene Walbwirtschaft unb junge Forstkulturen macht sich
hier bie britische Verwaltung vorteilhaft bemerkbar.

In Höhe von 9400 Fuß lag mein nächster Lagerplatz,
Deoband, unb tags barauf zog ich ein in Chocrata, wo sich
während ber heißen Monate ein britisches Infanterie=Regiment
befindet, welches sich gerabe anschickte, ben Rückmarsch in seine
Wintergarnison Meerut anzutreten. Drei weitere Tagereisen
burch prächtige Gebirgslandschaft brachten mich enblich nach
bem 7000 Fuß hoch gelegenen Moussourie, ebenfalls einer
Sommerfrische für Europäer, welcher von vielen berselben
wegen bes weniger kostspieligen Lebens baselbst gegen Simla
ber Vorzug gegeben wirb. Die „season" war vorüber, ver=
lassen standen die hübschen Bungalows, einsam bie geräumigen
Gasthöse, die meisten Läben waren geschlossen, unb Scharen
beschäftigungsloser Kulis schliefen ober sonnten sich, burch
keinen Verkehr gestört, mitten auf bem Straßenpflaster.

Es war meine Absicht gewesen, hier einen Tag zu
rasten, boch machte ber Ort einen so traurigen Einbruck unb
bie über bem Ganzen liegende Stimmung war eine berartig
melancholische, baß ich an einem vierzehnstünbigen Aufenthalt
vollauf genug hatte unb weiter gen Osten zog, um möglichst
balb in wärmere Gegenben zu gelangen.

Leiber liegt in Moussourie bie Trägerbeschaffung nicht,
wie in ben meisten anberen Städten, in ben Hänben bes
Magistrats, sonbern jeber muß sehen, wo er Leute bekommt,

und zahlen, was diese verlangen. Endlose Schererelen mit
den auf eine brillante Saison zurückblickenden und nunmehr
arbeitsunlustig gewordenen Kulis, die das Dreifache der
normalen Taxe bis Tiri beanspruchten, waren meinem Auf=
bruch vorangegangen. Als wir mit vielen Unterbrechungen
die langen Bazare der Stadt hinter uns hatten, durchzogen
wir das unmittelbar neben Moussourie gelegene Bergstädtchen
Landour, ein Militärsanatorium und Erholungsort für er=
krankte englische Soldaten, die sich daselbst sehr behaglich zu
fühlen scheinen und ihre Tage mit Spaziergängen und
gymnastischen Spielen ausfüllen.

Meine Annahme und Hoffnung, mit Landour (7150 Fuß)
den höchsten Punkt meiner heutigen Marschroute erreicht zu
haben, erfüllte sich nicht, und auf schmalem Bergeskamm ging
es weiter bergan bis 9200 Fuß. Das Wetter war trübe,
Reif bedeckte den Boden, und es hatte den Anschein, als
solle jeden Augenblick ein Schneegestöber losbrechen. Trotz
der herrschenden Kälte waren die zahllos in den Bäumen
und auf Felsblöcken ihr Wesen treibenden grauen, lang=
schwänzigen Affen munter und guter Dinge und kamen mit
der fast allen Tieren Indiens eigenen Unbefangenheit oft
bis auf einige Schritte an mich heran, um sich um das
ihnen von mir zugeworfene Brot zu balgen. An mehreren
Stellen hatten während der Regenzeit Erdrutsche stattgefunden
und den Weg zerstört, der eben wieder notdürftig hergestellt
wurde, da der Radja von Tiri nächster Tage hier durchreisen
sollte, andernfalls wäre ich wahrscheinlich genötigt gewesen,
nach Moussouri zurückzukehren und eine Änderung meines
Reiseplanes eintreten zu lassen. Auch so war die Passage
keineswegs ungefährlich und mein Schecke mehrfach um
Haaresbreite daran, in die Tiefe zu stürzen.

Um 5 Uhr kam der Bungalow von Dhunolti in Sicht, ein elendes, halb verfallenes Lehmgebäude, dem man durch ein Wellblechdach neuen Glanz zu verleihen versucht hatte. Das Haus sah in größerer Entfernung ganz vertrauen= erweckend aus, im Innern aber war's fürchterlich; zollhoher Schmutz bedeckte den Boden, in den sich um eine stockfinstere Rotunde gruppierenden Wohnräumen, in denen halbver= faulte Holzluken die Fensteröffnungen schlossen und dem eis= kalten Ostwinde willkommene Gelegenheit boten, sein Liedchen zu pfeifen. Zu meiner Freude entdeckte ich in einem dieser Räume einen Kamin und schickte daher meinen Sais eiligst in das nahe gelegene, aus vier Hütten bestehende Dorf, um Brennholz zu holen. Nach etwa einer Stunde kam er zurück, gefolgt von vier Leuten, die einen ganzen Baumstamm schleppten, von dem dann unter vielem Geschrei nach langem Bemühen einige Splitter losgetrennt und in Brand gesetzt wurden, wobei sich aber der Raum derartig mit Rauch füllte, daß ich gezwungen wurde, thränenden Auges ins Freie zu stürzen. Jedenfalls war der Kamin lange nicht benutzt, und ich erwartete eine Besserung der Sache, sobald sich die Luft im Schornstein erst würde erwärmt haben. So pflegt der mit physikalischen Gesetzen vertraute Mensch zu kalkulieren, und so kalkulierte auch ich, bis ich bei genauer Nachforschung die Entdeckung machte, daß mit dem Wellblechdach die Schorn= steinöffnung verschlossen worden war. Gegen solchen Un= verstand kämpft allerdings die beste Flamme selbst vergebens, und um ihr diesen nutzlosen Kampf und mir den Rauch zu ersparen, mußte ich das brennende Holz schleunigst entfernen lassen, um eine Erfahrung reicher in Bezug auf das, was man in Indien Überlegung nennt. Eine halbwegs leidliche Reinigung vorzunehmen, hätte Stunden erfordert, ich be=

gnügte mich daher damit, den gröbsten Schmutz in eine Ecke des Raumes zusammentragen zu lassen und erwartete dann zähneklappernd die Ankunft meiner Träger. Erst in dunkler Nacht langten dieselben, an und man wird sich denken können, daß meine Abendmahlzeit unter den obwaltenden Umständen kein sogenannter Genuß war. Seine Hoheit der Radja von Tiri, in dessen Lande dieser Bungalow gelegen ist, wird es mir wohl nicht verargen, daß ich ohne Dank gegen ihn im Herzen endlich mein Lager aufsuchte. Der folgende Morgen, der die Nacht an Kälte zu übertreffen sich nicht schämte, brachte mir noch eine peinliche Überraschung. Mein Sais hatte die Art, in welcher ich reiste, unerfreulich gefunden und sich unter Mitnahme eines wollenen Anzuges, den ich ihm, gleich allen meinen Dienern, für die Märsche im Gebirge hatte machen lassen, und einer Pferdedecke seitwärts in die Büsche geschlagen. Meine hohe Meinung von den indischen Dienern hatte damit ihren ersten Stoß bekommen, aber leider, wie ich gleich vorweg bemerke, nicht den letzten.

Durch mäßigen Wald von Eichen und Rhododendren stieg der Weg wiederum bis gegen 10000 Fuß an, um dann stark zu fallen. In einem kleinen, unbeaufsichtigten Waldhäuschen wurde gefrühstückt und, da die Träger sich kräftig genug erklärten, noch weitere 3 Meilen zurückzulegen, der Marsch nach Tiri, der Hauptstadt des Landes, fortgesetzt. Die Bevölkerungsziffer des letzteren ist eine ungewöhnlich niedere, wir begegneten keinem einzigen Menschen, sahen nur selten ein abseits vom Wege liegendes Gehöft und nur ein einziges Dorf, welches aber wegen irgend eines dort umgehenden bösen Geistes von seinen Bewohnern verlassen war. Ich habe solcher veröbeten Ortschaften später noch mehrere sowohl in Tiri als auch im Cumaonbistrikt

angetroffen, die alle aus ähnlichen Gründen vereinsamt und
verfallen waren.

Auf 5400' Höhe fand ich die ersten Baumwollpflanzen.
Das Thal, in dem wir marschierten, verengte sich mit jedem
Schritt und die Scenerie der Berge ließ beim Scheine der
sinkenden Sonne an Schönheit wahrlich nichts zu wünschen
übrig. Gegen Abend erreichten wir das Tirithal und bei
Dunkelheit den Bungalow für Reisende, der am rechten Ufer
der Bhagirathi der Stadt Tiri gegenüber gelegen ist, was
ich freilich erst am nächsten Morgen entdeckte, denn bei
meiner Ankunft war es bereits so dunkel, daß man kaum die
Hand vor Augen sehen konnte. Dumpf brausend tönte das
Geräusch des im engen Flußbett unter uns dahinströmenden
Flusses an mein Ohr und verschlang alle Rufe nach einem
dienstbaren Geist zum Öffnen der verschlossenen Thüren des
Bungalows. Da auch das bekannte Zauberwort: „Sesam
thue dich auf" sich als nicht zugkräftig erwies, versuchte ich
es mit dem in solchen Fällen allgemein beliebten Fußtritt,
und zwar mit gutem Erfolg. Das Aufschlagen eines Zeltes
in völliger Dunkelheit ist, namentlich mit erschöpften Leuten,
ein zeitraubendes Geschäft, und ich war daher froh, einen
anderen Unterschlupf gefunden zu haben.

Für Tiri hatte ich einen Rasttag bestimmt, als ich mir
jedoch am Morgen den Schlaf aus den Augen gerieben und
Umschau gehalten hatte, war mein Entschluß, hier zwei Tage
der Ruhe zu pflegen, schnell gefaßt. Man konnte sich aber
auch wirklich kein reizenderes Plätzchen für ein dolce far
niente nach harten Märschen denken, als die Veranda meines,
wenn auch sehr primitiven, so doch reinlichen Bungalows,
an dem in etwa vierzig Fuß Tiefe die Bhagirathi vorüber-
schäumte, überspannt von einer eleganten, die Verbindung

mit der freundlich auf Bergeshöhe liegenden Residenz her-
stellenden Hängebrücke. Schroffe Felsmassen bildeten mein
direktes Gegenüber, und an diesem entlang zog sich eine
zur Stadt führende Straße mit lebhaftem Menschen- und
Viehverkehr. Dabei schien die Sonne so mild und warm
wie bei uns daheim zuweilen im Wonnemonat Mai, Schmetterlinge schwebten in den Lüften und ein Schwalbenpaar be-
zwitscherte seine häuslichen Angelegenheiten unter der First
meines Daches, während ich mich nach erfrischendem Bade
in meinem langen Feldstuhl mit einem Wohlbehagen streckte
und dehnte, wie ich es lange nicht empfunden hatte. Dem
Rabja von Tiri, der dieses Häuschen an eben dieser Stelle
gebaut, verzieh ich heute sogar den Bungalow von Dhunolti.

Meine vorzügliche Stimmung wurde noch erhöht, als
ein Abgesandter der Rani — Mutter des abwesenden
Rabjas — mit den üblichen lebenden und toten Gastgeschenken erschien, willkommene Gaben in einem Lande, wo
es sonst wenig zu beißen giebt. Später machten mir drei
Mitglieder des Regentschaftsrats ihre Aufwartung, wobei
jeder, der Landessitte gemäß, als Zeichen der Unterwürfigkeit, eine auf zusammengefaltetem weißen Tuche liegende
Goldmünze präsentierte. Den englischen Beamten in Indien
ist es untersagt, Geschenke dieser Art von Eingeborenen entgegenzunehmen, und es ist daher Brauch geworden, solcherweise dargebrachte Münzen lediglich zu berühren und den
Überbringern zu belassen. Demgemäß verfuhr auch ich, doch
interessierte es mich, eines der Goldstücke näher zu besichtigen,
zu welchem Zweck ich es von dem Tuche entfernen wollte.
Diese meine Absicht erkennen und das Tuch mitsamt der
Münze in die Tasche stecken, war für den betreffenden Abgesandten das Werk eines Augenblicks, und ich mußte ihn

einbringlich ersuchen, sein Goldstück wieder herauszurücken, um es genauer betrachten zu können, wobei ich mich höchlichst amüsierte über die nicht zu verkennende Angst des Mannes, dasselbe nicht zurückzuerhalten.

Von meinen Besuchern brachte ich in Erfahrung, daß der Staat Tiri 250000, die Stadt 3000 Einwohner zählt und die Einnahme des Fürsten jährlich 150000 Mark beträgt.

Es war mir aufgefallen, daß alle Leute vor dem Passieren der Brücke über die Bhagirathi sich ihrer Fußbekleidung entledigten. Ich erkundigte mich nach der Ursache und erfuhr, daß der Fluß, aus dem im Verein mit dem Alakananda etwa vier Meilen südlich der Ganges gebildet wird, die gleichen Rücksichten als heiliger Fluß zu beanspruchen habe, wie der Ganges selbst, und daß einem jeden, dessen Leiche an den Ufern der Bhagirathi verbrannt würde, der Weg in den Himmel ebenso abgekürzt würde, als wenn dieses am Ganges geschähe. Man schmorte denn auch, wie ich mich an einer nicht weit von meinem Bungalow gelegenen Stelle überzeugen konnte, tapfer darauf los, und später sah ich einen totkranken Mann, von vier Leuten auf einer Bahre getragen, anlangen, der 30 deutsche Meilen weit herbeigeschleppt worden war, um hier zu sterben und eingeäschert zu werden.

Der zweite Tag meines Aufenthalts in Tiri war für die Bevölkerung ein großer Festtag. Der in Ajmere — an dem vom ehemaligen Vizekönig Lord Majo gegründeten Erziehungsinstitute für indische Fürstensöhne — studierende Radja wurde am Abend erwartet, um seine Ferien im Lande zu verbringen, und vom frühen Morgen an zogen daher froh geputzte Menschenscharen über die Brücke ihrem Gebieter entgegen. Kurz vor Sonnenuntergang verkündete Kanonendonner das Nahen des jungen Herrschers, und gleichzeitig

fing eine am andern Ufer poſtierte Muſikbande an, mit
Trommeln, Pauken und langen Holzflöten einen unglaub=
lichen Lärm zu vollführen. Dicht an meiner Veranda kam
der Zug vorüber, voran der Radja, umgeben und gefolgt
von ſeinen jüngeren, in Goldbrokat gekleideten, auf reich=
geſchmückten Pferden ſitzenden Brüdern; daran ſchloſſen ſich
zahlreiche berittene Vornehme des Landes, und hinterher
trotteten Haufen getreuer
Unterthanen. Sobald der
Radja, der ein einfaches
Reiſekleid aus ſchwarzem
Sammt und eine gleich=
farbige, goldumränderte
Mütze ſchottiſcher Form
trug, an der Brücke ange=
langt war, ſtieg er vom
Pferde, und es entſtand
eine ſolenne Balgerei um
die Ehre, ihm die Schuhe
auszuziehen zu dürfen. Dann
ſchritt er, — ein hochauf=
geſchoſſener Jüngling mit

Radja von Tiri.

koloſſalen Händen und Füßen — barfuß bis zur Mitte der
Brücke, um hier große Körbe voll Obſt, Feldfrüchten, Ge=
würzen und Blumen entgegen zu nehmen und Stück für
Stück als Opfergabe in den heiligen Fluß zu werfen. Den
Beſchluß dieſer Spende bildete eine brennende Kerze. Am
jenſeitigen Ufer wurden die Schuhe wieder angezogen, die
Pferde wieder beſtiegen und unter fortwährendem Kanonen=
donner, die Muſik voran, bewegte ſich der Zug weiter dem
Städtchen zu.

Um 10 Uhr abends — ich lag bereits im Bette — wurde mir ein Schreiben überbracht, in dem der junge Herr mich bitten ließ, seine Residenz noch nicht zu verlassen, da er mir seinen Besuch zu machen wünsche. Ich antwortete kurzer Hand, erklärte mich zur Zugabe eines Tages bereit, bemerkte aber, daß ich es vorzöge, gegenüber dem Herrn eines Landes, in dem mir so viele Freundlichkeiten erwiesen worden seien, den besuchenden Teil zu bilden. Kaum war ich eingeschlafen, als ich durch Stimmengewirr vor meiner Thür geweckt wurde. Ich hörte, daß irgend jemand zu dieser ungelegenen Zeit Einlaß zu mir begehrte und daran von meinen Dienern verhindert wurde. Als ich die Thür öffnete, zu sehen, um was es sich handelte, erblickte ich zwei Kerle mit großen Blechplatten, auf denen sich Pyramiden von allerlei Zuckerwerk erhoben, welches von den Damen der Zenana zur Feier der Rückkehr des Radja gebacken und mir von meiner Gönnerin, der Rani, übersandt worden war.

Die Träger erhielten ihr übliches Bakschisch, meine Diener die Süßigkeiten und damit war auch dieser zweite nächtliche Überfall erledigt.

Am folgenden Vormittag empfing mich der Radja in einem Gartenhäuschen. Neben demselben stand ein geräumi=ges Zelt, in dem er die Nacht zugebracht hatte, da er, von einer Reise kommend, seine Wohnung erst nach Vornahme diverser religiöser Vorrichtungen, Waschungen u. s. w. be=treten durfte.

In einem freundlichen Raume, zu dem ich auf einer Wendeltreppe gelangt war, kam er mir in einfachem weißen Gewande entgegen, unbeholfen wie ein junger Eisbär mit Handschuhnummer 9³/₄ und verlegen wie ein verliebter Sekundaner. Ich erkundigte mich nach seinen Studien,

Lieblingsspielen und Freunden, bis er auftaute und sich als
ein liebenswürdiger, die englische Sprache vorzüglich be=
herrschender Jüngling entpuppte. Er war bereits zweifach
beweibt, aber nicht verheiratet, da es bei seinem für indische
Verhältnisse geringen Einkommen große Schwierigkeiten bietet,
eine passende Partie zu machen.

Beim Abschied versprach er mir, sofort nach seinem im
nächsten Jahre zu erwartenden Regierungsantritt in Dhu=
nolti einen neuen Bungalow zu errichten und für Besserung
der Wege im Lande zu sorgen.

Nachmittags unternahm ich einen Ritt durch das dorf=
artige, von breiten Mango=Alleen durchzogene Städtchen und
zu dem etwa eine Meile von hier entfernten Gartenhaus der
Rani, einem einstöckigen, umfangreichen Gebäude, hübsch in
der Zeichnung, aber konditorhaft ausgeführt, wie die meisten
indischen Bauten. Ein Garten mit allerhand Schnurr=
pfeifereien, Bassins, Springbrunnen, abgezirkelten Blumen=
beeten, weinberankten Bogengängen und beschnittenen Li=
monenhecken umgiebt dasselbe. Für englische Gartenkunst
hat man hier zu Lande überhaupt kein Verständnis, schatten=
spendende Bäume findet man fast nie in den Gärten und
der Aufenthalt in den aus lauter geometrischen Figuren,
Kreisen, Dreiecken, Quadraten u. s. w. bestehenden Anlagen,
die höchstens aus der Vogelperspektive einen gefälligen Ein=
druck machen, ist nichts weniger als erquicklich.

Da Träger wegen der Reisernte schwierig zu beschaffen
waren, versuchte ich es einmal wieder mit Maultieren und
legte mit diesen am folgenden Tage ca. 5 deutsche Meilen
zurück, worauf auf freiem Felde Lager bezogen wurde.
Neben mir kampierten Handelsleute aus Tibet, die auf dem
Rücken ihrer Schafe Salz und Borax in die Ebene gebracht

hatten und nunmehr mit Reis und Weizen heimzogen. Es waren nette, freundliche Leute, die ohne aufgefordert worden zu sein, hilfreiche Hand beim Aufstellen des Zeltes boten und Holz und Wasser herbeischleppten. Ihre Waren, von denen jedes Schaf 25 bis 40 Pfund in kleinen, lederbezogenen Beuteln, gleichmäßig auf beiden Seiten des Rückens verteilt, trägt, hatten sie in der Weise aufgestapelt, daß ein von drei Seiten geschützter Raum gebildet wurde, der mit Laub und Strauchwerk eingedeckt war. In diesem improvisierten Häuschen schienen sie sich recht behaglich zu fühlen. Ihre Lasttierchen fanden reichliche Nahrung auf den abgeernteten Feldern und an Grabenrändern. Es ist erstaunlich, zu sehen, mit welcher Behendigkeit die Schafe mit für ihre Verhältnisse so bedeutenden Lasten über Stock und Stein springen, wie sie die steilsten Felsen hinaufklettern und scheinbar kein Hindernis kennen. Nur wenn Bäche und Flüsse zu passieren sind werden ihnen die Lasten abgenommen und von den Hirten ans andere Ufer getragen. Eine sehr schnelle Beförderungsweise ist dieser Transport per Schaf natürlich nicht, denn mehr als eine, höchstens anderthalb Meilen werden am Tage nicht zurückgelegt.

Auf meinen nächsten Märschen nach Srinugur und Paori begegnete ich Tibetanern, zuweilen mit nach Tausenden zählenden Herden. Srinugur liegt auf britischem Besitz im Cumaondistrikt. Auch hier werden Schafe und Ziegen zum Getreidetransport von den Eingeborenen verwendet, doch tragen erstere, da sie weit schwächer sind, als die Tibetschafe, nur 10 bis 16, letztere bis gegen 24 Pfund. Sie haben einen Wert von 4—8 Mark.

In Srinugur lagerte ich am Alakananda, der von den Bewohnern bereits „Ganga" genannt wird. Er ist gleich

der Bhagirathi ein rauschendes Flüßchen mit prächtig kaltem,
klarem Wasser, welches zu trinken ich mich allerdings, wegen
der vielen an seinen Ufern vorgenommenen Leichenverbren-
nungen, nicht entschließen konnte.   Die Stadt selbst bietet
nichts Bemerkenswertes.

Paori, zu dem wir eine Steigung von etwa 3000 Fuß
auf guten Felspfaden zurückzulegen hatten, ist ein kleiner
Gebirgsort, in dem ein englischer Beamter die Magistrats-
geschäfte besorgt.

Bevor ich mich in dem niedlichen, neuerbauten Bungalow
für Reisende einrichtete, stattete ich einigen mit der Landes-
aufnahme beschäftigten Offizieren in ihrem Zeltlager meinen
Besuch ab.   Dasselbe befand sich auf 6000 Fuß Höhe, und
hier in Zelten die kalten Wintermonate zuzubringen, erschien
mir, trotz Grog und Whisky, kein beneidenswertes Los.
Selbst während der Mittagszeit fand ich es unangenehm kühl
und bewunderte die allem Anschein nach gegen niedere Tempe-
raturgrade unempfindlichen, mit nackten Beinen vor den Zelten
am Boden hockenden eingeborenen Zeichner, die, auf den
Knieen das Reisbrett, mit Feder, Stift und Zirkel Ver-
messungen eintrugen und Karten zeichneten.

Unwillkürlich drängte sich bei mir der Gedanke auf,
wie lange es noch dauern wird, bis wir unsere ostafrikanischen
Neger zu Arbeiten herangezogen haben, wie ich sie hier von
Eingeborenen verrichten sah.   Ich bezweifle, daß wir oder
unsere Kindeskinder das überhaupt erleben werden.

Auf dem Rückwege zum Bungalow fesselte ein größerer
Häuserkomplex, der ganz den Eindruck eines industriellen
Etablissements machte, meine Aufmerksamkeit.   Auf Befragen
erfuhr ich, daß es die Gebäude einer amerikanischen Mission
seien, und ich machte mich ungesäumt daran, diese Anstalt,

in der das Christianisierungsgeschäft in großartigem Stil
betrieben zu werden schien, in Augenschein zu nehmen.

Von dem Leiter der Mission, Mr. Gill, einem älteren
freundlichen Herrn, wurde ich auf das gastlichste aufge=
nommen und nach gutem Frühstück zu einem Rundgang durch
die Anlagen eingeladen. Nach Besichtigung der Wohn= und
Schlafräume der Zöglinge gelangten wir zur Knabenschule,
vor der, des schönen Wetters wegen, die meisten Klassen sich's
im Freien bequem gemacht hatten. Da saßen, um ihren
Lehrer geschart, die ABC=Schützen, auf sandbestreuten Brettern
mit dem Finger ihre ersten Schreibversuche machend, nicht
weit davon wurde englisch gelesen, während eine andere
Abteilung sich in die Geheimnisse des Sanskrit einweihen ließ,
der klassischen Sprache Indiens. In einem Raum der oberen
Klassen war man bei der Geometrie, allerhand unheimliche
Figuren prangten an der großen Wandtafel, und mit Schrecken
dachte ich zurück an die Zeiten, in denen mir mein junges
Leben mit Sinussen und Cosinussen, Tangenten und Loga=
rithmen verbittert wurde.

Einer der Knaben mußte sich mir zu Ehren mit dem
Beweise des pythagoräischen Lehrsatzes produzieren, wobei
ich mir noch unwissender vorkam, als dies für gewöhnlich der
Fall ist.

Erfreulicher Weise befaßt sich die Mission nicht nur mit
Bekehrungszwecken, sondern erteilt unentgeltlich Unterricht
an jeden Lernbegierigen ohne Ansehen der Religion. In
den höheren Klassen — im ganzen werden jetzt 271 Schüler
unterrichtet — waren die Christen bedeutend in der Minder=
heit, das sah ich, als in einer derselben auf meine Frage,
wie viel Zöglinge schon in den heiligen Stand der Ehe
getreten seien — kein Knabe war nebenbei über 16 Jahre

alt —, sich alle, mit Ausnahme zweier erhoben. Diese allein
waren Christen, die übrigen sämtlich Hindus aus allen
Teilen des Bezirks. Letztere sind nicht eigentliche Missions=
zöglinge, erhalten aber von der Mission freie Wohnung, wo=
gegen sie für ihre Verpflegung selber sorgen müssen. Nur
die Christen, meist Waisenkinder, werden vollkommen in der
Anstalt unterhalten. Die Erledigung der Abgangsprüfung
berechtigt zum Eintritt in die Subalternlaufbahn der briti=
schen Verwaltung.

Auch die Mädchenschule wurde mit einem Besuche bedacht.
Hier wird der Unterricht nicht wie in der Schule der Knaben
von eingeborenen Lehrern, meist ehemaligen Schülern der
Anstalt, sondern von zwei amerikanischen Damen erteilt, und
zwar lediglich an christliche Kinder. Auch diese waren über=
raschend gut in den verschiedensten Fächern bewandert, na=
mentlich aber in der Geographie. Sie wußten an einer
großen Karte von Afrika Sansibar sowie die Provinz Emin
Paschas aufzufinden, kannten die Namen aller großen Flüsse
und genau den Weg, den Stanley vom Kongo bis Bagamoyo
eingeschlagen hatte.

Zum Schluß wurden einige weltliche Lieder vorgetragen.
Es läßt sich nicht leugnen, daß diese amerikanische Mission
sich hervorragende Verdienste um die schwarze Menschheit
erwirbt, und meiner Ansicht nach würden diese Verdienste
keineswegs verringert, wenn man die Bekehrung zum Christen=
tum, oder besser gesagt, die Erziehung zu Christen ganz aus
dem Spiel ließe.

Ein eingeborener Christ ist in einem Lande, in dem
Kastengeist und religiöser Fanatismus auf die Spitze getrieben
sind, in dem der Christ als außerhalb jeder Gemeinschaft
stehend betrachtet und selbst von der geringsten Kaste verachtet

14*

wird, unglücklich daran. Das habe ich so recht erkannt, als
ich eine Zeit lang unter meinen Dienern einen ehemaligen
Missionszögling beschäftigte. Sowohl von den Hindus als
auch von den Mohamedanern wurde er gemieden wie ein
Aussätziger, niemand würdigte ihn eines Wortes, er saß
stets wie das Aschenbrödel allein in einem Winkel, und in
einigen Bazaren weigerten sich die Händler sogar, ihm Nahrungsmittel zu verkaufen. Dazu kommt, daß sein christlicher
Glaube es ihm erschwert, eine Stellung bei Europäern zu
finden, da·man von vornherein annimmt, daß er mit den
Untugenden seiner Rasse auch noch die des Christen vereint,
Wein trinkt, Zigarren raucht, von den Speisen seines Herrn
nascht u. s. w.

Kurz, er ist in einer traurigen Lage, und ich, der ich
mir nicht denken kann, daß sein Glaube an ein besseres
Jenseits stark genug ist, ihm über jedes auf Erden zu
duldende Ungemach hinwegzuhelfen, stehe nicht an, die Bekehrung der Hindus zum Christentum geradezu als eine
Grausamkeit zu bezeichnen. „Ihr stoßt ins Leben ihn hinein, Ihr laßt den Armen schuldig werden. Dann überlaßt
Ihr ihn der Pein."

Die einzige Möglichkeit, den zu Christen gemachten und
somit von jeder Gesellschaft ausgestoßenen Eingeborenen das
Dasein erträglich zu gestalten, liegt in der Unterbringung
derselben in abgesonderten Kolonieen, wo sie eine geschlossene
Gemeinde bilden, wie solches auch von mehreren Missionen
geschieht, aber leider keineswegs von allen.

Bis Almora, der bedeutendsten Stadt im Cumaonbezirk,
der gegen 400 Quadratmeilen umfaßt und etwa 400 000
Einwohner zählt, hatte ich noch acht Tagemärsche durchs
Gebirge zurückzulegen. Die Gegend ist reich an wilden

Tieren, namentlich Tigern, Leoparden und Bären, auch
kommen Elefant, Hirsch und Antilope vor. Mit großem
Eifer wird von Eingeborenen dem in Höhe von 6 bis 9000
Fuß lebenden Moschushirsche nachgestellt, da die in den
Bauchdrüsen dieser Tiere vorhandene Moschussubstanz einen
sehr gesuchten Handelsartikel bildet und mit Gold aufge=
wogen wird. Das Gramm Moschus kostet etwa 2 Mark,
oder das Pfund, wenn das dem Leser mehr imponiert,
1000 Mark.

Der Cumaondistrikt hat manchen Wandel in den letzten
hundert Jahren erlebt. Seit undenklichen Zeiten von un=
abhängigen Radjas regiert, bemächtigten sich 1790 die von
Nepal kommenden Gurkahorden des Landes und verwüsteten
es in barbarischer Weise, so daß, als nach dem von den
Engländern gegen die Gurkas geführten Kriege Cumaon
im Jahre 1815 in britischen Besitz gelangte, die Zahl der
Einwohner nur 432 für die deutsche Quadratmeile betrug.
Bei der im Jahre 1872 vorgenommenen Volkszählung war
die Bevölkerung schon wieder auf 1040 für die Quadrat=
meile gestiegen und dürfte jetzt etwa die Zahl 1200 erreicht
haben, immerhin eine relativ geringe, wenn man bedenkt,
daß kein anderer Distrikt in der Nordwestprovinz im Jahre
1872 unter 6048, der Benaresdistrikt sogar 12752 Seelen
auf dem gleichen Flächenraum aufwies. Die Anzahl der
jährlich den Tigern zum Opfer fallenden Menschenleben be=
ziffert sich in Cumaon auf durchschnittlich 50. Von 1860
bis 1880 wurden der Regierung des Distrikts als getötet
vorgewiesen: 624 Tiger, 2718 Leoparden, 4660 Bären und
dafür 46218 Mark an Schießprämien gezahlt. Da bei Er=
teilung der Prämie das vorgewiesene Fell abgeliefert werden
muß, und beispielsweise die Prämie für ein Tigerfell nur

15 Mark beträgt, ist anzunehmen, daß die weitaus größere
Zahl der Felle anderweitig verkauft oder von glücklichen
Schützen als Trophäe zurückbehalten wird und so die Re=
gierung von der Erlegung der meisten Tiger u. s. w. keine
Kenntnis erhält.

Bungalows waren an den von mir bis Almora ge=
wählten Lagerplätzen nicht vorhanden, so daß ich allabendlich
mein Zelt aufzustellen hatte: nur einmal nächtigte ich in
dem stattlichen Hause einer Theeplantage. Dieselbe war in
Höhe von 7000 Fuß angelegt, hatte sich als nicht lukrativ
erwiesen und war von ihrem Besitzer, einem wohlhabenden
Engländer, verlassen worden. Das Haus war vollständig
eingerichtet, mit einer Bibliothek versehen und wird von
einem Wächter, den die Regierung bestellt hat, in stand ge=
halten. Der nach England zurückgekehrte Eigentümer ant=
wortet auf kein an ihn gerichtetes Schreiben und kümmert
sich überhaupt nicht mehr um seinen Besitz. So stehen Haus
und Hof seit Jahren verwaist, und nur, wenn einmal ein
Reisender des Weges kommt, eine seltene Erscheinung in
dieser Wildnis, flackert für einige Stunden vielleicht ein
wärmendes Feuer in dem Kamin des hübschen Salons.
Darauf ist für lange Zeit wieder alles still, verlassen und
öde in diesem hübschen Heim, in dem einst ein unternehmender
Mann Jahre lang auf den Segen des Theestrauches ge=
wartet hat.

Ein um so erfreulicheres Bild bieten dagegen die wenige
Tage später von mir besuchten, etwa 400 Fuß niedriger ge=
legenen Theegärten in Donagiri, deren Besitzer, Mr. Craw,
seit 26 Jahren im Lande lebt und mit seiner Pflanzung
große Reichtümer erworben hat. Wenn auch durch den
jeden Absatz nach Zentralasien nahezu ausschließenden hohen

Zoll, den der Emir von Afghaniftan auf die Durchfuhr
indifchen Thees gelegt hat, das Gefchäft gelitten hat — die
Bereitung grünen Thees, der befonders für die Ausfuhr
nach Rußland und Mittelafien hergeftellt wurde, ift infolge
des Zolles faft von allen hiefigen Gartenbefitzern aufgegeben
worden —, fo wird diefer Schaden doch einigermaßen aus-
geglichen durch die jährlich zunehmende Beliebtheit indifcher
Theeforten auf europäifchen Märkten.

Ich empfehle jedem Theetrinker daheim, es an Stelle
des chinefifchen Thees einmal mit Himalayathee zu verfuchen,
der meinem Gefchmack nach allen anderen Sorten in Bezug
auf Milde und Aroma vorzuziehen ift. Man wende fich
wegen Bezugs an Mr. Craw, Donagiri Cumaon India.

In der Gegend von Donagiri finden fich zahlreiche
intereffante Hindutempel, von denen wie in Kafchmir die be-
fuchteften meift auf den höchften Bergkuppen gelegen find,
und Taufende von Pilgern find jahraus und jahrein auf
der Wanderfchaft zu den Wallfahrtsorten im Himalaya.
Eines muß man darum der in vieler Hinficht fo widerwärtigen
Religion Brahmas laffen: fie forgt durch die hohe Lage
ihrer Tempel in den Bergen dafür, daß ihre frommen Anhänger in training bleiben und einen Schweninger füglich
entbehren können. Das ift zwar nicht viel, aber doch etwas,
und wer fich ausfchließt von der Pilgerfchaft, der hat fich
etwaige Fettleibigkeit felber zuzufchreiben.

Ein herrlicher Novembermorgen! Die Sonne hat fich
noch lange nicht über die umliegenden waldbedeckten Berge
erhoben, und nur die fern am durchfichtigen Horizont fich abhebenden eis- und fchneeftarrenden Kuppen der Bergriefen
des Himalaya baden fich in einem Meer von Licht. Kein
Lüftchen regt fich, kein Blatt raufcht in den Wipfeln der

mein Lager umgebenden Baumgruppen. Still ist's ringsum,
und lautlos ziehen nackte braune Gestalten, den Pflug auf
den sehnigen Schultern, silbergraue Ochsen vor sich hertreibend,
zur Arbeit. Von ferne klingen sanfte Töne aus einem dem
Schiwa geweihten Tempel, in dem andächtige Menschen ihr
Morgengebet verrichten, an mein Ohr. Ich stehe an einen
Baumstamm gelehnt und lasse meine Augen schweifen über
taubehangene Gräser, über Thäler und Berge, weit, weit in
endlose Ferne.

So etwa würde ich heute beginnen, wenn ich flunkern
wollte, aber ich bin kein Novellist, sondern Reiseschriftsteller,
und da ich somit von der mir zu Gebote stehenden Phantasie
keinen Gebrauch machen kann und nur Erlebtes, nicht aber
Erdachtes zu berichten habe, gestaltet sich die Sache anders.
Es ist nämlich ein abscheulich kalter Novembermorgen, und
dichter Nebel entzieht jeden entfernteren Gegenstand meinen
Blicken. Meine beim Abbrechen des Lagers beschäftigten
Diener und Träger lärmten und schimpften durcheinander,
und ihr Geschrei wird nur übertönt von der entsetzlichen
Musik, die schmutzige Priester — ich weiß, sie sind schmutzig
— in dem nahe gelegenen Tempel auf großen Muschel=
schalen zu Ehren irgend einer Gottheit zum besten geben.
Ich stehe nicht an einen Baum gelehnt, da keiner vorhanden
ist, sondern sitze, in sehr materielle Gedanken vertieft, an
meinem Feldtische, vor einer dampfenden Tasse Thee und
zwei pflaumenweich gekochten Eiern, nachdem ich soeben
meinem Koch, der es vorgezogen hatte, ein Huhn erst zu
rupfen und dann zu schlachten, statt umgekehrt, ein paar
gehörige Maulschellen verabfolgt habe. Von taubehangenen
Gräsern ist keine Rede, denn mein Lager befindet sich in
einem weiten, ausgetrockneten, steinigen Flußbett, und so

weit das Auge reicht, zieht kein Mensch lautlos zur Arbeit,
da das Frühaufstehen hier zu Lande nicht zu den Gewohn=
heiten der Menschen gehört. Ich bin gerade dabei, einem
Ei die Spitze abzuschlagen, als ein Mann atemlos ins
Lager stürzte und vor lauter Aufregung kaum zu Worte
kommen kann. Nur eins höre ich aus seiner abgerissenen
Rede heraus, es handelt sich um einen Tiger. Mein frisch
geohrfeigter Koch wird als Dolmetscher herbeigerufen, und
wir erfahren nach und nach, daß der Botschaftsbringer einen
Tiger, der in letzter Zeit mehrfach Schafe und Rinder in
der Gegend geraubt hat, kurz zuvor in einem Bambus=
dickicht hat verschwinden sehen, und man es nunmehr er=
warte, ich werde der Bestie mit meinem Schießgewehr den
Garaus machen. Das war nun allerdings auch mein sofort
gefaßter Entschluß und ich sandte daher den Mann zurück
mit dem Auftrage, soviel Treiber wie irgend möglich ohne
Verzug herbeizuschaffen.

Nach etwa einer halben Stunde traten etwa fünfzig
Leute männlichen Geschlechts, Kinder, Männer und Greise an
und wir setzten uns nach dem angegebenen Dschungel in
Bewegung. Bald waren wir zur Stelle, d. h. an einer
aus Bambus und Laubholz bestehenden Waldgruppe. Da
der Boden ringsum steinig war, ließ sich eine Fährte nicht
feststellen, doch wurde von einem alten Weibe bestätigt, ein
Tiger sei hinein, aber nicht wieder herausgegangen, müsse
also im Dschungel sein. Die Zahl der Treiber hatte sich
inzwischen bedeutend vermehrt, und ich stellte dieselben so
an, daß ein von drei Seiten geschlossenes Treiben entstand;
an der vierten Seite faßte ich Posto und die Jagd begann.
Die Treibergesellschaft vollführte einen Höllenspektakel und
lange, aufregende Sekunden waren es, die ich in atem=

loſer Spannung verbrachte, des Tigers harrend, der da
kommen ſollte.

Ich warte und warte, endlich knackt ein Zweig, irgend
etwas raſchelt im Buſch — ich ſehe den Schimmer eines
gelben Felles — die Büchſe im Anſchlage erwarte ich herz=
klopfend den Austritt der Beſtie.

Man wird dieſe meine Erregung begreiflich finden,
wenn man bedenkt, daß ich nie zuvor, außer in zoologiſchen
Gärten, und dort geſchützt durch ſchwediſche Garbinen, mit
Tigern zuſammengetroffen und außerdem ein mäßiger
Schütze bin.

Da plötzlich tritt das gelbe Ungetüm ins Freie, nicht
etwa, wie ich erwartet, mit einem mächtigen Satze, ſondern
ſteif und bedächtig wie ein alter Hofrat. Es ſtiert mich an,
als wollte es fragen: „Wozu der Lärm? Was ſteht dem
Herrn zu Dienſten?" Ich ſtiere wieder und erkenne in dem
gefürchteten Tiger einen großen — gelbſchwarzen Hund. Der
Kaſus machte mich lachen und mit mir lachte die herbei=
geeilte Schar der Treiber, die nun aber nichts Eiligeres zu
thun hatte, als — die Gelegenheit benutzend — den Hund
mit Knütteln totzuſchlagen. So endete meine erſte Tiger=
jagd in Indien.

Bevor ich Almora erreichte, wurde mir noch eines Nach=
mittags Gelegenheit geboten, meine Kenntniſſe in der Wiſſen=
ſchaft, ſich unter erſchwerenden Umſtänden eine Tabakspfeife
herzuſtellen, zu bereichern.

Mein Sals fröhnte, wie die meiſten ſeiner Kollegen
aus den Hymalayabergen, dem Laſter des Hanfrauchens.
Die Blätter der Hanfpflanze werden gepflückt, in welkem
Zuſtande zuſammengerollt und dann geraucht, nicht nur in
Indien, ſondern auch in anderen Weltteilen, z. B. im Zulu=

lande und in Zentralafrika. Ich erinnere mich, Zulusoldaten
der ostafrikanischen Schutztruppe gesehen zu haben, die in
Ermangelung anderer Bestandteile des Hanfes die Fasern
von Hanfstricken wo sie solcher im Lande habhaft werden
konnten, rauchten.

Im allgemeinen habe ich das Prinzip, mich nicht in die
Privatangelegenheiten meiner Diener hineinzumischen, ich
komme nicht als Heilsarmee=Apostel nach Indien und kümmere
mich nicht um die Laster meiner Untergebenen, so lange nur
sie unter den Folgen derselben leiden. Sobald aber meine
werte Person, oder aber mein Pferd in Mitleidenschaft ge=
zogen wird, ändert sich mein Standpunkt, und ich fange an,
Moral zu predigen.

Also mein Saïs — nebenbei bemerkt ein vortrefflicher
schneidiger Junge — war Hanfraucher, und da seine Zivil=
liste von 9 Mark monatlich nicht danach angethan war, ihm
diesen Luxus zu gestatten, kam er auf den Gedanken, mein
Pferd eine Hungerkur durchmachen zu lassen und die dadurch
erzielten Ersparnisse in Hanf anzulegen. Aber er hatte die
Rechnung ohne mich gemacht. „Biegen oder Brechen" dachte
ich, und da mir das Brechen näher lag, nahm ich meines
Saïs Thonpfeife und schmetterte sie ihm vor die Füße.

Der Saïs sagte garnichts und lächelte freundlich, wie
das seine Art war. (Ich liebe fröhliche Gesichter und zahle
für solche zwei Rupies mehr monatlich.) Er lächelte aber
nicht nur freundlich, sondern verschmitzt, und warum er das
that, erfuhr ich im Laufe des Nachmittags, als ich einen
Spaziergang in der Umgegend meines Lagers machte und
meinen Freund vergnügt an einer Pfeife saugen sah, die
seiner Erfindungsgabe zu höchster Ehre gereichte. Er hatte
nämlich in den harten Erdboden zwei in einem Winkel von

90 Grad auf einander stoßende kleine Trichter gebohrt, den
einen mit Hanf gefüllt und sog an dem andern. Ich fand
die Idee so vorzüglich, daß ich ihm anstatt einer Ohrfeige
40 Pfennige gab.

Am 15. November 1890 kam ich nach Almora. Der
Name klingt sehr poetisch, er erweckt ungewöhnliche Hoff=
nungen, aber er verspricht trotz alledem weniger, als er
hält; denn Almora ist mit den in seiner Nähe liegenden
Schneebergen, dem Kibarnath und Babarnath, die beide
eine Höhe von über 23000 Fuß haben, einer der entzückend=
sten Punkte des Himalaya.

Um zu dem für meine Aufnahme bestimmten Rasthause
zu gelangen, mußte ich den nach Art italienischer Straßen
mit großen quadratischen Steinplatten gepflasterten Bazar
durchreiten, wobei mein keineswegs auf einem Parkettboden
groß gewordener Schecke mehrfach nahe daran war hinzustürzen.
Bewohner der verschiedensten Himalayastaaten, Leute aus
Kaschmir, Nepal, Sikkim u. s. w. schoben sich dichtgedrängt,
kaufend und verkaufend, feilschend und anpreisend, aber in
größter Ordnung durcheinander.

Meinem Schicksal, für einen Doktor gehalten zu werden,
entging ich auch hier nicht. Ein alter Mann brachte mir
sein an Armen und Beinen gelähmtes Kind, erklärte, jedes
Vertrauen zu dem Arzte des Ortes verloren zu haben und
seine ganze Hoffnung auf mich, den berühmten „doctor
sahib", der aus einem viel weiter als England entfernten
Lande gekommen sei, zu setzen. Als ich Massage und Ein=
reiben mit Öl verordnet hatte, verfolgten mich ganze Scharen
Mühseliger und Beladener, die alle erwarteten, durch mich
von ihren Gebrechen geheilt zu werden. Ich verordnete Öl
und nochmals Öl, ohne mich auf irgend welche Unter=

juchungen und Diagnosen einzulassen. In einem einzigen
Falle aber, bei einem geradezu bezaubernd pikanten Gurka=
mädchen, welches sich den Fuß verstaucht hatte, konnte ich
der Versuchung der Sache näherzutreten, nicht widerstehen,
faßte sie um die Hüfte frei, zu seh'n, wie fest geschnürt sie
sei, um endlich auch hier wieder Oel zu verordnen.

Die vorherrschende Weibertracht in Almora besteht in
kurzen, lediglich die Brust bedeckenden Jäckchen und baum=
wollenen, bunten Röcken, sodaß der zwischen Brust und
Hüften liegende Teil des Leibes sich in seiner ganzen, nichts
weniger als anziehenden Nacktheit präsentiert. Nicht aus
moralischen, sondern aus ästhetischen Gründen hoffe ich, daß
unsere Damen, deren schon heute oft schwindelerregende Tiefe
des Kleiberausschnittes den weitgehendsten Anforderungen
vollauf genügt, nicht einmal auf die Idee kommen, einen
Ausschnitt à l'Almora Mode werden zu machen. Wie sehr
hier das schöne Geschlecht am Golde hängt, sieht man an
dem vielen Golde, welches an ihnen hängt, an Ohren und
Nasen, Nacken, Armen und Beinen. Alle Schmuckgegenstände
sind gefällig in der Zeichnung, doch ist mir irgend etwas
Originelles und Sammelnswertes nicht aufgestoßen.

Zwei kurze Stunden verbrachte ich wartend auf mein
Gepäck, ausgestreckt auf der Veranda des Rasthauses liegend,
versunken in Betrachtung eines der wunderbarsten Bilder,
daß die Schöpfung vollbracht hat. Ruhig und heiter liegen
sie vor mir, die majestätischen, gletscherstarrenden, von keines
Menschen Fuß bisher entweihten Berge, glänzend und schillernd
in den Strahlen der Mittagssonne, umflutet von dem durch=
sichtigen Blau des indischen Herbsthimmels.

Wann werde ich endlich das Schönste erschaut haben
in dieser Zauberwelt des Himalaya? Täglich stehe ich vor

neuen Wundern, immer und immer wieder übertreffen neue
Bilder die des vergangenen Tages, und ich armes Menschen=
kind stehe alledem gegenüber mit vor Glückseligkeit berstendem
Herzen, unfähig auch nur annähernd die Eindrücke zu schil=
dern, die ich empfange.

Die warme Sonne that mir unendlich wohl nach den
letzten eisigkalten Nächten und nebelfeuchten Morgen. Ich
habe während dreier Nächte in meinem kleinen Zelt gefroren
wie ein Nordpolfahrer, der seinen Pelz versetzt hat, und mit
den Zähnen geklappert wie ein Kastagnettenschläger. Doch
was sind derartige kleine Entbehrungen in einer solchen
Umgebung, in einer solchen Welt von Märchen! Ich konnte,
glaube ich, Almora kaum unter günstigeren Verhältnissen
sehen, als jetzt, wo die Laubbäume sich herbstlich gefärbt
hatten und prächtige Farbengegensätze zu den dunklen Koni=
feren bildeten. Einzelne verstreute wilde Kirschbäume waren,
wie bei uns im Frühling, übersäet mit rosafarbenen Blüten.

Den Nachmittag benutzte ich zu einem Spazierritt, be=
suchte das auf einer Anhöhe stationierte Gurka=Regiment,
dessen Spielleute gerade musizierten, und folgte abends einer
Einladung des Regierungskommissars Mr. Giles, der sich in
liebenswürdigster Weise meiner annahm und mich später
auch für den Weitermarsch mit Maultieren und Trägern
versorgte.

Almora dürfte etwa 7000 Einwohner zählen und ist
die bedeutendste Stadt des Cumaon=Distrikts, von dessen
Aufblühen unter englischer Verwaltung ich bereits geschrieben
habe. Die stetige Zunahme seiner Bevölkerung und seines
Wohlstandes verdankt Cumaon unstreitig in erster Linie der
großen Hingabe, mit der sein ehemaliger, jetzt in den wohl=
verdienten Ruhestand getretener Kommissar, Sir Henry

Ramsay, nahezu fünfzig Jahre hindurch dem Distrikt seine Kräfte gewidmet hat; seinem Unternehmungsgeiste, seiner Thatkraft und Nächstenliebe verdankt dieser Teil des großen anglo-indischen Reiches seine vorzüglichen Landstraßen, seine zahllosen Brücken, seine ausgedehnten Bewässerungsanlagen, seine Schulen, Kirchen und Krankenhäuser.

Unter Führung des Reverend Mr. Bullock von der London mission society, die in Almora eine Station besitzt, stattete ich letzterer, in der Kinder des Landes unterrichtet und Waisen zu Christen erzogen werden, sowie dem Ramsay-College und später dem Asyl für Leprakranke Besuche ab. In dem großartig angelegten, mit Sälen, Hallen, Gartenanlagen und Springbrunnen versehenen College wird gegen 700 Schülern Unterricht erteilt. Die von englischen Missionaren geleitete Anstalt machte einen vortrefflichen Eindruck und ist zur Zeit die einzige höhere Lehranstalt im Distrikt, doch erfuhr ich, daß gerade jetzt die Brahminengemeinde mit dem Gedanken umgeht, eine zweite Schule, in der ihre Söhne christlichem Einflusse nicht ausgesetzt sind, zu gründen.

Das gleichfalls von Sir Henry Ramsay ins Leben gerufene Asyl für Leprakranke liegt etwa eine halbe Meile außerhalb der Stadt. Es ist ein graues farbloses, klosterähnliches Gebäude mit getrennten Abteilungen für beide Geschlechter, ein trauriger Ort, indem etwa 100 von einer der entsetzlichsten Krankheiten befallene, rettungslos verlorene Menschen ihrer Erlösung harren. Früher machte man hier mit Leprakranken kurzen Prozeß und verbrannte sie, um so dem Umsichgreifen dieser Pest zu steuern; jetzt bemüht man sich, dieselben möglichst von der gesunden Menschheit abzusondern, doch existiert vorläufig noch kein Gesetz, demzufolge Leprakranke in Asylen untergebracht werden müssen. Es steht vielmehr dem Kranken frei, in der Anstalt zu bleiben, so lange es ihm gefällt, er kann sie jederzeit verlassen und jederzeit in dieselbe zurückkehren. Die neuerdings Indien bereisende, aus englischen und anglo=indischen Ärzten zu= sammengesetzte Leprakommission soll darüber entscheiden, ob die Lepra ansteckend oder nur erblich ist. Gelangt man zu dem ersten Schluß, so darf angenommen werden, daß ein Gesetz erlassen wird, welches im öffentlichen Interesse die zwangsweise Unterbringuug der Kranken in großen Asylen anordnet, denn der eigentliche Zweck, Trennung der Kranken von Gesunden, sowie der Geschlechter zwecks Verhütung von Fortpflanzung, wird unter den jetzt obwaltenden Umständen nicht erreicht. Von 1200 im Cumaon=Distrikt gezählten Leprakranken sind nicht mehr als 100 im Asyl untergebracht, in dem sie gekleidet, gespeist und mit geistlichem Zuspruch versehen werden. Der Anblick dieser beklagenswerten Menschen, die vielfach wegen abgefaulter Finger nicht im stande waren, ohne fremde Hilfe Nahrung zu sich zu nehmen, fand ich nicht so herzzerreißend, wie ich erwartet hatte. Es fehlten vielfach Nasen, Ohren, Finger und Zehen, der übrige Mensch aber machte, einige Ausnahmen abgerechnet, keineswegs einen abschreckenden Eindruck. Manche Kranke waren sogar lustig und guter Dinge. Ich lernte einen alten Mann kennen, der seit mehr denn vierzig Jahren im Asyl lebte. Nach be= endigtem Rundgang durch die Anstalträume wohnte ich einem von Mr. Bullock veranstalteten Gottesdienst der Kranken bei, deren weitaus größten Teil man zu Christen gemacht hat. Abstoßend wirkte hier der Gesang der Leute, da die Stimmbänder von der Krankheit stark in Mitleidenschaft gezogen werden, die Stimme klanglos und blechern wird und somit das, was Gesang sein sollte, mehr dem Krächzen

heiserer Raben glich. Erwähnt zu werden verdient noch,
daß der Aufseher dieses Lepra=Asyls, ein eingeborener Zögling
der Mission, seit langen Jahren mit seiner zahlreichen Familie
unbeschadet seiner und seiner Angehörigen Gesundheit unter
den Kranken seines Amtes waltet.

Der dritte Morgen in Almora fand mich mit fünf Maul=
tieren und meinem Pony wieder auf dem Marsche. Als ich
das Gurka=Kasernement passierte, spielte die Regimentskapelle
gerade den reizenden Walzer „Nur ein Traum" aus Mil=
löckers „Feldprediger". Nur ein Traum? Nein, es war
kein Traum gewesen! Dort hinter jenen jetzt dicht zusammen=
geballt hin= und herwogenden Nebelwolken lagen die beiden
jungfräulich himmelanstrebenden Bergkolosse, in wenigen
Stunden wird der Wolkenvorhang den Strahlen der Sonne
gewichen sein und in blendender Weiße werden Kibarnath
und Babarnath daliegen, um wiederum Tausenden von
Menschen Gelegenheit zu geben, sich an ihrer Majestät zu
berauschen und an ihrer Pracht zu weiden. Doch wird ein
einziger dieser bevorzugten Menschen voll zu würdigen wissen,
ja überhaupt begreifen, was ihm die Natur hier bietet?
Nein!

Der eingeborene Bewohner des Himalayas geht stumpf=
sinnig an dem schönsten seiner Berge vorüber, er liebt seine
Heimat wie ein Kind die Mutter und ohne ein Gefühl der
Bewunderung für den Gegenstand seiner Liebe. Die herr=
lichen Linien eines Kibarnath lassen ihn kalt, wie die Statue
der Venus von Milo den hinterpommerschen Tagelöhner.
Und die hier lebenden Engländer? Aber ich bitte Sie! ein
Engländer bewundert nur, wenn er, um zu dem Gegenstande
seiner Bewunderung zu gelangen, Bäche von Schweiß ver=
gossen hat und Geld losgeworden ist, und selbst dann aus=

schließlich das, was im Bäbeler mit einem oder zwei Stern=
chen versehen ist, in Indien aber, welches er als eine Galeere
betrachtet, in der er unausgesetzt das T F (traveaux forcés)
auf seinem Rücken brennen fühlt, in diesem seiner Meinung
nach entsetzlichen Exil, in dem er nur lebt, arbeitet und seine
Pflicht erfüllt, um endlich, nach 35 jähriger Thätigkeit eine
jährliche Pension von 20000 Mark in seiner Heimat zu ver=
zehren, hier bewundert er nur in den allerseltensten Fällen
und — ich möchte fast sagen — selbst dann nicht. Er thut
seine Pflicht, oft mehr als seine Pflicht, einerlei, ob in einer
Hölle oder einem Paradiese; Bewunderung indischer Natur
aber gehört nicht zu seinen Dienstobliegenheiten, und er pflegt
die Schönheit Indiens erst kennen zu lernen, wenn er, heim=
gekehrt in sein geliebtes England, in den Albums blättert,
welche dann haufenweise die Tische seines drawing room
bedecken.

Auf guter Straße, zwischen kahlen Sandsteinbergen führte
mein Weg abwärts weiter an den Ufern eines Baches, dessen
tiefgrüne Wasser zwischen Steinen und Felsblöcken leise
murmelnd zu Thal fließen. Daß sie aber auch zuweilen in
anderer Tonart dahinzubrausen lieben, davon zeugen die an
einzelnen Stellen vorhandenen Überreste nicht etwa leichter
hölzerner, sondern solider eiserner und steinerner Brücken=
pfeiler. Die Instandhaltung der Verkehrswege in Britisch=
Indien muß kolossale Summen verschlingen, denn in jeder
Regenzeit richten die gewaltigen herniederströmenden Wasser=
massen, im Gebirge meist durch Bergrutsche, in der Ebene
durch Dammbrüche, derartige Schäden an, daß die acht bis
neun trockenen Monate des Jahres kaum genügen, die Wege
wieder vollständig in Ordnung zu bringen. Man findet
daher die Landstraßen fast stets in Reparatur und ist an=

fangs, bevor man die Schwierigkeiten kennt, mit denen die Straßenbauverwaltung zu kämpfen hat, leicht geneigt, derselben den Vorwurf der Saumseligkeit zu machen. Hier und da habe ich freilich den Eindruck empfangen, daß wichtige Ausbesserungen nicht mit der wünschenswerten Energie betrieben wurden, im großen und ganzen aber glaube ich behaupten zu dürfen, daß in keinem anderen Lande mehr für Straßenbau geschieht als in Indien, und daß die Brückenbaukunst kaum irgendwo auf solcher Höhe steht wie hier. Für einen europäischen Ingenieur lohnt sich eine Reise durch die Himalayas allein schon der verschiedenartigen Brückenkonstruktionen wegen, und manch einer würde, wenn er hier die eingeborenen Stämme ihre Brücken schlagen sähe, vor seinen wilden Kollegen mit Freuden den Hut ziehen.

Indische Münze 1632.

15*

Nainithal. Bareilly.

Viel Affen und wenig Menschen, das war das Charak=
teristische meines Marsches bis Kairna (fünf deutsche
Meilen von Almora), wo ich mein Zelt an den Ufern des
Baches, dessen Lauf ich bisher gefolgt war, aufstellte, um
dasselbe, nach empfindlich kalter, schlafloser Nacht, in aller
Frühe wieder abzubrechen.

Huh, war das eine Kälte! Zwei Kaschmiranzüge über=
einander, die Hände in den Taschen, setzte ich mich, ohne —
wie es sonst meine Art ist — das Laden der Maultiere zu
überwachen, in Bewegung und schlug ein so schnelles Tempo
ein, daß mein Pony kaum zu folgen im stande war. Ich
hoffte, möglichst bald in das Bereich eines wärmenden
Sonnenstrahles zu gelangen, aber die von Nord nach Süd sich
bergan ziehende Schlucht, in der ich marschierte, war derartig
eng, daß ich bis 9 Uhr im Schatten zu wandern hatte.

Es ging heute ohne Unterbrechung durch Busch und
Wald und bis zu einer Höhe von 7000 Fuß, die ich um 10 Uhr
erklommen hatte und von der aus ich den Schneebergen

meinen Abschiedsgruß zusandte, steil aufwärts. Nachdem ich
hier einen Wegezoll von 1 Mk. 20 Pf. entrichtet hatte, durfte
ich meinen Marsch fortsetzen, und nach etwa einer halben
Stunde sah ich 600 Fuß unter mir, eingerahmt von be=
waldeten Bergen, die spiegelglatten Fluten des lieblichen
Sees von Nainithal. Wäre ich farbenblind, ich hätte wahr=
scheinlich das bekannte Lied vom himmelblauen See ange=
stimmt, da ich aber mit solcher Blindheit nicht geschlagen
bin und die Farbe des Sees als zweifellos smaragdgrün
feststellte, begnügte ich mich damit, ihn mit einem Jodler
zu begrüßen, holte dann mein Frühstück aus der Satteltasche,
setzte mich auf einen Felsblock, auf dem mein vorsorglicher
Sais die Pferdedecke ausgebreitet hatte, und war wieder
einmal ein glücklicher Mensch.

Die Himalayastaaten sind, Kaschmir ausgenommen, arm
an größeren Wasserflächen. Der See von Nainithal, der
wohl kaum mehr als 25 Hektare umfaßt, ist das bekannteste
Gewässer unter den in den Bergen Erholung suchenden
Europäern. Seine Ufer und die ihn umgebenden Höhen
sind bedeckt mit hübschen Villen und Cottages, Gasthäusern
und Klubgebäuden, und da das Gouvernement der Nord=
west=Provinzen während der Sommermonate hier seinen Sitz
hat, lassen manche Beamten ihre Familie ständig in Naini=
thal leben. Rund um den See ziehen sich hübsche Pro=
menaden= und Reitwege, an beiden Enden des Ortes sind
Bazare, in die die Bewohner der umliegenden Ortschaften
zusammenströmen, ihre Einkäufe und sonstigen Geschäfte zu
besorgen. Großer Beliebtheit erfreut sich im Lande die in
der Umgegend von Nainithal kultivierte Kartoffel, für welche
unverhältnismäßig hohe Preise gezahlt werden, und die in
großen Quantitäten hier zu Markte gebracht wird. Die

Leute bedienen sich zum Herbeischaffen ihrer Feldfrüchte ganz
eigentümlicher Säcke in Form der Geldbörsen unserer Groß=
väter. Beide Enden sind mit Getreide oder Kartoffeln ge=
füllt, die eine Hälfte dieses Doppelsackes ruht auf dem Kopfe,
die andere auf dem Rücken. Ich habe mir einmal versuchs=
weise eine solche Last aufbürden lassen und gefunden, daß
es entschieden die bequemste Art ist, bergan oder bergab
steigend, größere Gewichte fortzuschaffen.

Mehrfach begegnete ich eingeborenen Reisenden und Pil=
gern, deren Koffer und Schachteln mit dem Fell des Tigers
überzogen waren, ein Beweis, daß das Vorkommen des
letzteren hier keine Seltenheit ist. Ich nahm in Nainithal
Wohnung im Rasthause, machte nachmittags eine Bootfahrt
auf dem See, der trotz der vielen alljährlich in ihm angeln=
den Engländer immer noch sehr fischreich sein soll, und
empfing gegen Abend den Besuch des Regierungskommissars
Kolonel Erskine, des würdigen Nachfolgers Sir Henry
Ramsays, der mich einlud, am folgenden Tage in seiner
Gesellschaft meine Reise fortzusetzen. Mit Freuden ging ich
auf diesen Vorschlag ein, und nachdem ich in der Frühe
fünf neue Maultiere angenommen und dieselben mit meinem
Gepäck nach unserem nächsten Lagerplatz expediert hatte,
machte ich mich kurz nach Mittag mit Kolonel Erskine auf
den Marsch nach der 4000 Fuß tiefer als Nainithal ge=
legenen Ortschaft Katgodam, der Endstation der Rohilkhand=
Cumaon=Eisenbahn. Auf mehrfach von Erdrutschen zerstörten
Pfaden kletterten wir etwa eine Stunde bergab, gelangten
dann an eine vorzügliche Fahrstraße und legten auf dieser
mit einer Tonga, deren Pferde alle halbe Stunde gewechselt
wurden, die Strecke bis Katgodam (etwa fünf deutsche Meilen)
in anderthalb Stunden zurück. Hier bezogen wir Quartier

in dem sauberſten, beſtgehaltenen Dak Bungalow, der mir
bisher in Indien vorgekommen iſt, und nahmen am Abend
unſere Mahlzeit in der Bahnhofshalle ein. Dank der Fürſorge meines ausgezeichneten Gefährten ſtanden mit Tages-
anbruch zwei Regierungskamele (um etwaigen Mißverſtänd-
niſſen vorzubeugen, bemerke ich, daß ich darunter zwei der
Regierung gehörende Kamele verſtehe) und ein Elefant
marſchbereit vor der Veranda meines Schlafzimmers.

Den beiden erſten wurde mein ſämtliches Gepäck zugeteilt,
auf dem mit breitem, polſterartigen Kiſſen verſehenen Rücken
des letzteren nahm ich mit Kolonel Erskine Platz, dann begann ein edler Wettſtreit zwiſchen Trampel- und Rüſſeltier,
ſo ſchnell als möglich an unſer nur eine deutſche Meile entferntes
Ziel Haldwani zu gelangen. Der Elefant ging mit 42 Minuten
als Sieger aus dieſem Kampfe hervor und ſetzte uns dann
wohlbehalten an einem, den Regierungsbeamten vorbehaltenen,
mit herrlichen Mango-Baumrieſen beſtandenen, etwa 1 Hektar
umfaſſenden Lagerplatz ab. Fünf große und ſechs kleinere
funkelnagelneue Zelte, mit dem Kolonel Erskine in wenigen
Wochen eine Inſpektionsreiſe durch ſeinen Diſtrikt antreten
wollte, waren hier probeweiſe aufgeſtellt.

Wahrlich man muß es den Engländern laſſen, ſie ver-
ſtehen es, ſich das Lagerleben in Indien in einer Weiſe behaglich zu machen, ſich ſelbſt hier mit einem Komfort zu umgeben, von dem wir uns in unſerer afrikaniſchen Schulweisheit
nichts träumen laſſen. Der in ſeinem Bezirk reiſende höhere
Beamte hat in der Regel drei große Zelte, nämlich ein
Amtszelt, in dem er ſeine Geſchäfte erledigt und Beſucher
empfängt, ein Speiſezelt und ein mit Ankleideraum und Bade-
kabinet verſehenes Schlafzelt. Sämtliche Zelte ſind zum
Schutze gegen die Sonnenſtrahlen mit doppelten Dächern

und Wänden, sowie mit einer umlaufenden Veranda versehen,
im Innern mit bunten Stoffen bezogen und mit Teppichen
ausgestattet. Sie sind meist so groß, daß wir in Afrika
12 Europäer in jedem einzelnen unterbringen würden. Hat
der betreffende Beamte während seiner Reise zu repräsentieren, so besitzt er außer den genannten drei Zelten noch
ein großes, vollkommen salonmäßig eingerichtetes Gesellschafts-
zelt, sowie einige Zelte für Beherbergung etwaiger Gäste.
Die meisten Beamten führen die wichtigsten Zelte in doppelter
Anzahl mit sich, um den zweiten Satz stets voraussendend,
bei der Ankunft im neuen Lager alles zur Unterkunft bereit
zu finden. Selbst Beamte geringeren Grades, Opium-
inspektoren u. s. w. habe ich in dieser Weise reisen sehen, oft
mit Weib und Kind, 5 bis 6 Milchkühen, Ziegen, einem
ganzen Hühnerhof und dem unvermeidlichen Troß von einigen
Dutzend Dienern von Ort zu Ort ziehend. Da viele Beamte
mehr als die Hälfte des Jahres auf Reisen zuzubringen
haben, und die Regierung nicht nur die Kosten trägt, sondern
auch Wert darauf legt, daß ihre Beamten überall als große
Leute erscheinen, so thun diese recht daran, sich's so bequem
wie möglich zu machen. Die für Kolonel Erskine beschafften
neuen Zelte haben gegen 5000 Mk. gekostet.

Im dunklen Weltteil verbietet sich ein ähnlich luxuriöses
Reisen hauptsächlich aus Mangel an Transportgelegenheiten.
Was in Ostafrika 40 Träger für je 60 Pf. den Tag leisten,
d. h. die Fortbewegung einer Gesamtlast von 20—25 Zentnern
3—4 deutsche Meilen weit, das wird hier von einem Ochsen-
gespann, welches einschließlich Treiber für 90 Pf. den Tag
ernährt wird, besorgt. Sind fahrbare Straßen nicht vorhanden, so reist man in den Ebenen meist mit Kamelen oder
Elefanten, und nur im Gebirge, wo dann das Gepäck etwas

beschränkt wird, bedient man sich der Kulis, Maultiere und
Ponies. Der Transport auf Ochsenkarren ist bei weitem der
billigste, denn Kamele tragen ungern mehr als 4—5 Zentner
und kosten 15—20 Mk. monatlich Miete, während für den Ele=
fanten allein 1 Mk. 50 Pf. für Futterkosten täglich zu zahlen
sind. Elefanten, mit denen ich später lange Zeit gereist bin,
trugen in bergigem Gelände bis zu 8 Zentnern und legten
damit, die deutsche Meile in fünfviertel Stunden mar=
schierend, den Tag 5 bis 7 Meilen zurück. Sie sind un=
streitig die nützlichsten Transportiere der Wildnis.

Da Kolonel Erskine, der sich hier leider von mir trennen
mußte, um mit der Bahn nach Lucknow zu fahren, mir sein
ganzes Zeltlager zur Verfügung gestellt hatte, machte ich's
mir in einem seiner prächtigen Baumwollpaläste bequem.
Mein eigenes Zelt, welches inzwischen auch aufgestellt worden
war, erschien mir nunmehr als eine fast menschenunwürdig
enge Behausung. Dasselbe bietet allerdings nur Raum für
ein Bett, einige kleine Koffer und zur Not für Tisch und
Stuhl, und doch hatte ich ein Zeltchen gleicher Kleinheit
(ich gehe dem Worte „Größe" aus dem Wege) während
mehr denn zwei Monaten, als ich Major Wißmann als
Gast auf seiner Expedition nach Mpuapua begleitete, mit
dem mir befreundeten Adjutanten des Reichskommissars
Dr. Bumiller teilen müssen. Wenn wir auch nicht gerade
ein zärtlich liebend Paar waren, so fanden wir doch Raum
genug in unserem Leinwandhüttchen und vertrugen uns
wunderbar, was bei Reisenden in Afrika keineswegs die
Regel ist und auch unbegrenzte beiderseitige Zugeständnisse
bei Tag und Nacht erfordert.

Wenn ich erzähle, daß neben unseren Feldbettchen noch
Koffer, Kisten und Waffen jeglichen Kalibers den Raum

beengten, daß Dr. Bumillers nicht eben nach Sandelholz
duftende Jagdtrophäen, daß ein Papagei und zeitweise sogar
ein Affe zu meines Freundes Kurzweil dienten, nebenbei
allerhand unheimliche Vogelköpfe und -beine Platz finden
mußten, und daß endlich meine diversen für Professor Virchow
gesammelten Negerschädel gleich Kahlköpfen unter unseren
Betten aufgestapelt waren — denn ich buhle mit Schädeln
um die Gunst des Führers der fortschrittlichen Partei —,
so wird man einsehen, daß die Schreckenskammer des
Castanschen Panoptikums eine Nervenheilanstalt ist im Vergleiche zu unserer afrikanischen Expeditionsbehausung. Die
höchsten Ansprüche an unsere Geruchsnerven wurden aber
gestellt, wenn wir, wie das zuweilen bei Regenwetter geschah,
dadurch, daß wir uns beide zu Bett gelegt, Platz für unsere
vier Diener geschaffen hatten und dieselben dann unter Aufsicht Waffen putzen ließen.

Der Mensch gewöhnt sich aber mit etwas gutem Willen
an vieles und so werde ich morgen auch wieder mit meinem
Liliputzelt zufrieden sein wie zuvor. Doch ich bin ganz und
gar vom Wege abgeraten und schreibe von ostafrikanischen
Erlebnissen anstatt von indischen. Zurück also nach Haldwani.

Letzteres ist ein kleines Landstädtchen mit einigen tausend
Einwohnern, etwa 1300 Fuß über dem Meeresspiegel gelegen.
Wir befinden uns hier noch nicht in der Ebene, sondern im
sogenannten Bahbur, einer, ich weiß nicht wie viel tausend
Quadratkilometer umfassenden, an der Oberfläche verwitterten
Ablagerung von im Laufe der Zeiten von den Bergen her-
untergewaschenem Geröll. Hier verschwinden, wie in einem
riesigen Steinfilter alle vom Gebirge kommenden Wasser, um
etwa vier Meilen südlich in dem einige hundert Fuß niedriger
gelegenen Terai wieder zu Tage treten und dort ihrer Fieber-

bazillen wegen berüchtigte Sümpfe zu bilden. Sir Henry
Ramsay hat sich das Verdienst erworben, einen großen Teil
des Bahburs, in dem alle Bedingungen für einen günstigen
Pflanzenwuchs gegeben waren und in dem es lediglich an
Feuchtigkeit fehlte, mit Hilfe einer ausgedehnten Bewässe-
rungsanlage aus einer Wüste in gesegnetes Ackerland umgewandelt zu haben.

Begleitet von dem Inspektor dieser Anlagen unternahm
ich nachmittags auf dem Rücken eines Elefanten einen Ausflug in die Umgegend. Von dem 5 Fuß breiten und ebenso
tiefen Hauptkanal wird das von den Bergen kommende
Wasser in Hunderte von meilenlangen Zweigkanälen geleitet,
die es dann vermittelst kleiner Nebenkanäle weiter verteilen.
Sämtliche Kanäle sind aus solidem, cementierten Mauerwerk
hergestellt und alle Abzweigungen mit Schotten versehen,
die es ermöglichen, die jedem Kanal und jedem Kanälchen
zuzuführende Wassermenge genau zu bestimmen, denn jeder
Landpächter hat Anspruch auf eine von der Größe der von
ihm beackerten Fläche abhängige Wasserzufuhr. Vor 22 Jahren wurde der Anfang mit dieser Berieselung gemacht, heute
umfaßt dieselbe etwa 2000 Quadratkilometer. Das Bahbur
bringt jetzt jährlich 225000 gegen 10000 Mark vor Anlage
der Berieselung in den Säckel der Regierung.

Die Landpächter zahlen für etwa 1 3/4 Morgen bisher
unkultivierten Landes in den ersten drei Jahren 1 Mark
80 Pf. jährliche Pacht, die dann von drei zu drei Jahren
um 20 Pf. gesteigert wird, bis die Pachtsumme für 1 3/4
Morgen die Maximalhöhe von 4 Mark 80 Pf. erreicht hat.

Viele Bergbewohner machen sich die Sache zu nutze
und kommen, um der Kälte im Gebirge zu entgehen, im
Winter ins Bahbur, bestellen dort ihre gepachteten Felder,

säen etwa Mitte Oktober Senf, ernten denselben im März,
säen sofort in dasselbe Stück Land eine Hirseart, „garnara"
genannt, die nach 40 Tagen reif ist, und lassen endlich Ende
Mai Reis folgen, um denselben, nachdem sie die Zwischenzeit
in den Bergen zugebracht und nur ein Familienmitglied zur
Aufsicht zurückgelassen haben, anfangs Oktober zu schneiden.
Drei Ernten in einem Jahr, mehr kann man nicht verlangen.
Übrigens werden auch Weizen, Mais und viele andere Feld=
früchte angebaut. An verschiedenen Punkten des Hauptkanals
ist das Gefälle desselben zur Betreibung von Wassermühlen
benutzt, die zusammen eine so hohe Pacht bringen, daß durch
sie allein schon sämtliche Unkosten der Bewässerungsanlagen
gedeckt werden.

Während dieses ungemein interessanten und lehrreichen
Ausflugs lernte ich unter anderem einen mir bis dahin un=
bekannten, von den Engländern „sand paper tree" genannten
Baum kennen, dessen handgroße, graugrüne Blätter sich genau
wie Sandpapier anfühlen und von den Eingeborenen auch
gleich diesem zum Abschleifen ihrer Holzschnitzarbeiten ver=
wendet werden; vor allem aber lernte ich den Elefanten,
der mich bisher nur über ebene Landstraßen getragen hatte,
zum ersten Male im freien Felde kennen, und was ich da
von ihm gesehen habe, hat vollauf genügt, ihm meine auf=
richtige Bewunderung zu erwerben. Ich hätte es nie für
möglich gehalten, daß dieses plump erscheinende Tier Pfade
zu wandeln vermöchte, so schmal, daß der menschliche Fuß
kaum wagt, dieselben zu betreten; aber ich selber habe es
gesehen, habe mit verhaltenem Atem auf seinem Rücken ge=
sessen, während er mit beispielloser Sicherheit auf einem von
Ziegen ausgetretenen abschüssigen, kaum einen Fuß breiten
Steige eine zum Teil unterwaschene Flußböschung hinunter=

stieg. Als ich meinen Begleiter später fragte, ob es nicht gefährlich sei, den Elefanten zu solchen Kunststückchen zu veranlassen, meinte dieser: „Seien sie unbesorgt, der Elefant geht nur da, wo er seiner Sache durchaus sicher ist. Kann er einen Schritt nicht verantworten, so ist er zu demselben selbst mit Gewalt nicht zu bewegen, und über eine Brücke, die ihm nicht solide genug erscheint, bringt ihn auch der „Ankus" (kurzes, hellebardenförmiges Instrument, zum An= treiben des Elefanten benutzt) seines „Mahaut" (Elefanten= treibers) nicht." Unser Dickhäuter trug uns, in der Rinne des Hauptkanals entlang wandernd, von diesem in die Nebenkanäle, über buschbestandenes Land, durch Gräben und Flußbetten, er kannte scheinbar kein Hindernis. Endlich kamen wir an einen aus drei, in Abständen von anderthalb Fuß übereinandergespannten Stacheldrähten gebildeten Zaun. Der Elefant marschiert schnurstracks auf denselben zu und macht einen Schritt davor Halt. Aha! dachte ich, hier hat deine Kunst ein Ende; aber es kam anders. Der Mahaut, der seinen Sitz dicht hinter den Ohren auf dem Halse des Elefanten hat, flüstert seinem Freunde eine vertrauliche Mitteilung zu, dieselbe durch einen Schlag mit dem Ankus auf den kolossalen Schädel unterstützend, und siehe da, unser Elefant hebt seinen linken Vorderfuß bis über den obersten Draht, und tritt alle drei dieser Wucht nachgebenden Drähte zu Boden. Der zweite Vorderfuß folgt dem ersten, endlich der linke und rechte Hinterfuß, und der sich vermöge eigener Elastizität halbwegs wieder aufrichtende Zaun liegt hinter uns.

Nach diesen Erfahrungen sollte es mich nicht wunder nehmen, den Elefanten eines schönen Tages auf schlaffem Seil mit einem Zweirad über die Niagarafälle fahren zu sehen. Jedenfalls hätte ich das, was ich im Bahbur mit ihm erlebt, nicht für möglich gehalten, und meine Achtung vor ihm und seinen Leistungen datiert von jenem Tage.

Ein Besuch verschiedener Gärten und der Bazare bildete den Schluß unseres Tagesprogramms. Neu waren mir in Indien der Kaffeestrauch und neu überhaupt die Arrow-Root-Pflanze, aus deren Knolle das beliebte Arrow-Root-Pulver bereitet wird. Die Knolle hat die Form einer Mohr-rübe, ist wachsweiß und mit fingernagelförmigen Schuppen bedeckt, unter deren Wurzeln kleine, stark gifthaltige Knötchen sitzen. Das aus diesen gewonnene Gift wurde früher von den Eingeborenen als Pfeilgift verwendet, und diesem Um-stande verdankt die Knolle den Namen Pfeil- (arrow) Wurzel (root). Nachdem die giftigen Schuppen von der Wurzel ent-fernt worden sind, wird letztere zerstampft, gewaschen und das so gewonnene grobkörnige Mehl an der Sonne getrocknet.

Dem Bazar stattete ich noch spät am Abend einen zweiten Besuch ab und ergötzte mich an dem lebhaften Verkehr in seinen hellerleuchteten Buden. Am eigenartigsten finde ich stets die Materialwarenläden eingerichtet. Da, wo man bei uns die Wände mit übereinandergeschichteten Schubfächern bedeckt sieht, erblickt man hier vom Fußboden bis zur Decke große, thönerne, in geneigter Stellung in das Mauerwerk eingelassene Kugeltöpfe mit etwa handgroßen Öffnungen. Je nachdem der Käufer nun dieses oder jenes Getreide, Mehl oder Gewürz verlangt, greift der Krämer in den einen oder anderen Topf und holt mit der Hand das Gewünschte hervor. Die Einrichtung ist wohlfeil und zweckmäßig, da die weiße Ameise und zahllose sonstige Insekten hölzerne Kisten in kürzester Zeit zerstören würden.

Mit einem Elefanten, auf dem ich ritt, meinem Schecken, der hinterherlief und einen guten Tag hatte, und zwei Ka-

melen, die meine Lasten, mit großer Regelmäßigkeit die
deutsche Meile in 80 Minuten zurücklegend, trugen, verließ
ich nach köstlich warmer Nacht Halbwani. Drei Tage zog
ich auf breiter, an beiden Seiten mit Bäumen bepflanzter
Straße dahin, zuerst durchs Bahbur, dann durch die mit
haushohem Grafe bedeckten Teraisümpfe und endlich durch
fruchtbares Ackerland mit riesenhaften Bambusgruppen,
Baumwollfeldern und Zuckerrohrpflanzungen. Mehr und
mehr verschwanden die Himalayaberge, die Luft wurde dicker
und nebliger, und als ich am Mittage des britten Tages
nach heißem, anstrengendem Marsche vorbei an den palast=
ähnlichen Gebäuden der Landes=Irrenanstalt und dem großen
Zentralgefängnis, in Bareilly einzog, da war ich mitten in
der Ebene, und so sehr ich mein Auge auch anstrengte, im
Norden einen der mir so lieb gewordenen Schneeberge des
Himalaya ausfündig zu machen, umsonst. Ebene, flache,
heiße, staubige indische Ebene mit staubigen Straßen, staub=
bedeckten Pflanzen, Menschen und Tieren. Hat der Leser
den Mut, mir dahin zu folgen? Bereuen wird er hoffent=
lich auch das nicht.

Die Gegend um Bareilly scheint von Diebesgesindel
geradezu zu wimmeln, das schließe ich daraus, daß die Orts=
behörden es für angezeigt hielten, jede Nacht sechs Wächter
zu meinem Schutz in die Nähe meines Lagers zu stellen.
Angenehm war mir solche nächtliche Leibgarde keineswegs,
und mehr als einmal war ich genötigt, das Bett zu ver=
lassen, um zwischen die unausgesetzt schwatzenden und mir
allen Schlaf verscheuchenden Wächter des Gesetzes zu fahren.
Nachdem freundlicher Zuspruch und endlich sogar der Stock
sich als erfolglos erwiesen, zog ich es vor, die ganze Bande
zum Teufel zu jagen.

Bareilly ist in den Morgenstunden eine freundliche, von 10 bis 5 Uhr eine sonnendurchglühte und abends eine in Rauch und Nebel gehüllte Stadt, Station der Audh- und Rohilkhand-Eisenbahn und Garnison eines englischen Schützen- regiments, einer Batterie (alle Artillerie in Indien hat eng- lische Mannschaften), sowie je eines Eingeborenen-Reiter- und Infanterie-Regiments. Die größere Hälfte der Bewohner Bareillys besteht aus Mohamedanern, der Rest aus Hindus. Bei religiösen Festlichkeiten kommt es nicht selten zu Schlä- gereien, und blutige Köpfe sind bei Gelegenheiten dieser Art an der Tagesordnung. Die europäischen Offiziere und Be- amten leben in großen, von Gärten umgebenen, meist mit Strohdächern versehenen Bungalows und erfreuen sich wäh- rend der kühlen Jahreszeit des zartesten, besten Gemüses, welches ich bis dahin in Indien gekostet hatte. Namentlich Blumenkohl gedeiht in der Umgegend Bareillys in einer Vollkommenheit, wie sie selbst die Rieselfelder bei Berlin nicht aufzuweisen haben dürften. Der Mangel eines Gast- hofes macht sich in einer Stadt mit verhältnismäßig großer europäischer Kolonie und dementsprechendem Fremdenverkehr unangenehm fühlbar, zumal der Dak Bungalow ein miserables Lokal ist, in dem es nur vier Fremdenzimmer giebt und in dem man daher Gefahr läuft, nach vierundzwanzig Stunden von neu ankommenden Reisenden an die Luft gesetzt zu werden.

Zu meiner großen Freude traf ich hier mit einem mir von Almora her bekannten, äußerst gastlichen und vergnügten Ehepaar zusammen, einem englischen Obersten Mr. Stead und dessen Gattin, die mich sofort einluden, an ihren Mahl- zeiten teilzunehmen. Ich ließ mich wahrlich nicht zweimal bitten, namentlich nicht, nachdem ich erfahren, daß der Oberst tags zuvor 56 Bekassinen geschossen hatte, eine Vogelart,

für die ich eine ganz besondere Schwäche besitze. Das Regi=
ment meines Gastgebers, ein Eingeborenen=Infanterie=Regi=
ment, war von Fyzabab nach Bareilly versetzt worden, zur
Zeit auf dem Marsche nach hier und sollte in der Frühe des
folgenden Tags seinen Einzug halten. Selbstverständlich
zogen wir denselben zur Begrüßung entgegen. Zuerst be=
gegneten wir langen Reihen von Ochsenkarren mit dem Gepäck
und den Weibern der Soldaten. Dann kamen auf Kamelen
die Ordonnanzreiter in grauen Uniformen mit blauen, gold=
durchwirkten Turbanen und endlich die Regimentsmusik voran,
die vortrefflich aussehenden, in graue, aus Jutegewebe ge=
fertigte, sogenannte Kaki=Anzüge gekleideten Mannschaften,
meist schlanke, prächtig gewachsene Leute mit schwarzen
Bärten. Die Regimenter in Indien wechseln ihre Garni=
sonen so häufig, daß der Einzug eines neuen Truppenkörpers
in eine Stadt für die Bevölkerung kein solches Ereignis
bildet, wie das bei uns daheim der Fall zu sein pflegt. Vor
allen Dingen knüpfen sich hier keine so intimen Verhältnisse
zwischen Soldaten und Bevölkerung an wie bei uns, und es
fehlen vor allen Dingen beim Abzug der Regimenter die
schluchzenden, zu Tode betrübten und beim Einzug derselben
wiederum die himmelhoch jauchzenden, freudig bewegten
Köchinnen, Kindermädchen und andere jungfräuliche Ver=
treterinnen der edlen Weiblichkeit, aus dem einfachen Grunde,
weil in Indien fast alle Köchinnen und sonstigen Dienstboten
männlichen Geschlechts sind. Dadurch verliert das Garnison=
leben natürlich einen seiner Hauptreize, und brechende und
gebrochene Mädchenherzen sind nicht so unzertrennlich vom
doppelten Tuch wie in Deutschland.

Am gleichen Tage hatte ich Gelegenheit, dem Exerzieren
eines Eingeborenen=Reiter=Regiments beizuwohnen. Die

Mannschaften sahen schneidig aus, waren gut beritten und
wie alle anglo=indischen Truppen beinahe elegant gekleidet.
Auch sie trugen als Interimsuniform graue Kaki=Anzüge,
Kniehosen, blaue Wadenbandagen und kurze, schwarze Stiefel,
dazu Turbane blau mit Gold, die europäischen Offiziere
des Regiments desgleichen. Ich möchte nicht behaupten, daß
der Turban für Europäer germanischen Stammes, namentlich
für blondhaarige, eine kleidsame Kopfbedeckung ist, und die
tiefbraunen, malerischen Gestalten der Mannschaften heben
sich darum nur um so vorteilhafter gegen diejenigen ihrer
Offiziere ab. Zweckmäßig im Gefecht freilich ist die Über=
einstimmung der Uniformen ohne Zweifel, da sie die Führer
dem Feinde weniger leicht kenntlich macht, als wenn diese
allein beispielsweise den Tropenhelm trügen.

Unter den Offizieren hört man sehr verschiedene Urteile
über die Eingeborenen=Regimenter. Einig scheint man nur
in der Anerkennung der sich aus Nepal rekrutierenden Gurka=
Infanterie zu sein. Auch die Eingeborenen=Reiterei, vor
allem diejenige der Nord=West=Provinzen, deren Regimenter
aus Rajputen, Sikhs und den Söhnen anderer streitbarer
Stämme zusammengesetzt sind, wird viel gerühmt. Wie im
englischen Heere sind auch im indischen alle Soldaten Frei=
willige, die aus Lust und Liebe zur Sache zu den Waffen
greifen. Bei der Infanterie genügt außer Lust und Liebe
ein tadelloser Körperbau, sowie die erforderliche Größe und
Brustweite; anders bei der Reiterei, wo außerdem noch
600 Mark baren Geldes verlangt werden, nämlich 300 Mark
für Beschaffung eines Pferdes und die gleiche Summe für
Uniform, Zelt u. s. w. Der Staat liefert lediglich die Ka=
rabiner, Lanzen und Säbel. Alles übrige, z. B. auch Sattel=
zeug, hat der Kavallerist zu bezahlen und zu erhalten, je

zwei haben ein Zelt und für ihr Gepäck ein Maultier zu
beschaffen und für Pflege des letzteren auch noch einen Sais
zu stellen. Für alles dieses erhalten sie eine monatliche Löhnung
von etwa 50 Mark. Hiervon haben sie sich, ihren Sais, ihr
Pferd und Maultier zu verpflegen, sich zu kleiden und außer=
dem noch monatlich 3 Mark 75 Pf. an die Remontenankaufs=
kasse zu zahlen. Erwähnt sei noch, daß sie Pferd und Maultier
nicht etwa nach eigenem Gutdünken füttern können, sondern
daß die denselben zugemessene Ration von den Vorgesetzten
bestimmt wird und z. B. auf Märschen willkürlich erhöht
werden kann. Man sieht, daß bei der Reiterei nur vermögende
Söhne des Landes der Lust, Soldat zu sein, fröhnen können,
und wird nach dem vorstehenden die Überzeugung gewinnen,
daß die hiesigen Reiterregimenter aus einem Material zu=
sammengesetzt sind, dem es an Liebe zum Waffenhandwerk
unmöglich fehlen kann. Die Mannschaften sind nicht auf
eine Reihe von Jahren gebunden, sondern können den Dienst
jederzeit quittieren. So kostspielig die Erhaltung der britischen
Soldaten in Indien ist, so billig ist diejenige der Eingeborenen=
Regimenter; entbehren kann man aber weder die einen, noch
die anderen, und wie weit man sich in Zeiten der schweren
Not auf letztere wird verlassen können, muß die Zukunft
lehren. Selbstverständlich kann in tropischen Ländern nicht
gedrillt werden wie zu Hause, und man muß daher auch
an die Leistungen der Truppen hier einen anderen Maßstab
anlegen als daheim und zuweilen fünf gerade sein lassen.
Ich habe überall gefunden, daß die Zucht in den Eingeborenen=
Regimentern ebenso musterhaft war wie die Haltung des
einzelnen Mannes.

Mit eingehender Schilderung meiner Reise durch die
Ebene will ich nicht ermüden. Ein Tag verlief ungefähr

wie der andere. Die Scenerie war eine ziemlich gleichmäßige
und namentlich von Lucknow bis Segowlie durch den ganzen
Audh= und Rohilkhand=Distrikt sehr ansprechend. Niemals,
so lange ich gesund war, selbst auf langen Märschen, Ritten
und Fahrten habe ich Langeweile verspürt, da ich als Landwirt
unausgesetzt Beobachtungen und Vergleiche anstellen konnte
und außerdem nicht müde wurde, mich mit den Bewohnern
des Landes zu beschäftigen, ihre Sitten und Gebräuche zu
studieren und mich an ihren hübschen Erscheinungen zu er=
freuen. Mich fesseln unendlich viel Dinge, an denen die
meisten Menschen gleichgiltig vorüber gehen und die den
meisten Menschen auch thatsächlich gleichgiltig sind. Mit
Rücksicht auf die große Mehrheit der Leser, berichte ich daher
nur das, was meiner Ansicht nach allgemeines Interesse
beanspruchen kann.

Mein Weg führte in der Ebene größtenteils auf aus=
getretenen Pfaden, d. h. auf der breiten Heerstraße weiter
gen Osten. Die großen von den Engländern mit kolossalen
Geldopfern hergestellten Hauptverkehrsadern sind fast durch=
weg in gutem Zustande, von beiden Seiten mit schatten=
spendenden Mangobäumen, Pappeln oder ficus religiosa
eingefaßt und an den Seiten mit Gräben versehen. Sie
haben etwa die doppelte Breite der großen „Chausseen" in
Deutschland. Überall in Zwischenräumen von zwei bis drei
Meilen, befinden sich mehrere Morgen Landes beschattende
angepflanzte Mangogruppen, die als Rastplätze für Reisende
eingerichtet und oft auch mit Brunnen versehen sind. Ich
glaube, man hat diese Oasen für die jahraus jahrein im
Lande herumziehenden Truppen angelegt, doch kommen sie
jedermann zu gute, und bequemere, sauberere Lagerplätze
dürfte man nirgend in der Welt finden.

Übrigens fehlt es auch an kleineren Waldparzellen und einzelnen, das Einerlei der flachen Landschaft wohlthuend unterbrechenden prächtigen Bäumen keineswegs, der Boden ist durchweg gut, meist künstlich bewässert und wird von den Eingeborenen mit unglaublich primitiven Ackergeräten in so vortrefflicher Weise bearbeitet und bestellt, daß selbst der Landwirt der Provinz Sachsen sich veranlaßt sehen könnte, auszurufen: „Die Wilden sind doch bessere Menschen." Ruhe läßt man dem Boden fast gar nicht, und sobald eine Ernte eingeheimst ist, wird mit der neuen Einsaat begonnen. Reis, Weizen, Zuckerrohr, diverse Linsen und Hirsearten bilden die Hauptfrüchte. Gepflügt wird fast nur mit hölzernen, leichten, mit eiserner Schar versehenen Hakenpflügen, die von Buckelochsen gezogen werden. Das Joch besteht aus einer Holzstange mit vier vertikal eingetriebenen, etwa 1½ Fuß langen Pflöcken und wird den Ochsen einfach aufs Genick gelegt, da der Buckel der Tiere ein Rückwärtsrutschen des= selben verhindert. Pflug und Joch sind so leicht gearbeitet, daß ein halbwüchsiger Junge beide zusammen ohne Mühe von Ort zu Ort tragen kann. Auf einer Schulter den Pflug, auf der andern das Joch, ihre meist weißgrauen Zugtiere vor sich hertreibend, sieht man die Leute von einem Feld zum andern oder zu ihren Gehöften ziehen. Es wird nicht tiefer als 3—4 Zoll gepflügt. Eggen sind unbekannt, an ihrer Stelle verwendet man Holzschleifen von 12—16 Fuß Länge, die an beiden Enden von je einem Ochsen gezogen werden, während die Treiber, um derselben größeres Gewicht zu ver= leihen, auf der Schleife stehen. Nicht selten, namentlich bei schwerem Boden tritt die eiserne Handhacke an Stelle der Pflüge. Ich werde später bei der Beschreibung der Indigo= kultur eingehender über Feldhandarbeit berichten. Unstreitig

ist der Inder ein sehr guter Landwirt, seine Felder bearbeitet
er mit großem Fleiß und geringen Mitteln.   Für eines freilich
fehlt ihm leider das Verständnis, nämlich für den Vorteil
einer rationellen Düngung. Fast allen Viehbung benutzt er,
nachdem derselbe mit den Händen zu flachen Kuchen geformt,
dann an die Mauer seines Hauses geklebt und von der Sonne
getrocknet worden ist, als Brennmaterial.   Holz ist teuer in
der Ebene, und so sieht er keine Möglichkeit, sich ohne große
Kosten ein anderes Feuerungsmittel zu verschaffen.   Erstaun=
lich ist es, daß trotz alledem und nach vielleicht tausendjähriger,
ununterbrochener Benutzung des Bodens dieser immer noch
gute Ernten liefert.   Viel freilich wird durch die Bewässerung
der Felder wieder gut gemacht; denn wo bewässert wird, da
wird auch geerntet, und wenn man von indischen Mißernten
und diesen folgenden Hungersnöten hört, so sind dieselben
stets lediglich auf Wassermangel zurückzuführen.

Die britische Regierung hat daher auch ihr Hauptaugen=
merk auf eine systematische Bewässerung des Landes gerichtet.
Große Kanäle sind und werden in allen Provinzen mit be=
deutendem Kostenaufwande gebaut und das Wasser der Flüsse
in diese geleitet, um dann durch kleinere Seitenkanäle über
Millionen von Hektaren verteilt zu werden. Allein im Punjab
wurden im vergangenen Jahre für Bewässerungsanlagen drei
Millionen Mark verausgabt.   Die Länge der Hauptbewässe=
rungskanäle in dieser Provinz beträgt heute über 1000 deutsche
Meilen, die der Nebenkanäle 1500.   Die Gesamtfläche be=
wässerten Landes umfaßt lediglich in britischem Gebiet der
genannten Provinz über 4 Millionen Morgen.   Dazu kommen
noch die verschiedenen Anlagen der einzelnen zu derselben
gehörenden unabhängigen Staaten.

Auf britischem Territorium allein wurden im Jahre 1890

über 1 3/4 Millionen Morgen mit Weizen bestellt, und der
Anbau von Baumwolle nimmt dank der Bewässerungen von
Jahr zu Jahr größeren Umfang an. Es wurde berechnet,
daß im Punjab im vergangenen Jahre die Kanalwässer den
Wert der Ernte um 120 Millionen Mark erhöht haben. Die
Kapitalanlage für solche Unternehmungen ist eine vorzügliche,
da nicht nur die Feldpächter für Bewässerung ihres Landes,
sondern auch die auf den Kanälen verkehrenden Schiffer, die
mit ihren Kähnen den Getreidetransport vermitteln, zu Zah=
lungen herangezogen werden. Geht die Regierung in dieser
Weise weiter vor, und daß sie es thun wird, steht außer
Frage, dann werden in absehbarer Zeit Hungersnöte, die
Hunderttausende von Menschenleben dahinraffen, zu den Un=
möglichkeiten gehören, namentlich da auch das von Jahr zu
Jahr sich über das ganze Land weiter ausbreitende Eisen=
bahnnetz der Regierung ermöglicht, mit dem Überfluß der
einen Provinz den darbenden Bewohnern der andern schnell
zu Hilfe zu kommen.

Was die Engländer hier in Indien leisten, die Art und
Weise, wie sie das Land verwalten und den Verkehr er=
schließen, wie sie durch Bewässerungen selbst dem Jupiter pluvius
ein Paroli biegen und durch Eisenbahnen die entferntesten
Punkte mit einander verbinden, das muß nicht nur jedem
Unparteiischen, sondern selbst dem berufsmäßigen Engländer=
fresser die höchste Achtung abnötigen vor den unermüdlich
unternehmungslustigen, keine Kleinlichkeit und Pfennigfuchserei,
aber auch keine Unmöglichkeit, keine unüberwindlichen Hinder=
nisse kennenden Söhnen Albions.

Lucknow.

Mit Schahabad betreten wir das Gebiet des ehemaligen mohamedanischen Königreiches Audh und mit Lucknow die Hauptstadt desselben. In dem von einem Engländer gelei= teten Imperial=Hotel fand ich vortreffliche Aufnahme, hohe luftige Räume und leibliche Küche, dazu, was man in indi= schen Gafthäusern faft immer vermißt, aufmerksame Bedienung.

Drei Tage weilte ich in Lucknow, und angenehme Er= innerungen sind es, die sich für mich an diesen Aufenthalt knüpfen, Erinnerungen an freundliche Menschen, herrliche Bauten und entzückende Anlagen.

Lucknow hat durch den bekannten Aufstand im Jahre 1857, durch die sogenannte „mutiny", die Hunderten von Europäern das Leben kostete, eine traurige Berühmtheit er= langt, und wohl niemand wird die von mächtigen Baum= gruppen beschatteten Trümmer der ehemaligen englischen Re= sidentur, in der sich alle von den Aufständischen bedrohten Europäer der Stadt nebst einigen wenigen englischen Truppen verschanzten und wochenlang ihren erbitterten Feinden stand=

hielten, ohne ein Gefühl der Wehmut und Rührung betreten. Ein schöneres, würdigeres Denkmal als diese noch heute die Spuren von Geschossen jeden Kalibers aufweisenden, epheuberankten und von tropischen Schlingpflanzen über= wucherten Thore, Türme und geborstenen Mauerreste, hätte keines Künstlers Hand den braven Männern und Frauen die hier den Entbehrungen oder ihren Wunden erlegen sind, zu setzen vermocht. Man kann sich kaum etwas Poetischeres denken als die von wohlgepflegten Gartenanlagen umgebenen Ruinen, über denen die Ruhe des Friedhofes schwebt. Dem Landschafter bieten sich hier Motive, wie er sie selten in Europa und kaum zum zweiten Male in Indien finden dürfte. Überall treffen wir Gedächtnistafeln mit den Namen der Gefallenen, deren Überreste in einem neben der Residentur gelegenen Gräberhain vereint sind, in dem unter anderen auch dem Andenken des tapferen Leiters der Verteidigung, Sir Henry Lawrence, ein einfaches, würdevolles Monument geweiht ist. Hätte Lucknow dem Reisenden nichts zu bieten als diese Stätte trauriger Erinnerungen, sie würde genügen, die Strapazen der längsten Eisenbahnfahrt aufzuwiegen, aber diese ehemalige Königsstadt, in der eine ganze Generation ihre Unterthanen brandschatzender prunksüchtiger Herrscher Milliarden vergeudete, um ihrer Eitelkeit und ihrem Pro= pheten Denkmäler zu errichten, sie bietet mehr als das und genug, um ihr einen ersten Platz unter den indischen Pracht= städten zu sichern. Wo immer man in Indien wahrhaft schöne, architektonisch vollendete Bauten findet, sei es der Tatsch oder das Fort in Agra, seien es die Paläste und Moscheen in Delhi und Lahore, überall waren es mohamedanische Herrscher, die sie geschaffen haben, und mögen diese auch im blutigsten Despotismus das Volk, die Anhänger der Lehre

Brahmas unterdrückt haben, sie allein sind es gewesen, die
Kunst und Kultur ins Land gebracht haben, ihnen allein
verdankt Indien seine Wunderwerke der Baukunst.

Der mit der Eisenbahn von Bombay nach Delhi und
Agra und von dort via Lucknow und Benares nach Calcutta
jagende globe trotter wird, übersättigt von dem Gesehenen,
den Bauten Lucknows nicht die Aufmerksamkeit schenken wie
ich, der ich nach mehrmonatlicher Wanderung durch die
Himalayagebirge empfänglich für alles Schöne hier anlangte.
Keines der Bauwerke — das gebe ich zu — steht auf
gleicher Höhe mit denen von Agra und Delhi, man wird
nirgend überwältigt dastehen, aber man wird mit Entzücken
seine Blicke auf dem Grabe der Königinnen, den Grabdenk=
mälern verschiedener Herrscher, dem Thor von Konstantinopel
und der Moschee von Emambara ruhen lassen, man wird
nicht unbefriedigt aus dem barocken, einem eleganten Ver=
gnügungsetablissement gleichenden Palaste des Lichtes, mit
seinen Marmorbecken, Springbrunnen und scherzhaften Wasser=
künsten scheiden, trotz all seiner Überladenheit, seinen bunt=
bemalten Stuckfiguren, Kühen und Sphinxen. Seinen Namen
trägt er, weil er von oben bis unten mit eisernen Leuchtern
beladen ist und ehemals, wenn der König dort weilte, nachts im
Lichte ungezählter Kerzen erstrahlte. Heutzutage erfolgt eine
derartige Illumination nur, wenn Persönlichkeiten von dem
Range eines Prinzen von Wales Lucknow einen Besuch abstatten.

Sehenswert ist ferner der Kaiser=Bagh, die ehemalige
Residenz des nach Unterdrückung der mutiny, von den Eng=
ländern depossedierten, nach Calcutta verbannten und dort
vor einem Jahre verstorbenen letzten Königs resp. „Nawabs"
von Audh, ein ausgedehnter Komplex von Palästen, Harems
und Wohnungen des Gefolges, in denen Tausende fauler

Grab der Königinnen in Lucknow.

Schmaroßer untergebracht waren, die ihrem Herrn, wohl wissend, daß es ihnen auch in Calcutta nicht an reichbesetzten Tafeln fehlen werde, in die Verbannung folgten. Irgend welches architektonische Interesse bietet der Kaiser-Bagh nicht, aber der Besucher bekommt einen Begriff von der Großartigkeit, mit der hier Hof gehalten wurde. Was Lucknow einen ganz besonderen Reiz verleiht und es zu einer der freundlichsten Städte Nordindiens macht, das sind seine schattigen Alleen und seine herrlich gehaltenen Parkanlagen, unter denen sich in erster Linie der Horticultural-Garden auszeichnet.

Die in Lucknow wohnenden Europäer — auch einige europäische Regimenter liegen außerhalb der Stadt — leben auf größerem Fuße als ihre Stammesgenossen in anderen Großstädten des Reiches, Calcutta etwa ausgenommen, und allabendlich sieht man sie in prächtigen Karossen und Viererzügen die Promenaden auf- und niederfahren, um, wie die Eingeborenen es nennen, „Luft zu essen". Als Wagenpferde werden in Indien fast ausnahmslos australische Waler verwendet. Das im Lande gezogene Pferd ist meist klein und steckt voller Untugenden. Ich bediente mich zu allen Ausflügen stets meines Schecken und stattete auf diesem auch der Eingeborenen-Stadt, trotzdem in derselben während der Tagesstunden das Reiten und Fahren verboten ist, verschiedene Besuche ab. Das Leben und Treiben hier trägt einen vorwiegend muselmännischen Charakter. Verschleierte Frauen sieht man überall in den Häusern hinter den Gittern der Haremsfenster, prächtige bärtige Männergestalten in buntem Gedränge auf den Straßen. Das Handwerk der Gold- und Silberschmiede steht in höchster Blüte, ebenso werden wie in Delhi Goldstickereien in verführerischer Pracht und höchster Vollendung hergestellt.

Faſt hätte ich vergeſſen, des Muſeums Erwähnung zu thun, und damit eine Sehenswürdigkeit der Stadt aufzuführen unterlaſſen. Dem Manne der Wiſſenſchaft freilich bietet dieſes Inſtitut mit ſeinen mottenzerfreſſenen, ausgeſtopften Säuge- tieren und Vögeln, ſeinen ſtaubbedeckten Krokodilen, Alliga- toren und Schildkröten und ſeinen ſonſtigen Sammlungen herzlich wenig, ausgenommen etwa die Abteilung für Völker- kunde. Wer aber Vergnügen daran findet, ſich unter das Volk zu miſchen und es von ſeiner liebenswürdigſten Seite, die es in den Bazars nicht gerade herauskehrt, kennen zu lernen, der wird vor allem, wenn er, wie ich es that, einen Feſt- tag, an dem die Landbevölkerung in der Stadt zuſammen- ſtrömt, für den Beſuch wählt, nicht unbefriedigt von dannen gehen. Das iſt ein Drängen und Schieben, ein Schreien und Geſtikulieren, namentlich in dem Saale, in dem die den Leuten aus der Wildnis bekannten Tiere aufgeſtellt ſind, ein Gemiſch von Raſſen und bunten Trachten, daß man glauben könnte, ſich auf einem Karnevalsfeſte zu befinden. Wie der Berliner Poliziſt bei feſtlichen Gelegenheiten, ſo wiederholt auch hier der Aufſeher unermüdlich ſein „Nicht ſtehen bleiben“, natür- lich auf Hinduſtani und etwas minder kategoriſch. Man glaubt zu ſchieben und man wird geſchoben, bis man endlich nach etwa einer Stunde „fürchterlicher Enge“ an den Aus- gang gelangt iſt und nach all den Gerüchen, die man ein- geſogen hat, tiefaufatmend die friſche Luft begrüßt. Der- artige Drängeleien ſind natürlich nicht jedermanns Sache, ich aber dachte wie Fauſt:

> „Hier iſt des Volkes wahrer Himmel,
> Zufrieden jauchzet groß und klein,
> Hier bin ich Menſch, hier darf ich's ſein.“

und dem Volke muß ich das Zeugnis ausſtellen, daß es ſich

gegen mich, den Europäer, den „Sahib", das „höhere Wesen", durchweg zuvorkommend benahm und mehrfach, wenn auch vergebliche, so doch ernste Anstrengungen machte, mir Raum zu schaffen. Das Fest, welches an jenem Tage gefeiert wurde, ein hohes Fest der Hindu, „purnima" genannt, hatte Tausende und Abertausende nach Lucknow geführt, um dort ein Bad in den Fluten des Gumtei, eines Nebenflusses der heiligen Ganga zu nehmen. In langen Reihen zogen fest= lich gekleidete Scharen zum Ufer oder kehrten nach Erfüllung ihrer religiösen Pflicht in die Stadt zurück, die meisten eine lange Zuckerrohrstange, von deren oberem Ende von Zeit zu Zeit ein Stückchen abgebissen und zerkaut wurde, als Wanderstab benutzend, bis endlich die erforderliche Länge nicht mehr vorhanden war und dann der Rest vollends ver= zehrt wurde.

Sehr häufig bin ich von hier im Lande lebenden Eng= ländern gefragt worden, ob ich als unparteiischer Beobachter im Verlauf meiner Reise den Eindruck empfangen habe, daß eine Wiederholung des Aufstandes vom Jahre 1857 möglich sei. Ich beantwortete die Frage mit einem entschiedenen „Nein!" Erstens hat der Erfolg der Engländer in jenem Jahre den Eingeborenen den Beweis geliefert, daß sie das Joch, unter dem sie sich beugen müssen, nicht so leicht abzu= schütteln vermögen, zweitens hat die Regierung durch Ver= mehrung der englischen Regimenter, noch mehr durch den Bau zahlreicher Eisenbahnen, die es ermöglichen, größere Truppen= massen in kürzester Zeit an bedrohten Punkten zusammen= zuführen, ihre Macht und ihr Ansehen beträchtlich gestärkt, und drittens giebt sie der Bevölkerung möglichst wenig Grund zur Unzufriedenheit. Die einzigen sich in ihren Menschen= rechten beeinträchtigt wähnenden Natives, die geistig den

übrigen Raffen bei weitem überlegenen und gut beanlagten
Bengalen sind Hunde, die bellen, aber nicht beißen, Helden
der Feder, aber nicht des Schwertes. Immerhin wirkt ihr
Gebahren, ihr Geschrei nach einem Parlamente u. s. w. als
schlechtes Beispiel, und es ist geradezu unbegreiflich, daß man
den Leuten eine Rede= und Preßfreiheit einräumt, wie sie
kaum sonstwo in der Welt existiert und die in unglaublicher
Weise zu Angriffen gegen die Regierung, Beschimpfung der
Beamten und selbst der Königin ausgenutzt wird. Der ge=
bildete Bengale, der sogenannte „babu“, wird in fast allen
Ressorts als Schreiber und Subalternbeamter, in wenigen
Ausnahmefällen auch im höheren Dienste, z. B. als Richter
verwendet. Jetzt schwillt ihm der Kamm, und er sieht nicht
ein, warum überhaupt noch Posten mit Europäern besetzt
werden und warum auch er nicht einmal Vizekönig werden soll.

Leider wird diesen „malcontents“ viel zu viel nach=
gegeben, so daß sie von Tag zu Tag unverschämter werden.
Ich bin überzeugt, daß der Bengale die geistigen Fähig=
keiten besitzt, um selbst einen höheren Posten auszufüllen, die
moralischen, auf die es in erster Linie ankommt, gehen
ihm ab. Der Hindu ist vor allen Dingen ein geborener
Lügner, er lügt nicht nur, um sich aus der Klemme zu
ziehen, oder um sich Vorteile zu verschaffen, nein, er lügt
aus Liebe zum Unwahren, er lügt, weil er nicht anders
kann. Zu dieser angenehmen Eigenschaft kommen noch Be=
stechlichkeit und Parteilichkeit. Ich glaube gern, daß es Aus=
nahmen giebt, hier aber sollen Ehrlichkeit, Unbestechlichkeit
und Unparteilichkeit die Regel sein.

Wie wenig man im großen und ganzen den eingeborenen
Beamten traut, dafür ein Beispiel: Kein Europäer oder
Native schickt einen frankierten Brief auf die Post, ohne vor=

her die Briefmarken mit Dinte zu durchstreichen, um sie so zum abermaligen Verbrauch unbrauchbar und damit den Postbabus weniger begehrlich zu machen.

Alle ihre Truppen, Festungen und Elsenbahnen aber würden den Engländern nichts nützen, wenn sich die Bevölkerung Indiens wie ein Mann erhöbe, um die Fremdlinge aus dem Lande zu jagen. Gegen 290 Millionen Menschen werden regiert und in Schach gehalten von etwa 150 000 Europäern, von denen circa die Hälfte dem Soldatenstande angehört. Man denke sich diese 290 Millionen einig und man wird zugeben müssen, daß es für sie eine Kleinigkeit wäre, alle Europäer einfach mit Knütteln tot zu schlagen. In diesem Lande aber, in dem die verschiedensten Rassen sich unvermischt erhalten, in dem Brahminentum und Mohamedanismus sich wie Todfeinde gegenüberstehen, in dem der Kastengeist jeden einzelnen Stand von dem anderen scheidet, und in dem immer einer seine Füße auf den Kopf des andern stellt, ist an alles andere eher zu denken als an Einigkeit. Diesem Umstande verdankt England die Möglichkeit, mit einer Handvoll Leute das riesenhafte Reich zu regieren, und dieser Umstand wird in allererster Linie einen großen allgemeinen Aufstand unmöglich machen. Mögen kleine Revolten hie und da einmal zum Ausbruch kommen, sie werden ohne Mühe unterdrückt werden und nicht mehr bedeuten als Stürme im Glase Wasser.

Benares. Ajodhja. Gorakhpur.

Nicht mit Unrecht nannte man das ehemalige König=
reich Aubh den Garten Indiens. Überall gedeiht das
herrlichste Gemüse, die Kartoffelfelder entzücken das Auge
jedes europäischen Landwirts, blühende Senffelder wechseln
ab mit üppigen Tabakspflanzungen, und die frisch bestellten,
in kleine, eingedämmte Quadrate geteilten, künstlich bewässerten
Mohnkulturen zeugen durch die Sauberkeit von dem Fleiß
des Ackerbauers und lassen ihn mit vollem Recht eine lohnende
Opiumernte erwarten.

Der Anbau des Mohns zur Opiumgewinnung wird von
der britischen Regierung in denkbarster Weise begünstigt und
gefördert. Jedermann, der sich mit dieser Kultur befassen
will, erhält vom Staate einen Vorschuß von etwa 10 Mark
für jeden „Acre", den er mit Mohn bebauen zu wollen er=
klärt. Ist die Saatzeit beendet, so erscheint der Opium=
inspektor, um sich zu überzeugen, ob die angegebene Fläche
auch wirklich und ordnungsmäßig bestellt ist, und nimmt eine

genaue Vermessung des Feldes vor. Im Januar oder Februar
kommt die Pflanze zur Blüte — ich habe nur weißblühenden
Mohn angetroffen — und nach derselben, d. h. wenn sich
die Samenkapseln voll entwickelt haben, beginnt die äußerst
mühsame Ernte, das tägliche Einritzen der Kapseln und am
nächsten Tage das Einsammeln des aus demselben heraus=
gequollenen wachsartigen Opiums, bei dem meistens die
gesamte Familie des Feldpächters thätig ist. Die Mohnfelder
erfordern eine so unausgesetzte Überwachung, eine so penible
Erntearbeit, daß ein Anbau dieser Kulturpflanze im großen
Stile nicht möglich ist. Jeder Arbeiter muß eben durch das
eigene pekuniäre Interesse bewogen werden, seine und seiner
Familie Kraft einzusetzen; denn die Erntezeit ist, namentlich
bei trockenem Wetter, wenn die Kapseln schnell reifen, sehr
kurz bemessen. Für größere, etwa von Europäern bewirt=
schaftete Opiumplantagen würde es wohl meistens in der
Erntezeit an den nötigen, vor allen Dingen aber an genügend
sorgsamen Arbeitern fehlen, und um Veruntreuungen zu ver=
hüten, müßte ein so zahlreiches Heer von Aufsehern unter=
halten werden, daß bei der Sache kein Überschuß herauskäme.
Im Kleinbetrieb macht sich der Anbau des Mohns vorzüglich
bezahlt, da der Acre (1³/₄ Morgen) unter günstigen Ver=
hältnissen etwa 20 Pfund Opium liefert, die mit je 2¹/₂ Rup.
= 3 Mark 75 Pf. von der Regierung, die den Opiumhandel
monopolisiert hat, bezahlt werden. Außer dem Opium sammelt
der Feldpächter auch noch die abfallenden Blütenblätter, die
zur Verpackung des Opiums verwertet werden, und erzielt
aus dem Verkauf derselben etwa 30 Mark, aus der ebenfalls
gewonnenen Saat gegen 40 Mark, so daß die Gesamteinnahme
sich auf 145 Mark für den Acre beläuft. Die Regierung
verkauft das Opium mit 12 Mark das Pfund und hatte im

Jahre 1889—90 einen Reingewinn von 105 Millionen Mark
zu verzeichnen, im Jahre 1890—91 nur 85 Millionen.

Die Hauptniederlage für Opium, verbunden mit einer
großen Morphiumfabrik, befindet sich in Ghazipur, in der
Nähe von Benares. Im Lande selbst wird verhältnismäßig
wenig Opium verbraucht, die weitaus größte Menge geht
nach China, doch dürfte die Ausfuhr dahin in absehbarer
Zeit als nicht mehr gewinnbringend eingestellt werden, da
die Chinesen den Anbau des Mohns und die Gewinnung
des von ihnen so hoch geschätzten Narkotiums selbst energisch
in die Hand genommen haben. Man sieht sich heute schon
in Indien trotz des oben erwähnten Reingewinns nach
anderen Einnahmequellen um, und höchst wahrscheinlich wird,
wenn das Opium versagt, der jetzt unbesteuerte Tabak das
zur Verwaltung des ungeheuren Reiches nötige Kleingeld
aufbringen helfen müssen.

In Fyzabad, einer freundlichen Stadt, mit landschaftlich
hübscher Umgebung, einer Besatzung von zwei Regimentern
und diversen von der englischen Regierung in anerkennens-
werter Weise in tabellosem Zustande erhaltenen sehenswerten
Palastbauten des ehemaligen Königs, sowie einer großen
Anzahl von Moscheen und mohamedanischen Grabmälern,
machte ich einen Tag Rast und unternahm, mein Lager
zurücklassend, am folgenden Tage per Bahn einen Ausflug
nach Benares. —

Benares! — Ich weiß nicht, ob der Klang dieses
Wortes auch auf andere Ohren den gleichen Zauber ausübt, wie auf die meinen, ob er auch bei andern Menschen
dieselben hochgespannten Erwartungen wachruft, die er bei
mir geweckt hat.

Benares! Das klingt so melodisch, so weich, so schmeichelnd wie der Rosenname eines mit zauberhaften Reizen ausgestatteten hingebenden Weibes. Man erwartet etwas Überirdisch-Schönes, alles bisher Gesehene in den Schatten Stellendes von der Trägerin dieses Namens, der heiligsten Stadt des indischen Reiches, dem Rom des Hindutums, zu dem jährlich Millionen frommer Pilger ziehen, um dort ihren Göttern Opfergaben darzubringen und ihren Leib in die Fluten des Ganges zu tauchen. Man erwartet märchen= haften Glanz, fürstliche Pracht, duftende Blumenhaine und klare rauschende Wasserläufe. Man kommt, man sieht und findet an Stelle der erwarteten, ewig sich verjüngenden Schönen ein altes, runzeliges, aussätziges Weib, welches seinen Körper mit allem anderen eher als mit dem duftenden Öl der Rosen von Schiras gesalbt zu haben scheint.

Benares lag weitab von meiner Marschroute, und so mußte ich, um verabredetermaßen zu Weihnachten in Nepal eintreffen zu können, mich, wollte ich diese indischste aller indischen Städte überhaupt sehen, der mir im höchsten Grade unsympathischen Eisenbahn bedienen. Friedrich Bodenstedt spricht mir aus dem Herzen, wenn er sagt:

„Auf den länderverbindenden Schienen
Dampft man an Glück und an Tugend vorbei."

Ich gebe zu, auch ohne Eisenbahn mehr als einmal an der Tugend vorbeigedampft zu sein, aber an meinem Glücke möchte ich nicht vorbeidampfen; und drum mache ich von den länderverbindenden Schienen nur im Notfalle Gebrauch.

Benares schien mir durch eine Eisenbahnstation ebenso entweiht wie Pompeji, und niemals habe ich mich dazu entschließen können, von Neapel aus der verschütteten Stadt per Bahn einen Besuch abzustatten. „Pompeji, fünf Minuten Aufenthalt!" dieser Ruf hätte mir alle Illusion geraubt, und

ich würde die Stadt nicht haben betreten können, ohne mir
seine ehemaligen Bewohner als auf Velozipeden herumfahrend
oder nachmittags im Überrock zum five o'clock tea zu einer
Dame ihrer Bekanntschaft wandernd vorzustellen.

Nach siebenstündiger Fahrt erwachte ich in der Frühe kurz
vor den Thoren von Benares, und die ersten Bauten, auf
die mein Blick fiel — die erste Enttäuschung — waren
Kasernen englischer Truppen. Kasernen und Benares! Es
war mir, als schütte mir jemand ein Glas Kümmel in den
edelsten Rheinwein. Ein Omnibus, natürlich mit klappernden,
klirrenden Fenstern führte mich durch völlig europäische Anlagen zu einem reinlichen, englischen Gasthause, wo ich mich
in aller Eile säuberte und stärkte, um mich dann einem unvermeidlichen Cicerone anzuvertrauen und mit seiner Hilfe zu
versuchen, das Benares, welches ich mir in meiner Phantasie
gebildet, aufzufinden. Ich habe es nicht gefunden; ich habe
nichts entdeckt von dem, was mich hätte ergreifen können.
Tempel zu Hunderten, kleine und große, verfallene und neuerbaute, ja, aber nichts Besonderes, nichts Originelles. Man
scheint von dem Grundsatz ausgegangen zu sein: „Die Masse
muß es bringen." Mir brachte sie nichts als Enttäuschung.
Tempelaffen waren mir nichts Neues, ich hatte sie in den
Bergen in weit größerer Menge und in weit besserer
Stimmung gesehen als hier, wo sie überfüttert sind und
sich ein mehr als blasiertes Wesen angewöhnt haben. Heiligen
Kühen, blumenfressenden Rindern, mit deren Exkrementen
man die Tempel zu reinigen pflegt, habe ich nirgends Geschmack abgewinnen können und viel schönere Exemplare
dieser Tiergattung auf den Berliner Mastvieh=Ausstellungen
gesehen, obgleich sie nicht heilig waren. Religiösem Humbug,
unwürdigen, lärmenden, schmutzigen Priestern und mechanisch

ohne jede Andacht und Inbrunst ihre religiösen Pflichten
erfüllenden Pilgern, nackten Fakiren, von oben bis unten
mit Asche bedeckt, einer oder der andere Totenschädel mit
sich herumschleppend, aus deren Höhlen sie, nach Mantegazza,
die Augen herausgerissen und verzehrt haben sollen (was
mir aber von keinem dieser Herren bestätigt wurde), war
ich überall schon begegnet, zwar nicht so massenhaft wie
hier, aber doch zur genüge, um mir den Magen an ihnen
zu verderben. Wer frisch nach Indien kommt und noch nie
einer Leichenverbrennung beigewohnt hat, der mag ein an-
genehmes Grauen empfinden bei einem Besuche des Mani-
karnika Ghats. Tag aus, Tag ein — ich weiß nicht ob
auch bei Nacht — wird hier geschmort und in Asche verwandelt, was vergänglich ist am Menschen; Tag aus, Tag
ein werden von weither Sterbende nach Benares gebracht,
um hier, sobald sie ihren letzten Atemzug gethan, in die
Elemente aufgelöst zu werden. Die Leiche wird in ein Tuch
gehüllt, auf einen etwa meterhohen Holzstoß gelegt und mit
Holz zugedeckt, worauf der nächste Anverwandte seine letzte
Pflicht gegen den Dahingeschiedenen erfüllt, indem er den
Scheiterhaufen in Brand steckt. Alle Hinterbliebenen und
sonstigen Trauernden warten, bis der Verbrennungsprozeß
vorüber und die zurückbleibende Asche den Fluten des
Ganges übergeben worden ist. Damit ist heutzutage die
Angelegenheit erledigt.

In früheren Jahren folgten die zurückgebliebenen Witwen ihren Gatten freiwillig auf den Scheiterhaufen, teils
aus religiösem Wahn, teils auch um dem Elend der Witwen-
schaft zu entgehen. Dieser entsetzlichen Sitte, „sati" genannt,
wurde erst im Jahre 1830, trotz lebhaften Widerspruches
der Brahminen, durch ein von den Engländern erlassenes

Gesetz ein Ende gemacht, und heute fordert das „sati" nur noch seine Opfer in Gegenden, die der Arm des englischen Richters nicht zu erreichen vermag. So schauerlich damals das Los der Witwen war, so entsetzlich ist es auch heute noch, denn an Stelle eines schnellen qualvollen Todes ist ein qualvolles Leben getreten, von dem es nur eine Erlösung giebt — den Tod. Eine Witwe gilt in Indien für ein abstoßendes Wesen, sie gilt als ein Schandfleck ihrer Familie; in Sack und Asche, gemieden von aller Welt, hat sie Buße zu thun für das, was sie nicht verschuldet; sie hat zu verzichten auf alle Freuden dieser Welt, auf die Liebe ihrer Eltern, ihrer Geschwister, ihrer Freundinnen, zu verzichten für immer auf die Liebe eines Mannes, da die Sitte des Landes ihre Wiederverheiratung verbietet, zu verzichten selbst auf ein Wort des Trostes von ihren Mitmenschen. Dabei ist sie nicht selten noch ein Kind im zartesten Alter, ohne eigenes Wissen und ohne Willen von ihren Eltern mit einem Knaben, möglicherweise auch mit einem Greise, den sie nie zuvor gesehen, ehelich verbunden. Ihr Gatte, dem sie bei der Eheschließung vielleicht ein einziges Mal ins Auge geschaut, ist gestorben, und sie ist Witwe geworden, ohne die Liebe je gekannt zu haben; denn erst nachdem sie ihr zwölftes Jahr erreicht hat, wird hier die Gattin dem Manne, dem sie als Kind angetraut wurde, als Lebensgefährtin übergeben.

Die britische Regierung hat große, aber vergebliche Anstrengungen gemacht, das Los der Witwen zu verbessern, indem sie gewissermaßen Prämien auf ihre Wiederverheiratung setzte; sie hat allen ihren Einfluß aufgeboten, die Schließung von Kinderehen abzuschaffen, ist aber auf allgemeinen Widerspruch gestoßen. Bis vor kurzem wurde die junge Gattin ihrem Manne schon mit dem 10. Jahre zugeführt, nur mit

größter Mühe ist es der Regierung gelungen, ein Gesetz durch-
zubringen, demzufolge der Zeitpunkt um 2 Jahre hinausgerückt
wird. Und auch mit diesem Gesetze, wenn es durchgeführt
wird, dürfte immerhin nicht allzuviel erreicht werden, da Ge-
burtsregister nicht existieren, somit das Alter der Kinder nur
in den seltensten Fällen, und auch dann nur mit gutem Willen
der Eltern festgestellt werden kann.

Durch Gassen, so eng, daß zwei deutsche Bierbrauer kaum
einander auszuweichen im stande wären, und in deren honig-
zellenartig aneinander gereihten Gewölben allerlei Tand und
Tröbelkram feilgeboten wird, Spielwaren, Jasminguirlanden,
Räucherfäden, Opferblumen und Gebethandschuhe aus rotem
Flanell, in einem Kuhkopf endend, die von einzelnen Hindus
während des Bades im Ganges über die rechte Hand gezogen werden, gelangte ich zu dem Verbrennungs-Ghat, einem
winkeligen, schmutzigen, aus unregelmäßigen Steinquadern,
die an allen Ecken und Enden aus den Fugen zu gehen
scheinen, gebildeten Kai, von dem breite, verfallene Stufen
zum Fluß hinabführen. Holz- und Fischhändler, Schiffer
und Köter saßen unter großen, zum Schutze gegen die
Sonnenstrahlen aufgespannten Mattenschirmen und gingen,
unbekümmert um die auf Bahren umherstehenden, der Verbrennung harrenden Leichen, ihren Geschäften nach, keifend
schreiend und feilschend. Verfallene Tempel und gewaltige
Stapel feilgehaltenen Brennholzes bildeten den Hintergrund.
War der Aufenthalt hier auch keineswegs angenehm, so
konnte ich mich doch den malerischen Reizen der näheren
Umgebung unmöglich entziehen. Nichts aber enttäuschte mich
in Benares in gleichem Maße wie der Ganges.

Was war aus den kristallklar über Felsblöcken dahin-
rauschenden Quellflüssen dieses gewaltigen Stroms, die mich

in den Bergen des Himalaya bei Tiri und Srinugur entzückt
hatten, geworden? Ein träger, seine gelbgrauen Fluten zwischen
flachen, reizlosen Ufern dahinwälzender Fluß, auf dem schmuck-
lose Fahrzeuge und hier und da verkohlte Überreste schlecht
verbrannter Leichen langsam vorüberzogen. Freilich, wenn
man bedenkt, daß, bevor die Wasser des Ganges das
heilige Benares erreichen, schon Millionen schmutziger Pilger
ihr Bad in denselben genommen haben und die Asche tau-
sender an den Ufern verbrannter Leichen ihnen übergeben
wurde, begreift man, warum sie trübe und mißmutig dahin-
schleichen.

Zurückgekehrt in das Innere der Stadt, besuchte ich den
goldenen Tempel des Schiwa, den Brunnen der Erkenntnis
und andere den verschiedenen Gottheiten geweihte Orte. Wohin ich immer kam, dasselbe Gedränge gedankenlos opfernder
Pilger, dasselbe würdelose Benehmen zudringlicher, Bakshish
heischender Priester, der gleiche üble Geruch verwesender
Blumenspenden, derselbe Lärm, derselbe Schmutz. Durch ein
Labyrinth von Gassen, die mir im Vergleich zu den Tempel-
höfen nahezu sauber erschienen, gelangte ich endlich in eine
fahrbare Straße, in der mein Wagen mich erwartete. Ermüdet von der nächtlichen Bahnfahrt, angeekelt von dem
Gesehenen, gab ich dem Kutscher die Weisung, mich in
den Gasthof zurückzufahren. Bei glühender Mittagshitze
langte ich daselbst an, warf mich in der schattigen Veranda
auf einen jener bequemen indischen Liegestühle, ließ Händler
aller Art ihre Schätze vor mir ausbreiten, Stickereien in Gold,
reizende Silber- und Bronzearbeiten, buntbemalte Thon-
figürchen, und ergötzte mich an den geschickt ausgeführten
Kunststückchen eines Gauklers. Einem stärkenden Tiffin folgten
einige Stunden erquickenden Schlafes, aus dem ich erst er-

wachte, als die Bäume des vor meinem Zimmer gelegenen Gartens bereits lange Schatten warfen und die Tageshitze einer angenehmen Kühle gewichen war. Hatte das alte, seit mehr als 2500 Jahren berühmte Benares mir nichts als Enttäuschungen gebracht, so wollte ich es jetzt mit dem neuen versuchen, kleidete mich an und rollte kurz darauf in bequemem Landauer durch die hübschen Alleen des modernen Stadtteils, mit seinen Villen und Palästen, seinen englischen Kirchen und ausgedehnten Gartenanlagen. Vor dem Thore eines Parks, in dessen Mitte sich ein imposanter Bau im europäischen Stile erhebt, machte mein Kutscher Halt, indem er mir zurief: „Government College!" Ich stieg aus und wanderte zwischen Boskets, duftenden Blumenbeeten und unter von Schlingpflanzen überwucherten Bogengängen um das schmucke Gebäude herum, dessen Pforten leider verschlossen waren und sich erst am folgenden Morgen der wissensdurstigen Jugend des Landes wieder öffnen sollten. Das „Government College" in Benares, das einzige Institut dieser Art, welches von der englischen Regierung unterhalten wird, enthält (nach Professor Garbe, der ein Jahr lang in Benares philosophischen Studien obgelegen hat und dessen im Jahre 1889 erschienene „Indische Reiseskizzen", trotz des sich durch das ganze Buch hindurchziehenden roten Fadens eines gelinden Pessimismus, zu dem Besten gehören, was über Indien geschrieben ist) ein SanskritDepartement, in welchem Pandits nach einheimischer Lehrweise einheimische Gelehrsamkeit vortragen.

Da wir uns in Benares gewissermaßen im Mittelpunkt des Hindutums, dem Stammsitz indischer Gelahrtheit und Weisheit befinden, so will ich die Gelegenheit benutzen, den Leser in aller Kürze mit den Grundzügen der Orthodoxie der höheren Brahminen, wie solche nach Professor Garbe

von dem berühmten Philosophen Schankara aus dem ältesten
Lehrbuch des Vendanta=Systems, den Brahma=Sutren, fest=
gestellt worden sind, bekannt machen: „Das Brahman, das
große Eine, die ewig unendliche Kraft, durch welche, aus
welcher und in welcher das Weltall ist, Götter, Menschen,
Tiere, Pflanzen und Lebloses, hat an sich weder Formen,
noch Unterschiede, noch Qualitäten.   Alle Verschiedenheit, der
ganze Weltenschein mit seinen zahllosen Gestaltungen ist ein
Werk der Maya, des angeborenen Wahnes, der das Unreale
für real hält und das Reale nicht erfaßt.   Die Maya wird
vernichtet durch „das Wissen“, vermöge dessen man erkennt,
daß das eigene Selbst, d. h. das innerste Selbst, in Wahr=
heit nichts anderes ist als das Brahman, nicht ein Teil des=
selben, sondern das ganze unteilbare Brahman; mit einem
Worte, vermöge dessen man sich als die Welt erkennt und
die Welt als sich.   Mit dieser Erkenntnis ist die Befreiung
gewonnen, der Schleier, welcher die absolute Identität des
Brahman und des scheinbar Einzelnen verhüllte, ist zerrissen;
der qualvolle Kreislauf der Geburten, das Auf und Nieder
auf der Stufenleiter der Wesen, das Resultat des guten und
bösen Thuns in den verschiedensten Existenzen ist zu Ende.“
     Der Leser folge mir jetzt in die Bazare der Stadt, nicht
im Wagen, sondern zu Fuß, selbst auf die Gefahr hin, von
den Eingeborenen für einen Europäer geringster Sorte ge=
halten zu werden; denn in Indien geht ein „Sahib“ höch=
stens in einer Parkanlage spazieren, anderswo zeigt er sich
nur zu Roß oder Wagen, einerlei, ob er Soldat, Missionar,
Kaufmann oder Beamter ist.   Es ist mittlerweile Abend ge=
worden, alle Gewölbe sind durch Petroleumlampen erhellt,
aber die Zeit der Mahlzeit scheint noch nicht gekommen zu
sein; denn in den Werkstätten der Schuhmacher, Schneider,

Goldschmiede, Rohr= und Mattenflechter wird noch fleißig gearbeitet. Geschäftsgeheimnisse kennt man hier zu Lande nicht, jedermann arbeitet im Freien und mit den denkbar ursprünglichsten Handwerkzeugen, der Kuchenbäcker, dessen Werkstatt sich schon von weitem durch den widerwärtig süß= lichen Geruch eines Gemisches von „ghi" und Zucker unseren Geruchsnerven bemerkbar macht, sogar nur mit den Händen. Ich habe die Menschen in keiner anderen Stadt Indiens so emsig gesehen, wie hier in Benares, wo ich selbst nach 10 Uhr nachts noch Leute bei der Arbeit fand. Die Vertreter der Schuhmacherzunft schienen mir die fleißigsten zu sein; nie habe ich sie feiernd gefunden und stets die unglaubliche Billig= keit ihrer Arbeit bewundert. Vertreterinnen des schönen Ge= schlechtes trifft man verhältnismäßig selten, man sieht Hun= derte von Männern, ehe man ein Weib erblickt, und meistens ist es dann noch nicht einmal des Anschauens wert. Der Hindu besserer Kaste schließt die weiblichen Mitglieder seiner Familie genau so von der Welt ab wie der Mohamedaner; was man auf der Straße zu sehen bekommt, gehört der allerniedrigsten Gesellschaft an, und wenn ich auch nicht leugnen will, daß man trotzdem zuweilen verführerischen Schönheiten begegnet, so sind dieselben doch so selten, wie Perlen in den Schalen europäischer Austern.

Doch gehen wir! „Die Zeit kommt auch heran, wo wir was Guts in Frieden schmausen mögen", und um 8 Uhr er= wartet man uns im Gasthof zum „dinner". Ich hatte das Glück, an der gemeinsamen Speisetafel die Bekanntschaft eines in Benares stationierten höheren Zivilbeamten zu machen, mit dem ich mich vortrefflich unterhielt. Als ich ihm klagte, wie bitter mich die heilige Stadt enttäuscht hatte, meinte er: „Sie sind der erste nicht! Jedermann kommt hierher in der

Absicht, mehrere Tage, wo möglich Wochen mit dem An=
schauen der Wunder Benares' zu verbringen und — bitte
werfen Sie einmal einen Blick ins Fremdenbuch — um in
fast allen Fällen nach einem, höchstens zwei Tagen wieder
abzureisen. Wollen Sie Benares von seiner besten Seite
kennen lernen und mit einer schönen Erinnerung von hier
scheiden, dann unternehmen Sie morgen um die Zeit des
Sonnenaufgangs eine Bootfahrt vom oberen Ende der Stadt
bis zur Eisenbahnbrücke."

Ich bin dem Rate dieses Herrn gefolgt und saß in aller
Frühe des nächsten Tages in einer geräumigen Barke. Wir
stießen vom Ufer, bevor die Sonne sich über die Ebene er=
hoben hatte, und während sie langsam am blauen Himmels=
gewölbe emporstieg, glitten wir geräuschlos stromab. Zuerst
vorüber an den Badeplätzen, wo Tausende von Männern,
Weibern und Kindern in den Wassern der heiligen Ganga,
die mir an diesem Morgen dank der aufgehenden Sonne in
einem ganz anderen Lichte erschien als gestern, ihre Gebete
verrichteten oder auch munter herumplätscherten. Wer diese
Fahrt unternimmt in der Hoffnung, hier endlich die vielge=
rühmten Formen des indischen Weibes eingehend bewundern
zu können und mehr zu sehen, als dem Männerauge sonst
von den Damen des Orients geboten wird, der sieht sich
leider arg enttäuscht, denn erstens baden die Damen in
voller Toilette und zweitens wenden sie dem vorüberfahrenden
Europäer, falls er zu nahe herankommen sollte, den Rücken
zu, selbst wenn sie nichts Umwendenswertes an sich haben,
was leider die Regel und nicht die Ausnahme zu sein scheint.

Doch laßt uns dieser Stunde schönstes Gut durch solchen
Trübsinn nicht verkümmern, seien wir zufrieden mit dem,
was sich unseren Blicken nicht entziehen kann, erfreuen wir

uns an der Gesamtwirkung des originellen Bildes, erfreuen
wir uns, während wir weiterfahren, an den im Morgenlichte
rosig schimmernden Türmen der sonst so schmutzigen Tempel
und Tempelchen, an den prächtigen Lichteffekten der Ghats
und ihren malerischen Umgebungen, und an dem emsigen
Treiben, welches auf den ein= und ausladenden Fahrzeugen
des Flusses herrscht, bis wir, nach etwa dreiviertelstündiger
Fahrt, an der riesigen, den Ganges überspannenden Eisen=
bahnbrücke — einem Triumph englischer Baukunst — an=
langen, um uns dann zu gestehen, daß auch Benares seine
Reize hat, und daß das, was wir heute genossen, vollauf
genügt, uns manche Enttäuschung, die uns diese Stadt ge=
bracht, vergessen zu machen.

Eine zweite, womöglich noch lohnendere Fahrt auf dem
Ganges unternahm ich gegen Sonnenuntergang; dann kehrte
ich zu Fuß durch die Bazare in den Gasthof zurück, packte
meine Koffer, und von zwei neu angenommenen Dienern be=
gleitet, trat ich nachts die Rückreise nach Fyzabad an.

Unmittelbar neben Fyzabad liegt Ajodhja, eine freundliche
Stadt am rechten Ufer des Gogari. Ajodhja ist gewisser=
maßen das Benares des ehemaligen Königreiches Aubh und
in erster Linie eine Stätte des Brahmakultus, trotzdem auch
an Moscheen wahrlich kein Mangel ist. An dem Tage, an
welchem ich in Ajodhja weilte, waren gegen 70 000 Pilger
zusammengeströmt, um ein Fest ihres Glaubens zu begehen
und ihre Sünden mit dem Wasser des Gogari, eines Neben=
flusses des Ganges, abzuwaschen. Das eigentliche Waschfest
hatte zwar schon einen Tag zuvor stattgefunden, und eine
große Anzahl Pilger war bereits auf dem Heimwege, die
meisten aber lagerten noch an den sandigen, flachen Ufern
des Flusses, und Tausende drängten sich badend im Wasser

ober trockneten Haut und Gewänder in der Sonne. Nur
einige vermögende Pilger waren mit Zelten versehen, oder
hatten sich Hütten aus Gras bauen lassen. Die große Menge
aber hatte nichts über sich als den Himmel, nichts unter
sich als den glühenden, weißen Ufersand.

In den verschiedenen Tempeln, die ich besichtigte, herrschte
ein unbeschreibliches Gewühl von opferspendenden Menschen,
heilgen Kühen und Affen. Die Menschen benahmen sich
wie gewöhnlich am würdelosesten, rasten wie von der Tarantel
gestochen umher, schlugen mit der Stirn auf den Steinboden
und suchten springend den Klöppel einer hochhängenden
Glocke zu erhaschen, um mit demselben zu Ehren Schiwas
oder zur Bannung böser Geister dieser einen Ton zu ent-
locken. Kranke und Sterbende wurden herangebracht und
in Prozession um den Tempelschrein getragen; unter Tam-
tamgetöse, Muschelgebläse und sonstigem Brimborium wird
der eiserne Kettenvorhang von dem Bilde Schiwas entfernt
und Hunderte sich nach Mutterfreuden sehnender Weiber
streuen Blumen, Reis und Kurkumapulver auf dasselbe oder
auf die ringsum aufgestellten lingams. Die heiligen Kühe
kümmerten sich absolut nicht um das Getreibe der Menschen
um sie herum, nachlässig und gleichgiltig fressen sie die ihnen
vorgeworfenen Spenden, während die Affen schreiend und
keifend von Dach zu Dach springen und allerhand Allotria
treiben.

Auf den freien Plätzen in der Nachbarschaft der Tempel
hielten Händler verschiedener Art europäische Schundartikel,
bunte Baumwollstoffe und indische Leckereien feil. Unter dem
Geäste eines Mangobaumes von gewaltigen Dimensionen hatten
mindestens ein Dutzend Kaufleute rund um den Stamm des
Baumes herum ihre Buden nach dem heutzutage namentlich

bei Gefängnissen so beliebten Rabialsystem errichtet; ein großes, schirmartiges Dach diente ihnen allen gemeinschaftlich als Schutz gegen etwaigen Regen, und der gleiche Baumstamm bildete die Hinterwand der Behausung aller dieser einträchtig neben einander wohnenden Konkurrenten. Ich war überrascht durch das auffallend friedfertige Benehmen der hier aus zwei so heterogenen Elementen wie Mohamedanern und Hindus zusammengesetzten Bevölkerung. Die Hindus sind im allgemeinen freilich nicht sonderlich kampflustig, und die Mohamedaner mögen sich gedacht haben, daß gegen eine so erdrückende Menge von Pilgern nicht mit Erfolg zu kämpfen ist; möglich auch, daß der Anblick der von der Regierung in allen Ecken und Winkeln stationierten Polizeimannschaften auf beide Parteien gleich abkühlend wirkte. Thatsache ist, daß das ganze Fest ohne die geringste Störung und Schlägerei verlief.

Am meisten profitiert bei solchen Gelegenheiten die Eisenbahn; denn gegen 50000 Pilger hatten sich derselben bedient, um an den Ort ihrer Sehnsucht zu gelangen, und 4 Tage hindurch waren die Geleise der Audh and Rohilkhand-railway für jeden Güterverkehr gesperrt. Indische Zeitungen fallen vielfach über die Bahnverwaltungen her und nennen die Art und Weise, wie die Pilger auf der Reise behandelt werden, „schamlos". Allerdings werden oft hundert und mehr Menschen in einem Güterwagen zusammengepfercht, und wenn man von einem Bahnübergang in diese meist unbedeckten Wagen hineinschaut, so sieht man nichts als die buntfarbigen Turbane der nebeneinander hockenden Hindus und könnte glauben, eine riesenhafte Bonbonniere unter sich zu haben. Nicht eine Stecknadel könnte zu Boden fallen, und ich bezweifle, daß die Reise als ein Vergnügen von den Leuten empfunden wird, aber von den Bahnverwaltungen kann meiner Ansicht nach

unmöglich verlangt werden, daß sie lediglich für derartige Aus=
nahmegelegenheiten einen das gewöhnliche Bedürfnis dreifach
übersteigenden Wagenbestand unterhalten sollen. Die Pilger
wissen, was ihnen auf der Reise bevorsteht, und wenn sie
trotzdem die Bahnfahrt der Fußwanderung vorziehen, so ist
das ihre Sache. Allzu empfindlich ist der Inder wahrlich
nicht; was für einen Europäer eine Qual wäre, das fühlt er.
nur als gelinde Unbequemlichkeit, und da er selber rücksichtslos
auf den Köpfen seiner Nebenmenschen herumtrampelt, ohne das
letztere dagegen protestieren, dürfte auch er kaum beanspruchen,
zart behandelt zu werden. Außerdem gilt es ja als ein gott=
gefälliges Werk, zu den verschiedenen heiligen Stätten unter
möglichst harten Entbehrungen zu gelangen. Ich bin Fakiren
oder Jogins, wie diese Bettelmönche von den Hindus genannt
werden, begegnet, die den Weg von Lucknow nach Benares,
über 50 deutsche Meilen, rückwärts schreitend, zurücklegten,
anderen, die nach je zwei Schritten vorwärts, einen Schritt
zurück machten, und noch anderen, die von Benares bis Cal=
cutta auf dem Bauche rutschend den Weg mit ihrer eigenen
Körperlänge gemessen hatten.

Auch in Ajobhja machte ich die Bekanntschaft verschiedener
dieser aschbedeckten Büßer und Weltentsager. Einer derselben
hatte sich mit einen Strick um den Hals solcherweise an
einen Baum gehängt, daß er den Boden gerade noch mit
der Spitze der großen Zehe erreichen konnte, wenn ihm der
Atem ausging, was, wie sich denken läßt, alle Augenblicke
eintrat. Ich sah den Mann, der mit seinen splitternackten,
abgemagerten Gliedmaßen und aus den Höhlen quellenden
Augen einen widerwärtigen Anblick bot, morgens gegen
9 Uhr und fand ihn, als ich nachmittags wieder des Weges
kam, in der gleichen Verfassung, doch bezweifle ich, daß er

in der Lage war, das Vergnügen des Erhängenspielens noch lange fortzusetzen. Ein verhältnismäßig jugendlicher Fakir produzierte sich als „Mann im feurigen Ofen" und fand als solcher scheinbar größere Teilnahme bei der Bevölkerung als sein oben erwähnter Hänge-Kollege. So wenig ich im allgemeinen für diese Selbstkasteiungs-Extravaganzen übrig habe, so wenig konnte ich „dem Manne im feurigen Ofen" meine Bewunderung versagen. Er hatte rund um sich einen Wall von getrocknetem Kuhdünger, etwa 3 Fuß hoch, aufgehäuft, denselben dann in Brand gesteckt und saß nun inmitten dieses schwelenden, übelriechenden Haufens, nur von Zeit zu Zeit, wenn ein Windstoß die dichten weißen Rauchwolken auseinander trieb, der Menge sichtbar. Ein Mann aus dem Publikum erzählte mir, daß der Fakir der Sohn vermögender Eltern sei, erst vor einem Jahre den Freuden des Daseins entsagt habe und seit dieser Zeit — nicht etwa nur bei festlichen Anlässen — sondern Tag für Tag sich mit Selbströstung kasteie und bereits zur Hälfte gebacken sei. Fürwahr! Mutius Scävola ist ein elender Stümper im Vergleich mit diesem religiösen Fanatiker. Von glaubwürdigen Europäern habe ich mehrfach gehört, daß einzelne Fakire durch unausgesetztes Hochhalten eines Armes es dahin gebracht haben, daß derselbe allmählich gänzlich erstarrt ist und nicht mehr in seine ursprünglich hängende Lage zurückgebracht werden kann, sowie daß es anderen, die Hand jahrelang geballt haltend, gelungen ist, sich die Fingernägel durch die Hand wachsen zu lassen.

Es ist ein Jammer, daß soviel Energie, soviel Selbstentsagung in dieser Weise vergeudet wird, ohne Nutzen für die Menschheit, lediglich zum Schaden der verblendeten Dulder. Man würde übrigens fehl gehen, nach diesen auf-

geführten Beispielen anzunehmen, daß es den Fakiren durch=
weg Ernst sei mit ihrer sogenannten Weltentsagung; die
meisten greifen sicherlich zum Bettelsack wegen mangelnder
Lust zu irgend einer nutzbringenden Thätigkeit, und da das
Volk das Leben eines Fakirs für ein gottgefälliges hält und
mit milden Gaben ihm gegenüber nicht kargt, so ist es eigent=
lich ein Wunder, daß nicht noch mehr dieser faulen Schnorrer
die Landstraßen unsicher machen.

Ich hatte den Gogari auf einer etwa 1 Kilometer langen
Schiffbrücke, die in der trockenen Jahreszeit die beiden Ufer
verbindet, zu überschreiten, um nach Ajodhja=Ghat und von
dort weiter nach Gorakhpur zu gelangen. Während der
Regenmonate erreicht der Fluß bei Ajodhja dagegen etwa die
vierfache Breite und eine Dampffähre dient dann zur Ver=
mittelung des Verkehrs. Die Schiffbrücke war zwar wegen
des Pilgergewühles für Fuhrwerke und Reiter gesperrt und
mehrere Hundert Ochsenkarren warteten bereits seit 3 Tagen
auf die Erlaubnis, passieren zu dürfen, aber mit mir, dem
Sahib, wurde selbstverständlich eine Ausnahme gemacht und
ohne Widerspruch — allerdings auch ohne Frage meinerseits
— zog ich mit meinem Ponny und den Gepäckkarren durch
die wahrscheinlich mehr aus Furcht als aus Ehrerbietung
zu beiden Seiten auseinander weichenden Menge.

Von Ajodhja=Ghat bis Gorakhpur finden wir die gleichen
landschaftlichen Reize wie in Audh, überall sind die Leute
beschäftigt mit der Beackerung und Bewässerung ihrer Felder,
namentlich der kleinen eingedämmten Mohnbeete. Während
im Punjab und im Norden der Nordwestprovinzen die künst=
liche Bewässerung dort, wo das Berieselungsland höher liegt
als die Wasserfläche, meist mit von Ochsen getriebenen großen
Schöpfrädern besorgt wird, finden wir hier diese harte Arbeit

ausschließlich in Menschenhänden ruhend. Das Wasser wird aus den Sammellöchern von zwei einander gegenüberstehenden Kulis mit Hilfe flacher schaufelförmiger zwischen zwei Seilen hin und her geschwungener Körbe aus Bambus= oder Reis=strohgeflecht in die Rieselrinne geschöpft resp. gehoben und von dort mit Holzschaufeln über die betreffende Ackerfläche verteilt. Wo Brunnen vorhanden sind, wird das Wasser mit irdenen Töpfen an Seilen hochgewunden und in Holz=rinnen zu den der Feuchtigkeit benötigenden Feldern und Gärten geleitet.

Anfangs Dezember gelangte ich nach Gorakhpur, der Hauptstadt des Distrikts gleichen Namens mit einer Ein=wohnerzahl von gegen 40 000 Seelen. Eine der bravsten dieser 40 000 lernte ich in der Person unseres ehrwürdigen Landsmannes, des Reverend Stern kennen, des Leiters der englischen Missionsanstalt, der seit mehr als 30 Jahren in Indien wirkt und sein Leben der Verbreitung des Christen=tums unter den Bewohnern dieses Landes geweiht hat. Es ist leider selbst für Missionare nicht immer der Fall, daß, wer Liebe säet, auch Liebe erntet, und ich kenne Missionen, die nichts als Unkraut von ihrer Aussaat erhalten haben; nicht so unser Landsmann, der von allen seinen Schutzbe=fohlenen ebenso verehrt, wie von seinen Freunden geliebt und von seinen Bekannten geschätzt wird. Drei genußreiche Tage verbrachte ich als Gast des Herrn Stern und seiner liebenswürdigen Gattin (einer Engländerin) in dem hübschen, behaglichen Missionshause, und der Aufenthalt in Gorakhpur wird mir dank dieser Gastfreundschaft und der vielen Freund=lichkeiten, die mir auch von anderen Europäern daselbst er=wiesen wurden, stets in angenehmster Erinnerung bleiben. Unter Führung meines Landsmannes besichtigte ich das

18*

Missionswaisenhaus sowie eine, unter Leitung der Mission
stehende, sowohl von Christen, wie auch von Mohamedanern
und Hindus besuchte Schule. Später nahm ich zwei, etwa
1 Meile von Gorakhpur entfernt gelegene, von der Mission
gegründete Christenansiedelungen in Augenschein. Die Leute
leben daselbst in vollkommener Unabhängigkeit, zahlen eine
kleine Rente für das ihnen überlassene Ackerland und machen
einen glücklichen, zufriedenen Eindruck.

Ich lernte daselbst eine mir neue aber probate Art des
Propagandamachens für das Christentum kennen, und zwar
eine Propaganda mit Hilfe der laterna magica. Mit einer
solchen und einer Leier bewaffnet, werden bekehrte Einge=
borene als Feld, Wald= und Wiesenprediger über Land ge=
schickt, um nach eingetretener Dunkelheit Schattenbilder aus
der biblischen Geschichte an irgend eine geeignete Waldfläche
zu zaubern. Begreiflicherweise strömen die Bewohner der
Dorfschaft in Scharen zusammen, dieses Wunder anzustaunen,
und der Prediger benützt die günstige Gelegenheit, seine
Harfe ertönen zu lassen und zu deren Klängen möglichst
interessante Stellen aus der Bibel vorzutragen. Das Mittel
bewährt sich, denn nicht selten wünschen die Leute mehr
solcher hübschen Geschichten zu hören und werden dann an
die Mission verwiesen, die selbstverständlich gern bereit ist,
diese Wißbegierde zu befriedigen.

In Gorakhpur befindet sich u. a. auch das Anwerbe=
büreau für sämtliche 12 Gurka=Regimenter der britisch=indischen
Armee, die sich bekanntlich lediglich aus den Bergen Nepals
rekrutieren. Die Nepalesen sind schneidige, kampflustige, meist
kleine untersetzte Leute mit mongolischen Gesichtszügen; sie
kommen, da die Armee ihres Vaterlandes nicht groß genug
ist, sie alle der Freuden des Soldatenlebens teilhaftig werden

zu laffen, in britifches Gebiet, um hier zu fuchen, was die
Heimat ihnen verfagt. 1000—1500 Nepalefen werden jähr=
lich für die Gurka=Regimenter angeworben, d. h. vorläufig
nur auf ein Probejahr, denn thatfächlich in die Front ein=
geftellt werden fie erft, nachdem fie fich als brauchbare Sol=
daten und namentlich als gute Schützen bewährt haben. Als
größten Schimpf betrachten fie es, von der Truppe wieder
entlaffen zu werden, und thun daher ihr möglichftes, fich die
Zufriedenheit aller Vorgefetzten zu erwerben. Die Gurka=
Regimenter nehmen im indifchen Heer etwa die gleiche Stelle
ein, wie die Jäger in der deutfchen und die Highlanders in
der britifchen Armee. Ihre Garnifonen liegen, da fie als
Bergbewohner dem heißen Klima der Ebene nicht gewachfen
find, durchweg in den Bergen des Himalaya, Affams und
Burma. Jedes Gurka=Regiment hat während der zwei
Anwerbemonate einige ältere Unteroffiziere in Gorakhpur
ftationiert, welche die ihrem Regimente zugeteilten Rekruten
in Empfang nehmen und für deren Unterkunft forgen, bis
die von dem Regiment verlangte Zahl beifammen ift. Einige
kaum erwachfene Burfchen, die wegen Mangels der erforder=
lichen Bruftweite oder wegen eines Augenübels zurückgewiefen
wurden, waren fo zerknirfcht, als fei das Todesurteil über
fie gefprochen worden. Nur die Verficherung, daß fie mög=
licherweife nach Ablauf eines Jahres doch noch als dienft=
tauglich angenommen werden können, vermochte die armen
Schlucker ein wenig zu beruhigen.

Befonders lohnend war für mich der Befuch eines
mohamedanifchen, im Jahre 1870 von einem der Könige
von Audh gegründeten Klofters, weniger des Intereffes
wegen, welches dasfelbe als Bauwerk bietet, als wegen feines
Infaffen: des Mian Sahib, der mutterfeelenallein in dem

aus mehreren großen, von Arkaden umgebenen Höfen be=
stehenden Gebäude seine Tage verbringt. Er ist der sonder=
barste Heilige, der mir vorgekommen ist. Als Knabe in der
Sternschen Missionsschule unterrichtet, spricht er fließend
englisch und ist überhaupt ein gebildeter Mann voll Geist
und Humor, der in seiner Jugend sicherlich mehr von den
Freuden des Harems als von denen des Klosterlebens ge=
träumt hat. Sein Vorgänger, der zu Herrn Stern in sehr
freundschaftlichem Verhältnis stand, hat diesem auf dem
Sterbebette den jetzigen Mian Sahib als seinen Nachfolger
bezeichnet und den christlichen Missionar gebeten, die ihm
selbst bewiesene Freundschaft auch auf seinen Erben zu über=
tragen. Der Jüngling folgte dem Rufe des Verstorbenen
und lebt jetzt das Leben eines Einsiedlers. Seine Haupt=
aufgabe besteht darin, ein seit Gründung des Klosters
brennendes heiliges Feuer zu unterhalten und den Zins,
den er von 27 zum Kloster gehörenden Dorfschaften erhält,
zu wohlthätigen Zwecken zu verwenden. Außer diesen beiden
Bedingungen sind noch andere, weniger angenehme an den
Aufenthalt im Kloster geknüpft, so darf er u. a. dasselbe
niemals verlassen und hat das Leben eines Vegetarianers
zu führen. Als ich dem 29jährigen Einsiedelmann in Be=
gleitung des Herrn Stern meinen Besuch abstattete, fanden
wir ihn lesend an einem blumenbesetzten Tischchen sitzend,
in dessen Mitte eine Flasche Eau de Cologne stand, denn
der Mian hat eine Schwäche für wohlriechende Essenzen.
Nachdem uns die Hände mit dem Inhalte des Fläschchens
begossen worden waren, führte unser Wirt, dem ich als
Sohn der großen deutschen Nation und als Landsmann
seines väterlichen Freundes besonderes Interesse zu bieten
schien, durch die verschiedenen einsamen Höfe und über die

flachen Dächer des Gebäudekomplexes, unausgesetzt klagend
über die vielen Veruntreuungen, die sich seine Beamten bei
Einkassierung der Landrenten zu Schulden kommen ließen.
Herr Stern empfahl ihm dringend, einen europäischen General-
direktor für die Verwaltung der Klosterliegenschaften anzu-
stellen und setzte ihm den Nutzen einer solchen Maßnahme
eingehend auseinander, doch lehnte der Mian diesen Vorschlag
mit dem Bemerken ab, ein Europäer würde ihm zu viel
Geld kosten. Selbst die Versicherung des Herrn Stern, daß
dieses Geld doppelt und dreifach durch eine gute Verwaltung
wieder eingebracht werden würde, fruchtete nichts. „Es ist
zu teuer", war der stehende Einwand, und ich sah wieder,
einmal, wie wenig mit abendländischer Logik bei Orientalen
auszurichten ist.

Ein religiöser Fanatiker scheint dieser muselmännische
Klosterbruder wahrlich nicht zu sein, denn er spendet alljährlich eine beträchtliche Summe für den christlichen Missions-
fonds, und einmal im Jahre, am Ende des Ramassans,
veranstaltet er sogar ein großes Fest mit Kampf- und Waffen-
spielen in einem der Höfe des Klosters, zu dem außer seinen
Glaubensgenossen auch alle in Gorakhpur anwesenden Europäer
eingeladen werden. Tische und Stühle werden dann für
letztere auf einer der Dachterrassen aufgestellt, und die Töchter
und Söhne des Abendlandes von dem Anhänger des
Propheten mit Bier, Whisky und Sekt bewirtet. Es fehlt
in der That nur noch der Schweinebraten zur Erreichung
des Gipfelpunktes muselmännischer Toleranz. Auch in anderer
Weise hat der Mian eine europäerfreundliche Gesinnung be-
thätigt, so hat er auf einem seiner Güter inmitten hübscher
Gartenanlagen ein prächtiges Haus für seine Freunde aus
dem fernen Europa erbauen lassen. Dasselbe — ich ver-

brachte dort auf meinem Weitermarsche eine Nacht — ist gänzlich europäisch eingerichtet und nicht nur in wohnlichster Weise möbliert und mit englischen Stahl- und Kupferstichen geschmückt, sondern auch mit anderen Hausutensilien, Leinen= zeug und Tischgeräten von Messer und Gabel bis zur Puddingsform und Mundspülschale auf das reichste versehen. Selbst Lebensmittel liefert dieser liebenswürdige Mohamedaner seinen christlichen Gästen, und die dort stationierte Diener= schaft schleppte während meines kurzen Aufenthaltes daselbst Hühner, Eier, Gemüse und Obst in solchen Mengen herbei, daß ich mindestens eine Woche davon hätte zehren können. Was mir aber am meisten imponierte, das war der Umstand, daß vom Tischdiener bis zum Pförtner jedermann das ihm von mir beim Fortgange angebotene „bakshish" mit der Bemerkung ablehnte, der Mian Sahib habe die Annahme aller Geschenke bei Strafe sofortiger Entlassung verboten.

Am 6. Dezember brach ich mit zwei Lastkamelen und meinem Schecken, begleitet von meinem Saïs und vier neu angenommenen Dienern, auf. Es waren dies der Koch Nur Bux, ein alter zahnloser Mohamedaner mit echter Galgen= physiognomie, der Tischdiener Christian, ein jämmerliches, sechzehnjähriges Missionskind mit krummen Beinen und Idiotengesicht, der Wasserträger Ali, ebenfalls Mohamedaner, aber, wie sich bereits im Laufe des ersten Marschtages her= ausstellte, mehr Fuselmann als Muselmann, und endlich der Zeltreiniger Ramasan, ein junger gut aussehender Hindu niedrigster Kaste, der alle unsauberen Arbeiten im Lager zu verrichten hatte. Der achtjährige Sohn des Kochs, ein auf= geweckter kleiner Bursche, begleitete die Truppe als unbesoldetes Mitglied. Selten habe ich ein miserableres Diener=Kleeblatt kennen gelernt als das vorstehend aufgeführte. Der Koch

hatte, trotz seiner langjährigen Erfahrung als Kasserollen-
held und trotz eines gewaltigen Bündels herrlichster Zeugnisse, nicht den blassesten kulinarischen Kunstschimmer, er war
kaum fähig, eine Tasse Thee zu bereiten, oder Eier mit heiler
Schale auf den Tisch zu bringen, röstete die Hühner mitsamt
den Federn, und als ich ihm erklärte, er habe dieselben
zu rupfen, bevor sie in die Pfanne wanderten, rupfte er sie
bei lebendigem Leibe. Was im Laufe eines einzigen Monats
mein armer Spazierstock auf dem Buckel dieses Koches hat
aushalten müssen, das eingehend zu schildern sträubt sich
meine Feder.

Der Christenknabe war ein Kretin ersten Ranges, der
Wasserträger, dem Wasser durchaus abhold, betrank sich
täglich wie ein Irländer, so daß ich ihn als unverbesserlichen
Säufer nach kurzer Zeit entlassen mußte, und der gut aussehende Hindu niedrigster Kaste schlief, wenn er nicht zu
marschieren hatte, Tag und Nacht wie ein Murmeltier. Das
einzig brauchbare Mitglied der Expedition war Ruhbi Bux,
der achtjährige Sohn des zahnlosen Kochs, ein prächtiges,
schneidiges kleines Kerlchen, zwar frech wie Oskar, aber
belustigend wie ein junger Teckel. Der kleine Schelm legte
überall Hand an, leistete mehr als mein gesamtes übriges
Gefolge, und hatte ein hervorragendes Talent, Hühner und
Eier zu enorm billigen Preisen einzukaufen.

Auf guter Lehmchaussee führte mein Weg für den ersten
Marschtag beständig durch dichten Hochwald, in dem zahlreiche Herden von Nilgais (Portax Tragocamelus) angetroffen
wurden. Am folgenden Tage wich der Wald offenem Gelände mit ziemlich dürftigem Boden, der aber, wo bewässert,
guten Weizen und sogar Zuckerrohr produzierte. Für letzteres
wurden die Felder gerade durch etwa zehn Zoll tiefes Rajolen

von den Ackerpächtern vorbereitet. Wo immer wir ein Feld
mit reifem Zuckerrohr passierten, stibitzten meine Diener, und
tagelang sah ich sie nicht anders, als lutschend an gemausten
Rohrstangen des Weges ziehen. Da sie sich nur in den
seltensten Fällen die Hände wuschen, waren in kurzer Zeit
alle meine Gebrauchsgegenstände mit klebriger Zuckersubstanz
behaftet, so daß ich mich genötigt sah, einen Ukas gegen die
Rohrlutscherei zu erlassen, wie begreiflich, mit recht geringem
Erfolge. Am dritten Tage gelangte ich bei Sabaha an die
erste Indigopflanzung, deren Besitzer mich einlud, sein Gast
zu sein, und mich nach einem flotten Ritt über seine frisch
bearbeiteten Felder zu der Ruine eines alten Bubbhatempels
führte, in dessen Nähe sich in einem erst vor wenigen Jahren
von einem Engländer entdeckten und kürzlich renovierten
Gewölbe das Grab Gautamas, der im Jahre 477 v. Chr.
gestorben ist, befinden soll. Bekanntlich sind sich die Gelehrten
nicht einig darüber, ob Bubbha (d. h. Gautama) auf Ceylon
oder hier seinen letzten Atemzug gethan hat, und es ist
daher mehr als zweifelhaft, ob in dem von mir besuchten
Gewölbe thatsächlich die Gebeine dieses edlen Helden und
Menschenfreundes ruhen. Ein Bildnis Bubbhas aber ist es
zweifellos, und die 18 Fuß lange, aus Kalkstein gemeißelte
Figur, welche auf sarkophagartigem Unterbau ruhend einen
schlafenden Jüngling, das Haupt auf einen Arm gestützt,
darstellt, trägt die Gesichtszüge Gautamas, wie wir sie
überall an den Bildnissen desselben in den Tempeln der
Bubbhisten finden.

In Sabaha lernte ich den Besitzer einer der größten
Indigofaktoreien des Landes, Mr. Mackinnon kennen, und
da mein Weg mich ohnehin an Babnauli, so heißt die Be-
sitzung, vorbeiführte, nahm ich eine Einladung Mr. Mackin-

nons, mir seine Faktorei anzusehen, mit bestem Dank an
und saß tags darauf bereits am Frühstückstisch meines
neuen Gastfreundes. Ich habe später im Laufe meiner Reise
noch oft Gelegenheit gehabt, die beispiellos dastehende Gast=
lichkeit der Indigopflanzer zu genießen und verdanke letzteren
manche genußreiche Stunde. Wer indische Gastfreundschaft
in ihrem ganzen Umfange, in ihrer unbegrenzten Großartig=
keit kennen lernen will, dem empfehle ich den Besuch irgend
einer Indigofaktorei, gleichviel wo im Lande; er darf ver=
sichert sein, ausnahmlos ein herzlich willkommener Gast zu
sein, überall liebenswürdige Menschen, vorzügliche Pferde,
und eine reichbesetzte Tafel zu finden. Die Faktorei Bab=
nauli umfaßt im ganzen 8000 Akres, teils festen Besitzes,
teils gepachteten Landes. Der beste Boden für Indigo ist
ein durchlässiger, milder Lehmboden, der die Eigentümlich=
keit besitzt, aufgesogene Feuchtigkeit lange festzuhalten. Wenn
irgend möglich, vermeidet man hier künstliche Bewässerungen,
da der lockere Boden infolge derselben zusammensackt, minder
porös wird, deshalb die Feuchtigkeit weniger lange anzuhalten
vermag und stets erneutes Bewässern erfordert. Nirgendwo
in Europa habe ich Felder zur Aufnahme der Saat so
wunderbar vorbereitet gesehen, wie die der Indigofaktoreien,
aber auch kaum irgendwo anders kann der Landwirt große
Ackerflächen derartig gleich Gartenbeeten behandeln, wie es
hier in dem Lande minimaler Arbeitslöhne und des Über=
flusses an Arbeitskräften geschehen kann. Nachdem der
Boden mehrfach gepflügt oder mit Hacken bearbeitet worden
ist, werden alle größeren Erdklumpen mit Hämmern und
Stöcken zerschlagen. Darauf werden selbst die kleinen, etwa
hühnereigroßen Erdklöße zerkleinert, eine Arbeit, die meist
von Kindern verrichtet wird, die in langen Reihen, oft zu

mehreren Hunderten, unter Aufsicht einiger erwachsener Kulis,
auf den Knieen rutschend, nach dem Takte monotoner Lieder
mit zolldicken, zwei Fuß langen Stöcken den Boden schlagen
und dabei gleichzeitig Unkraut aus dem Acker entfernen.
Erwachsene Arbeiter erhalten hier etwa 17 Pfennige, Kinder
5 Pfennige Tagelohn, Aufseher in der Fabrik sowie Haus=
diener monatlich 10 Mark, Pferdeknechte 4,50—6 Mark,
wofür sie sich selbst zu beköstigen und sauber zu kleiden
haben.

Die Indigopflanze (Indigo tinctoria), eine Leguminose,
wird im März gesäet und erreicht bei günstiger Witterung
sehr bald eine Höhe von 5 Fuß und mehr. Vom Juli bis
November wird die Pflanze geschnitten, sofort nach dem
Schneiden in große Cementbottiche gebracht, festgetreten und
für etwa 42 Stunden unter Wasser gesetzt. Die dann abge=
lassene Flüssigkeit ist von grüner Farbe, die sich aber infolge
stundenlangen Schlagens mit großen Schaufelrädern durch eine
Verbindung mit dem Sauerstoff der Luft in intensives Blau
verwandelt, welches, nachdem das Schlagen eingestellt ist,
langsam zu Boden sinkt. Dieses Blau ist der Indigo. Nach=
dem man das geklärte Wasser hat ablaufen lassen, wird der
breiartige Farbschlamm in einen Kochapparat gepumpt, dort
eingekocht, dann auf große Baumwolltücher gebracht, um das
letzte Wasser abtropfen zu lassen und endlich in kleine Würfel
gepreßt, in Kisten verpackt und nach Calcutta und London
auf den Markt geschickt. Die Preise für Indigo schwanken
je nach der Güte der Farbe, und dieselbe Faktorei erhält für
das Erzeugnis des einen Tages beispielsweise 4 Mark per
Pfund, während das des folgenden vielleicht nur mit 2 Mark
bezahlt wird. Temperatur der Luft und Beschaffenheit des
Wassers sind bei der Indigogewinnung von großem Einfluß.

In Babnauli erzeugt die Faktorei von Juli bis November durchschnittlich täglich 3200 Pfund Indigo. Die Unkosten einer solchen Faktorei sind trotz der niedrigen Arbeitslöhne sehr bedeutend: so kostet z. B. die frische Saat, die,
um den Boden nicht zu sehr auszusaugen, von den Faktoreien
nicht selbst gebaut, sondern meist aus der Umgegend von Delhi
bezogen wird, für Babnauli allein jährlich gegen 36000 Mark.
Die Fabrikationsrückstände, d. h. die ausgelaugten Indigo-
pflanzen läßt man als Dünger auf den Acker fahren, und so
gedüngte Felder werden scheinbar nie indigomüde; denn
Pflanzer versicherten mir, seit mehr als 30 Jahren auf demselben Stück Land Jahr für Jahr Indigo gebaut zu haben,
ohne Anwendung anderen Düngers, ohne auch nur im geringsten eine Erschöpfung des Bodens wahrzunehmen. Wo
der Dünger nicht ausreicht, wird Indigo abwechselnd mit
Hafer oder Senf gebaut. Als Zugvieh werden ausschließlich Buckelochsen verwendet, die mit Gras, Haferstroh und
Zuckerrohr gefüttert werden.

Als gegen Abend ein Aufseher berichtete, daß sich in
einem der Zuckerrohrfelder eine Herde Nilgais aufhalte,
wurde für den nächsten Morgen ein Treibjagen beschlossen.
Mit gegen 600 Rindern wurde das Rohr durchtrieben, aber
der größere Teil der Herde brach durch die Treiberkette,
und nur auf drei Nilgais kamen wir zum Schuß. Ich
erlegte einen starken Bullen und Mr. Mackinnon eine Kuh.
Damit war die Jagd beendet, und nachdem den 600 kleinen
Treibern ebensoviele gemauste Zuckerrohrstangen abgenommen
waren, wurde die Rückfahrt angetreten. Vor dem Bungalow
erwarteten uns mehrere Entenfänger mit über 400 gefangenen
Wildenten, die mit 10 Pfennig das Stück abgekauft und sofort in das auf keiner Indigopflanzung fehlende Enten-Mast-

häuschen gesperrt wurden, um dort mit Reis gefüttert und
für späteren Bedarf geschlachtet zu werden.

Der Wildentenfang wird meistens mit Netzen betrieben,
doch erfreut sich auch eine andere Fangmethode bei den Ein=
geborenen großer Beliebtheit. Dieselbe ist so originell, daß
ich nicht unterlassen will, sie kurz zu schildern. Der be=
treffende Jäger stülpt sich einen mit Gucklöchern versehenen
großen irbenen Topf oder einen ausgehöhlten Kürbis über
den Kopf, gürtet sich eine mit Blei beschwerte Tasche um die
Hüften und läßt sich langsam zwischen eine Entenschar trei=
ben. Diesen ist ein treibender Topf oder Kürbis keine un=
gewöhnliche Erscheinung, und da ihnen der Jäger selbst un=
sichtbar bleibt, lassen sie dieselben arglos in ihre unmittel=
bare Nähe gelangen. Letzterer packt nun eine Ente nach der
andern bei den Füßen und läßt sie, bevor sie Zeit haben,
einen Laut von sich zu geben, unter Wasser verschwinden,
dreht ihnen den Hals um und steckt sie in seine Jagdtasche.
Ich entsinne mich, vor Jahren in den „Fliegenden Blättern"
eine Oberländersche Zeichnung, diese Fangmethode darstellend,
gesehen zu haben. Damals hielt ich die Sache für einen
sehr hübschen Scherz, bis ich hier zu Lande Gelegenheit
fand, mich von ihrem für die Enten wenigstens so bitteren
Ernst zu überzeugen.

30 Kilometer hatte ich bis nach Bettiah, der Residenz
eines Maharadja, zurückzulegen. Die Kamele sandte ich
mit anbrechendem Morgen voraus und folgte mit meinem
Schecken einige Stunden später, in der Erwartung, bei mei=
ner Ankunft in Bettiah das Lager bereits fertig zu finden.
Ich war daher wenig erbaut, als ich nach etwa einer Stunde
an den Gandak, den ich per Fähre zu überschreiten hatte,
gelangte und hier eines meiner Kamele bis an den Bauch

im Uferschlamm versunken fand. Über 100 Menschen waren
seit mehreren Stunden bemüht, mit Stricken, Stangen und
Brettern das Schiff der Wüste wieder flott zu machen, aber
alle Arbeit war vergeblich gewesen, tiefer und tiefer war es
in den Schlamm versunken, und jede Hoffnung auf eine
Rettung des Tieres schien ausgeschlossen. Ich sah mich schon
nach einem Ochsenkarren zur Weiterbeförderung meiner Lasten
um, als ein Bote mir die Meldung überbrachte, zwei Kamele
des Maharadja von Bettiah ständen schon seit mehreren Tagen
am anderen Ufer für mich bereit. So konnte ich auf die
Dienste meiner bisherigen Lasttiere verzichten, fuhr mit Sack
und Pack über den Gandak und sandte von dort vier Zug=
ochsen zurück, um einen letzten Versuch zu machen, das ver=
sunkene Tier zu retten. Zu meiner großen Freude gelang
das Unternehmen, und nach Erledigung der Bakhhih=An=
gelegenheit konnte ich nach im ganzen dreistündigem Zeit=
verlust meinen Marsch fortsetzen.

In Bettiah, einem hübschen Landstädtchen mit ausge=
dehnten Palastbauten seines Fürsten, der zu den reichsten
Indiens gehört, wurde ich von dem Bevollmächtigten des
zur Zeit in Calcutta weilenden Maharadja empfangen und
mir von diesem die Mitteilung gemacht, daß sein Gebieter
Befehl gegeben habe, mir Elefanten und Kamele bis an den
Fuß der Berge Nepals zur Verfügung zu stellen. Damit
war ich der Sorge um die Weiterschaffung meiner Lasten
für längere Zeit überhoben und konnte den ganzen Abend
auf die Besichtigung der Sehenswürdigkeiten der Stadt ver=
wenden, anstatt meine Zeit mit Anwerbung von Ochsenkarren,
Kulis oder Kamelen zu vertröbeln. In Bettiah befindet sich
eine von österreichischen Kapuzinermönchen geleitete Mission,
und als guter Christ unterließ ich es nicht, dieser Anstalt

einen Besuch zu machen. Drei Schwestern und drei Brüder
betreiben hier unter Leitung des Paters Helarion das
Christianisierungswerk, doch fand ich von allen diesen nur
einen Bruder im Kloster anwesend. Derselbe hatte, als ich
mich bei ihm melden ließ, abgelehnt, mich zu empfangen,
mit der Motivierung, weder Englisch noch Hinbustani zu
verstehen: denn die Möglichkeit, daß auch einmal ein Deutscher
sich nach Bettiah verirren könnte, schien er für gänzlich ausgeschlossen zu halten. Nachdem ich ihn jedoch durch einen
Missionszögling hatte zurückmelden lassen, wes Landes Kind
ich sei, eilte er mit fliegender Kutte herbei und hätte als
echter Tiroler, der er war, vor lauter Freude die geheiligten
Klosterräume beinahe durch einen kräftigen Juchzer entweiht.
Er erzählte mir, daß bis vor kurzer Zeit italienische Brüder
die Mission geleitet hätten und er nebst den übrigen Brüdern
und Schwestern, die sämtlich aus Tirol stammten, erst vor
wenigen Wochen zur Ablösung herausgesandt worden sei.
Die Mission selbst sei eine der ältesten Indiens und schon
im Jahre 1704 in Nepal thätig gewesen, von dort aber 1747
mit ihren sämtlichen Zöglingen vertrieben worden und habe
dann Aufnahme in Bettiah gefunden. Im ganzen seien etwa
1500 Christen das Ergebnis des hundert und siebenund-
siebzigjährigen Wirkens der Mission.

Gegen Abend besuchte mich Pater Helarion, ein fein-
gebildeter Mann, der leider häufig vom Fieber heimgesucht
wird und bereits viel von der Frische, welche im allgemeinen
die Bewohner Tirols auszuzeichnen pflegt, eingebüßt hatte.
Als er erfuhr, daß ich auf dem Wege nach Nepal sei, erbot
er sich, mich in dem Gewande eines Dieners zu begleiten,
um so Gelegenheit zu finden, zum König von Nepal zu gelangen und dessen Ohr für eine Missionsniederlassung in

Khatmandu zu gewinnen. Zu meinem Bedauern mußte ich
dieses Anerbieten ablehnen, denn da es der britischen Regierung
nicht geringe Schwierigkeiten gekostet hatte, für mich die Erlaubnis zu erwirken, Khatmandu besuchen zu dürfen, erschien
mir die Möglichkeit, einen Europäer einzuschmuggeln, völlig
ausgeschlossen, dagegen versprach ich Pater Helarion, für ihn
das Terrain zu rekognoszieren und ihm später zu berichten,
ob irgend welche Aussicht vorhanden sei, für seine Sache
wieder Fuß in Nepal zu fassen.

Von den mir zur Verfügung gestellten Transporttieren
wählte ich einen Elefanten als Reittier für mich, sowie drei
Kamele für meine Lasten und erreichte am folgenden Tage
nach sechsstündigem Marsche auf guter, an beiden Seiten
von herrlichen Mangobäumen eingefaßter Straße Segowlie,
eine kleine, unscheinbare Ortschaft mit Eisenbahnstation und
ehemals Garnison eines Eingeborenen-Regiments. Für den
britischen Residenten in Nepal ist einer der früheren Offiziers-
bungalows als Absteigequartier eingerichtet, die übrigen
europäischen Häuser sind dagegen vollkommen veröbet und
sehen ihrem gänzlichen Verfall entgegen. Nach einem der
Beantwortung von Briefen gewidmeten Rasttage ging es
wieder direkt nordwärts in der Richtung auf Khatmandu
der nepalesischen Grenze entgegen, die nur etwa 40 Kilometer
von Segowlie entfernt ist.

.

Nepal.

—

Unter den heute noch unabhängigen Staaten Asiens zieht keines den Forschungs- und Jagdreisenden mit solcher Macht an, wie das im äußersten Norden des indischen Kaiserreiches zwischen den himmelanstrebenden Bergriesen des Himalaya gelegene Königreich Nepal; den Forschungsreisenden, weil das Land mit Ausnahme der Khatmandu-Ebene bisher für den Europäer ein Buch mit sieben Siegeln ist, den Jäger, weil die Jagdgründe des Nepal Terais d. h. der Südabhänge des Landes in Asien nicht ihresgleichen haben. Nepal ist, wenn man von einigen kleinen, fast noch unbekannten Fürstentümern in Bothan, einem Lande am rechten Ufer des Brahmaputra absieht, der einzige wirklich unabhängige Staat Indiens. Die britische Regierung unterhält in Khatmandu, der Hauptstadt des Landes zwar einen Residenten, derselbe hat sich jedoch jeglicher Einmischung in Regierungsangelegenheiten zu enthalten und darf sich unter keinen Umständen über die ihm von den Nepalesen gezogenen, sehr engen Grenzen im Khatmanduthale hinaus begeben. Zu seinem

persönlichen Schutze ist ihm von seiner Regierung eine Kom=
pagnie eingeborener Truppen aus dem Punjab beigegeben.
Im Norden von Tibet, im Osten von Sikkim und im Westen
wie Süden von verschiedenen indischen Provinzen begrenzt,
liegt Nepal zwischen dem 80sten und 88sten Grade östlicher
Länge und dem 26sten bis 30sten Grade nördlicher Breite.
Bei einer Länge von gegen 800 und einer durchschnittlichen
Breite von ca. 200 Kilometern umfaßt Nepal praeter propter
ein Gebiet von 160 000 Quadrat=Kilometern, ist also unge=
fähr doppelt so groß wie das Königreich Bayern.

Unter der Bevölkerung des Landes, die auf vier Millionen
Seelen geschätzt wird, begegnen wir den verschiedensten Volks=
stämmen und Mischrassen. In der niederen Zone, dem mit fast
undurchbringlichen Forsten bedeckten Terai, lebt in der Haupt=
sache ein erbärmliches Volk niedrigstkastiger Hindus, die Awa=
lias, wahrscheinlich die degenerierten Nachkommen von Be=
wohnern der angrenzenden indischen Ebene. Sie führen ein
jammervolles Dasein, bauen hie und da ein wenig Reis und
nähren sich im übrigen von Fischen und den Kadavern ge=
fallenen Viehs. Als Industrie betreiben sie lediglich Töpferei.
Übrigens sind sie die einzigen Bewohner Nepals, die dem
Teraifieber widerstehen können und werden daher vielfach in
den Forsten als Arbeiter, wie namentlich auch als Elefanten=
wärter und beim Fange wilder Elefanten verwendet. In
der mittleren Zone, etwa zwischen 4000—10000' finden wir
im Westen die Magars und Gurungs, in der Mitte des
Landes die Newars und Murmis, im Osten die Kirantis
und Limbus, während in der höchsten Zone über 10000'
die den Tibetanern in äußerer Erscheinung, wie in Sprache,
Sitten und Gebräuchen ähnlichen Bhutias als Nomaden
hausen. Diese sämtlichen Stämme sind, mit Ausnahme der

19*

Awalias und einiger Urstämme der mittleren Zone, der
Chepangs und Kusundas, unzweifelhaft mongolischen Ur=
sprungs, doch finden wir neben ihnen auch zahlreiche Misch=
linge von aus der indischen Ebene in kriegerischen Zeitläufen
geflohenen Hindus verschiedenster Rassen und den vorer=
wähnten Stämmen. Der Hauptstamm dieser als Parbatis
bezeichneten Mischlinge, die sogenannten Khas, aus deren
Mitte auch die jetzige Königsfamilie hervorgegangen ist, bilden
zusammen mit den Gurungs und Magars die heute herr=
schende Klasse. Nach der Stadt, von der aus sie gegen Ende
des vorigen Jahrhunderts ihre glücklichen Eroberungszüge
gegen die damals über den größten Teil des Landes regie=
renden Newarfürsten unternahmen, nennen sie sich Gurkas.
Ihres Glaubens sind sie Brahminen. Auffallend ist, daß
sich bei vielen von ihnen, trotz langjähriger Kreuzung mit
mongolischem Blut, die arischen Züge nahezu rein erhalten
haben.

Die Bewohner Nepals bekannten sich, bevor die neuen
Eroberer ins Land kamen, fast ausschließlich zum Buddhismus,
der im Laufe des fünften Jahrhunderts vor Chr. Geb. ein=
geführt worden sein soll. Heute ist ein nicht unbeträchtlicher
Teil der Bevölkerung, namentlich auch der Newars zum
Hindutum übergetreten, und wo der Buddhismus noch
existiert, ist er in einer Weise korrumpiert, daß er als solcher
kaum noch zu bezeichnen ist, denn abgesehen davon, daß in
fast allen buddhistischen Tempeln auch verschiedenen brahmini=
schen Gottheiten gehuldigt wird, hat man, im vollsten Gegen=
satz zu den Lehren Gautamas, überall im Lande das Kasten=
wesen eingeführt.

Es würde zu weit führen, wollten wir uns hier eingehend
mit der Geschichte Nepals befassen, erwähnt sei nur, daß vor

Eroberung des Landes durch die Gurkas letzteres in ver=
schiedene kleine Fürstentümer geteilt war, und daß allein das
kaum 600 ☐Kilometer große Khatmanbuthal in die Fürsten=
tümer Khatmandu, Batgaon, Patan und Kirtipur zerfiel.
Im Jahre 1792 brachen Feindseligkeiten zwischen den Ne=
palesen und Chinesen aus, worauf erstere die Hilfe der Eng=
länder anriefen, die infolgedessen eine Gesandtschaft unter
dem Oberst Kirkpatrik nach Khatmandu sandten, welche da=
selbst aber erst eintraf, als die Nepalesen sich mit ihren
Feinden bereits wieder geeinigt hatten. Es war das erste
Mal, daß ein englischer Beamter das Land betrat. Wenige
Jahre später 1804 kam es zu einem Kriege zwischen Nepal
und den Engländern, der bei wechselndem Glück volle zwei
Jahre dauerte und mit einem Siege der Briten, sowie Ab=
tretung der nepalesischen Provinz Kumaon und eines beträcht=
lichen Teiles des Terais an die Sieger endete. Gleichzeitig
wurde den Engländern das Recht zugestanden, fortan einen
Residenten in Khatmandu zu halten. Bis zum Jahre 1856
lebte Nepal dann mit seinen verschiedenen Nachbarn in Frieden
und Eintracht, aber in Khatmandu fehlte es nicht an Palast=
revolutionen und Kämpfen zwischen den verschiedenen Regie=
rungsparteien. Niemand gelangte zu Macht und Einfluß, ohne
zuvor bis an die Enkel in Blut zu waten, und König wie Mi=
nister waren, so sehr sie sich auch immer bemühten, mit ihren
Feinden tabula rasa zu machen, keinen Augenblick sicher, ob
sie in der nächsten Minute noch den Kopf auf den Schultern
tragen würden. Der erste und einzige nepalesische Premier=
minister, der bisher eines natürlichen Todes starb, ist Jung
Bahadur, der unter der Regierung des Königs Martabar
Singh, nachdem er Dutzende seiner Widersacher hatte er=
morden lassen, sich zum de facto Herrscher Nepals aufschwang

und trotz aller Morde, mit denen er sein Gewissen beschwerte,
als einer der größten Wohlthäter des Landes gepriesen wird.
Er starb im Jahre 1877, nachdem er im Anfange der
fünfziger Jahre England besucht und wenige Jahre später
1857 während des großen Aufstandes der Eingeborenen
gegen die Engländer letzteren mit seinen Truppen hervor=
ragende Dienste geleistet hatte. In den Jahren 1855—56
führten die Nepalesen unter Jung Bahadur Krieg mit den
Tibetanern, in dem die letzteren den kürzeren zogen und sich
im Friedensschluß zu einem jährlich nach Khatmandu zu
zahlenden Tribut in Höhe von 10000 Rupien, zur Auf=
hebung der Zölle auf alle aus Nepal importierten Waren
und zur Zulassung eines nepalesischen Gesandten in Lhassa,
der Hauptstadt Tibets und Sitz des Dalai=Lamas, ver=
pflichteten.

Die Beziehungen der nepalesischen Regierung zu der=
jenigen Britisch Indiens sind heute zweifellos freundschaftlicher
Natur, wenngleich sich nicht leugnen läßt, daß die Engländer
den Mangel jeglichen Einflusses auf die Verwaltung Nepals
schmerzlich empfinden. Die Nepalesen aber thun durchaus
recht daran, wenn sie ihr Land den Europäern und in erster
Linie den Engländern, so weit es in ihrer Macht liegt, ver=
schließen, haben sie doch an ihren Nachbarstaaten Kaschmir
und Sikkim gesehen, wie der Sohn Albions, wo er einmal
Einlaß erhalten hat, nicht nur festen Fuß faßt, sondern
diesen Fuß auch den Leuten, die ihn als Gast empfangen
haben, auf den Nacken setzt. Begreiflicherweise lag mir be=
sonders viel daran, nachdem ich bereits einen großen Teil
der Himalayastaaten durchzogen hatte, gerade dasjenige Land
kennen zu lernen, zu dem der Zutritt am schwierigsten zu
erlangen ist; aber mit wem ich auch im Verlaufe meiner

Reise in Verhandlung getreten war, jedermann erklärte, mir
einen Paß für Nepal nicht verschaffen zu können. Da wandte
ich mich in Simla an den Vizekönig Lord Lansdowne, der
mir schon so manche Liebenswürdigkeiten erwiesen hatte, und
erhielt nach wenigen Wochen die Antwort, daß der Maharadja
von Nepal sich bereit erklärt habe, mich in Khatmandu zu
empfangen.

Mit dieser Erklärung in der Tasche erreichte ich mit
zwei Lastkamelen und meinem Ponny die letzte auf dem Wege
nach Nepal im Behar-Distrikt gelegene ehemalige Indigofaktorei Hurdea, deren Verwalter Mr. Halloway, den ich
gerade beim Frühstück überrumpelte, mich in herzlichster Weise
willkommen hieß und mich bat, für einige Tage sein Gast
zu sein. So gern ich dieser Bitte unter anderen Umständen
nachgekommen wäre, so drängte es mich doch, möglichst ohne
Zeitverlust nach Nepal zu gelangen, und als im Laufe des
Nachmittags als Antwort auf eine meinerseits an die britische
Residentur in Khatmandu gerichtete Anfrage, die Nachricht
eintraf, daß die nepalesischen Grenzposten Befehl erhalten
hätten, mich passieren zu lassen, entschloß ich mich, am
folgenden Morgen in aller Frühe weiter zu marschieren.
Später erfuhr ich, daß der Maharadja noch im letzten
Augenblick Bedenken gegen meinen Besuch geäußert hatte
und nahe daran gewesen war, die mir gegebene Erlaubnis,
sein Land zu betreten, zu widerufen, da man fürchtete, ich
könne ein russischer Spion sein, der eine Marschroute für die
russischen Truppen durch Tibet und Nepal nach Indien ausfindig machen wolle. Es hatte erst einer ausdrücklichen Versicherung des in Abwesenheit des Residenten mit den Geschäften
betrauten Residenturarztes Dr. Shore bedurft, den ängstlichen
Nepalesen klar zu machen, daß ein vom Vize-König persönlich

empfohlener deutscher Offizier wahrscheinlich alles andere eher
als ein rufsischer Spion sei.   Hurdea ist eine der wenigen
Indigopflanzungen Behars, welche die für sie aufgewandte
Arbeit nicht gelohnt haben, so daß man seit der letzten Ernte
überhaupt den Anbau des Indigo eingestellt hatte und nun
die extensivste Wirtschaft, oder besser gesagt, die intensivste
Raubwirtschaft trieb, die mir vorgekommen ist.   Der größte
Teil des Landes war verpachtet und zwar derart, daß der
Pächter das gesamte Stroh und die Hälfte des Getreides
seiner Ernte an den Verpächter abzuliefern hatte, der seiner=
seits Stroh sowohl wie Getreide versilberte und obendrein
noch den wenigen von seinen Rindern und Pferden pro=
duzierten Dünger verbrennen ließ.   Ich nahm mir damals
vor, meinem liebenswürdigen Wirte ein Exemplar von Liebigs
Agrikulturchemie zu dedizieren, habe diesen guten Vorsatz
aber bisher, wie ich zu meiner Schande gestehen muß, nicht
zur Ausführung gebracht.

Als wir in der Frühe des nächsten Morgens, begleitet
von Mr. Halloway, auf der Landstraße dahinzogen, sah
ich auf den Feldern mehrere, zu mindestens sieben Achteln
nackte, kohlrabenschwarze Ackerbauer an langen Stricken
hängende irdene Töpfe, denen ein weißlicher Rauch entstieg,
hin= und herschwingen. Auf meine Frage, was diese Räucherei
zu bedeuten habe, wurde ich dahin belehrt, sie habe den Zweck,
böse Geister von den Feldern zu treiben, um eine möglichst
gute Ernte zu erzielen.

Nach etwa einer Stunde Marschierens durchwateten wir
den Rukful, ein zu dieser Jahreszeit kaum zwei Fuß tiefes
Flüßchen, und befanden uns damit auf nepalesischem Gebiet.
Erstaunt war ich, hier gar keine Grenzwächter zu finden,
und erfuhr von meinem Begleiter, daß man überhaupt bis

an den drei bis vier Tagemärsche entfernten Sissagaripaß
unbehelligt bleibe, erst dort beginne die Grenzsperre.

Ich verabschiedete mich nunmehr von Mr. Halloway und
zog allein mit meiner kleinen Kamelkarawane weiter auf gut
gehaltener, breiter Landstraße, zu deren beiden Seiten junge,.
durch hohe Flechtwerke gegen Beschädigung geschützte Mango=
bäume angepflanzt waren. Jedenfalls wollten die Nepalesen
zeigen, daß sie sich ebensowohl um ihre Wege zu bekümmern
verstünden, wie ihre Nachbarn, die Engländer, und daß da,
wo man die Straße in schlechter Verfassung lasse, dieses
seine guten Gründe habe, nämlich unberufenen Besuchern
das Eindringen nach Möglichkeit zu erschweren. Man konnte
sich nach Mecklenburg in die Zeit der Rapsblüte versetzt
wähnen, so üppig wogten, so betäubend dufteten die weit
sich ausdehnenden blühenden Senffelder. Sehr bald über=
holte ich einen schier endlos langen Zug von Ochsenkarren,
auf denen schwere, gußeiserne Röhren verschiedenen Kalibers
landeinwärts befördert wurden. Ich vernahm, daß dieselben
zu einer Wasserleitung in Khatmandu bestimmt, und daß
schon mehrere hundert solcher Röhren dorthin geschafft worden
seien. Das klang ja alles unheimlich zivilisiert, und ich wäre
am liebsten gleich wieder umgekehrt, wenn mir nicht fast
gleichzeitig ein kleiner Trupp Bhutias in grauen Wollmänteln
und Filzkappen mit Tragkörben auf dem Rücken begegnet
wäre. In den Händen trugen sie, an der Seite mit einem
kugelbeschwerten Kettchen versehene, etwa 3 Zoll lange
Messing=Cylinder, die sie vermittelst eines kurzen Holzstabes,
in den ein eiserner Dorn eingelassen war, um den sich der
Cylinder drehte, in beständiger Rotation hielten, dazu un=
unterbrochen die Worte murmelnd: „Om mani padme ham“
(O, du Edelstein auf dem Lotos, schrumm!). Nun hatte

ich bereits genug von den berühmten tibetanischen Gebet=
mühlen gehört, um sofort zu wissen, daß ich es mit diesen
zu thun hatte. Durch jede Umdrehung der Mühle erwirbt
sich der Gläubige das gleiche Verdienst, als ob er die im
Cylinder aufbewahrten Gebetrollen abgelesen hätte. Da ich
als eifriger Sammler dem Prinzip huldigte, nie mit einem
Ankauf bis morgen zu warten, wenn ich ihn heute bewerk=
stelligen kann, so versuchte ich sogleich mit den Pilgern wegen
Abtretung einer Gebetmühle in Verbindung zu treten. Ich
hatte aber dieses Mal kein Glück, denn man kümmerte sich
überhaupt nicht um meine Anrede und zog, „Om mani
padme hum" brummend, weiter des Weges.

In fröhlichster Laune setzte ich meinen Marsch fort. Was
sollte ich noch alles in Nepal erleben, wenn mir hier, so nahe
der britischen Grenze bereits derartig interessante Menschen
begegneten. Meine Erwartungen wurden denn auch voll und
ganz erfüllt. Kaum hatten wir die Bhutias aus den Augen
verloren, so trafen wir einige langbärtige Afghanen in weiten
weißen Beinkleidern und Kitteln, um das lange schwarze Haar
einen lose gewundenen weißen Turban. Sie sind die unter=
nehmendsten Hausierer, die man sich denken kann, und überall
trifft man sie, von einem Ende des indischen Reiches bis zum
anderen, in Bombay, Calcutta und Mandalay, bis hinauf an
die burmesisch=chinesische Grenze. Mit einem Sack gedörrter
Pfirsiche oder Aprikosen auf dem Rücken verlassen sie ihr
Vaterland und ziehen planlos in die Welt hinaus. Man
sagt, sie seien, nachdem sie ihren Vorrat an getrocknetem
Obste erschöpft hätten, nicht allzu wählerisch in Bezug auf
Mittel und Wege, ihre Bedürfnisse zu decken, und nament=
lich sollen sie im Durchschneiden von Menschenkehlen eine her=
vorragende Virtuosität entwickeln, so daß sich in der Regel

die ihren Hals über alles liebenden Bewohner der indischen
Ebene hüten, es mit einem Afghanen zu verderben. Als Sol=
daten sieht man sie hier und da in den eingeborenen Regi=
mentern. Sie werden ihrer Nüchternheit und Disziplin
wegen gelobt, aber auch hier traut man ihnen nicht über den
Weg und hütet sich, ihnen Gelegenheit zu geben, ihrer Rach=
sucht die Zügel schießen zu lassen. Sie be=
kennen sich durchweg zum Islam und sind
die stattlichsten Vertreter der arischen Rasse,
die ich gesehen habe. Man trifft unter ihnen
häufig Erscheinungen, die vom Fleck weg als
Passionsspieler ins Oberammergau ziehen
könnten. Als Lagernachbarn waren sie mir
dagegen stets hochgradig unsympathisch.

Nachmittags erreichten wir Semrabassa,
eine am Waldessaum gelegene Ansiedelung
mit elenden Laubhütten und zigeunerhaft
lebenden Nawaris. Mehrere derselben waren
damit beschäftigt, einen jungen Wasserbüffel,
dem man mit dem Kukri, dem berüchtigten
Gurkamesser, den Kopf vom Rumpfe getrennt
hatte, zu zerlegen. Den Mitgliedern selbst
der niederen Kasten in Nepal gilt zwar, wie
allen Hindus, das Rind als geheiligtes Tier,

Kukri.

mit dem Wasserbüffel macht man hingegen eine Ausnahme,
auch wird der Büffel vielfach in den Tempeln den Göttern
als Opfer dargebracht. Ohne dem Rinderfilet seine großen
Vorzüge absprechen zu wollen, nehme ich faute de mieux
auch mit dem Filet des Wasserbüffels fürlieb und war daher
recht froh, als es meinem Koch gelang, ein solches für den
Preis einiger Silberlinge für mich zu erwerben. Wir schlugen

unſer Lager möglichſt weit von dem übel duftenden Dorfe
auf, empfingen die Beſuche freundlicher Leute, von denen ich
mir allerhand über Nepal erzählen ließ, während mein treuer
Scheckenpony „Rabja" in Ermangelung von Gras die ihm
von ſeinem Saïs mit Hilfe eines Spatels aus dem Boden
losgelöſten Graswurzeln verzehrte und die Kamele ſich an
einem großen Haufen friſchen Laubes gütlich thaten.

Ein zweiter Marſch auf breiter, aber ſandiger, unausge=
ſetzt durch dichten Laubwald führender Straße, auf der uns
wieder lange Züge von Ochſenkarren, ſowie eine große An=
zahl Kulis begegneten, die entweder enorme Ballen roher
Baumwolle und indiſcher Baumwollſtoffe, oder Kiſten mit
amerikaniſchem Petroleum und ſchwediſchen Streichhölzern auf
dem Rücken trugen, brachte uns nach Bichiakoh. Die Nepa=
leſen ſind, gleich den Kaſchmiris, ausgezeichnete Laſtträger
und ſchleppen nicht ſelten Gewichte von 150 Pfund und
darüber über die höchſten Päſſe. Ausnahmsweiſe ſah ich auch
Kulis ihre Laſten an den zwei Enden einer über die Schulter
gelegten Stange tragen. Einmal begegnete ich einem alten
Herrn, der ſeine beiden Enkelchen, je eines in einem Körbchen
ſitzend, auf dieſe Weiſe nach Hauſe trug, ein Bild, wie es an=
ziehender nicht gedacht werden kann. In Bichiakoh, einem
ärmlichen, an breitem Flußbett gelegenen Dorfe, fand ich das
große, zweiſtöckige Raſthaus, eine ſogenannte „Pauah", auf
Befehl des Maharadjas für mich bereitgeſtellt, doch zog ich
es, teils weil es noch früh am Tage war, teils wegen Mangels
an der erwünſchten Sauberkeit dieſes königlichen Raſthauſes,
ſehr zum Verdruß meiner Diener und Kameltreiber vor, nach
kurzem Aufenthalt weiterzuziehen und ſpäter auf einer kleinen
grasbedeckten, baumbeſtandenen Bodenerhöhung in dem weiten
ſteinigen Flußbette Lager zu beziehen. Wir waren hier mitten

in der Wildnis, abseits von allen menschlichen Wohnungen.
Ringsum an den hohen Ufern des Flusses dehnten sich präch=
tige Laubwaldungen mit den als Bauholz hochgeschätzten
Salbäumen aus, und als die Nacht hereinbrach, wurden wir
bald gewahr, daß einige Tiger mit knurrendem Magen unser
Lager umkreisten. Wir banden die Kamele und Rabja daher
mitten im Lager an, und nachdem rundum große Holzfeuer
entfacht waren, legten wir uns beruhigt schlafen.

Hinter Bichiakoh hört für einige Meilen die Landstraße
auf. An ihre Stelle tritt während der trockenen Jahreszeit,
d. h. vom November bis März das Flußbett, dessen mit
Geröll bedeckter Boden zwar nichts weniger als eben ist, aber
doch Menschen, Lasttieren und selbst Fuhrwerken keine unüber=
windlichen Hindernisse bietet. In der Regenzeit stockt der
Verkehr vollkommen. Zwischen vier= bis fünfhundert Fuß hohen
teils mit Laubholz bedeckten Bergen, teils schroffen, hier und
da mit Kiefern geschmückten Sandsteinklippen stolperten wir
mehrere Stunden durch eine malerische, in einzelnen Partien
lebhaft an die sächsische Schweiz erinnernde Landschaft, bis
wir bei Chirjaghati wieder die Straße erreichten. Hier hatten
sich in einem Engpaß zwei sich begegnende Ochsenkarrenzüge
solcherweise festgefahren, daß ich mich nur mit vieler Mühe und
dank größtem Entgegenkommen der Treiber mit meinem
Pony durch das Gewirr von Fuhrwerken hindurchwinden
konnte, während die Kamele vorläufig zurückbleiben mußten.
Gegen Mittag zog ich in Hetounda ein, und da ich mein
Frühstück in der Satteltasche mitgenommen hatte, konnte ich
in aller Behaglichkeit auf der Veranda des für mich geöffneten
königlichen Rasthauses die erst nach mehreren Stunden er=
folgende Ankunft der Lasttiere abwarten. Die größeren nepa=
lesischen Häuser sind meist zwei= bis dreistöckig, stehen auf

quadratischer Grundfläche und haben in der Mitte einen ge=
räumigen, von Veranden umgebenen Hofraum. Auch an der
Vorderfront des Hauses befindet sich in der Regel im unteren
Stockwerk eine große Veranda. Die Häuser sind aus roten
Ziegelsteinen erbaut und die weit ausladenden Dächer ent=
weder mit Stroh, Schindeln oder Ziegeln eingedeckt. An den
Veranden, Balkonen, Fenstern und Thüren sieht man viel=
fach außerordentlich wirkungsvolle Holzbildhauerarbeiten und
Schnitzereien. Hier und da sind die Motive dieser Kunst=
werke allerdings in einer Weise schlüpfrig, daß einem keuschen
Joseph die Augen übergehen könnten.

Die einzelnen Stockwerke sind durch Leitern, seltener durch
Treppen mit einander verbunden, die Fußböden aus Stein
oder Lehm hergestellt, die Wände weißgekalkt. Fensterscheiben
aus Glas gelten bisher in Nepal als ein Luxus, den sich
nur die Reichsten des Landes gestatten, die Fensteröffnungen
sind mit durchbrochenem Schnitzwerk z. B. in Form eines
radschlagenden Pfaues zur Brechung der Sonnenstrahlen ver=
sehen und werden gegen die Kälte von innen mit Holzluken
verschlossen. Ein so hoher Wert durchweg auf die äußere Er=
scheinung des Hauses gelegt wird, so armselig und unbehag=
lich pflegt es im Innern zu sein. Die Räume sind niedrig,
verräuchert, dunkel und schmutzig. Der mittlere Hof, in dessen
umlaufender Veranda der Regel nach die Dienerschaft haust,
und in der gleichzeitig Pferde, Kühe, Ziegen und sonstige
Haustiere untergebracht sind, dient nebenher als Düngerstätte
und Spielplatz für die Kinder, an denen, namentlich wenn
solch ein Gebäude, wie es häufig vorkommt, von über einem
Dutzend verschiedenen, der gleichen Kaste und demselben Beruf
angehörenden Familien bewohnt wird, ein wahrer embarras
de richesse herrscht. In den meisten Rasthäusern sind Möbel

irgend welcher Art nicht vorhanden, dagegen kann man sich über einen Mangel an Ungeziefer niemals beklagen.

Hetounba ist während der kalten und trockenen Jahreszeit ein recht lebhaftes Örtchen, da es für die Karawanen einen der Rastplätze nach Khatmandu bildet. Vorübergehend ist hier dann ein nepalesischer Offizier mit einigen Soldaten zur Aufrechterhaltung der Ordnung stationiert. Sobald die Regenzeit einsetzt, veröbet der Ort dagegen gänzlich, da die todbringenden Teraifieber Händler wie Soldaten wieder in die Berge treiben. Bei meiner Ankunft herrschte ein ganz besonderes Treiben, da eine große Anzahl Kulis und einige dreißig Elefanten kurz zuvor eingetroffen waren und für den nächsten Morgen verschiedene hohe Würdenträger erwartet wurden, um einige Tagereisen weiter öst-

Prithibi Bikram, König von Nepal.

lich Vorbereitungen für eine große Tigerjagd zu treffen, zu der Seine Majestät der König Prithibi Bikram wie auch der Premierminister Maharadja Bir Shum Shere erwartet wurden. Das Elefantenlager lag etwa 10 Minuten vom Dorfe entfernt im Dschungel, und selbstverständlich ließ ich es mir nicht nehmen, demselben einen Besuch abzustatten. Zum ersten Male sah ich hier Elefanten in größerer Anzahl bei der Arbeit in der Wildnis, und nicht müde wurde ich zuzusehen, wie sie, von ihren Mahauts (Treibern) geleitet, jede von ihnen verlangte

Arbeit verrichteten, Bäume entwurzelten, Äste abbrachen, die
entästeten Bäume im Maule oder auf den Stoßzähnen zu
bestimmten Plätzen schleppten, Wege durch den Wald bahnten,
ihr Futter herbeiholten und beim Baden, gehorsamen Kindern
gleich, auf Geheiß dreimal hintereinander untertauchten. Die
Dressur der Tiere, von denen im ganzen gegen zweihundert
zu der Jagd versammelt werden sollten, ist geradezu erstaunlich. Was sollte man überhaupt in einer solchen Wildnis
anfangen, wie eine Jagd im größeren Stile arrangieren
können ohne Elefanten?

Gegen Abend kam ein nepalesischer General mit Frauen,
Kindern und großem Gefolge durch Hetounba marschiert. Er
und ein Teil seiner Mannen waren beritten, während seine
Frauen in Sänften getragen wurden. Jede Sänfte war von
einem Träger mit großem Schirm, dem Abzeichen der Würde
des Gatten, begleitet. Übrigens schienen Seine Excellenz sehr
eifersüchtiger Natur zu sein, denn sobald die Sänften in
meine Nähe kamen, wurden nicht nur die Vorhänge derselben
niedergelassen, sondern von anderen Trägern auch noch große
Tücher derartig ausgespannt gehalten, daß die Sänften selbst
meinen Blicken vollständig entzogen wurden. Im allgemeinen
sind sonst die Nepalesen weit geringer streng gegen ihre
Frauen als die Bewohner Indiens, die ihre Zenana geradezu
hermetisch verschlossen halten, während sich in Nepal selbst
die Frauen des Königs nicht selten öffentlich zeigen, ja sich
letzthin sogar von einem Europäer photographieren lassen
durften. Nach einer recht unbehaglichen Nacht in der Veranda
des Rasthauses ging es früh morgens bei Nebel und Kälte
weiter nach der am Fuß des Sissagaripasses gelegenen Ortschaft Bhimpedi. Die sich an den hohen Ufern des Rapti
entlang windende und den Fluß auf mehreren soliden Holz-

brücken kreuzende Fahrstraße macht den nepalesischen Offizieren, die sie in den Jahren 1865—70 lediglich mit ihren
Soldaten gebaut haben, alle Ehre, und die von ihr durch-
schnittene Landschaft ist eine der großartigsten, die ich in den
niederen Regionen des Himalayas zu bewundern Gelegenheit
gefunden habe. Das Land ist gut bebaut, und überall sieht
man Gehöfte, einzelne Ansiedlerwohnungen und blühende
Felder und Gärten.

Mit Bhimpedi, wo wir nach fünfstündigem genußreichen
Marsche anlangten, findet die fahrbare Straße ihr Ende.
Die Reise mußte von hier ab auf schmalen, steilen Gebirgs-
pfaden fortgesetzt werden, auf denen selbst Lasttiere ihre liebe
Not haben, vorwärts zu kommen, so daß man sich fast ausnahmslos der Kulis sowohl zum Personen- wie zum Lasten-
transport zu bedienen pflegt. Dank der liebenswürdigen
Fürsorge der Behörden in Khatmandu standen bereits die zur
Beförderung meiner Gepäckstücke erforderlichen zehn Kulis
marschfertig, so daß ich nur nötig hatte, die Kamele entladen
und die Lasten neu verteilen zu lassen. Hierüber wie über
der Auszahlung der üblichen Backshishs an die Kameltreiber
verging aber immerhin etwa eine Stunde, die ich benutzte,
mir das recht malerische, lebhafte Örtchen näher anzusehen.
Mitten in der Straße gewahrte ich einen riesenhaften, auf
der Seite liegenden, alle Viere von sich streckenden Elefanten.
Auf dem Bauche des Untiers saß ein Mahaut, hatte einen
der kolossalen Vorderfüße seines Pflegebefohlenen an sich
herangezogen und schnitt von der Sohle desselben mit einem
sichelartigen Instrument handgroße Hornstücke herunter,
während der Dickhäuter wohlgefällig dazu grunzte. Als
diese jedenfalls mehr Muskelkraft als eine leichte Hand er-
fordernde Hühneraugenoperation beendet war, erhielt der

geduldige Patient von seinem Operateur einen gelinden Tritt
vor den Magen und erhob sich sichtlich befriedigt.

Endlich waren die Lasten ausgeteilt und alles wohl bestellt, so daß der Aufstieg nach dem gegen 5000 Fuß hoch
gelegenen Sissagarifort, wo ich für die Nacht vorgeschriebener-
maßen Quartier zu nehmen hatte, beginnen konnte. Anfangs
ließ ich mich von meinem braven Schecken tragen, als der
Weg aber steiler und steiler wurde und Rabja anfing Bäche
von Schweiß zu vergießen, verließ ich den Sattel, hing mich
an den Schwanz meines treuen vierbeinigen Kameraden und
ließ mir auf diese Weise die Kletterei wesentlich erleichtern.
Hätte mein Saïs sich Ähnliches erlaubt, ich würde ihm ein
paar gehörige Maulschellen verabfolgt haben, da der Pfad
mit losem Felsgeröll bedeckt war und der Pony auch ohne
lebendes Schwanzanhängsel jeden Augenblick Gefahr lief, nach
hinten auszurutschen, mir selber aber verzieh ich diese Un-
art, da ich einen verwundeten Fuß hatte und es außerdem
unausstehlich heiß war, so daß ich nach kaum viertelstündiger
Kletterei bereits wie aus dem Wasser gezogen triefte. Auf
dem ersten ebenen Fleckchen Weges machte ich kurze Rast
und konnte mich, bergabschauend, nicht eines Gefühls des
Mitleids mit meinen armen Kulis erwehren, die pustend und
keuchend mit ihren schweren Lasten auf dem Buckel langsam
auf schmalem Zickzackpfade vorwärts strebten.

Nach etwa dreiviertel Stunden stand ich vor einer engen
Pforte, durch die kaum zwei Menschen nebeneinandergehend
sich hindurchzwängen konnten, dem Thore zum Königreich
Nepal. Der Posten ließ mich ohne weiteres passieren, die
hinter der Pforte in einem Schuppen untergebrachte Wache
trat ins Gewehr, ich wurde von einem Offizier in Empfang
genommen und an verschiedenen Soldatenwohnungen vorüber

zu dem auf geräumigem Hofe der kleinen Veste gelegenen
kümmerlichen Gasthause geleitet. Hier mußte ich noch eine
geraume Zeit auf meine Diener und Kulis warten, genoß
in vollen Zügen die prächtige frisch mich anwehende Berg=
luft und weidete mein Auge an der unter mir sich aus=
breitenden Landschaft. Als ich jedoch einen Blick in das
Innere der Befestigungen werfen wollte, kam es mir vor, als
ob der aufgestellte Posten leicht verstimmt würde, und
um keinen weiteren Verdacht zu erregen, unterdrückte ich alle
ferneren Orientierungsgelüste. Ich sah, daß an der Grenz=
pforte mit Ausnahme meiner Kulis und Diener jedermann
für seine Person, wie für die von ihm beförderten Waren
einen Zoll zu entrichten hatte.

Offiziere und Soldaten benahmen sich gegen mich in
jeder Weise zuvorkommend, ohne aber sich nach Art ihrer
indischen Vettern irgendwie unterwürfig zu zeigen. Überhaupt
habe ich während meines Aufenthaltes in Nepal die Erfahrung
gemacht, daß es dem Nepalesen keineswegs an Selbstbewußt=
sein fehlt. Der Fremdling ist im Lande nur geduldet, ge=
feiert oder gar angebetet, wie in anderen Himalayastaaten,
wird er nicht, und umsonst wird man hier nach Leuten suchen,
die sich vor dem Europäer zur Erde beugen, den Staub
küssen, den sein erhabener Fuß berühren soll, oder sich die
Schuhe ausziehen und den Sonnenschirm schließen, wenn
sie an ihm vorüber gehen. So etwas giebt es nicht in
Nepal, und ich kann wohl sagen, so angenehm es schließlich
ist als Halbgott angesehen zu werden, ich freue mich doch,
einmal wieder unter Menschen zu weilen, die mir deutlich
zu verstehen gaben, daß sie mich zwar als Gast ihres Lan=
des respektierten, mich im übrigen aber durchaus nicht für
ein höheres Wesen hielten.

Am folgenden Morgen wurde die Kletterei durch Wald=
land fortgesetzt, bis wir nach ca. 1 Stunde in einer Höhe
von etwa 6500 Fuß den Sissagaripaß überschritten. Da
dichte Nebelmassen über den Bergen lagerten, so wurden wir
für unsere Anstrengungen durch einen Ausblick leider nicht
entschädigt und hatten infolgedessen auch keine Veranlassung,
mit dem Abstiege zu zögern. Nach zweistündigem Marsche,
während dem wir verschiedentlich das trockene Bett eines in
der Regenzeit hochanschwellenden und deswegen an ver=
schiedenen Stelle von Brücken überspannten Flusses hatten
kreuzen müssen, gelangten wir zu dem freundlichen, malerisch
zwischen kahlen Bergen gelegenen Dorfe Markhu. Hier
trafen wir eine Anzahl junger Gurkas, die sich bei meiner
Annäherung erhoben und militärisch grüßten. Ich erfuhr
von ihnen, daß sie in die Heimat beurlaubte Soldaten eines
englischen Gurkaregiments seien und in den Kreisen ihrer
Freunde Propaganda für den Eintritt in das englisch=indische
Heer gemacht hätten. Als das Resultat ihrer Bemühungen
stellten sie mir einige hübsche, kräftige junge Burschen vor,
darunter einen Jüngling mit tiefblauen Augen und hell=
blondem Haar, der sehr wohl für einen Europäer hätte
gelten können, mir aber auf Befragen die Versicherung gab,
reinblütiger Newar zu sein. Ich kaufte dem Jungen einen
vortrefflich gearbeiteten Kukri ab, beschenkte die ganze Ge=
sellschaft mit Cigarren, die sie nur zögernd entgegennahm,
und erreichte nach weiteren Stunden die am Fuße des
Chandraghiripasses am Ende eines „Klein Nepal" genannten
Thales gelegene langgestreckte Ortschaft Chitlong, wo ich in
dem mit herrlichen, aber unbeschreiblich obscönen Holzschnitze=
reien überladenen Rasthause die für mich bereitgehaltenen
Räume bezog und den ganzen Nachmittag lesend und schreibend

zubrachte. Gegen Abend unternahm ich einen Spaziergang
ins Dorf, in dem die letzte Ernte auf hohen Holzgerüsten
in stattlichen Schobern neben den Häusern stand. In der
Nachbarschaft des Rathauses liegt ein neuerbauter, dem
Gotte Schiwa geweihter, von drei Kuppeln gekrönter Tempel
aus hellgrauem Sandstein, in dem zahlreiche Spenden von
Reis und Blumen niedergelegt waren. Wir befanden uns
hier in einer Höhe von nahezu 6000 Fuß über dem Meeres=
spiegel, und mit hereinbrechender Nacht wurde es so empfindlich
kalt, daß ich selbst in geschlossenem Raume trotz aller meiner
Mäntel und Decken wie ein Schneider fror.

Zähneklappernd, bei dichtem Nebel, setzten wir in früher
Stunde am folgenden Morgen den Marsch fort, um wo=
möglich noch zur Frühstückszeit unser Reiseziel, die Haupt=
stadt Khatmandu, nach der es mich mit unwiderstehlicher
Gewalt zog, zu erreichen. Die Hände tief in den Hosen=
taschen vergraben, mit hochgeschlagenem Rockkragen, ging
es auf einem der steilsten Pfade, die mir vorgekommen sind,
aufwärts. Selbst Nadja, das geborene Kletterpferd, hielt
alle paar Minuten schnaubend und mit den Flanken schlagend
inne, schüttelte die schwarzweiße Mähne und schien zu denken,
daß, falls nicht hinter dem Berge eine ganz besonders fette
Weide liege, die Kletterei pour le roi de Prusse sei.

Die Sonne kam, die um die Berge wogenden Nebel=
massen verflüchtigten sich, und wenn ich mich, ab und zu
eine kleine Pause machend, umwendete und einen Blick zurück
auf das hinter uns liegende Thal warf, so war ich jedesmal
versucht, das Lied anzustimmen: „Wär' dieses schöne Land
doch mein Vaterland", und wenn ich das unterließ, so war
daran in erster Linie eine gewisse Atemnot schuld, in zweiter
eine Heiserkeit, die ich mir über Nacht zugezogen hatte, und

in dritter der mir angeborene Mangel jeglicher gesanglichen
Begabung. Allmählich wurde die Paßhöhe erklommen, und
vor meinen Blicken lag ein Bild so wunderbar, so über=
wältigend großartig, wie ich bisher noch nichts auf Erden
geschaut hatte. Ich habe unendlich viel des Schönen auf
meinen weiten Wanderungen gesehen, habe mehr als einmal
geglaubt, vor dem Herrlichsten zu stehen, was Gott geschaffen
hat, aber hier ward mir bewußt, wie tief ich die Leistungs=
fähigkeit des Weltenschöpfers bisher unterschätzt hatte.

So etwas findet sich auf Erden? Ist's möglich, ist ein
Land so schön, muß ich in jenen hingestreckten Bergen den
Inbegriff von allen Himmeln sehen? Ich stand da wie fest=
gewurzelt. Tief unter mir wogten im weiten Khatmandu=
thale dichte, milchweiße Nebelmassen, aus denen, einer Feen=
insel gleich, der von vergoldetem Tempel gekrönte Swayambu=
hügel überflutet vom Sonnenglanze aufragte, während im
Hintergrunde eine endlose Kette schneestarrender Berge sich
vom lichten Blau des Horizontes abhob. Da lagen sie vor
mir, die Bergriesen unseres Planeten in ihrer ganzen, nicht
mit Worten zu schildernden Majestät, alle überragend der
mächtige, über 29 000 Fuß hohe Gaurisankar, heute nach
seinem Entdecker Mount Everest genannt, daneben der
28 250 Fuß hohe Kinchinjanga, im Westen der malerische
nahezu 27 000 Fuß hohe Dawalagiri und zwischen ihnen
fast ein Drittel des Horizontes einnehmend eine Folge von
schneebedeckten, noch von keines Menschen Fuß entweihten
Gipfeln zwischen 23 000 und 25 000 Fuß.

Sobald die Kulis mit dem Gepäck herangekommen waren,
ließ ich einen meiner Stühle aufstellen und schwelgte, mich
niedersetzend, über eine halbe Stunde wonnetrunken in dem
Anblick der nirgend auf der Erde ihresgleichen habenden

Landschaft, stumm das Schicksal preisend, welches mich auf diesen Punkt geführt. Nur eines fehlte mir in jener Stunde dieses Glückes, nämlich ein Wesen, welches mit mir genießen, mit mir empfinden, gemeinsam mit mir den Schöpfer dieser fast überirdischen Pracht preisen konnte. Aber ich war unter Larven die einzig fühlende Brust, unter meinen Dienern war niemand, der mich verstand. Die mich begleitenden Nepalesen wandten all diesen wunderbaren Bergen, von denen sie mir auch nicht einen einzigen Namen angeben konnten, stumpfsinnig den Rücken und verzehrten, im Schatten eines moosbehangenen Baumes hockend, ihr frugales Frühstück. Wie ist es möglich, fragte ich mich, daß diese Menschen solchen Wunderwerken der schaffenden Natur gegenüber kalt bleiben? und ich blieb mir die Antwort schuldig. Als ich aber einige Tage später in Khatmandu die Erfahrung machte, daß zwei der drei seit Jahren dort lebenden Europäer keine Ahnung davon hatten, daß sie Tag für Tag von ihren Fenstern aus den Gaurisankar, den König aller Berge, vor sich sahen, und ich ihnen diese Thatsache erst an der Hand meiner Karten beweisen mußte — da wäre mir fast der Verstand still gestanden.

Zweitausendfünfhundert Fuß hatten wir zum Khatmanduthale hinab zu steigen, und dieser Abstieg war ein recht beschwerlicher sowohl für uns Menschen, wie für den mehrfach den Boden unter den Hufen verlierenden Schecken. Mittlerweile wurden die Nebelmassen von den Strahlen der Sonne verjagt, und von steiler Höhe unterschied ich deutlich unter mir, neben den drei großen Städten, Khatmandu, Batgaon und Patan, verschiedene ansehnliche Dorfschaften und unzählige über das ganze Thal verstreute Gehöfte. Da ist kaum ein Fleck, der nicht kultiviert wäre, überall, soweit das Auge

reicht, Baumgruppen, Äcker, blühende Gärten und Wiesen.
Die Ebene ist vortrefflich durch die beiden sie durchschneidenden
Flüsse, den Bagmati und Bischnumati, sowie zahlreiche sich in
diese ergießenden Bäche bewässert, und nach allem, was ich
vom Khatmanduthale gesehen habe, halte ich die Angabe der
Nepalesen, daß in demselben gegen 500000 Menschen d. h.
über 800 auf dem Quadrat-Kilometer leben sollen, für nicht
übertrieben.

Wir trafen während des Abstieges gegen tausend Kulis,
die Zeltlasten und Lagergerät, Tische, Stühle, Teppiche und
Küchenutensilien zu dem Jagdlager des Königs brachten.
Auch verschiedene Staatsbeamte, die sich in Hängematten
tragen ließen, begegneten uns, dagegen sahen wir während
des ganzen Marsches von Bhimpedi bis zu der kleinen, am
Fuße des Chandraghirispasses im Khatmanduthale gelegenen
Ortschaft Thankot kein einziges Lasttier. In nächster Nähe
der letztgenannten Ortschaft, die wir gegen 11 Uhr passierten,
liegt die verfallene Stadt Kirtipur, ehemals gleich den
übrigen drei großen Städten des Thales Sitz eines Radjas
und in der Geschichte Nepals bekannt durch den Widerstand,
den seine tapferen Bewohner den sie belagernden Gurkas in
den Jahren 1767—68 entgegensetzten. Der Gurka-König
Prithwi Narajan fiel vor den Mauern Kirtipurs, in die es
später den Belagerern nur durch Verrat gelang Bresche zu
legen. Zur Strafe für ihr tapferes Benehmen schnitten die
wilden Eroberer sämtlichen Bewohnern der Stadt vom Säug-
ling bis zum Greise die Nasen ab. Ältere Nepalesen erzählten
mir, daß sie noch viele nasenlose Kirtupuris gekannt hätten.
Heute dürfte die Stadt kaum 3000 Einwohner zählen, aber
sie wird viel von Andächtigen besucht, denn es befinden sich
in ihr mehrere besonders geheiligte Tempel.

Da mir bis nach Thankot, von wo aus eine gut gehaltene
Straße zur Hauptstadt führt, ein königlicher Wagen, und
zwar ein ganz moderner langgestreckter Landauer mit Patent=
achsen entgegengesandt worden war, hätte ich den Rest des
Weges mit durchaus abenbländischem Komfort zurücklegen
können. Aber ich verzichtete auf die weichen Polster der
Zivilisation und schwang mich lieber in den Sattel, um auf
Rabja, der mich schon an so manchen indischen Fürstenhof
getragen hatte, auch in der Hauptstadt Nepals als Reiter
meinen Einzug zu halten. In dem Augenblicke, als ich eine
die beiden Ufer des Bagmati verbindende, aus dem Holz des
Salbaumes gebaute und mit Ziegelsteinen gepflasterte Brücke
betrat, wurde auf einem Hügel ein Salut von elf Schüssen
gefeuert. Hunderte von Weibern waren am Flusse mit Waschen
und Wäschespülen beschäftigt, und der erste Eindruck, den ich
hier und auf meinem Marsche durch die Stadt von den Ver=
treterinnen des schönen Geschlechts Nepals gewann, war ein
unerwartet günstiger. Ein um die Hüfte geschlungenes, vorn
etwas länger als hinten herunterhängendes, weißes Baumwoll=
tuch und eine ebensolche Jacke oder ein um die Schultern ge=
wundener Shawl bilden die am häufigsten gesehene Kleidung.
Das Haar tragen sie meist in einem lang herunterhängenden,
am Ende mit einer Quaste aus roter Seide oder Baum=
wolle umwundenenen Zopf. Die Newar=Weiber befestigen das
ihrige in einem Knoten auf dem Scheitel und schmücken
denselben vielfach mit einer handgroßen, tellerförmigen, nicht
selten mit kostbaren Edelsteinen besetzten Goldplatte, wie denn
überhaupt in Schmuckgegenständen, namentlich in Khat=
manbu, ein ungewöhnlicher Luxus getrieben wird. Männer
wie Weiber sind Freunde von Blumen, erstere tragen die=
selben hinter den Ohren, letztere im Haar. Nicht wie sonstwo

in Indien verhüllen die Frauen ihr Antlitz, sondern schauen
frank und frei in die Welt hinaus, ohne dabei auch nur
im allergeringsten zu kokettieren.

Die männliche Gurka-Bevölkerung kleidet sich in Hosen
und lange mit einer Leibbinde, einem sogenannten Kamarband,
um die Hüften zusammengehaltene Jacken aus weißem oder
blauem Baumwollstoff, dazu entweder einen lose ums Haupt
geschlungenen kleinen Turban oder eine cerevisartige schwarze
Mütze aus Tuch oder Samt mit Gold- und bunter Seiden-
stickerei. Im Kamarband fehlt bei keinem die Nationalwaffe,
der eigenartig gekrümmte Kukri in schwarzlederner Scheide.
Die Newaris, namentlich die ärmeren Klassen, begnügen sich
oft mit einem Hüfttuch und kurzer Jacke aus Baumwolle oder
Wolle, je nach der Jahreszeit. Als Kopfbedeckung dient ihnen
eine am Rande hochgeschlagene Mütze aus hellem Baumwollen-
stoffe oder eine graue Filzkappe, auch sieht man im Winter
nicht selten bei allen Klassen tibetanische Pelzmützen. Die
Hautfarbe der Nepalesen schwankt von Quittengelb bis Kupfer-
braun, hier und da, namentlich unter dem weiblichen Teile der
Bevölkerung sieht man aber auch ausnahmsweise junge Damen
mit pfirsichblütfarbenem Teint und rosig angehauchten Wangen.

Recht eigenartig ist das Gewand der Damen von königli-
chem Geblüt und der Frauen der Vornehmen des Landes.
Dieselben winden sich nämlich gegen hundert Ellen breiten,
weißen Mousselinstoffes um die Hüften, und zwar wird diese
Masse zarten Gewebes dabei dergestalt aufgebauscht, daß
sie einen Umfang erreicht, der zuweilen selbst den der gewal-
tigsten Krinoline seligen Angedenkens in den Schatten stellt. Der
Oberkörper wird durch eine feingestickte, sich eng an den Körper schmiegende Jacke und einen über die Schultern geworfenen
seidenen Shawl verhüllt. Zahlloses Geschmeide wie Halsketten,

Königliche Familie. Nepal.

Fingerringe, Ohrgehänge und diademartige Kopfputze von oft
enormem Werte vervollständigen die Gesellschaftstoilette der
nepalesischen grande dame, die übrigens, was Vornehmheit
des Auftretens, der Haltung und der ganzen äußeren Er=
scheinung anbelangt, ihren abendländischen Schwestern in
keiner Weise nachsteht. Die Königin Mutter, die in jedem
europäischen Salon ungeteilte Bewunderung erregen würde,
ist noch heute eine Schönheit ersten Ranges.

Ich hatte geglaubt, in einer Stadt von circa 50 000
Einwohnern würde es ein Leichtes sein, auch ohne Führer
den Weg zur britischen Residentur zu finden. Aber Khatmandu ist namentlich in dem von mir zuerst betretenen
Stadtteile so unregelmäßig gebaut, so weitläufig angelegt,
daß ich wahrscheinlich von einem Tempel zum andern ziehend
noch lange planlos umhergeirrt wäre, hätte ich nicht das
Glück gehabt, schon nach kaum einer Viertelstunde einem
der hier lebenden Europäer, dem liebenswürdigen General=
Musikdirektor der Armee des Landes, einem Engländer Mr.
Gaye, zu begegnen, der sich meiner in hilfsbereiter Weise
annahm. Als der joviale Herr bemerkte, daß ich überrascht
war, einen General=Musikdirektor in der Hauptstadt des von
aller Welt abgeschlossenen Nepals vorzufinden, meinte er
lächelnd: „Sie glauben gar nicht, wie zivilisiert wir hier in
mancher Hinsicht sind, wir haben nicht nur drei recht gut
ausgebildete Militär=Musikkorps, sondern sogar eine Bühne
im Schlosse, auf der noch vor kurzem von den Damen des
Palastes Giroflé Girofla aufgeführt worden ist. Die Aus=
stattung der Operette hat Summen gekostet, mit denen jeder
europäische Theaterdirektor renommieren könnte. Wir haben
sogar klavierspielende Prinzessinnen. Ja! ja! ich merke, Sie
haben sich Nepal anders vorgestellt, aber Sie werden noch

über manches, was Sie bei uns sehen, die Hände überm
Kopfe zusammenschlagen."

Ich mußte Mr. Gaye nun vorerst in sein hübsches
Häuschen, in dem er mit seiner Familie ein beneidenswert
friedliches Leben führt, folgen und nach guter Sitte mir
einen Willkommentrunk kredenzen lassen, um dann, begleitet
von meinem Wirte, für den inzwischen sein dreißigjähriger
chinesischer Pony, welcher trotz seines Alters im letztjährigen
Trabrennen in Khatmandu den ersten Preis davongetragen
hatte, gesattelt worden war, zu dem mir zur Verfügung
gestellten Quartier in der britischen Residentur weiterzureiten.
Auf dem Wege dorthin kamen wir an dem mit dichtem,
kurzgehaltenen Rasen bedeckten prächtigen Paradeplatze vorbei, auf dem gerade mehrere Rekrutenabteilungen nach Zählen
langsamen Schritt übten. Jeder Soldat in Nepal hat, bevor
er definitiv in ein Regiment eingestellt wird, ein Probejahr
durchzumachen, nach dessen Ablauf von seinen Vorgesetzten
entschieden wird, ob er sich für die militärische Laufbahn
eignet oder nicht. Nepal ist eines der wenigen Länder der
Erde, in denen das Angebot zu dieser Laufbahn die Nach-
frage bei weitem übersteigt, und ich glaube, die Nepalesen
getrost als die kriegerischste Nation Asiens bezeichnen zu
dürfen. In Khatmandu wird gedrillt wie in Potsdam zu
Zeiten Friedrich Wilhelms I., und der Paradeplatz wird
nicht leer vom frühen Morgen bis zum späten Abend.

Die Exerzieruniform der Truppen besteht aus schwarzen,
beziehungsweise weißen, baumwollenen, oben weiten und an
den Waden enganliegenden Hosen und schwarzbaumwollenen
resp. blauwollenen Kitteln mit Kamarband. Als Fußbekleidung sind Lederschuhe allgemein, kleine schwarze Turbane
mit umlaufendem Wulst aus feinem Silberdraht, bei den

Offizieren aus Golddraht resp. vergoldetem Silberdraht, bilden die Kopfbedeckung. An diesem Wulst befestigt tragen die Soldaten über der Stirn ein etwa 2½ Zoll hohes und 2 Zoll breites silbernes Schild mit getriebenem Wappen. Die Offiziere führen an der Stelle der sil= bernen Schilder solche aus massivem Gold mit haselnußgroßen Edelsteinen als Rang= abzeichen. So finden wir bei den Lieute= nants in der Mitte des Schildes einen Sma= ragd, bei den Hauptleuten deren zwei, beim Major und Oberstlieutenant 4—5 Edel= steine, welche lose am unteren Rande des Schildes hängen, wogegen die Obersten brillantbesetzte Schilder mit 3 an denselben hängenden großen, ungeschliffenen Sma= ragden tragen. Alle diese Abzeichen sind Staatseigentum und repräsentieren zusam= men ein, wie sich bei einem stehenden Heere von 20000 Mann denken läßt, recht bedeutendes Kapital. Ich glaube aber, ihr Gesamtwert würde nicht hinreichen zur Be= schaffung der verschiedenen kostbaren Gene= ralskopfbedeckungen. Sie sind über und über mit echten Perlen bedeckte Helme, an deren Seiten ganze Trauben ungeschliffener

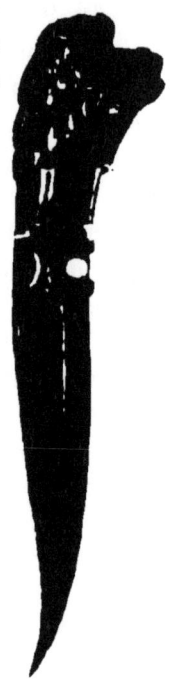

Kleines
Gurka-Messer.

Edelsteine von ungewöhnlicher Größe herunterhängen. Die Truppen sind mit Enfield=Gewehren und Kukris bewaffnet. Sämtliche Waffen, auch die Geschütze der Artillerie werden im Arsenal in Khatmandu angefertigt. Kavallerie ist, einige hundert Ponyreiter abgerechnet, nicht vorhanden. Im Norden des Paradeplatzes liegen die neuen, in europäischem Stil ge=

haltenen Palastbauten des Königs und seines Premierministers
Maharadja Bir Shum Shere, des eigentlichen Regenten
des Landes. Der König selbst, dessen voller Titel Maha-
radjabhiraja Priti Bi Bikram Shum Shere Jung Bahadur
Shah lautet, spielt mehr die Rolle einer geheiligten Person
und hat im übrigen dafür zu sorgen, daß die Herrscherfamilie nicht ausstirbt. Zur Zeit meines Besuches in Khatmandu hatte er kaum das fünfzehnte Lebensjahr vollendet
und war kurz zuvor gleichzeitig mit zwei Töchtern seines
Premierministers in den Ehestand getreten. Einer alten
Vorschrift gemäß darf der König nämlich nie eine Frau
allein heimführen, sondern muß stets zweien gleichzeitig die
Hand zum Ehebunde reichen. Dieses Vergnügen kann er
sich dagegen so oft leisten, wie er will, falls er nicht, wie
das auch wohl zu Zeiten kommen mag, von seinem Premierminister, der in diesem Falle nebenbei bereits sein zwiefacher
Schwiegervater ist, an etwaigen Extravaganzen verhindert
wird. Andrerseits glaube ich kaum, daß der jugendliche
Landesherr sich irgendwo bei seinen Unterthaninnen einen
Korb holen würde; denn abgesehen davon, daß er König
von Gottes Gnaden ist, was ja immerhin bei der Liebe mit
in die Wagschale fällt, ist er ein bildhübscher Junge mit
entzückenden Augen und edlen, rein arischen Gesichtszügen.
Vor dem von Parkanlagen umgebenen stattlichen Palaste
liegt der Rani Pokri, ein großer, ummauerter Teich, auf
dem Tausende wilder Enten sich ununterbrochener Schonzeit
erfreuen und in dessen Mitte sich ein hübscher Tempel erhebt.
Am Ostende des Rani Pokri befindet sich die königliche
Menagerie mit einigen prächtigen Tigern und Leoparden.
Gegenüber dem Palaste am Südende des Paradeplatzes liegt
das Gefängnis, und neben diesem erhebt sich ein 250 Fuß

hoher Aussichtsturm, von dem aus ich später einen wunder=
baren Blick auf die Stadt und ihre Umgegend genoß. Den
Palast zu unserer Rechten liegen lassend, ritten wir weiter,
kamen an einem bereits längere Zeit vollendeten, aber bisher
noch doktorlosen, neuerbauten Hospital vorüber, in dessen
luftigen Räumen drei von einem Quacksalber behandelte
Kranke auf schmutzigen Betten lagen, passierten eine ebenfalls
neuerbaute, aber noch unbenutzte Volksschule und gelangten
dann, über einen Weideplatz trabend, auf dem eine Anzahl
geheiligter, silbergrauer Bullen graste, zu der außerhalb der
Stadt gelegenen englischen Residentur, die mit ihren Kaserne=
ments, Diener= und Amtswohnungen, ihrem Postgebäude,
den Küchen und Stallungen u. s. w. eine kleine Stadt für
sich bildet.

Der Resident Major Durand, befand sich mit seiner
Gattin auf einer Tigerjagd in Terai (er schoß, wie ich später
erfuhr, in einem Zeitraum von 6 Wochen mit seiner kleinen
Jagdgesellschaft gegen 20 Tiger neben einer Anzahl Büffel
und anderem Wilde), aber der mit seiner Vertretung be=
auftragte Residenturarzt Dr. Shore hatte mir brieflich sein
Haus zur Verfügung gestellt und mir Gastfreundschaft für
die Dauer meines Aufenthalts in Kathmandu angeboten.
Ich machte in ihm die Bekanntschaft eines ebenso begabten
wie liebenswürdigen Mannes und der hübschen Stunden,
die wir allabendlich vor loderndem Kaminfeuer sitzend bei
einem Glase Grog verplauderten, — es blieb natürlich nie=
mals bei einem Glase —, werde ich mich stets mit besonderer
Freude erinnern.

Tags darauf machte mir ein kleiner, wohlbeleibter
nepalesischer Offizier seine Aufwartung, stellte sich mir als
Colonel Mahabeer Singh vor und teilte mir mit, er habe

mir auf Befehl des Maharadjas für die Dauer meines
Aufenthaltes in Khatmandu die Honneurs des Landes zu
machen und mir alles zu zeigen, was ich zu sehen wünschte.
Da der kleine Oberst mir einen ungemein sympathischen Eindruck machte und fließend englisch sprach, war ich natürlich
hoch erfreut über die Zuerteilung eines solchen Führers.
Gleichzeitig überbrachte er mir im Auftrage des Maharadjas
die Botschaft, daß letzterer mich einlüde, ihn im Laufe des
Nachmittags zu besuchen, und daß zu einer mir passenden
Stunde ein königlicher Wagen zu meiner Verfügung gestellt
werden sollte. Gegen 3 Uhr fuhren wir dann zusammen
in den Palast, ich im Frack mit Ordensschmuck, mein Begleiter in Oberstenuniform mit edelsteinbesetztem goldenen
Schild am Turban. Nachdem wir das von Truppen bewachte Palastthor passiert hatten, durchfuhren wir einen
weiten Hof mit Gartenanlagen und Teichen und hielten vor
einem imposanten Treppenhaus. Durch dieses gelangten wir
in eine große Halle und dann in einen Prunksaal mit
Parkettboden, kostbaren Teppichen, Kristallkandelabern, Kronleuchtern, und hunderterlei europäischen Kunstgegenständen.
An den Wänden hingen die lebensgroßen, in Öl gemalten
Portraits verschiedener Könige und Maharadjas von Nepal,
sowie auch ein Bild der Königin von England, welches der
Maharadja Jung Bahadur bei seinem Besuche in London
1851 von ihrer Majestät als Geschenk erhalten hatte.

Hier empfing uns General Chundra Sum Shere Jung
Bahabur Rana, ein jüngerer Bruder des Maharadjas, begrüßte mich auf englisch in herzlichster Weise und teilte mir
mit, daß er von seinem die englische Sprache nur schlecht
beherrschenden Bruder beauftragt wäre, während der Audienz
als Dolmetscher zu fungieren. Er saß in seiner goldstrotzenden

Uniform nach europäischem Schnitt mit goldenen Fangschnüren und verschlungenen Achselstücken sehr stattlich aus und ist — etwa 30 Jahr zählend — ein auffallend schöner Mann, obgleich seinem Gesichte ein gewisser Zug von Grausamkeit nicht abzusprechen ist.

In einem an den Prunksaal stoßenden Salon mit bücherbeladenen Tischen und modernen Ledersesseln kam uns der Maharadja Bir Shum Shere Jung Bahadur Rana entgegen, reichte mir die Hand und die Unterhaltung begann. Nachdem wir über die ersten Begrüßungsformen und Komplimente hinweggekommen waren, zeigte mir mein Wirt alle möglichen interessanten Gegenstände, Bilder, Waffen und nepalesische Bronzen. Er erkundigte sich eingehend nach meinem Vaterlande, erklärte einer der größten

Maharadja Bir Shum Shere.

Verehrer Kaiser Wilhelms des Zweiten zu sein und bedauerte nichts lebhafter, als daß es ihm wegen Überhäufung mit Regierungsgeschäften nicht möglich sei, einmal nach Berlin zu kommen, um einer Parade des Gardekorps beizuwohnen. Als ich ihn fragte, ob ich auch dem Könige meine Aufwartung machen könne, erklärte er, Se. Majestät seien erstens noch zu jung und zweitens als Ehegatte zu sehr beschäftigt, um Audienzen erteilen zu können.

Nach etwa einstündiger Unterhaltung verließ ich den

Palast mit der Empfindung, daß es in Europa eine ganze Anzahl Fürstenhöfe giebt, an denen es weit weniger „chic" und stilvoll zugeht wie an dem Hofe des Maharadjas von Nepal.

Die Civilisation ist hier ja geradezu beängstigend, dachte ich bei mir, als ich, von meinem Obersten und dem Bruder des Maharadja gefolgt, wieder ins Freie trat, und ich kann wohl sagen, es war mir eine Wohlthat, später zu vernehmen, daß kurz vor der mir erteilten Audienz ein Onkel des Königs, der sich irgendwie mißliebig gemacht hatte, auf Allerhöchsten Befehl von zwei zu diesem Zwecke gedungenen Afghanen im Palaste mit Knütteln totgeschlagen worden war. Das war doch etwas Apartes, an abendländischen Höfen Unerhörtes; und da ich reise, um Außergewöhnliches zu erleben, war von Stund an Khatmandu eine noch weit interessantere Stadt für mich als bisher.

Im Laufe des Nachmittags wohnte ich einige Zeit dem Exerzieren der einzelnen Regimenter bei und konnte dabei nicht unterlassen, dem Obersten gegenüber mein Erstaunen über die wunderbare Präzision, mit der alle Befehle aus- geführt wurden, zu äußern. Besonders überraschte mich das Aussehen der Truppen, denn die Gurkas, die ich bisher in Indien kennen gelernt hatte, waren durchweg kleine, gedrungene Leute, mit unverkennbar mongolischen Gesichtszügen, während ich hier nur fast schlanke Gestalten mit mehr oder weniger arischem Typus fand. Dieses Rätsel löste mir mein Begleiter, indem er mir mitteilte, daß man in Nepal vorzugsweise die Mitglieder der höchsten Kasten, die Parbatis, als Rekruten anwerbe und daß die Leute, welche Dienste in der indischen Armee annähmen, meist Nachkommen der Newaris, Limbus und anderer eingeborenen Stämme seien. Sämtliche Kommandos werden in englischer Sprache gegeben, und fast alle Offiziere wie Unteroffiziere sind in den englisch=indischen Regimentern ausgebildete und dort pensionierte Soldaten. Man sollte glauben, eine Armee von 20 000 Mann müßte einem Lande wie Nepal ein horrendes Geld kosten. Aber man hat sich die Sache praktisch eingerichtet; denn der Soldat erhält keinen Sold, sondern ein Stück Regierungsland, für dessen Nutz=nießung er obendrein noch Steuern zu zahlen hat, so daß er nicht nur kein bares Geld kostet, sondern umgekehrt noch solches in den Staatssäckel liefert. Nebenbei sei bemerkt, daß die jährliche Revenue Nepals auf 20 Millionen Mark geschätzt wird. Große Summen kosten dem Staate dagegen die Generäle und anderen hohen Offiziere, die, wie beispielsweise mein Oberst Mahabeer Singh, wegen Mangels königlichen Blutes in ihren Adern anstatt eines höheren Ranges von Jahr zu Jahr höhere Zulage erhalten. Letzterer erzählte mir, daß er per Monat 10 000 Rupien, also ca. 15 000 Mark bezöge, über den Rang eines Obersten aber nie hinauskommen könne. Gleichzeitig erfuhr ich von ihm, daß er bis vor kurzem nepalesischer Gesandter am Hofe des Dalai=Lama (des Papstes der Buddhisten) in Lhassa, der Hauptstadt Tibets, gewesen sei, was mich ganz besonders interessierte, da es schon lange in meiner Absicht lag, den Versuch zu machen, dem in den letzten 40 Jahren von keinem Europäer betretenen Rom der buddhistischen Kirche einen Besuch abzustatten.

Nach Oberst Mahabeers Angaben ist der Marsch von Khatmandu wegen der Überschreitung einiger sehr hoher Schneepässe nur in der heißen Jahreszeit möglich und dauert bis zum Mount Everest 14, bis Lhassa im ganzen 40 Tage. Der Weg ist für Last= und Reittiere gangbar. Lhassa selbst schildert er als eine Stadt von ca. 20000 Einwohnern, das Leben daselbst als kostspielig und langweilig. Vom Dalai=

Lama war er mehrfach empfangen, bei jedem Empfang mit
Thee bewirtet und mit einem etwa 10 Meter langen und
60 Centimeter breiten Shawl aus himmelblauer, gemusterter
chinesischer Seide, einem sogen. „Hata" oder „Kata", beschenkt
worden. Er hatte eine sehr umfangreiche Sammlung tibe=
tanischer Gegenstände mitgebracht, die er eines Tages in
seinem Hause für mich aufstellen ließ, um sie mir schließlich
als Geschenk anzubieten. In einer Anwandlung von Be=
scheidenheit schlug ich leider dieses großartige Anerbieten aus
und begnügte mich mit dem Abschnitte einer Kata, mit einer
tibetanischen Theeschale und einigen alten Silbermünzen.
Nach Aussage meines Gewährsmannes muß der Goldreichtum
in der Umgegend Lhassas ein ganz außerordentlicher sein.
Als Kuriosum erzählte er mir, daß die Goldsucher nicht
selten, wenn sie ein ganz besonders großes Stück dieses mit
Recht so beliebten Metalles fänden, dasselbe wieder vergrüben,
aus Furcht, die Götter zu erzürnen. In einem der vielen
Tempel Lhassas soll sich ein Goldklumpen im Gewicht von
40 Pfund befinden. Relata refero!

Den Abend benutzte ich, wie auch so manchen der folgen=
den Tage, zu einem Besuche der ehemals von einer Mauer
umgeben gewesenen inneren Stadt, durch die mich bis dahin mein
Weg noch nicht geführt hatte, denn das Gefängnis, der Pa=
radeplatz, der Palast des Maharadja und die britische Resi=
dentur liegen außerhalb des eigentlichen alten Khatmundu.

Ich zögere nicht, diese Altstadt Khatmandus für eine der
merkwürdigsten Städte zu erklären, die ich kenne, nebenbei für
eine der wenigen Städte, die man nicht mit Worten schildern
kann. Man muß Khatmandu gesehen haben, um zu verstehen,
welchen Reiz es mit seinen Hunderten von Tempeln, seinen
mit reichem Schnitzwerk bedeckten Häusern, seinen engen,

Tibetanischer Lama.

allerdings auch recht schmutzigen Gassen, seinen Plätzen, Pa-
läften und armseligen Hütten ausübt. Die Stadt hat ein
eigenartiges Gepräge, und wenn sie auch mit Sirinagar, der
Hauptstadt Kaschmirs, in Bezug auf den landschaftlichen Reiz
der näheren Umgebung nicht wetteifern kann, so bietet sie
doch in ihren Bauten, dem Charakter ihrer Architektur, wie
in ihren Volkstypen soviel des Neuen, Originellen, daß ich
bei jeder Durchwanderung vollauf meine Rechnung fand.
Nirgendwo in Indien sieht man eine ähnliche Bauart, wie
in Nepal, nirgends einen solchen Reichtum an Holzbild-
hauerei und Schnitzerei. Dazu kommt, daß der von Westen
kommende Reisende hier zum ersten Male den sogenannten
Pagodenstil mit stockartig sich über einander erhebenden
Dächern kennen lernt, den man sonst nur in Burma, China,
Korea und Japan findet. Kurzum man ist hier in eine
andere Welt versetzt, sieht etwas, was von allem bisher Gesehenen abweicht, und hat nebenbei das angenehme Gefühl,
daß das, was man erblickt, bis zum heutigen Tage von verhältnismäßig wenigen Europäern gesehen worden ist.

Die Stadt soll 723 Jahre nach Chr. Geb. von Maharadja
Gunakamadeva gegründet worden sein, ist scheinbar nach
keinem bestimmten Plan gebaut und infolgedessen allein schon
in hohem Grade malerisch. Die meisten Straßen sind eng
und insofern schmutzig, als aller Unrat zu beiden Seiten
aufgehäuft wird, obschon man in der Mitte ohne Befürchtung,
sein Schuhzeug zu beschmutzen, hindurchgehen kann. Die
wenigsten Staßen sind für Fuhrwerke passierbar. Während
der Vormittagsstunden ist die ganze Stadt mehr oder weniger
ein Marktplatz, und der Verkehr ist dann ungemein lebhaft.
Die meisten Leute kommen allerdings wohl in der Hauptsache,
um zu sehen, ob jemand anders etwas kauft und wer dieser

jemand ist, anstatt selber zu laufen; denn die Handelsgeschäfte
schienen mir recht flau zu gehen. Unter den zum Verkauf
gebrachten Feld= und Gartenfrüchten fand ich Mais, Erbsen,
Kartoffeln, Zwiebeln, Rettiche — letztere von enormer Größe,
bis zu 8 Pfund wiegend —, Turmerik, Ingwer, Erbnüsse,
Karbamom, roten Pfeffer, Bananen, Quitten, Orangen und
Ananas. Die gangbare Münze ist neben der nepalesischen
Rupie, die nur den halben Wert der indischen darstellt, letztere
und das indische Zwei=Annastück.

In der Mitte der Stadt steht der alte königliche Palast,
ein finsteres Gebäude, an dessen Eingang neben dem von
einem Sonnenschirm überdachten Gotte Hunaman ein Gurka
mit mächtigem Holzstabe Wache hält, um jedermann den Weg
zu versperren, der sich unterfangen sollte, den Versuch zu
machen, hier unbefugterweise einzubringen. Manch einer frei=
lich, dem man den Eintritt nicht verwehrte, hat diese Aus=
zeichnung mit dem Tode büßen müssen. Allein am 14. Sep=
tember 1846 ließ Jung Bahabur hier 31 der einflußreichsten
vornehmsten Männer des Landes, die seinem Ehrgeize im
Wege standen, niedermetzeln.

In nächster Nähe des Palastes befanden sich verschiedene
recht hübsche Tempel mit reichen Holzschnitzereien, welch'
letztere jedoch selber neuerdings vielfach übermalt worden
sind und dadurch bedeutend verloren haben. Ich habe
schon bemerkt, daß es in Nepal weder einen reinen Brahmi=
nismus, noch einen reinen Buddhismus giebt; beide Religionen
haben sich mehr oder weniger verschmolzen. Gelitten hat zwei=
fellos am meisten der Buddhismus, was schließlich kein Wunder
ist, da selbst die ehemaligen Fürsten Nepals, die Newari
Radjas, ausschließlich Hindus waren und da Anhänger ihrer
eigenen Religion begreiflicherweise trotz aller Toleranz bessere

Chancen bei ihnen hatten als ihre übrigen, sich größtenteils zum Buddhismus bekennenden Unterthanen, so daß aus den Reihen der letzteren viele aus persönlichem Interesse zum Glauben ihrer Herren und Gebieter übertraten.

Die schönsten Tempel stammen sämtlich aus der Zeit der Newaris, denn die das Land später erobernden Gurkas haben von jeher für die Kriegskunst mehr Verständnis als für die Baukunst bewiesen und nicht nur fast garnichts auf dem Gebiete der letzteren geleistet, sondern sogar viele der kostbarsten Baudenkmäler ihrer Vorgänger in barbarischer Weise teils zerstört, teils ihrem Geschmack entsprechend abge= ändert, so namentlich in vielen Tempeln die Holzschnitzereien mit dickem Kalkbrei überpinselt, um dadurch den Glauben zu erwecken, sie seien aus Stuck hergestellt. Die wenigen neueren Tempel der Gurkas sind meist verschlechterte Ausgaben be= rühmter Tempel in Benares u. s. w., die modernen öffent= lichen Gebäude und Paläste dagegen charakterlose Bauten in europäischem Stil. Man sagt, es gäbe in Nepal mehr Tempel als Häuser, mehr Götzenbilder als Menschen, eine Behauptung, die ich nach den von mir in Khatmandu, Batgaon und Patan gemachten Beobachtungen nicht in Zweifel zu ziehen wage.

Die meisten der älteren Tempelbauten sind in ihrem Äußeren ungewöhnlich anziehend, in ihnen selbst herrscht aber in der Regel ein Schmutz, der jeglicher Beschreibung spottet, namentlich in denjenigen Tempeln, in denen der einen oder anderen Gottheit Schlachtopfer dargebracht zu werden pflegen, und in denen infolgedessen das geronnene Blut von geopferten Hühnern, Ziegen und Büffeln zuweilen nicht nur zollhoch am Boden steht, sondern auch das Bild der damit besprißten verehrten Gottheit über und über bedeckt. Der

brahminische Götterkultus ist mir nirgend in so widerwärtiger
Form entgegengetreten wie hier. Über den Eingängen mancher
der alten Newar-Tempel findet man mit Nägeln und Stricken
befestigt ein wohlassortiertes Lager aller nur denkbaren Haus-
haltungsutensilien u. s. w., wie Teller, Schüsseln, Kannen,
Blasebälge, Leuchter, Nachtgeschirre, Löffel, Eimer, Vorlege-
schlösser, Sonnen- und Regenschirme und weiß der Himmel,
was sonst noch. Alle diese Gegenstände sind Geschenke, die
dem Tempel von bußfertigen Sündern oder opferwilligen
Gläubigen gemacht worden sind.

Begreiflicherweise ist in einer solchen Tempelstadt wie
Khatmandu kein Mangel an Bettelmönchen, Fakirn und
sonstigen frommen Tagedieben. In dem Hause eines dem
Machenbranath, der populärsten Gottheit der Newaris, und
dem Schutzpatron des Landes errichteten Tempel begegnete
ich eines Morgens einem Pilger, den ich am liebsten, so wie
er vor mir stand, eingepackt und meinem Freunde Bastian
für das Berliner Museum für Völkerkunde zugeschickt hätte.
Die Lenden mit einem buntbedruckten Stück Kattuns um-
gürtet, den Oberkörper in einen alten, roten englischen
Soldatenrock gezwängt und über diesem ein netzartiges Gewand aus zusammengereihten Knochenstücken tragend, silberne
fingerdicke Ringe an den Enkeln und eine Krone aus ebenfalls aneinander gefügten Knochenteilen auf dem Kopfe, Gesicht
und Hände mit Asche beschmiert, in der Linken einen eisernen
Dreizack haltend, schritt er mit einer flachen Trommel, an
der an einem kurzen Strick eine Holzkugel hing, die er abwechselnd gegen die beiden Trommelflächen schlagen ließ,
einen Heidenlärm vollführend, zwischen den sich um einige
bronzene Gebetmühlen drängenden Andächtigen einher, um
sich von diesen kleine Gaben von Reis in seinen ihm von

einem Knaben nachgetragenen, auf ein recht ansehnliches Maß zugeschnittenen Bettelsack werfen zu lassen.

Zweifellos der sehenswerteste buddhistische Tempel Nepals ist der 2½ Kilometer im Westen Khatmandus auf dem Swayambhu Hügel gelegene Sambunath=Tempel.

Vom Fuße des Hügels gelangt man auf einer Stein=treppe von 80 Stufen zu einer Mönchswohnung und von hier, nachdem man weitere 474 einer zwischen Wald steil berganführenden Treppe überwunden hat, zum Tempelhofe, in dessen Mitte sich die sogenannte Chaitya erhebt. Da wir solche Chaityas, die als die Urform aller buddhistischen Pagoden angesehen werden dürfen, zu vielen Hunderten in Nepal finden, so sei an dieser Stelle eine kurze Beschreibung derselben gestattet. Der charakteristische Teil einer Chaitya ist der aus einer massiv gemauerten Halbkugel bestehende Unterbau, die „Garbh", in deren Innern bei der Erbauung der Chaitya Buddhabilder, Getreide und allerlei Kostbarkeiten eingemauert wurden. Die Garbh des von uns besuchten Sambunath=Tempels hat einen Durchmesser von 50 und eine Höhe von 25 Fuß. Auf der Garbh steht der Toran, ein würfelförmiges, in diesem Falle vergoldetes Mauerwerk, an dessen vier Seiten stets je zwei Augen entweder gemalt, oder durch Stuck hergestellt sind, welche die Allgegenwärtigkeit Adi=Buddhas andeuten sollen. Der Toran wiederum dient einem turmartigen Chura mani genannten Aufbau aus 13 sich nach oben verjüngenden Stockwerken als Basis. Diese Stockwerke sollen die 13 buddhistischen Himmel repräsentieren. Gekrönt ist die Chura mani von einem vergoldeten Metall=netzwerk in Form einer Glocke oder eines Schirmes, der Kalsa, die in einen Knauf in der Gestalt einer Lotosblume, einer Sonnenkugel oder einer Mondsichel ihren Abschluß

findet. Die Kalsa ruht direkt auf einem in die Garbh ein=
gemauerten, die Achse des ganzen Bauwerks bildenden Baum=
stamm. An den vier Kardinalpunkten der Garbh unseres
Tempels sind Schreine angebracht, in denen die lebensgroßen,
vergoldeten Bildnisse sitzender Buddhas untergebracht sind.
Über Nacht werden diese Schreine mit kettenpanzerähnlichen,
eisernen Vorhängen verschlossen. Zu zwei Seiten der Chaitya
erheben sich auf quabratischer Grundfläche hohe, kegelförmige
Bauwerke mit vergoldeten Spitzen, beides der Göttin Partabur
geweihte Tempel, im Vordergrunde liegt auf einem drei Fuß
hohen, zylindrischen Sockel der einem Doppelscepter gleichende,
sechs Fuß lange Donnerkeil des Inbra aus vergoldeter Bronze.

Rund um die Chaitya gruppieren sich Tempel, Mönchs=
wohnungen und Rasthäuser für Pilger, die stets in großen
Scharen zum Sambunath wallfahrten, um hier ihre Opfer=
gaben in Gestalt von Blumen und Reis niederzulegen. Für
die Vertilgung der geopferten Reiskörner sorgen Hunderte
von Affen, Enten und Tauben, die zum Tempel gehören
und, wie sich denken läßt, auch ihrerseits dazu beitragen, daß
es selbst hier, wo keine Tieropfer gebracht werden, nicht
nach Lavendel duftet. Sehr niedlich nahm sich eine ihr
Kleines säugende Affenmutter auf dem Haupte eines der
goldenen Buddhas aus. In der Hauptsache wird der Tempel
von Newaris und Bhutias besucht, doch begegnete ich daselbst
auch vielen Tibetanern. Die Frauen derselben zeichnen sich
durch reichen geschmackvollen Schmuck aus, auch sah ich bei
einigen Damen sehr merkwürdige, ihrer Form nach an die
Gabel russischer Troykas erinnernde, bogenförmige Kopfputze,
die mit Bändern und Riemen in aufrechter Stellung über
dem Haupte der Trägerinnen in Balance gehalten werden.
Sie sind meist in überreicher Weise mit Korallen, Türkisen

und Malachitstücken besetzt. Ein aus Lhassa abkommandierter Lama ist mit der Unterhaltung des in zwei, mit zerlassener Butter gefüllten, kupfernen Pfannen brennenden ewigen Feuers betraut. Sollte dieses trotz aller Vorsicht dennoch einmal erlöschen, so muß Ersatz aus dem 6 Kilometer von Khatmandu entfernt gelegenen tibetanischen Tempel in Bobhnath herbeigeschafft werden.

Der Sambunath-Tempel wird von den Tibetanern weniger zu Ehren Buddhas als wegen der Hindugöttin Sitla, der hier ein Altar errichtet ist, besucht. Sitlas Aufgabe besteht darin, die sie anrufenden Pilger vor den Blattern zu schützen. Sie macht scheinbar keinen Unterschied zwischen Hindus und Buddhisten, denn bei beiden erfreut sie sich gleicher Popularität, und stets drängt sich eine aus ungeimpften Vertretern und Vertreterinnen der verschiedensten Konfessionen zusammengesetzte Menge in ihren Tempeln. Ich beobachtete hier eine sehr praktische Tibetanerin, welche der Göttin Reis opferte, diesen aber nicht den Affen und sonstigem Tempelgetier gönnte, sondern die mit vollen Händen ausgestreuten Körner von ihrem vor ihr stehenden Jungen in seiner Pelzmütze wieder auffangen ließ. Zu beiden Seiten des Sitlatempels sind große, aufrecht stehende Gebetmühlen befestigt, die beständig von Gläubigen in Umdrehung gehalten werden. In Tibet werden diese Mühlen vielfach mit Wasser oder Wind getrieben, so daß die frommen Buddhisten jeglicher Mühe beim Verrichten ihrer Gebete überhoben sind.

Der von Tibetanern am meisten besuchte Wallfahrtsort ist der bereits erwähnte Tempel in Bobhnath, der gleichzeitig einer der größten Nepals ist. Er hat einen Umfang von über drei Kilometern. In einer Außenmauer eingelassen sind gegen 40 Nischen mit je 5 Gebetmühlen. Als ein gott-

gefälliges Werk gilt es, mehrmals um die Mauer herum=
zulaufen und dabei jede einzelne Mühle in Bewegung zu
setzen. Die nach Khatmandu kommenden Tibetaner beziehen
meist in der Nachbarschaft dieses Tempels Quartier, und

Handgebetmühle aus Tibet.

manchen Besuch habe ich ihnen
hier in der Hoffnung abge=
stattet, Gelegenheit zu finden,
den einen oder anderen ihrer
interessanten Gegenstände für
meine Sammlung zu erstehen.
Leider sah ich mich in dieser
Hoffnung bitter getäuscht,
denn die guten Leute wollten
sich für kein Geld von ihren
Schätzen trennen, und ich
habe von ihnen nichts an=
deres als eine ziemlich roh
gearbeitete kupferne Hand=
gebetmühle und einen Tür=
kisenschmuck heimgebracht.

Was der Tempel von
Bobhnath für die Tibetaner,
das ist der 5 Kilometer öst=
lich von der Hauptstadt am
linken Ufer des Bagmati ge=

legene Tempel der Pashupatinata für die Hindus. Pas=
hupati ist ein kleines, verfallenes, schmutziges Städtchen,
auf dessen Straßen sich mehr Schweine als Menschen
zeigen, aber Schmutz hat bekanntlich noch nirgendwo in
der Welt die Heiligkeit eines Ortes zu beeinträchtigen ver=
mocht, geschweige denn in Nepal. In unmittelbarer Nähe

des Ortes steht der geheiligte Tempel des Landes, ein Tempel, zu dem Pilger aus allen Teilen Indiens jahraus jahrein herbeiströmen, und an den Ufern des hier in engem Bette zwischen 80—100 Fuß hohen Ufern seine Wasser vorüberwälzenden Bamatis erstrecken sich die aus gehauenen Steinen sorgsam gefügten Ghats zur Verbrennung der Leichen aller in Khatmundu und Umgegend verstorbenen Hindus. Über den Fluß führen zwei solide Steinbrücken, von denen aus man den Verbrennungsprozeß in Ruhe beobachten kann. Zu Dutzenden sieht man hier Bahren mit Sterbenden, die vielleicht Hunderte von Meilen weit hergeschleppt worden sind, stehen, umlagert von Verwandten, welche auf den letzten Augenblick warten, um den Kranken dann, während sein Lebenslicht gerade am Erlöschen ist, mit den Füßen in die geheiligten Fluten zu tauchen. Zuweilen soll es auch vor=kommen, daß die zärtlichen Verwandten, nachdem ihnen die Zeit lang geworden ist, den Kranken, den man mit einem solchen Aufwand von Zeit, Geld und Kraft herbeigebracht hat, um ihm Gelegenheit zu geben, an dieser geheiligten Stätte nun auch wirklich zu sterben und verbrannt zu werden, mit dem Kopf anstatt mit den Füßen ins Wasser tauchen, um auf diese Weise die Angelegenheit etwas zu beschleunigen. Am jenseitigen Flußufer führt eine breite, stattliche Steintreppe von 111 Stufen in einen schattigen Hain, mit unzähligen dem Andenken Verstorbener errichteten Tempelchen. Neben jedem derselben hängt eine große Bronze=glocke, während das in Stein gehauene Bildnis eines Bullen vor dem Eingangsthore steht. Zahllose Affen treiben auch hier ihr Wesen, und laut erfüllt ihr schriller Schrei die Luft.

Noch nicht allzu lange ist es her, daß auf den am Flusse liegenden Ghats neben den Leichen der Männer auch die

Witwen derselben lebend auf den Scheiterhaufen gelegt
wurden, um ihren Gatten in den Tod zu folgen. Diese
ehemals unter den Hindus allgemeine Sitte, das „Sati“,
ist, nachdem sie in Indien von der englischen Regierung ab=
geschafft worden, auch in Nepal allmählich aus der Mode
gekommen, und nur vereinzelt kommt es heute noch in ent=
legenen Teilen des Landes vor, daß eine Witwe den Flammen=
tod, dem sie früher nicht entrinnen konnte, dem Witwenstande
vorzieht. Von dem soeben beschriebenen Tempelhain blickt
man hinab auf den Fluß und den am linken Ufer liegenden
Tempel der Pashupatinata, dessen vergoldetes Dach, im
Sonnenschein strahlend, fast das Auge blendet.

Wieder am Flusse hinuntereilend, trat ich, da die
Tempelpforten offen standen und niemand versuchte, mich am
Eintritt zu verhindern, in eine von terrassenförmig über ein=
ander liegenden Höfen gebildete Anlage mit steinernen
Schreinen und verschiedenen Werken indischer Bildhauerkunst.
In der Mitte der Anlagen stand der goldgedeckte Tempel
im Pagodenstil, der durch vier herrlich gearbeitete, mächtige
silberne, teilweise vergoldete Doppelthüren geschlossen war.
Vor demselben gewahrte ich das vergoldete Bildnis eines
Bullen von etwa zehnfacher Lebensgröße, hinter diesem einen
zweiten Bullen in Liliputformat. Begreiflicherweise interessierte
mich die Architektur des Tempels, namentlich die auffallend
schöne Ornamentik der silbernen Thüren auf das lebhafteste,
und so nahm ich denn sofort meinen photographischen Apparat,
einen sogenannten „Kodak“, den ich mir von Calcutta hatte
nachsenden lassen, von der Schulter, um einige Aufnahmen
zu machen. Kaum hatte ich mich jedoch aufgestellt, als ich
auch schon bemerkte, daß die wenigen anwesenden Tempel=
besucher sich zusammen rotteten und sich anschickten, eine

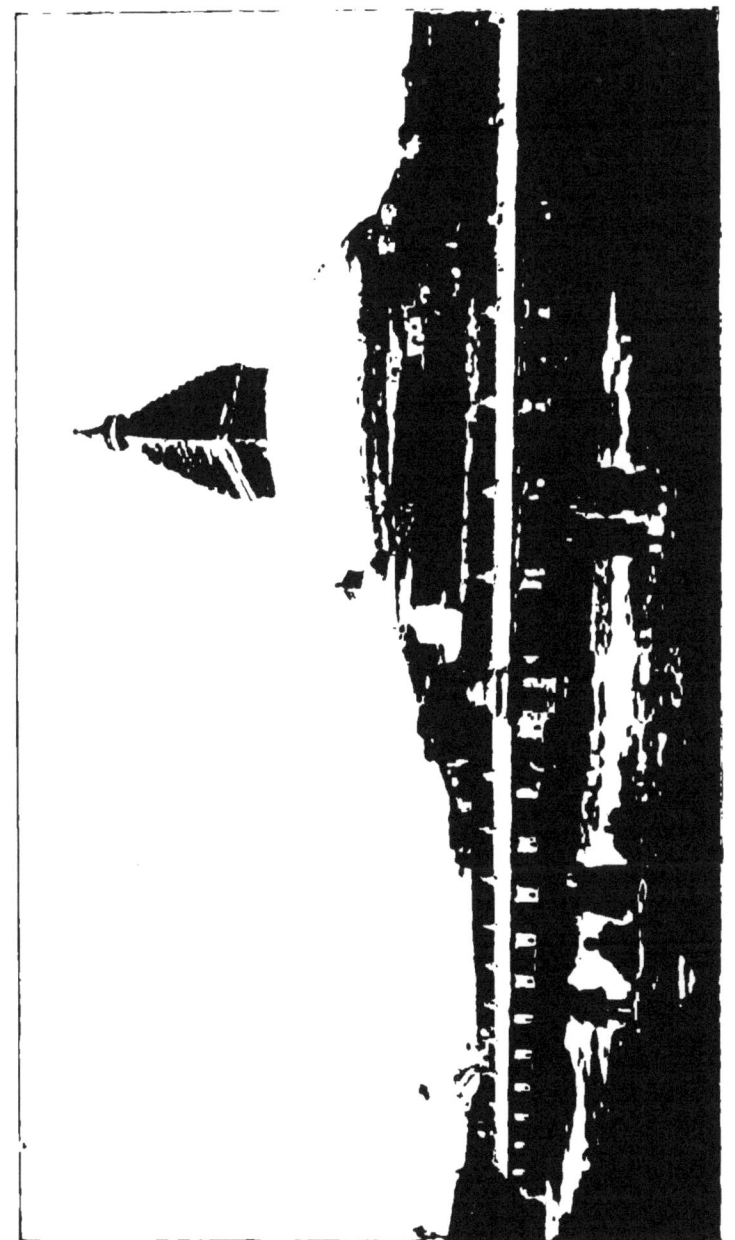

Tibetanischer Tempel in Bobhnath. Nepal.

drohende Haltung gegen mich anzunehmen. Es bedurfte keiner besonderen Erklärung meinerseits, um zu erkennen, daß hier jemand die Rolle des Hausknechts aus dem Nubierland mir gegenüber zu spielen entschlossen sei, und da ich wußte, daß mit den Hindus in ihren Tempeln nicht gut Kirschen essen ist, steckte ich meinen Kodak wieder ein und trat den Rückmarsch an, um mir die Tempelanlage lieber noch einmal von außen anzusehen. Ich hatte die Thorschwelle noch nicht völlig überschritten, als auch die Pforte von innen laut krachend hinter mir ins Schloß fiel, so daß ich recht unsanft auf die Straße flog, während gleichzeitig von der versammelten Menge nicht mißzuverstehende Laute der Verwünschung gegen mich ausgestoßen wurden. Ohne mich weiter um die fanatische Bande zu kümmern, bestieg ich ruhig meinen außerhalb des Tempels angebundenen Tadja und trabte, dem Vorfall keinerlei weitere Bedeutung beilegend, heim nach Khatmandu.

Erst am folgenden Morgen erfuhr ich, was ich angerichtet hatte, als nämlich Oberst Mahabeer Singh ganz gegen seine Gewohnheit schon in frühester Stunde erschien, mich beglückwünschte, daß ich gestern ohne Prügel, Messerstiche und Steinwürfe davongekommen sei, und mir mitteilte, ich habe durch mein Betreten des Pashupatinatatempels die geheiligteste Stätte des Landes entweiht, er komme, mich im Auftrage des Maharadjas inständigt zu bitten, im Interesse meiner Sicherheit nicht mehr ohne Begleitung auszugehen, vor allem aber mich nicht wieder in einem der Hindutempel sehen zu lassen.

Dann erzählte er mir, wie der brahminische Hohepriester des Landes, der „Guruji“, als er heute früh in den Palast gekommen sei, um wie gewöhnlich den König und Maharadja aus seiner hohlen Hand geheiligtes Gangeswasser, wie solches auch zum Waschen der Götzenbilder Verwendung findet, trinken zu lassen, nach beendeter Ceremonie Klage geführt habe, daß ein Ungläubiger, ein outcast, gestern in das Innere des Pashupatinatatempels eingedrungen sei und damit den Tempel geschändet habe. Man habe infolge dieses Vorfalles den Entschluß gefaßt, den mit der Hütung des Heiligtums betraut gewesenen Priester aus der Kaste auszustoßen, den Tempel selbst aber, dessen über ganz Indien verbreiteter Ruf jetzt auf dem Spiele stände, für sieben Tage zu schließen und während dieser Zeit eine gründliche Reinigung desselben mit Kuhexkrementen vornehmen zu lassen. Gleich= zeitig habe er den Maharadja ersucht, mich von dem Unheil, welches ich — wie er annehme — ohne Wissen und Willen angerichtet, in Kenntnis zu setzen und mich vor weiteren Tempelentweihungen zu warnen.

Mir war die Sache im höchsten Grade unangenehm, da ich stets auf meiner Reise das Möglichste gethan hatte, alles zu vermeiden, was einer Nichtachtung der religiösen Gefühle Andersdenkender gleich sehen konnte, ich bat daher den braven Obersten, dem Maharadja sowohl wie dem Guruji mein aufrichtiges Bedauern über den Vorfall aus= zusprechen und den Herren die Versicherung zu geben, daß es einen reuigeren Sünder wie mich in Nepal nie gegeben habe. Mahabeer Singh tröstete mich nach Kräften und meinte, ich brauche mir die Angelegenheit nicht weiter zu Herzen zu nehmen, denn, wie er mir im Vertrauen mitteilte, habe sich der Maharadja nebst seinen Brüdern sogar höchlichst über den Vorfall amüsiert, besonders wohl deswegen, weil sie, als nicht zur allerhöchsten Kaste der Brahmten gehörend, vom Guruji selber nicht in den Pashupatinatatempel hinein=

gelassen würden. Man bäte mich jedoch, den Besuch nicht
zu wiederholen, denn der englische Resident, der vor einigen
Jahren versucht habe, nur von außen eine Skizze des Tempels
aufzunehmen, wäre von der fanatischen Menge gar übel zu=
gerichtet worden. Jedenfalls könnte ich mit einem gewissen
Stolz behaupten, der erste und wahrscheinlich auch letzte
Europäer zu sein, der das Innere dieser geheiligten Anlage
betreten habe.

Nachdem meine Zerknirschung allmählich verflogen war,
überlegte ich sofort, wie ich am besten aus der Not eine
Tugend machen könne, und entschloß mich, die Gelegen=
heit zu benutzen, dem Guruji, den ich sehr gern kennen
lernen wollte, da mir allerhand wunderbare Geschichten über
seine Person und seinen nicht allzu moralischen Lebenswandel
zu Ohren gekommen waren, meine Aufwartung zu machen.
Gedacht — gethan! Ohne Zeit zu verlieren, machte ich mich
auf den Weg zu seinem Palaste, um mich ihm persönlich als
reumütigen Tempelschänder vorzustellen. Ich klopfe an ein
kleines Holzthor, ein alter Pförtner öffnet, giebt mir auf
meine Frage, ob seine Eminenz daheim seien, bejahende
Antwort und verschwindet mit meiner Karte, um mich anzu=
melden. Nach etwa fünf Minuten kommt er mit halb ver=
legenem, halb entrüstetem Gesichte zurück und erklärt, der
Herr Guruji lasse mir sagen, er sei seit mehreren Tagen
verreist, und schlägt mir die Thür vor der Nase zu.
Nach dieser nicht leicht mißzuverstehenden Ablehnung habe
ich keine weiteren Versuche gemacht, mich dem verstimmten
Oberpriester zu nähern, um mir seine Verzeihung und seinen
Segen zu erflehen.

Am Nachmittage desselben Tages brachen König und
Maharadja mit großem Gefolge zur Jagd in Terai auf.

Da der jugendliche Herrscher bei dieser Gelegenheit seinen ersten Tiger schießen sollte, wurde die ganze Angelegenheit als eine Haupt= und Staatsaktion behandelt, und gegen zehntausend Menschen, Kulis, Soldaten, Diener, Musikanten, und Tänzerinnen sollten im Lager versammelt sein, abgesehen von einigen Hundert trainierter Jagdelefanten. Vom Obersten Mahabeer erfuhr ich, daß man über circa vierhundert Jagd= elefanten in Nepal verfüge, daß die meisten derselben tigerfest seien, das heißt keine Furcht vor Tigern zeigten, hingegen rhinozerosfeste Elefanten zu den größten Seltenheiten ge= hörten. Der Elefant fühle sich gegen das ihn angreifende gepanzerte und gehörnte Ungetüm, welches meist versuche, ihm mit dem Horn den Leib aufzuschlitzen, wehrlos, während ein Fußtritt seinerseits genüge, den Tiger kampfunfähig zu machen. Für die Bewohner des Terais ist eine derartige königliche Jagd eine schwere Heimsuchung, denn sie haben wochenlang die im Lager untergebrachten Menschen und Tiere zu verpflegen, ohne irgendwie dafür entschädigt zu werden. Auch einige der Damen des Palastes sah ich, in Wolken weißen Musselins schwebend, in offenen Wagen die Residenz verlassen, um bis zum Chandraghiripasse zu fahren und von dort die Reise ins Lager in Sänften fortzusetzen. Während der Abfahrt der Herrschaften wurde Salut für den König, Maharadja und jeden einzelnen Prinzen gefeuert.

Mit der Regierung des Landes war für die Dauer der Abwesenheit des Regenten Bir Shum Shere dessen ältester Bruder, General Dep Shum Shere, betraut worden. Einer Einladung desselben folgend, fuhr ich in Begleitung meines Obersten in einem Königlichen Wagen nach dem etwa 1½ Kilometer im Südwesten der Stadt am Ufer des Bagmati gelegenen Palaste Thapatali, der mit seinen Höfen, Gärten,

Pavillons, Dienerwohnungen, Elefantenstallungen und Ka=
sernen eine Grundfläche von mehreren Quadratkilometern
bedeckt und ehemals dem größten Mann der nepalesischen
Geschichte Jung Bahadur als Residenz gedient hat. Thapatali
ist eine in sich geschlossene kleine Stadt, in der mehrere tausend
Menschen leben.

Die Repräsentationsräume des Commander in Chief of
the whole Nepalese Forces
— diesen Titel schrieb mir
General Dep Shum Shere
später beim Abschiede auf
seine Photographie — liegen
im ersten Stock eines lang=
gestreckten Gebäudes und
sind europäisch eingerichtet.
Der General, ein ziemlich
korpulenter, gutmütig drein=
schauender Herr von 28
Jahren mit blauer Brille,
empfing mich in großer
Uniform und nötigte mich,
neben ihm auf einem so=

General Dep Shum Shere.

genannten Rondelsofa Platz zu nehmen. In einem der Neben=
räume war eine Militärmusikkapelle aufgestellt, die, mit der
Wacht am Rhein beginnend, während der ganzen etwa zwei
Stunden dauernden Audienz ausschließlich deutsche Weisen
spielte. Der General ist ein liebenswürdiger Gesellschafter, in
erster Linie passionierter Soldat und als solcher ein grenzen=
loser Bewunderer der deutschen Armee und ihrer Führer. Mit
der größten Verehrung sprach er vom alten Kaiser Wilhelm, von
Moltke und Bismarck, pries das energische Wesen des jungen

22*

Kaisers und teilte mir mit, er lese nicht nur alles, was über
Deutschlands Herrscher und dessen Familie erscheine, sondern
ließe seine Söhne in militärischer Weise erziehen, wie solches
am Hofe in Berlin der Fall sei. Als Beweis für seine
Behauptung wurde sein sechsjähriger, allerliebster Sohn gerufen, und der kleine, in Uniform gekleidete Mann mußte
vor mir nach englischem Kommando alle möglichen Wendungen
und Griffe ausführen, dann wurden, während wir Zigaretten
rauchten und die Musik „Komm herab, o Madonna Theresa"
spielte, interessante Waffen und Jagdtrophäen, Hirschgeweihe,
Elefanten- und Nashornschädel, Tigerfelle und Büffelhörner
herbeigeholt und gebührend bewundert. Zum Schluß wurde
ein Lederkasten gebracht und mir eingehändigt. Ich öffnete
denselben und erkannte in dem Inhalt eine der kostbaren,
perlen- und edelsteinbedeckten Kopfbedeckungen, die ich bereits
geschildert habe, und von denen jede einen Wert von mindestens
einer halben bis einer Million Mark darstellt. Da mir der
Schalk im Nacken saß, erhob ich mich, verbeugte mich feier-
lichst vor dem General und stammelte meinen unterthänigsten
Dank für das ebenso kostbare wie interessante Andenken,
welches er mir habe überreichen lassen.

Anfangs saß mein ehrenwerter Wirt da, wie vom Blitz
getroffen, mit offenem Munde und weit aufgerissenen Augen.
Allmählich erholte er sich jedoch von seinem Schrecken und
erklärte verlegen die Sache für ein kleines Mißverständnis,
da er mir den Helm nur „zur gefälligen Ansicht", nicht aber
als „Souvenir d'amour" übergeben habe. Derselbe sei nämlich Eigentum der Krone und als solches zu seinem Bedauern
unveräußerlich. Ich beruhigte Seine Exzellenz sofort, erklärte,
mir nur einen kleinen Scherz mit ihm erlaubt zu haben, und
ermutigte ihn, mir noch mehr von seinen Schätzen zu zeigen.

Als er erfuhr, daß ich unter anderem auch Münzen in Nepal sammele, ließ er einen Teller mit älteren Gold- und Silbermünzen herbeiholen und bat mich, dieselben als einen kleinen Beitrag seinerseits zu meiner Sammlung entgegenzunehmen, was ich auch, ohne mir ein Gewissen daraus zu machen, that. Beim Abschiede ersuchte er mich, ihn vor meinem Verlassen Khatmandus nochmals zu besuchen, da er mir ein für mich sicherlich interessantes Erinnerungszeichen an meinen Aufenthalt in Nepal mitgeben wolle.

Ich will hier gleich vorweg bemerken, daß dieses Erinnerungszeichen in einem der besten je im Lande gearbeiteten Kukris in goldbekleibeter Scheibe und einer von den Nepalesen im Kriege 1825 erbeuteten tibetanischen Kavallerielanze besteht. Auf dem Goldbeschlag der Scheibe des Kukris sind als Widmung die Worte „Souvenir Dep Shum Shere" eingehämmert.

Die Stadt Patan liegt neben Khatmandu etwa wie Deutz neben Köln. Man überschreitet, den Palast Thapatali ver-

Kukri in goldbeschlagener Scheibe ¹⁄₄ nat. Größe.

lassend, eine den Bagmati überspannende lange Holzbrücke, von der man einen guten Überblick über die am rechten Flußufer sich aneinander reihenden zahllosen Tempel hat, erklettert einen Hügel und befindet sich in der 30 000 Einwohner zählenden, zweitgrößten Stadt des Landes. Patan ist im Jahre 299 christlicher Zeitrechnung gegründet worden und somit eine um 424 Jahre ältere Stadt als Khatmandu.

Wir finden in ihr dieselben engen, von Schweinen belebten Straßen, den gleichen Schmutz wie in der Hauptstadt, aber ungleich prächtigere Tempelbauten und weniger moderne Gebäude, so daß Patan dem Maler noch mehr herrliche Motive bietet als Khatmandu. Von neuen Gebäuden ist eigentlich nur der Tempel von Radja Krischna zu nennen, unstreitig eine der schönsten Bauten, die unter der Gurkadynastie aufgeführt worden sind. Immerhin paßt er mit seinen Steinkolonnaden, seinen vielen massiven Türmen und Türmchen nur schlecht in die Nachbarschaft der alten Newartempel und Häuser, die mit ihren schweren, weit ausladenden Dächern, ihren reichgeschnitzten Dachbalken, Fenstern und Balkonen das Auge jeden Malers entzücken müssen. Am interessantesten ist ein vor dem alten Newarpalaste liegender Platz, auf dem sich neben einer Anzahl sehr schöner Tempel zwei hohe viereckige Steinmonolithe mit prächtigen Kapitälen in Form von Lotosblumen erheben, die den vergoldeten Statuen ehemaliger Newarfürsten als Basis dienen. Die in knieender oder vielmehr hockender Stellung mit zum Gebet zusammengelegten Händen dasitzenden Herrschaften machen den Eindruck, als fühlten sie sich da oben in hohem Grade unbehaglich. Hinter der einen dieser Statuen erhebt sich eine ihre Halslefzen aufblähende Cobra, auf deren Kopf ein kleiner Vogel sitzt. Vor dem mächtigen Bronzethor des alten Palastes halten zwei steinerne Löwen mit gekräuselten Mähnen und stumpfsinnig vergnügten Gesichtern Wache.

Auf dem Rückwege von Khatmandu warf ich noch von der Straße aus einen Blick in einen neben Thapatali stehenden neuen Tempel, in dessen Hof sich auf einem säulenartigen Unterbau das von vier recht lebendig dargestellten bronzenen Greifen bewachte Standbild Jung Bahadurs erhebt, und

stattete dann dem in der Nähe des Parabeplatzes liegenden
Gefängnis meinen Besuch ab. Leider mußte ich mich damit
begnügen, mir die recht vernachlässigten Anlagen aus der
Vogelschau von einem der Wachttürme aus anzusehen, da
man sich, jedenfalls der hier herrschenden Zustände wegen
weigerte, mich in das Innere des Gefängnisses hineinzulassen.
Mir gab man natürlich als Grund an, der Besuch sei für
mich ein derartig gefährliches Unternehmen, daß man die
Verantwortlichkeit dafür nicht übernehmen könne. Über schlechte
Behandlung können sich die hier internierten circa 300 Herren
Gefangenen (Damen befinden sich nicht in diesem Gefängnis)
kaum beklagen. Nur die allerschwersten Verbrecher sind ein=
gekerkert, die übrigen werden außerhalb des Gefängnisses bei
öffentlichen Arbeiten beschäftigt, erhalten 10—20 Pf. Löhnung
per Tag und können sich dafür in einem Laden, der vom
Gefängnisdirektor unterhalten wird, an Nahrungsmitteln
kaufen, wonach ihr Herz sich gerade sehnt. Außerdem ist es
ihnen erlaubt, sich von Freunden oder Verwandten Speisen
zutragen zu lassen. Ihre Beaufsichtigung am Tage ist eine
möglichst oberflächliche, so daß sie in der Stadt nach Herzens=
lust umherspazieren und Besuche machen können. Dr. Shore
erzählte mir, daß mehrere Gefangene eines Tages aus der
Nähe der Residentur einige große Stücke Bauholz fortge=
tragen und in der Stadt verkauft hätten. Bei Sonnenunter=
gang haben sie sich wieder in der Anstalt einzufinden, und
nicht selten sieht man Sträflinge, die sich verspätet haben,
Einlaß begehrend, mit voller Wucht gegen die Gefängnis=
thore schlagen.

Die weiblichen Gefangenen, meist wegen Ehebruchs zu
lebenslänglicher Zwangsarbeit verurteilte Frauen, werden
ausschließlich in einer unterhalb der Stadt gelegenen Pulver=

mühle beschäftigt. Trotzdem bei den Gurkas Vielweiberei allgemein ist, gilt der Bruch ehelicher Treue für das schwerste Vergehen, das sich jemand zu Schulden kommen lassen kann. Die des Ehebruchs überführte Frau wird in der Regel von ihrem Gatten um eine Nase kürzer gemacht und dann ins Gefängnis geworfen, ihr Verführer aber von dem beleidigten Gatten mit dem Kukri öffentlich niedergemacht. Zu diesem Zwecke wird der nach erwiesener Schuld eingekerkerte Ehe= brecher vor versammeltem Volk mit dem gekränkten Manne zusammengeführt, freigelassen und, nachdem ihm ein kleiner Vorsprung gegeben worden ist, von diesem verfolgt und getötet, falls es ihm nicht, was fast nie vorkommt, gelingen sollte, zu entkommen. Er kann sich dieser Bestrafung aller= dings dadurch entziehen, daß er öffentlich unter dem empor gehobenen Bein des Beleidigten durchkriecht und damit seiner Kaste verlustig geht. Doch zieht der Gurka fast immer den Tod einer solchen Erniedrigung vor.

Die Newaris huldigen einer weit leichteren Auffassung der ehelichen Pflichten. Jedes Newarmädchen wird bereits in frühestem Kindesalter mit einer Belfrucht, der holzharten, orangeförmigen Frucht der mit dem Citrus verwandten Feronia elefantum vermählt. Nach erfolgter Zeremonie wird die Frucht in den geheiligten Fluß geworfen und damit das Kind als verheiratet betrachtet. Ist es zur Jung= frau herangereift, so wird ihm von seinen Eltern ein wirklicher Gatte beschert, den die junge Frau jedoch, sobald er ihr nicht gefällt, wieder verlassen kann. Sie legt eine Betelnuß unter sein Kopfkissen und verläßt das Haus, womit die Angelegen= heit erledigt ist. Der Zweck ihrer Verheiratung mit der Belfrucht war in früheren Zeiten der, daß sie infolge dieser Zeremonie niemals Witwe werden und somit auch nicht in die unangenehme Lage kommen konnte, ihrem verstorbenen Gatten auf den Scheiterhaufen folgen zu müssen. Auffallend häufig sollen unter der weiblichen Bevölkerung Nepals Selbstmorde aus verschmähter oder gekränkter Liebe vorkommen, und zwar stürzen sich die Lebensmüden mit besonderer Vorliebe in irgend einen Brunnen, der nach dem Unfall natürlich wie überall, nachdem das Kind hineingefallen ist, zugedeckt, hier zu Lande gleichzeitig aber auch nie wieder zum Wasserschöpfen benutzt wird. Sollte in dem Bassin der jetzt im Bau begriffenen großen Wasserleitung Khatmandus ein solcher Selbstmord vorkommen, so dürfte die ganze Anlage mit einem Schlage für die Stadt wertlos werden, da niemand je wieder einen Tropfen aus derselben entnehmen würde. Der mit dem Bau der Leitung betraute englische Ingenieur Mr. St. Clair wird denn auch, bevor Wasser in das Bassin gelassen wird, letzteres trotz seiner großen Ausdehnung vollkommen überwölben lassen.

Am Weihnachtsabend versammelten wir wenigen Europäer uns im Hause Dr. Shores und gedachten bei perlendem Champagner der Lieben in der fernen Heimat. Den letzten Christabend hatte ich an den Abhängen des höchsten Berges des dunkelen Welttells, am Kilimandscharo in Ostafrika verlebt, jetzt saß ich am Fuß des schneebedeckten Bergtitanen des Himalayas, des altehrwürdigen Gaurisankar. Welch ein Wechsel. Am folgenden Tage, nachdem sich die fast regelmäßig in den Frühstunden über der Ebene lagernden dichten Nebel verzogen hatten, ritten wir bei Sonnenschein und unbewölktem Himmel auf breiter, gutgehaltener Landstraße in Richtung auf Batgaon, der drittgrößten Stadt des Khatmanduthales, munter unseres Weges. Ununterbrochen führte der Marsch durch kleinere und größere Dorfschaften, zwischen

sauber bestellten und vortrefflich bewässerten Feldern, in öst=
licher Richtung weiter. Hier und da sahen wir Feldarbeiter
auf den Äckern mit hölzernen Schlägeln schwere Erdschollen
zerkleinern oder mit eigenartigen Spaten, in Form eines
Plätteisens, die Bewässerungsgräben reinigen. In einem
der Dörfer wurde mitten auf der Straße in einem aus zwei,
durch ein Bambusrohr verbundenen großen, irdenen Töpfen
gebildeten Destillierapparat aus Reis und Weizen ein „Rakshi"
genannter Schnaps bereitet, der sich bei der Bevölkerung
großer Beliebtheit erfreut. Die Bereitung des Rakshi steht
jedermann im Lande frei, doch wird für den zum Verkauf
gebrachten Schnaps Steuer erhoben. Bei Mitgliedern
der höheren Kasten ist der Genuß von Alkoholika eigentlich
verpönt, aber man scheint es auch hier mit den religiösen
Vorschriften nicht allzu genau zu nehmen; denn Thatsache
ist, daß in Nepal der Import europäischer Liköre, namentlich
auch französischer Champagner in höchster Blüte steht und
von Jahr zu Jahr größere Dimensionen annimmt.

Thee wird im Lande nicht gebaut, aber aus Tibet ein=
geführt und von allen Klassen der Bevölkerung, entweder
mit Gewürzen zusammen gekocht oder nach tibetanischer Art
mit Butter und Milch gemischt getrunken.

Nach etwa 12 Kilometern Marsches gelangten wir nach
Batgaon und machten an einem vor der Stadt gelegenen,
hoch eingedämmten, von Kolonnaden umgebenen Wasser=
bassin beim Sibbha Pokri Halt, um einen kleinen Imbiß
einzunehmen und dann, unsere Pferde auf guter Weide zu=
rücklassend, in die Stadt zu wandern.

Batgaon, auf einer Anhöhe am Ufer des Hanuman=
flusses gelegen, ist die sauberste der drei großen Städte
Nepals, hat ebenfalls gleich Patan gegen 30000 Einwohner

und macht mit seinen mit Ziegelsteinen gepflasterten Straßen, seinen wohlerhaltenen Häusern und Tempeln einen recht ansprechenden Eindruck, der noch am Tage unseres Ausfluges, da die Newaris gerade ein Fest begingen, durch die Lebendigkeit seiner Bewohner wesentlich erhöht wurde. Männlein und Weiblein waren festlich geschmückt und, wie es schien, durch den seltenen Besuch dreier Europäer in besonders gehobener Stimmung.

Als wir einer, zwei riesige Wasserbüffel durch die Straßen treibenden Menschenmenge begegneten, machte Mr. Gaye mich darau aufmerksam, daß, falls ich noch keinem Büffelopfer der Newaris beigewohnt habe, sich für mich jetzt hierzu Gelegenheit böte. Ich schloß mich also, wie der Berliner Schusterjunge der aufziehenden Wache, der büffeltreibenden Gesellschaft an und hielt nach wenigen Minuten mit derselben vor einem unscheinbaren Tempel, der eigentlich nichts anderes war, als eine säulentragende Veranda, in der nebeneinander drei in Stein gehauene Bilder der blutgierigen Göttin Durga standen. Mit Hilfe eines ihm um die Beine geschlungenen Strickes wurde das erste der beiden Opfertiere zu Boden geworfen, seine Füße wurden, um es am Strampeln zu hindern, fest zusammengeschnürt und ihm dann von zwei kräftigen Männern der Kopf nach hinten gebogen, um die Halshaut straff zu spannen. Der mit der Schlächterei betraute Priester machte sich nun daran, nachdem er seinem Messer auf einer der Tempelstufen noch einen letzten Schliff gegeben hatte, an jeder Seite der Halsröhre die Haut oberflächlich aufzuschlitzen und dann mit den Fingern die großen Schlagadern aus den sie umgebenden Fleischmassen vorsichtig, ohne sie zu verletzen, loszulösen und freizulegen. Als dieser Prozeß unter dem Gelärme und allerhand Witzen der Priester und des sich herumdrängenden Volkes glücklich erledigt war, zerrte man das vor Angst und Schmerz zitternde Tier dicht vor das Bild der Gottheit, der es bestimmt war. Durch einen kleinen Längseinschnitt wurden dann die Adern geöffnet und die beiden aus demselben hoch emporspritzenden feinen Blutstrahlen mit geschickter Hand direkt auf das betreffende Götzenbild gerichtet. Häufig werden aber auch die umstehenden Menschen mit einer Bespritzung bedacht, so daß die meisten Leute am Abend eines solchen Festtages aussehen, als kämen sie von einer sicilianischen Vesper. Nur durch schleuniges Zurückspringen gelang es mir, mich einer mir speziell zugedachten Bespritzung zu entziehen. Nach und nach wurden die Blutstrahlen schwächer und schwächer, und unter konvulsivischen Zuckungen, mit lautem Ächzen hauchte das arme, mindestens eine viertel Stunde lang gequälte Tier brechenden Auges seinen Atem aus, während von den umstehenden Menschen Reis, Blumen und Rabieschen auf die blutbesudelte Gottheit geworfen wurden.

Das zweite Opfer folgte, dann wurden die getöteten Tiere zerlegt, und ihr Fleisch, von dem die Priester natürlich ihren Anteil erhielten, zwischen denjenigen Personen verteilt, die sich zum Ankauf der Opfertiere zusammengethan hatten. Die Hörner der Büffel werden vielfach zur Erinnerung an das Opferfest an einer passenden Stelle des Tempels festgenagelt. In ähnlicher Weise werden auch Ziegen, Hühner oder Enten geopfert, nur ist der Anblick dieser kleineren Opfer natürlich weniger widerwärtig. An dem Hauptopferfeste, der Dassera oder Durga Pujah, welches zehn Tage dauert, sollen nach Aussage des Obersten Mahabeer Singh allein im Khatmanduthale gegen 100000 Ziegen und mehrere Tausend Büffel geschlachtet werden. Das Hauptschlachtfest

Durbar und Tempel in Batgaon. Nepal.

findet am 9. Tage der Dassera statt. An diesem Tage bekränzen die Nepalesen ihre Elefanten, Pferde, Rinder, Hunde und sonstigen Haustiere, und die einzelnen Regimenter bringen unter Entfaltung alles möglichen militärischen Pompes ihre Opfer der Durga dar, um auf diese Weise das Kriegsglück an ihre Fahnen zu fesseln. Die Gurkas quälen übrigens ihre Opfertiere nicht in der geschilderten Weise, sondern trennen ihnen, nachdem das Tier mit der Nase an den Boden gefesselt ist, mit Hilfe ihres Kukris oder eines sichelförmig gebogenen Richtschwertes, dem „Khora", mit einem einzigen sicher geführten Hiebe den Kopf vom Rumpfe. Auf einen Kanonenschuß fallen bei einer solchen, in Gegenwart des Königs in Khatmandu abgehaltenen Regimentsfeier unter dem Klange der Musikkapellen und dem Jauchzen der Menge zuweilen mehrere hundert Büffelköpfe in derselben Sekunde. Macht Patan den Eindruck einer dem Verfall entgegengehenden Stadt, so kann sich in Batgaon der Besucher im Gegenteil des Eindruckes nicht erwehren, daß die Stadt sich in den letzten Jahren mehr und mehr entwickelt hat, Häuser und Tempel befinden sich in besserem Zustande, und man sieht, daß auch an gewöhnlichen Tagen ein lebhafter Verkehr hier stattfindet.

Als besondere Sehenswürdigkeit Batgaons gilt neben dem sich durch Reichtum seiner Ornamentik auszeichnenden goldenen Thor des aus der Mitte des vorigen Jahrhunderts stammenden Palastes der im Pagodenstil erbaute, von fünf übereinander sich erhebenden Dächern gekrönte und von den Newaris Nyatpola Dewal genannte größte Tempel der Stadt. Auf jeder der vier den Unterbau des Gebäudes bildenden Plattformen halten zu beiden Seiten einer Treppe kolossale Steinfiguren Wache, und zwar auf dem unteren Absatz die Statuen zweier historischer Ringkämpfer eines der Radjas

von Batgaon, die jeder so stark gewesen sein sollen wie zehn
gewöhnliche Menschen, auf dem zweiten Absatz Elefanten,
die zehnfache Kraft der Ringer darstellend, dann folgen
Löwen, zehnmal so stark als Elefanten, und den Schluß
bilden Greifen, zehnmal an Kraft den Löwen überlegen.
Daniel Wright, dessen Buche „History of Nepal" ich manche
interessante Aufschlüsse über das Land und seine Bewohner
verdanke, behauptet, daß niemand außer den Priestern erlaubt sei, den Tempel zu betreten, so daß das gewöhnliche
Volk nicht einmal weiß, welcher Gottheit derselbe eigentlich
geweiht ist.

Unter dem Vortritt zweier mit Knuten bewaffneten
Polizisten hielten wir einen Umgang durch die belebten
Bazare und nahmen dann außerhalb der Stadt, unbehelligt
von Zuschauern, auf einer grasbedeckten Anhöhe unter freiem
Himmel angesichts der unvergleichlich großartigen Kette schnee-
bedeckter Berge des Himalaya ein inzwischen von Khatmandu
herbeigebrachtes „tiffin" ein, um später in fröhlichster Stimmung in der schärfsten Gangart, die unsere Ponys anschlagen
konnten, nach der Hauptstadt zurückzukehren.

Einen der letzten Tage meines Aufenthaltes in Khatmandu verwandte ich auf einen Besuch des außerhalb der
Stadt gelegenen Zeughauses, in dem, ganz im Stile ähnlicher europäischer Institute, die in den verschiedenen nepalesischen Feldzügen erbeuteten Waffen neben ausrangierten,
für etwaige Kriegsfälle aufbewahrten Rüstzeugen in geschmack-
voller Weise an den Wänden befestigt oder zu Kronleuchtern
vereinigt untergebracht sind. Diesem Besuche folgte ein solcher
des Arsenals, eines einstöckigen, langgestreckten Schuppens
am Paradeplatz. Ich habe bereits erwähnt, daß die Nepalesen sich ihr Kriegsmaterial nach europäischen Modellen und

unter Anwenduug europäischer Maschinen selber herstellen,
ihre Handwaffen sowohl wie ihre Geschütze. Von letzteren
wurden mir gegen 40 bronzene 12-Pfünder, mehrere Mörser
und sogar eine von Jung Bahadur selbst erfundene Mitrailleuse
gezeigt. Die Geschütze sind teils darauf eingerichtet, von
Menschen gezogen, teils von Maultieren getragen zu werden.
Auch eine Elefantenbatterie mit allem Zubehör wurde mir
vorgeführt. Der bereitliegende Bestand an Geschossen ist
ein sehr bedeutender, auch ist dafür gesorgt, daß im Falle
eines plötzlich ausbrechenden Krieges die nötigen Transport-
mittel sofort zur Hand sind. Kurzum, alles macht einen
vortrefflichen Eindruck, und ich glaube Nepal das allerdings
nicht allzuviel sagende Zeugnis ausstellen zu dürfen, daß es
ungleich besser gerüstet ist, als manche der deutschen Klein-
staaten es noch im Jahre 1866 waren. Die in den Gewehr-
fabriken beschäftigten Arbeiter sind meist Newaris, die Leiter
und Aufseher vielfach Leute aus der indischen Ebene. Eisen,
Kupfer, Schwefel, sowie geringe Mengen Silber und Gold
werden im Lande gefunden, Blei, Zinn und Salpeter im-
portiert. Die Bronzegießerei steht im Lande noch heute in
hoher Blüte.

Als ich, das Arsenal verlassend, wieder auf den Paradeplatz gelangte, kam gerade ein Regiment mit klingendem
Spiel anmarschiert und nahm Aufstellung. Ich erfuhr, daß
im Laufe des Nachmittags eine Revue vor meinem Freunde,
dem Commander in Chief of the whole Nepalese Forces,
General Dep Shum Shere, stattfinden sollte, und entschloß
mich daher, mich sofort zu Mr. Gaye zu begeben, um von
den Fenstern seines direkt an den Platz stoßenden Hauses
diesem Schauspiele beizuwohnen. Gegen 5 Uhr waren etwa
13000 Mann mit mehreren Musikkorps versammelt, die in

Zug= oder Kompagniekolonnen auf= und abmarschierten,
während sich nach und nach etwa zwei Dutzend Generale
auf einem großen gemauerten Rondel, in dessen Mitte sich
ein breitkroniger Baum erhebt, einfanden. Sie kamen nicht
zu Pferde, sondern in Wagen oder zu Fuß, jeder von einem
Träger, der einen riesenhaften, bunten Sonnenschirm über
ihn hielt, begleitet. Sobald ein neuer General anlangte,
machten die Truppen Halt, wo sie sich gerade befanden,
präsentierten und während die Exzellenz zum Rondel hinauf=
stieg und, von seinem Schirmträger gefolgt, gravitätisch um
den Baum herumschritt, schmetterten die Musikkorps eine
Begrüßungsfanfare.

Als der Herr Generalissimus schließlich erschienen war
und sich nach Rang und Würden hatte anblasen lassen, for=
mierten die sämtlichen Truppen ein zweigliedriges Karree,
dessen Mittelpunkt das erwähnte Rondel bildete. Auf ein
Zeichen des Höchstkommandierenden wurde aus einem in der
Nähe stehenden Käfig eine kleine Antilope (Antilope cervicapra) herausgelassen, welche, nachdem sie sich zuerst scheu
umgesehen hatte, friedlich zu grasen begann, bis plötzlich von
einer Seite des Karrees vier Windhunde in langen Sätzen
heransprengten und damit die widerwärtigste Jagd begann,
die man sich vorstellen kann. Die Antilope, welche an
Schnelligkeit ihren Verfolgern weit überlegen war, suchte in
blitzartigen Bewegungen hinundherschießend diesen zu ent=
rinnen, wo immer sie indessen versuchte einen Ausweg zu
entdecken, überall fand sie sich von einem Wall von Bajonetten
umgeben. In einem verzweifelten Augenblicke schien sie den
Versuch machen zu wollen, über die karreebildenden Soldaten
hinwegzusetzen, aber sobald sie sich zum Sprunge anschickte,
brach die gesamte sie einschließende Mannschaft in ein ohrbe=

täubendes Geschrei aus, so daß das entsetzte Tier seinen Ent=
schluß änderte und wiederum kehrt machte. Diese Hetzerei
mochte etwa eine Viertelstunde gewährt haben, als der Befehl
erteilt wurde, das Karree zu verkleinern. Erst nachdem es
allmählich auf ein Drittel seiner ursprünglichen Größe reduziert
worden war, gelang es den inzwischen stark ermüdeten Hunden
unter frenetrischem Jubel der Soldaten, das dem Verenden
nahe Tier zu packen und zu zerreißen. Damit war dieses
militärische Schauspiel beendet, die Generale setzten sich unter
Tuschblasen wieder in ihre Wagen, und mit Sang und Klang
zogen die einzelnen Regimenter in ihre Quartiere zurück.

Etwa drei Wochen mochten seit meiner Ankunft in Khat=
mandu vergangen sein, als ich eines schönen Tages bei einem
Besuche in Thapatali Herrn Dep Shum Shere nahe legte,
daß, so sehr ich ihn und sein schönes Vaterland auch liebe,
sie beide mir dennoch weit teurer würden, wenn man mir
die Erlaubnis erteilte, das Land über seine Nordgrenze
auf dem Wege nach Tibet zu verlassen. Tibet, das war das
Land, welches mich, nachdem ich Nepal kennen gelernt hatte,
mehr anzog, als ein anderes Stück terra incognita unseres
Planeten. Lhassa, zu dessen Thoren so viele Reisende gestrebt,
um schließlich, wenn sie wirklich bis an dieselben gelangt
waren, sich wieder zur Umkehr gezwungen zu sehen, Lhassa,
das Rom, das Mecca der Buddhisten, warum sollte es nicht
gerade mir vorbehalten sein, hier als erster Europäer mit
dem Dalai=Lama Thee zu schlürfen und mich von ihm mit
einem himmelblauen Seidenshawl beschenken zu lassen.

Wenn irgend jemand mir zur Erreichung dieses Zieles
behilflich sein konnte, so war es der Maharadja von Nepal.
Er brauchte mich nur als Soldat in eines seiner Regimenter
einzustellen und mich dann als solchen mit der Eskorte der

nächsten von hier nach Lhassa ziehenden Gesandtschaft an das
Ziel meiner Wünsche marschieren zu lassen. Als ich jedoch
diesen meinen Plan Herrn Dev Shum Shere auseinander=
setzte, machte er ein sehr nachdenkliches Gesicht. Daß ich
mich soweit erniedrigen wollte, als gemeiner Soldat in die
nepalesische Armee einzutreten, lediglich um Gelegenheit zu
finden, nach Lhassa zu ziehen, dort allerhand Studien zu
machen und der Welt zu berichten, wie es daselbst zugehe,
das überstieg das Begriffsvermögen meines verehrten Freundes.
Es schien für ihn fest zu stehen, daß ich mit dieser Expe=
dition etwas ganz Besonderes im Schilde führe, irgend eine
politische Mission verbinde, aus der Nepal selbst kein Segen
erwachsen könne. Was konnte mich veranlassen, diese weite,
gefahrvolle Reise in der Verkleidung eines Soldaten zu unter=
nehmen? Sollte ich doch vielleicht der gefürchtete russische
Spion sein und bis dahin nur allerlei harmlose Sammlungen
angelegt haben, um den anfangs gegen mich von den Nepa=
lesen gehegten Verdacht einzuschläfern? Das etwa mochten
die Gedanken sein, die das Hirn des Generalissimus durch=
kreuzten, während er, verlegen mit seinem Säbel spielend, zu
Boden sah.

Nach längerem Schweigen eröffnete er mir, daß er leider
nicht in der Lage sei, meine Absichten fördern zu können, denn
nicht einmal bis an die tibetanische Grenze könne man mir
zu gehen gestatten, da man außerhalb Khatmandu und dessen
näherer Umgebung nicht die geringste Garantie für die Sicher=
heit meines Lebens übernehmen könne und er in Teufels Küche
bei den Engländern käme, wenn mir irgend etwas zustieße.
Mit Tibet habe man obendrein, so viel er wisse, einen Ver=
trag abgeschlossen, demzufolge kein Europäer von Nepal aus
das Land betreten dürfe. Aber selbst, wenn alle jene Be=

denken nicht vorlägen, hätte er nicht die Macht, etwas in dieser Angelegenheit für mich zu thun, solche Fragen könne nicht er, sondern nur der Maharadja entscheiden, und da dieser, wie mir bekannt sei, zur Zeit in Terai jage, so riete er mir, keine Zeit zu verlieren und mich sobald als möglich in das königliche Jagdlager zu begeben. Falls ich mich damit einverstanden erkläre, wolle er noch heute Eilboten abschicken und bei seinem Bruder anfragen, ob mein Besuch genehm sei.

Das Vernünftige dieses Vorschlages leuchtete mir ein, nur der Maharadja konnte mir helfen, und wenn ich auch nicht allzu große Hoffnung hegte, daß er meinen Wünschen ein geneigtes Ohr leihen würde, einen Versuch konnte ich immerhin machen. Selbst wenn ich von vornherein nicht die geringste Aussicht auf Erfolg gehabt hätte, wäre ich auf Dep Shum Sheres Anerbieten mit Freuden eingegangen, lediglich um Gelegenheit zu finden, das Leben im Jagdlager des Königs kennen zu lernen. Ich legte demnach die ganze Angelegenheit vertrauensvoll in die Hände meines Freundes, verabschiedete mich von ihm und traf ungesäumt die nötigen Vorbereitungen zur Abreise.

Nach drei Tagen erhielt ich die Nachricht, daß der Maharadja mich erwarte und für mich zum Transport meines Gepäckes die erforderlichen Elefanten nach Bhimpedi schicken wolle, die mich daselbst erwarten und ins Jagdlager bringen würden. Niemand war glücklicher als ich, der Himmel hing mir voller Geigen, und ich stand in meiner Phantasie bereits mit einem Fuße in Tibet. Mein liebenswürdiger Wirt, Dr. Shore, schien dagegen weniger optimistisch über die Sache zu denken, er machte ein Gesicht, als ob er sagen wolle: „Die Botschaft hör' ich wohl, allein mir fehlt der Glaube", und erteilte mir ben Rat, lieber in das Jagdlager des Residenten als in das des Maharadja zu gehen.

Am folgenden Morgen verließ ich Khatmundu, nachdem ich tags zuvor bereits Dienerschaft, Ponny und Gepäck vorausgesandt hatte, auf speziellen Wunsch des Herrn Generalissimus in einem mir von ihm zur Verfügung gestellten Landauer, der mich nach Thankot bringen sollte. Hier angelangt, begann der steile unbequeme Aufstieg zur Paßhöhe, die ich gegen 9 Uhr erreichte. Ausnahmsweise lagerte dieses Mal kein Nebel über dem Khatmanduthal, es war ein selten klarer Morgen, jedes Dorf, jeden Tempel konnte man mit unbewaffnetem Auge erkennen, und in schneeiger Weiße hoben sich die Hymalayariesen ab vom umwölkten Himmel.

Noch einmal lag er vor mir da, der stolze, alles überragende einzige Gaurisankar. Der Gedanke, vielleicht schon in wenigen Wochen diesem Könige aller Berge auf dem Wege nach Lhassa meine Huldigung darbringen zu können, der Gedanke, daß meine Hoffnungen sich erfüllen könnten, durchrieselte mich wie ein Wonneschauer. Aber wie, wenn dieser Traum in nichts zerfloß, wenn ich zum letzten Mal hier Umschau hielt, als Zeuge solcher Wunder ohne gleichen, wenn ich wie Faust sagen sollte: Ich stand am Thor, ihr solltet Schlüssel sein? Was dann? Dann lebe wohl, Du stolzer Gaurisankar, leb' wohl, Du wunderbarer Kinchinjanga, leb' wohl auch Du erhabener Dawalagiri. Mit diesem Gruß wandte ich mich ab von der großartigsten aller Bergscenerien und rannte den steilen Abhang hinunter nach Chitlong, wo ich bei meiner Ankunft nur meinen fröhlich wiehernden Schecken vorfand. Die Diener waren, so hörte ich, bereits mit den Kulis weiter nach Sissagari marschiert, um mich im Rasthause des Forts zu erwarten. Da es mich selber drängte, möglichst schnell die entscheidende

Antwort aus dem Munde des Maharadjas zu vernehmen, freute ich mich der Eile meiner Leute, schwang mich unverweilt in den Sattel und traf nach flottem Ritt schon gegen drei Uhr in meinem bekannten Nachtquartier ein.

Meine erste Frage an den Kommandanten des Forts galt natürlich den Elefanten. Waren sie in Bhimpedi eingetroffen? Nein, bisher war keine Meldung von ihrer Ankunft erstattet worden, aber sie würden schon kommen, wenn nicht heute Abend, so sicherlich über Nacht oder am nächsten Morgen. So tröstete man mich. Der Morgen kam, ich eilte selber hinunter nach Bhimpedi. Von Elefanten keine Spur — ich wartete bis gegen Mittag, kein Bote, kein Brief, kein Elefant. „Nun", dachte ich, „auf dem Marsche sind die Tiere jedenfalls, und einen anderen Weg als den über Hetounda konnten sie auch nicht eingeschlagen haben." Zeit wollte ich auch nicht weiter verlieren, also vorwärts den Dickhäutern entgegen. Diesem Vorwärts stellten sich insofern Schwierigkeiten in den Weg, als die mir von der Regierung zuerteilten Kulis erklärten: „Bis hierher und nicht weiter." Ihnen war gesagt worden, sie würden von Bhimpedi ab durch Elefanten ersetzt werden, daher bestanden sie darauf, zurückzukehren. Geld und gute Worte erweichten glücklicherweise ihren harten Sinn, so daß wir bis Hetounda gelangten und dort übernachteten.

Nochmals kam der junge Tag gezogen mit Sonnenglanz und Vogelsang, aber die Elefanten waren auch heute leider ausgeblieben, wie die Grazien in Goethes Tasso, wie mein Freund Wippchen zu sagen pflegt. Ich muß gestehen, mir war nichts weniger als wippchenhaft zu Mute, denn meine Kulis wollten mich zum zweiten Mal verlassen, und ich hatte alle mir zu Gebote stehende Überredungskunst anzuwenden, sie wiederum zu bewegen, ihre Lasten aufzunehmen und mir

zu folgen. Wir mußten ja jeden Augenblick auf die Elefanten
stoßen, versprochen waren sie, und am dem Worte eines
Maharadja zu zweifeln, das wäre ja an sich bereits eine
stille Majestätsbeleidigung gewesen. Weiter ging es nun und
zwar bis Bichiako — dann verließen sie mich, nämlich die
Kulis, und zwar heimlicherweise, ohne ein Wort zu sagen,
derweil wir im Waldesschatten rasteten und unser Frühstück
einnahmen. Sie waren verschwunden und, was für einen
Orientalen viel sagen will, sogar unter Zurücklassung ihres
gesamten Lohnes.

Anfangs saß ich da mit meinen Lasten wie Jeremias auf
den Trümmern Ninivehs. Wie sollten wir nun weiterkommen
ohne Kulis und ohne Elefanten. Ich ging zum Ortsvorsteher,
klagte ihm mein Leid und bat um Hilfe, d. h. um die so=
fortige Zurückholung der Deserteure oder um andere Kulis
resp. Transporttiere, aber er hatte für mich nichts als ein
impertinentes Achselzucken und meinte von seiner Regierung
keinerlei Instruktionen meinetwegen erhalten zu haben. Das
Rasthaus stehe zu meiner Verfügung, dort möge ich bleiben
und warten, bis der Maharadja die Elefanten schickte. All=
mählich ging es mit meiner Lammesgeduld auf die Neige,
vorwärts wollte ich, einerlei ob mit oder gegen den Willen
des Maharadjas und aller nepalesischen Ortsvorsteher. Hilft
man dir nicht, so hilf dir selbst, sagte ich mir, und da gerade
eine mit Brennholz beladene Ochsenkarawane des Weges kam,
machte ich kurzen Prozeß, führte die ersten besten — und
diese ersten besten waren herzlich schlechte — Tiere in mein
Lager, veranlaßte die Treiber teils mit Silbergeklapper, teils
durch energisches Zureden, ihren Ochsen die Holzlasten ab=
zunehmen, sie mit meinen Gepäckstücken zu beladen, und trieb
dann die ganze Gesellschaft vor mir her. Langsam zogen

wir auf breiter, sandiger Straße durch Wald und Busch
dahin, alle Augenblicke fiel die eine oder die andere der
schlecht befestigten Lasten zu Boden, bald rannte einer der
Ochsen in den Wald, um zu grasen, bald wieder machten
die Treiber Miene auszureißen. Schließlich aber ward Semrabassa doch glücklich erreicht, und als hier nach kurzer Zeit
das Fleisch eines von mir erstandenen Büffelviertels in den
Töpfen der Leute schmorte und ich mit vollen Händen
Tabak auszuteilen begann, da herrschte im Lager eitel
Freude und Eintracht, und meine Ochsentreiber erklärten
sich ohne Sträuben bereit, mir auch ferner folgen zu wollen,
gleichviel wohin.

Wir marschierten am nächsten Tage bis zu einer kleinen,
etwas abseits von der Landstraße gelegenen Ortschaft Gana,
von wo aus sich der Weg ins Jagdlager des Maharadja ab-
zweigte, und schlugen die Zelte unter einer Gruppe prächtiger,
schattenspendender Baumriesen auf. In Gana ging es recht
lebhaft zu, da im Orte eine Abteilung Soldaten untergebracht
war und täglich Kulis mit Proviant sowie Postläufer ins
königliche Lager abgesandt wurden. Ich fand hier als Höchst=
kommandierenden einen nepalesischen General, erzählte ihm,
daß der Maharadja mich erwarte und mir Elefanten ver=
sprochen habe, die mich zu ihm ins Lager bringen sollten.
Ob er, der General, nicht in der Lage sei, mir einige Elefanten zu stellen? Als er verneinte, eröffnete ich ihm, in
diesem Falle ohne meine Lasten, lediglich von einem Diener
begleitet, weiterreisen zu wollen, denn zum Maharadja wolle
und müsse ich unter allen Umständen. Ob ich im Besitze
eines Passierscheines vom Maharadja oder General Dep
Shum Shere sei? Nein, niemand habe mir etwas Derartiges
mitgegeben. Dann bedauere er aufrichtig, mich auf keinem

anderen Wege als auf der großen Landstraße weiterreisen lassen zu können. Ich bat ihn darauf, sofort einen Brief an den Maharadja zu befördern. Auch das könne man nicht, es sei gegen die Instruktionen, er könne mir nur raten, zu warten, bis die Elefanten kämen. Der Teufel hole eure Elefanten! Glaubt ihr, ich habe Luft, mich hier an der Nase herumführen zu lassen. Noch heute marschiere ich nach Khatmandu zurück, um mich persönlich bei Herrn Dep Shum Shere über die Art und Weise, wie man mich hier behandelt, zu beschweren.

Mein Herr General that mir jedoch mit der liebens-würdigsten Miene kund und zu wissen, daß er mir ohne be-sonderen Befehl nicht einmal gestatten könne, auf dem Wege, auf dem ich gekommen, zurück zu marschieren. Vor einem Monat habe man Instruktionen gehabt, mich nach Khatmandu gehen zu lassen, jetzt habe ich die Hauptstadt verlassen, und ohne einen neuen Passierschein könne er mir nur erlauben, entweder zu bleiben, wo ich sei, oder aber in der Richtung nach der indischen Grenze weiter zu ziehen.

Nach all diesen Eröffnungen war es mir klar geworden, daß die Pforten Nepals sich hinter mir geschlossen hatten, um sich vorläufig nicht wieder zu öffnen, daß man mich mit der Einladung ins Jagdlager lediglich aus dem Lande hatte herauslocken wollen, und daß ich auf die versprochenen Ele-fanten warten könnte, bis ich schwarz würde. Ich verab-schiedete mich daher von dem General, bat ihn, dem Maha-radja zu melden, daß ich ihm für alle mir in Khatmandu erwiesene Gastfreundschaft danke und noch selbigen Tages den Staub Nepals von den Füßen schütteln würde. Darauf ritt ich zu meinem alten Freunde Mr. Holloway nach dem nur eine Stunde entfernten Hurdea, trieb mit dessen Hilfe

einen Elefanten auf, holte mein Gepäck und saß gegen
Abend wieder auf englischem Grund und Boden, an der
wohlbesetzten Tafel meines Wirtes. Eine Woche später etwa
erhielt ich in Bengalen aus dem Lager des Maharadja einen
Brief, in dem mir versichert wurde, die Elefanten hätten
mehrere Tage in Bhimpedi umsonst auf mich gewartet, es
müsse irgend ein Mißverständnis vorliegen, und man bedaure allseitig auf das tiefste, daß ich das Land verlassen
habe, anstatt der Einladung, ins Jagdlager zu kommen,
gefolgt zu sein. Ich aber kannte jetzt meine Pappenheimer
zur genüge und kann nicht umhin, den Herren Nepalesen
das Kompliment zu machen, durch die Art und Weise, wie
sie sich meiner entledigten, einen vortrefflichen Beweis dafür
geliefert zu haben, daß sie es in Bezug auf Verschlagenheit
mit jedem anderen Volke des Orients aufnehmen können.

Moderne nepalesische Goldmünze. Natürliche Größe.

Durbunga. Calcutta. Kutſch Behar.

Von Hundera zog ich auf breiter Landſtraße durch die
herrlich fruchtbaren Bezirke von Behar und Tirhoot,
meine Laſten auf einem Ochſenkarren mit mir führend, in
ſieben Tagemärſchen nach Durbunga. Die Gaſtlichkeit der
indiſchen Indigopflanzer iſt von mir an anderer Stelle ſchon
gebührend gerühmt worden, und ich wiederhole nur, daß ſie
ſelbſt hier zu Lande geradezu ſprichwörtlich iſt. Ich kannte
nicht einen einzigen Beſitzer der vielen, an meinem Wege
liegenden Faktoreien und hatte mir abſichtlich keine Empfehlungen geben laſſen, da es mein Vorſatz war, während
einer Woche ruhigen Lagerlebens die Aufzeichnung meiner
Erlebniſſe in Nepal zu Ende zu führen. Aber der Gaſtfreundſchaft hier aus dem Wege zu gehen, iſt, wie ich mich
überzeugt habe, eine Unmöglichkeit. Man wird von dem
erſten beſten Pflanzer auf der Landſtraße aufgegriffen und
ohne weitere Umſtände zur Faktorei geführt, mit der Ver-
ſicherung, nach Einnahme einer kleinen Erfriſchung wieder
in Freiheit geſetzt zu werden. Dieſe kleine Erfriſchung be-

steht aber in der Regel aus einem Frühstück von 6--10
Gängen oder einer anderen mehrere Stunden dauernden
Mahlzeit. Will man sich nach Beendigung derselben von
seinem Wirte - er hat ebenso wenig nach unserm, wie wir
nach seinem Namen gefragt, und ihm genügt es, zu sehen,
daß man ein menschliches Wesen ist — verabschieden, so
erfährt man, daß inzwischen der Ochsenkarren angelangt und
das Gepäck bereits im Fremdenzimmer untergebracht sei,
die Ochsen seien zu sehr ermüdet, um weiter marschieren zu
können, und es sei thatsächlich unmöglich, vor morgen früh
frische Tiere aufzutreiben; außerdem würde es geradezu als
eine Beleidigung gelten, nicht mindestens eine Nacht im
Hause zuzubringen. Da helfen dann weder Gründe noch
Ausflüchte, es muß geblieben sein, und tags darauf werden
wir unter persönlicher Aufsicht unseres Wirtes zur nächsten
Faktorei transportiert, um hier wiederum in der denkbar
angenehmsten Weise unserer Freiheit beraubt zu werden. So
erging es mir Tag für Tag, bis ich Durbunga erreichte.
Während meiner Wanderschaft habe ich das Glück gehabt,
neben vielen liebenswürdigen Menschen auch einige der größten
und bestgeleiteten Indigo-Faktoreien Indiens kennen zu lernen,
so Motihari, Sihara, Belsam u. s. w.

Die von mir durchrittenen Gegenden wiesen eine fast
beängstigend dichte Bevölkerung auf, und große blühende
Ortschaften lagen in ununterbrochener Folge zu beiden Seiten
des Weges. Durch Auslaugen des lehmigen Bodens und
Eindampfen der Lauge in eisernen Pfannen wird an vielen
Orten von den Bewohnern Salpeter gewonnen. Derselbe
wird von kleinen Händlern in den Bazaren zusammengekauft,
um nach Calcutta geschickt und dort gereinigt zu werden.
Wasser ist überall in Hülle und Fülle vorhanden und wird

von den Eingeborenen in Kanälen und Rinnen zwecks Bewässe=
rung der Felder zu den Gehöften geleitet. Die Löhne sind er=
staunlich niedrig, nämlich 15 Pf. den Tag für Männer und
Weiber, 7 Pf. für Knaben und Mädchen; Haus= und Tisch=
diener in den Faktoreien erhalten 4,50 bis 9 Mk. den Monat.

Im Beharbezirk begegneten mir zum ersten Mal die
bengalischen Zwergesel, die nicht größer sind als ein Bern=
hardinerhund und fast ausschließlich von der Kaste der Wäscher
gehalten werden. Mit kolossalen Wäschebündeln bepackt,
geradezu begraben unter ihrer Last, sieht man sie mit ihren,
infolge zu früher oder zu starker Belastung nach innen ge=
knickten Beinchen sich mühsam vorwärtsschleppend, den Ver=
kehr zwischen den Dorfschaften und Waschplätzen vermitteln.
Der Esel gilt den Hindus für ein unreines Tier und wird
nur von den allerniedrigsten Kasten berührt und geduldet,
während Mitglieder einer höheren Kaste um einen ihnen be=
gegnenden Esel stets einen weiten Bogen beschreiben. Be=
finden sie sich zufällig auf der Landstraße zwei Eseln gegen=
über, so werden sie, selbst wenn zwischen beiden Raum genug
für mehrere nebeneinander fahrende Karren wäre, nicht zwischen
den Tieren durch, sondern um dieselben herumgehen.

Die vollkommen flache Landschaft wird vielfach durch
Bambuswäldchen und angepflanzte Baumgruppen in wohl=
thuender Weise unterbrochen, so daß das Auge des Reisenden
selbst bei recht langen Märschen auf schnurgeraden Land=
straßen nicht leicht ermüdet. Neben Indigo, Reis und Senf
werden von den Eingeborenen Zuckerrohr, Tabak und Mohn
angebaut, auch werden auf den Besitzungen der Faktoreien
indigomüde Felder vielfach mit Hafer bestellt.

Auf einer der von mir besuchten Indigoplantagen erhielt
ich von der Gattin des Besitzers eine alte indische Münze,

eine Rupie in Quadratform, als Erinnerungszeichen. Dieſe
Rupien ſind nicht nur ſehr ſelten, ſondern gelten in Indien
bei der Bevölkerung als Talisman, denen eine beſondere
Kraft innewohnt. Unter anderem ſpielen ſie eine große
Rolle bei den Schuldproben, die angeſtellt werden, um aus
einer Anzahl Verdächtiger den Sünder herauszufinden. Iſt
beiſpielsweiſe in dem Hauſe eines Inders ein Diebſtahl vorgekommen, ohne daß es gelungen wäre, des Diebes habhaft
zu werden, ſo wird ein Prieſter, von dem bekannt iſt, daß
er ſich im Beſitze einer Quadratrupie
befindet, gebeten, mit dem geſamten
Hauspersonal die Schuldprobe an-
zuſtellen. Derſelbe bittet ſich eine
Wage und eine Schüſſel ungekochten
Reis aus und wiegt von dieſem für
jeden der Anweſenden mit ſeinem
geheiligten Silberſtück das Gewicht
des letzteren in Reis ab. Iſt das
geſchehen, ſo hat auf ein gegebenes

Quadratrupie. Nat. Größe.

Zeichen jeder ſein Häufchen Reis zum Munde zu führen und
zu zerkauen, bis „Halt“! kommandiert wird, worauf die
zerkaute Maſſe auszuſpucken iſt. Der Prieſter nimmt dann
die ausgeſpieenen Häufchen in Augenſchein, und wenn ſich
dabei herausſtellt, daß einer der Anweſenden ſeinen Reis in
trockenem, ungekautem Zuſtande von ſich gegeben hat, ſo
erklärt er dieſen für den Dieb und ſoll damit in der Regel
wirklich den Schuldigen treffen, da Angſt und Schrecken die
Thätigkeit der Speichelbrüſen weſentlich beeinfluſſen.

An einem herrlichen Januarmorgen ritt ich in Durbunga ein, der Reſidenz des reichſten Maharadjas Bengalens.
Die Regierung ſeines etwa 60000 Quadratkilometer meſſenden

und 2200000 Einwohner zählenden Landes ist seinen Vor=
fahren bereits von den Engländern abgenommen worden, so
daß er in der Lage ist, seine gesamten Einkünfte in Höhe
von gegen vier Millionen Mark das Jahr lediglich für
Privatzwecke zu verwenden. Er ist Brahmine allerhöchster
Kaste, und da er als solcher sowohl auf Fleischgerichte, als
auch auf den Genuß von Gerstensaft, Rebenblut und sonstigen
spirituösen Getränken zu
verzichten hat, so sind die
für seine Tafelfreuden zu
verausgabenden Summen
verschwindend klein. Außer=
dem ist er — ganz im Gegen=
satz zu all seinen Landsleuten
— kein Freund von Edel=
steinen und kein Spieler.
Unter solchen Umständen
ist es nicht leicht, vier Mil=
lionen Mark jährlich unter
die Leute zu bringen, wenn
man nicht, wie der Maha=
radja von Durbunga, mit

Maharadja von Durbunga.

einem ganz hervorragenden Wohlthätigkeitssinn ausgestattet
ist. Vielleicht die Hälfte seiner Einkünfte verwendet dieser
menschenfreundliche Fürst auf die Unterhaltung und För=
derung aller möglichen öffentlichen Institute und zur Lin=
derung der Not seiner leidenden Mitmenschen, den Rest aber
auf seine Bibliothek und seine in Indien ohnegleichen da=
stehenden Ställe und Parkanlagen.

    Im Hause des Bevollmächtigten des Maharadja, Mr.
Llewellyn, in dessen geistvoller Gattin (einer aus Baiern

stammenden Deutschen, geborenen Baronin von Pöllnitz) ich
das Glück hatte, eine Landsmännin zu begrüßen, wurde
mir gastliche Aufnahme zu teil, und ich hatte die Freude,
endlich einmal wieder in heimatlichen Lauten reden zu können.

Am Tage nach meiner Ankunft besuchte ich den Fürsten
in seinem erst vor wenigen Jahren vollendeten, im euro=
päischen Stil erbauten Palaste und fand in ihm einen kräftig
gebauten, breitschultrigen, zur Fettleibigkeit neigenden Herrn,
mit von schwarzem Vollbart eingerahmten angenehmen Ge=
sichtszügen. Er empfing mich in indischer Kleidung, eine
aus Tuch und Goldflitter hergestellte Krone auf dem Kopfe,
führte mich durch alle Räume des Palastes und ließ sich
dann mir zur Seite in dem behaglich ausgestatteten Bibliothek=
zimmer nieder, um sich mit mir über Julius Cäsar, Hannibal,
Voltaire, Shakespeare, Bismarck, Eugen Richter, Emile Zola,
Wißmann, Stanley, Adelina Patti und weiß der Himmel,
wen und was noch zu unterhalten. Er ist der belesenste
und wißbegierigste Inder, der mir vorgekommen ist, und ein
unbegrenzter Bewunderer Deutschlands, unseres Kaisers, so=
wie unseres Wehr= und Lehrstandes, vor allem aber unserer
Ärzte. Sein einziger Kummer ist seine Fettleibigkeit und
Kinderlosigkeit, und nach vergeblicher Konsultierung aller
möglichen englischen Autoritäten setzt er jetzt seine letzte
Hoffnung auf Beseitigung dieser Übel in die Kunst unserer
Jünger Äskulaps. „Es liegt mir garnichts daran, England
zu sehen, aber ich sehne mich, nach Europa zu reisen, um
Deutschland kennen zu lernen. Leider haben mir bisher die
Priester nicht gestattet, über das Meer zu fahren, aber wenn
sie sich nicht eines besseren besinnen, gehe ich ohne ihre Zu=
stimmung; denn Deutschland ist das Land, in dem ich Heilung
von meinem Leiden zu finden hoffe, und das Land, in dem

ich meinen Neffen und Thronerben erziehen zu laffen wünfche."
Ich redete „His Highness" felbftverftändlich zu, feinen Plan
zur Ausführung zu bringen, empfahl ihm jedoch als günftigfte
Fettentziehungslofalität Karlsbad. Er wird fich, deffen bin
ich ficher, in Europa viel Freunde erwerben, namentlich unter
den Künftlern, die mit Meißel oder Pinfel umzugehen ver=
ftehen, denn er ift ein Liebhaber guter Bildwerfe und Ge=
mälde. Unter feinen Kronjuwelen, die er mit großer Bereit=
willigfeit zeigte, befindet fich ein alter Schmuck des moha=
medanifchen Kaifers Akbar aus ungefchliffenen, taubeneigroßen
Rubinen, Smaragden und Perlen von unfchätzbarem Wert.
Als im Laufe unferer Unterhaltung das Gefpräch auf Ele=
fanten kam und ich meinem Wirte mitteilte, daß ich gedächte,
den Fang diefer als Lafttiere unerreicht daftehenden Vierfüßler
nach indifcher Methode in Afrika einzuführen und beabfichtige,
zu diefem Zwecke fechszehn für den Fang abgerichtete Ele=
fanten im Lande anzukaufen, um fie nach Bagamoyo zu
verfchiffen, ftellte der Fürft fofort zehn feiner eigenen Ele=
fanten für meine Zwecke zur Verfügung und bat fich als
Gegenleiftung meinerfeits dafür eine deutfch=englifche Gram=
matik aus. Beim Abfchiede überreichte er mir zwei in
Marofinleder gebundene Albums mit gegen 500 großen,
vortrefflichen Bildern aus den verfchiedenften Teilen Indiens
und erbot fich, falls ich nach Calcutta gehen follte, mir dort=
hin Wagen und Pferde aus feinem Marftall zu fenden.
Über einen Mangel freundlichen Entgegenkommens von Seiten
diefes indifchen Kröfus kann ich mich fomit jedenfalls nicht
beklagen. Die Ställe des Maharadja werden zwar an Größe
von denjenigen mancher europäifchen Fürften, an Eleganz
von keinem mir zu Geficht gekommenen übertroffen, und die
in demfelben untergebrachten Tiere, etwa 100 an der Zahl

— meiſt engliſches Vollblut — ſind durchweg erſtklaſſig. Ein engliſcher Stallmeiſter mit einem Gehalt von etwa 12000 Mk. führt die Oberaufſicht und hat gegen 150 Be= bienſtete unter ſeinem Kommando.

Das Schönſte aber in Durbunga ſind unſtreitig die von engliſchen Garteningenieuren angelegten, wunderbar ge= haltenen, den Palaſt umgebenden Parkanlagen, und hier zwiſchen den herrlichſten Baumgruppen auf kiesbeſtreuten Wegen, während die fürſtliche Muſikkapelle ihre Weiſen ſpielt, in abendlicher Stille zu luſtwandeln, war mir nach mehr= monatlichem Wildnisleben ein hoher Genuß. Gleich anderen indiſchen Fürſten beſitzt der Maharadja auch einen Zoologiſchen Garten, aber den Tieren ſcheint das Klima Durbungas nicht recht zuzuſagen. Namentlich die acht hier gefangen gehaltenen Königstiger machen ſchon bei lebendigem Leibe einen mottenzerfreſſenen Eindruck, und eine Tiger=Lebens= verſicherungsgeſellſchaft würde ſicherlich für ihre Aufnahme einen ſehr hohen Jahresbeitrag verlangen. Ein Antrag meinerſeits, die Tiere ohne weiteren Verzug ins Jenſeits zu befördern, wurde von dem Maharadja einſtimmig abgelehnt.

Hätte mich nicht eine Einladung des Vizekönigs zu den zu Ehren des erwarteten ruſſiſchen Thronfolgers veranſtalteten Feſtlichkeiten nach Calcutta gerufen, ich wäre in dem hübſchen Durbunga ſicher noch einige Tage länger geblieben, aber eine Hoffeſtlichkeit größeren Stils im Government house wollte ich mir nicht entgehen laſſen, und Zeltlaſten und Pony in Durbunga zurücklaſſend, vertraute ich mich daher bis Mokameh, wo wir ſpät abends anlangten und den heiligen Ganges bei heftigem Ge= witterſturme auf einer großen, mit elektriſchem Lichte erleuch= teten Dampffähre zu kreuzen hatten, der Tirhoot staate railway und von dort bis Calcutta der East India railway an.

Mehrfacher Wagenwechsel und gegen Regen schlecht ge=
schützte Coupés machten die Reise zu einer wenig erfreulichen,
und ich war daher froh, als nach faft achtzehnstündiger Fahrt
um 7 Uhr in der Frühe mein Wagen geöffnet und mir be=
deutet wurde, daß Calcutta erreicht sei, was aber, genau ge=
nommen, keineswegs der Fall war; denn die Endstation der
Bahn ift nicht Calcutta, sondern das am rechten Ufer des
Hooghly gelegene Howrah. Um von hier in die Hauptstadt
des alten indischen Kaiserreichs zu gelangen, hat man sich
eines Gefährtes zu bedienen und auf einer 1530 Fuß langen
und 38 Fuß breiten schwimmenden eisernen Brücke über den
mit Schiffen aller Nationen bedeckten Hooghly zu fahren.
Durch enge Straßen des Nativetown gelangt man nach etwa
halbstündiger Fahrt in das sich rings um den sogenannten
Maidan, eine mehrere Quadrat=Kilometer große, hier und
da von Baumgruppen unterbrochene weite Grasfläche aus=
breitende Europäerviertel. Lediglich die vor den Häusern
ihrer Herrschaften herumlungernden gelb=, braun und schwarz=
häutigen, buntbeturbanten Diener erinnern daran, daß wir
uns in Indien befinden; sonft ift alles, Häuser, Gartenan=
lagen und Equipagen so gänzlich europäisch, daß man glauben
könnte, in einer norditalienischen Stadt, etwa in Mailand
zu sein. Der Gewitterregen der vergangenen Nacht hatte
die Luft gereinigt und abgekühlt, Bäume und Pflanzen er=
quickt und den Staub in den Straßen beseitigt. Ich bekam
daher von der im allgemeinen, namentlich wegen ihres Klimas
arg verrufenen Hauptstadt gleich am erften Tage einen un=
erwartet angenehmen Eindruck, der, dank besonders günstiger
Umstände, während meines 14 tägigen Aufenthaltes der gleiche
geblieben ift. Ob ich aber an Calcutta mit den gleichen
Empfindungen zurückdenken würde, wie jetzt, ohne all die

vielen, mir von der deutschen Kolonie, vor allem aber von meinem engeren Landsmann Herrn Aßmann, Chef der Firma Schroeder, Smidt & Co., und dem mir bereits von Simla befreundeten deutschen Generalkonsul Baron Heyking und seiner alle Welt durch ihren Geist, ihre Schönheit und ihren Geschmack entzückenden Gattin erwiesenen Liebenswürdigkeiten, lasse ich dahingestellt. Jedenfalls würde ich, falls ich auf Woh=
nung und Küche in einem der sämtlich auf gleich nie= derem Niveau stehenden, ge= räuschvollen Gasthöfe ange= wiesen wäre, eher nach Dur= bunga zurückgekehrt sein.

Calcutta ist die Winter= residenz des Vicekönigs und Sitz des Gouverneurs der über 60 Millionen Einwoh= ner zählenden Provinz Ben= galen. Das Ergebnis der letzten, vor wenigen Mo= naten stattgehabten Volks= zählung ist mir nicht bekannt,

Generalkonsul Baron von Heyking.

doch dürfte die Bevölkerungsziffer Calcuttas zwischen 800 000 und 900 000 liegen, die Zahl der dort lebenden Europäer aber gegen 13 000 betragen. Die Bevölkerung ist bei weitem nicht so gemischt wie diejenige Bombays, und wenn auch Vertreter aller möglichen Völkerschaften Indiens und zahl= reiche Chinesen sich hier aufhalten, so verschwinden sie doch vollkommen unter den eigentlichen Bewohnern des Landes, den Bengalen. Diese sind trotz mancher körperlichen Vor= züge gegen die Inder und ihrer unleugbar hohen geistigen

24*

Begabung die mir am wenigsten sympathischen Bewohner
des großen indischen Reiches. Kriechend vor ihren Vor=
gesetzten, sind sie anmaßend gegen Gleichgestellte und Unter=
gebene, ja selbst gegen den mit ihnen in den Post=, Tele=
graphen= und anderen öffentlichen Ämtern unausgesetzt in
Berührung kommenden Europäer, namentlich unter den
niederen Beamten habe ich ganz unglaublich unverschämte
Flegel kennen gelernt, und in einer schwachen Minute konnte
ich nicht unterlassen, einem Postbabu, der sich nicht genierte,
mir seinen roten Betelsaft vor die Füße zu spucken, rechts
und links eine schallende Ohrfeige zu versetzen. Die Wirkung
war eine überraschend günstige, und mein Babu wälzte sich
nachher vor Unterwürfigkeit fast im Staube. Wäre ein
Zeuge zugegen gewesen, würde er vielleicht noch unverschämter
geworden sein, mich aber sicherlich verklagt haben, und die
Folge wäre gewesen, daß ich meinen furor teutonicus und
meine Schlagfertigkeit mit einer Strafe von 30—150 M.
hätte büßen müssen.

Unter der Jugend Bengalens findet man zuweilen
klassisch schöne Gestalten mit vornehmer Haltung und edlen
Gesichtszügen, die in ihrer nach Art der römischen Toga in
malerischem Faltenwurf getragenen Gewandung jedes Künstler=
auge entzücken müssen. Sobald aber der Jüngling zum
Manne heranreift, büßt er schnell seine Reize ein, seine Ge=
sichtszüge bekommen einen Anflug von Brutalität, seine
Muskeln verschwinden unter einer Hülle quabbeligen Fettes,
sein in der Jugend elastischer Gang wird schwerfällig, und
das nach europäischer Art gescheitelte Haar, eingesalbt mit
widerlich riechendem Kokosnußöl, die Füße seiner nackten,
gelben Beine in weißen Baumwollsocken und schwarzen Lack=
stiefeln, watschelt er, Betelsaft nach allen Seiten von sich

gebend, einem gemästeten Kapaun ähnlich durch die Straßen.
Jedesmal, wenn ich so einem ekelhaften Patron begegnete,
bedauerte ich, nicht die Macht zu besitzen, ihn auf drei Jahre
in ein preußisches Infanterieregiment zu stecken.

Das Leben in den Bazaren Calcuttas ist weniger reiz=
voll als in denen anderer indischer Städte. Der Bengale
geht barhäuptig und trägt, ungleich den übrigen Bewohnern
des Landes, keinen Turban, und gerade diese in allen denk=
baren Farben leuchtenden Kopfbedeckungen sind es, die das
Volksgetümmel in Indien zu einem so farbenprächtigen Bilde
gestalten. Ich unternahm wiederholentlich in den Morgen=
stunden Ritte durch die Eingeborenenstadt, wie durch die
Straßen der verschiedenen Bazare, in denen stets ein fabel=
haftes Menschengewühl und fieberhaftes Treiben herrschte,
doch entsinne ich mich nicht, hier irgend etwas für die Bengalen
besonders Charakteristisches gesehen zu haben, es sei denn,
daß die Mütter ihre Kinder, anstatt sie zu waschen, vom
Scheitel bis zur Sohle mit Kokosöl einreiben. Splitterfaser=
nackt und triefend, gleich soeben aus der Büchse geholten
Sardinen werden sie dann in die Sonne gestellt, um ge=
hörig durchzubraten. Der Schiffsverkehr im Hafen von
Calcutta ist ein sehr bedeutender. Die Hauptausfuhrartikel
sind Jute, Exportwert 1889 für über 100, Opium 90,
Thee 75, Leinsaat 36, Indigo 36, Jutesäcke 34, Häute 27,
Baumwolle 16, Rapssaat 9, Seide 9, Weizen 6 Millionen
Mark. Über Calcutta wurden an Reis nach Europa nur
57 800 Tonnen, nach indischen Häfen dagegen deren 335 800
verschifft. Durch einen Ausfuhrzoll auf Reis in Höhe von
etwa 8. v. H. des Wertes sucht die Regierung einer über=
mäßigen Ausfuhr dieses Artikels entgegen zu wirken, um
zur Steuerung etwaiger Hungersnöte im Lande stets größere

Vorräte zur Hand zu haben. Turmerik, eine hier als Gewürz
und Farbſtoff, in Europa nur in letztgenannter Eigenſchaft
verwendete Knolle, wurde 1889 im Gewichte von 8686
Zentner gegen 79847 Zentner im Jahre 1887 ausgeführt.
Als Grund für den auffallenden Rückgang der Ausfuhr
dieſes Artikels wurde mir angegeben, daß die aus dem
Turmerik bereitete gelbe und gelbbraune Farbe zur Zeit in
Europa nicht in der Mode ſei. Die Ausfuhr von Schellack
belief ſich im Jahre 1889 auf 83460 Kiſten zu 160 Pfund.
Es befinden ſich in Calcutta mehrere große Schellackfabriken,
doch gelang es mir nicht, in eine derſelben einzudringen, und
ich mußte mich daher damit begnügen, in einer kleinen, einem
Eingeborenen gehörenden Fabrik meinen Wiſſensdrang zu
befriedigen. Das Rohmaterial des Schellacks iſt die Folge
eines Stiches der Lacklaus (coccus laccae). Es findet ſich an
den Zweigen verſchiedener Bäume, hauptſächlich aber an dem
Holze des Dal-Binſenſtrauches, und wird meiſt aus Aſſam
und Bothan auf den Markt gebracht. Das noch am Holze
ſitzende Rohmaterial wird unter dem Namen „Stocklack“
gehandelt. In der von mir beſuchten Fabrik wurde der
Stocklack in einen großen, an der Innenwand gereifelten
ſteinernen Kübel gethan, mit Waſſer begoſſen und von einem
Kuli mit den Füßen durch gleichzeitiges, den Lack vom Holze
trennendes Reiben an der Wandung gewaſchen. Nachdem
der losgelöſte und zerkleinerte Lack zu Boden geſunken iſt,
werden Holz und Schmutzteile abgeſchöpft und eine noch=
malige Waſchung vorgenommen. Der Lack enthält einen
bordeauxroten Farbſtoff, und in früheren Zeiten wurde er
lediglich zur Gewinnung des letzteren verarbeitet, während
man die zurückbleibenden Harzteile als wertlos fortwarf.
Heute dagegen iſt die Farbe durch Anilin und andere Er=

finbungen konkurrenzunfähig geworden, man schüttet sie als
wertlos bei Seite und richtet sein Augenmerk nur auf die
Gewinnung des Lacks. Ist dieser gehörig gesäubert, so wird
er in lange, etwa 3 Zoll im Durchmesser haltende, wurst-
artige Baumwollensäcke gefüllt, diese werden über einem Holz-
kohlenfeuer schwach erhitzt und der flüssig gewordene Schellack
durch Wringen der Wurst durch die Baumwolle gepreßt.
Zur Erde getröpfelt wird die zähe Masse mit den Händen
auf einem erwärmten, zylinderförmigen, $1\frac{1}{2}$ Fuß langen
Stein geklopft und zusammengeschlagen. Der so entstandene
viereckige, etwa $\frac{1}{4}$ Zoll dicke Kuchen wird abgenommen und
endlich von einem Manne, der zwei Zipfel mit den Füßen
festhält und die beiden anderen mit den Händen ergreift,
gleichzeitig hoch und breit gezogen. Die dadurch nunmehr
außerordentlich dünne, gelbtransparente Lackmasse in Form
und Größe eines Kalbfelles wird getrocknet, in kleine Stücke
zerbrochen und in Kisten verpackt. Sie hat in Calcutta
einen Wert von gegen 50 Mark per Zentner. Die im
Baumwollschlauche verbliebene nicht flüssig, sondern nur weich
gewordene, des Schellacks beraubte Masse ist von schwarz-
brauner Farbe. Sie wird mit etwa 30 Mark der Zentner
verkauft und in Indien zu billigen Armbändern und anderen
Schmucksachen verarbeitet.

Während über Bombay die Ausfuhr von Häuten verschwindend klein ist, werden von Calcutta jährlich durchschnittlich 6 Millionen Rinder- und $\frac{1}{2}$ Million Büffelhäute
ausgeführt, letztere meist nach Amerika, wo sie zu dünnem
Sohlleder verarbeitet werden. Wenn man die armen, infolge roher Behandlung fast ausnahmslos mit Geschwüren
und Wunden bedeckten Zugochsen sieht, so kann es einen
wahrlich nicht wunder nehmen, daß die hiesigen Häute von ge-

ringer Güte ſind und daß, während z. B. unter den amerikaniſchen
Häuten ſich etwa 5 v. H. Ausſchuß findet, hier nur etwa
5 v. H. gute Häute die Regel ſind. Die Preiſe ſchwanken
zwiſchen 3—4½ Mark für die Rinderhaut. Büffelhäute
erzielen etwas höhere Preiſe. Die Methode der Inder, ihre
Häute zu gerben, iſt im höchſten Grade primitiv. Die Haut
wird mit gerbſtoffhaltiger, ſtets feucht gehaltener Baumrinde
gefüllt, zugenäht und an einen Baum gehängt, bis ſie nach
Anſicht des Gerbers reif iſt.

Von Deutſchland nach Calcutta eingeführt werden
hauptſächlich Tuche, bunte Baumwollſtoffe, Bier, Wein und
Salz. Die Einfuhr deutſcher Biere nimmt von Jahr zu
Jahr größere Ausdehnung an, und namentlich muß diejenige
von in Bremen gebrautem Pilſener Bier, welches jetzt faſt
alle engliſchen Biere in Indien verdrängt hat, ſehr bedeutend
ſein. Man fängt hier aber allmählich an, pilſenermüde zu
werden und ſich nach einem anderen Stoffe zu ſehnen.
Warum bringen unſere beliebten Brauereien „Pſchorr“ und
„Spaten“ ihre Biere nicht auf den hieſigen Markt? Ich
bin überzeugt, ſie würden in Indien ein Abſatzgebiet erſten
Ranges finden, wenn ſie dem Geſchmack der Tropenbewohner
Rechnung tragen würden, denn das Bier darf nicht zu
kräftig eingebraut ſein, man wünſcht in den Tropen, im
Gegenſatze zu nordiſchen Gegenden, viel Getränk und wenig
Trunkenheit. Bei dieſer Gelegenheit möchte ich auch unſere
deutſchen Konſervenfabriken auf den hieſigen Markt auf=
merkſam machen. Unſere Konſerven werden von den Eng=
ländern vielfach höher geſchätzt als ihre eigenen, und wo
immer ich mit deutſchen Würſten, namentlich mit Frau
Charlotte Erasmis (Lübeck) unübertrefflicher Leberwurſt oder
ihrem köſtlichen Krebsragout erſchienen bin, ließen meine

Gäſte ſämtliche engliſche Konſerven unberührt, und zu Dutzenden
von Malen habe ich den Ausruf vernommen: „Ja! wenn man
ſo etwas nur hier bekommen könnte!" Alſo, meine hoch=
verehrte Frau Charlotte, ſchicken Sie Wurſt und wieder Wurſt,
aber vermeiden Sie in derſelben alles, was nach Knoblauch
riecht, und ich garantiere Ihnen eine derartige Abnahme, daß
man Ihnen aus den geleerten Blechbüchſen nach wenigen
Jahrzehnten ein Denkmal ſetzen könnte, gegen welches der
Eifelturm zu einer Wetterſäule verblaſſen müßte.

Wie der italieniſche Reiſende Mantegazza in ſeinem vor
etwa acht Jahren erſchienenen, äußerſt feſſelnd geſchriebenen
Buche über Indien dazu kommen konnte, Calcutta mit einem
Düngerhaufen zu vergleichen, iſt mir unerfindlich, es ſei
denn, daß die Stadt ſich in dieſem kurzen Zeitraum völlig
verändert habe. Einem Italiener aber darf man wohl em=
pfehlen, vor ſeiner eigenen Thür zu fegen, bevor er ſeinen
Beſen vor die Thüren anderer Nationen ſetzt. Vede Napoli!
„Sieh Neapel und ſtirb!" ruft der auf ſeine Königsſtadt
ſtolze Italiener jedem der Anlangenden zu! Ich danke
beſtens. Sicherlich würden mehr Leute Neapel ſehen und
weniger infolge deſſen ſterben, wenn die Stadt nur halb=
wegs ſo ſauber gehalten würde, wie Calcutta. In keiner
Stadt der Welt habe ich z. B. die Straßenſprengung in
einer ſolchen Vollendung geſehen, wie hier, wo ſelbſt den
entlegenſten Stadtvierteln dieſe Wohlthat zu teil wird. Daß
ein orientaliſcher Bazar in Bezug auf Sauberkeit nicht mit
den Berliner Markthallen wetteifern kann, iſt ſelbſtverſtändlich,
aber es iſt zu verwundern, daß die Straßenpolizei Calcuttas es
fertig bringt, das zu leiſten, was ſie leiſtet, und die Bazare bis
zu einem Grade reinlich zu halten, an dem ſich Neapel und
manche andere italieniſche Stadt ein Beiſpiel nehmen könnte.

Das Leben der Europäer iſt wie in Bombay ſo auch
hier nach heimatlichen Begriffen luxuriös. Jeder leiblich ge=
ſtellte Sahib wohnt in einem geräumigen, möglichſt luftigen,
frei gelegenen Hauſe, hat eine Armee von Dienern zu ſeiner
Verfügung, hält für ſeine Freunde offene nebenbei vorzüglich
gedeckte Tafel und beſitzt ſeinen eigenen Wagen. Die frühen
Morgenſtunden werden meiſt zu Spaziergängen oder Ritten
in die prächtige, echt tropiſche Vegetation aufweiſende nächſte
Umgebung der Stadt ausgenutzt. Um 10 Uhr beginnt die
Arbeit in den Geſchäften und Amtsbureaus, um in der
Regel bis gegen 4 Uhr zu dauern. Man fährt nach Hauſe
— kein Europäer geht in Calcutta während der Tages=
ſtunden auch nur 20 Schritt weit — und gegen Abend er=
ſcheint man fahrend oder reitend auf dem Maidan oder in
den Hafenanlagen, um die erfriſchende Seebrieſe zu genießen,
mit Freunden Grüße auszutauſchen, mit ſeinen Pferden zu
paradieren, ſich den Kopf zu zerbrechen, warum Frau X.
heute ohne ihren Verehrer oder überhaupt nicht erſchienen
iſt, oder den Klängen eines im Edengarten konzertierenden
Muſikkorps zu lauſchen. Nach Hauſe zurückgekehrt, nimmt
man ſein Abendbad und ſpeiſt dann ſpäter in Geſellſchaft
einiger Freunde zu Hauſe oder in einem der beiden vor=
züglich gehaltenen engliſchen Klubs. Die Deutſchen, von
denen nur ſehr wenige Mitglieder eines der letzteren ſind,
beſitzen gemeinſam mit den Schweizern ein eigenes kleines
Klubhaus mit Leſe= und Billardzimmer, aber ohne Speiſe=
wirtſchaft.

Ein ſtändiges Theater hat Calcutta nicht, ab und zu
ſpielt eine herumreiſende Truppe, aber höchſtwahrſcheinlich
weder ſich noch anderen zur Freude. An Eingeborenen=
Theatern iſt hingegen kein Mangel, und wer als Reiſender

nach Calcutta kommt, ſollte nicht verſäumen, einem derſelben
ſeinen Beſuch abzuſtatten.   Ich ſage abſichtlich „einem",
denn er wird daran ebenſo wie ich für alle Zeiten genug
haben.   Der von mir beſuchte Muſentempel nannte ſich
„Parsee Theatre".   Mir war durch Zufall ein in engliſcher
Sprache abgefaßtes Programm dieſes Theaters zu Geſicht
gekommen, auf dem für den Abend eine Aufführung der
Oper „Leila und Mujinoon" angezeigt war.   Dieſelbe ſollte
nach einer weiteren Angabe des Programms in Bezug auf
Sprache, Muſik und Dekorationen ſämtliche Opern der Welt
in den Schatten ſtellen, und ſelbſt der im Herzen verhärtetſte
Zuhörer ſollte nicht im ſtande ſein, dem Spiele Lailas und
Mujinoons beizuwohnen, ohne Bäche von Thränen der
Rührung zu vergießen. Ich konnte der Verſuchung, mich
an dieſem allgemeinen Thränenerguß zu beteiligen, nicht
widerſtehen, und nach Beendigung eines Eſſens im Hauſe
eines meiner Landsleute fuhr ich „in die Oper". Ein langer
dunkler Gang führte mich von der Straße in einen Zu-
ſchauerraum etwa von der Größe desjenigen im Berliner
American-Theater.   Durch Erlegung von 3 Mark an der
Kaſſe hatte ich mir einen „fauteuil d'orchestre" geſichert
und ließ mich mit der ganzen mir für derartige Gelegenheiten zur Verfügung ſtehenden Nonchalance in demſelben
nieder, um, trotzdem Leila und Mujinoon bereits in voller
Thätigkeit waren, ſich wie zwei auf den Schwanz getretene
Katzen gegenſeitig anwimmerten und ſich alle Mühe gaben,
mich ſchleunigſt zu Thränen zu rühren, vorerſt meine Umgebung näher in Augenſchein zu nehmen.   Die Zuſchauer
im Parkett waren ausſchließlich Eingeborene männlichen
Geſchlechts, Bengali und Parſi.   Die Logen des erſten und
zugleich letzten Ranges ſtanden größtenteils leer, nur die

ſich leiſe bewegenden, feſt geſchloſſenen Vorhänge zweier derſelben ließen auf die Anweſenheit einiger Damen aus einer
Zenana ſchließen. Das Rauchen war, das Kauen nicht verboten, und ſo ſpie denn das geſamte Publikum blutroten
Betelſaft um die Wette nach allen Richtungen, ſo daß der
Boden des Zuſchauerraums ausſah, als hätte hier unmittelbar vor Kaſſeneröffnung eine Bartholomäusnacht ihre
Opfer gefordert. Das ebenfalls betelkauende Orcheſter beſtand aus zwei Streich= und einem Trommelmuſikanten,
letzterer, der erkältet zu ſein ſchien mit einem dicken, wollenen
Shwal um den Hals. Alle drei Muſikanten kümmerten ſich
um Leila und Mujinoon ebenſowenig, wie um das ihren
Tönen mit keineswegs verhaltenem Atem lauſchende Publikum.
Ich habe es nie ſoweit gebracht, die Geſchlechter von Hero
und Leander mit Sicherheit angeben zu können, ich weiß
nicht, iſt Hero der Mann und Leander das Weib, oder um=
gekehrt; genau ſo geht es mir mit Leila und Mujinoon,
und ich kann daher nicht mit Gewißheit ſagen, ob der ſich
wie ein ſchlecht erzogener Jüngling moſaiſchen Glaubens
auf der Bühne gerierende Schauſpieler Leila oder Mujinoon
darſtellte. Einerlei, es war ein widerwärtiger, mauſchelnder
Patron mit einem richtigen Berliner Ohrfeigengeſichte,
krummen Beinen und Plattfüßen; aber er war immer noch
eine elegante Erſcheinung im Vergleich mit ſeiner Partnerin,
der Primadonna, die ich, verſchoſſen und ſchmutzig an Körper
und Kleidung, wie ſie daſtand, am liebſten ohne weiteres
zu Spindler geſchickt haben würde. Sie hatte nur einen
Ton in der Kehle, und der war obendrein falſch, und wenn
ich irgend etwas an der ganzen Vorſtellung bewunderte, ſo
war es die Geduld, mit der das Publikum dieſelbe über ſich
ergehen ließ. Als ſchließlich auch noch die Muſikkapelle eines

nur durch eine dünne Wand von dem Theater getrennten
skating ring ihre Weiſen mit denen unſeres Orcheſters ver=
miſchte, fühlte ich mich der Situation nicht mehr gewachſen
und verließ den Muſentempel.

Intereſſant, aber gleichfalls nichts weniger als genußreich
iſt ein Beſuch des einige Kilometer ſüdlich vom Europäer=
viertel an einem der Hooghlyarme gelegenen Kalitempels.
Calcutta iſt die tempelarmſte Stadt Indiens, und außer dem
erwähnten, der Kali oder Durga, wie dieſe blutbürſtige, be=
ſonders von Mördern, Dieben, Betrügern und ſonſtigem
Geſindel verehrte Göttin auch genannt wird, geweihten
Tempel wüßte ich keinen, deſſen es ſich lohnte, auch nur
Erwähnung zu thun. Die frühen Morgenſtunden eignen
ſich zu einem Beſuche dieſes „Tempel" genannten Schlacht=
hofes am beſten; erſtens wegen der kühleren Temperatur
und zum zweiten, weil um dieſe Zeit das Opferſchlachten
ſtattfindet. Als ich in dem merkwürdig ſauber gehaltenen
Hofe des architektoniſch gänzlich unintereſſanten Gebäudes
anlangte, drängten ſich bereits hier wie auch auf den zum
Allerhöchſten führenden Treppen lärmende und tobende
Menſchenmaſſen. Die Verkäufer von aus orangefarbenen,
auf einen Faden gezogenen Blumen gebildeten Guirlanden
ſchoben ſich ſchreiend durch die Menge, jeden ihnen in den
Weg Kommenden ihre Waren über den Kopf werſend und
dann in unverſchämteſter Weiſe Bezahlung verlangend, die
natürlich von den meiſten, ohne ihren Willen gleich Pfingſt=
ochſen geſchmückten Opfern verweigert wurde, was dann
wieder endloſe Auseinanderſetzungen zur Folge hatte. Endlich
wurden die Tempelthüren geöffnet, und alles ſtürzte vorwärts,
um einen Blick auf das widerliche Bildnis der verehrten
Göttin zu werſen. Inzwiſchen waren etwa 20 Ziegen von

Opferspendern herbeigebracht worden, aber, wahrscheinlich
von der Annahme ausgehend, daß die Göttin die Opfer
zählen und nicht wägen wird, lediglich Zicklein allerkleinsten
Kalibers. Da nun, wie mir ein Priester auseinandersetzte,
nur das Fleisch des ersten an jedem Tage getöteten Opfers
der Göttin, d. h. den Priestern verbleibt, während alle
übrigen Körper, mit Ausnahme der Köpfe, den Opfernden
zurückgegeben werden, entschloß man sich, zu warten, ob nicht
eine größere Ziege herbeigebracht würde, deren Fleisch sich
auch des Behaltens lohne. Aber das Geschäft ging scheinbar
schlecht an jenem Morgen, und nachdem man über eine
Stunde vergeblich gewartet hatte, begann das Blutbad.
Bevor der herbeigeholte Tempelschlächter (dieser Mann ge=
hört nicht zur Priesterschaft) seine Arbeit begann, hatten die
Opfernden für jede Ziege 50 Pf. Schlachtgeld zu entrichten.
Als diese für den Priester ebenfalls wichtigste Angelegenheit
erledigt war, ergriff der Schlächtergeselle ein Zicklein nach
dem andern gleichzeitig an Hinter= und Vorderfüßen, legte
dessen Kopf in eine im Boden befestigte aufrechtstehende
Holzgabel, und während er dann dem Opfer den Hals so
lang als möglich zu ziehen sich bemühte, trennte der Schlächter
mit Hilfe eines Schwertes den Kopf vom Rumpfe. Die
Sache geht sehr viel schneller, als ich sie erzählen kann, und
nach kaum fünf Minuten lagen über dreißig teils noch zappelnde
und sich in ihrem Blute wälzende enthauptete Zicklein am
Boden. Als ich mich erkundigte, ob noch Büffelopfer in
Aussicht ständen, wurde mir bedeutet, für heute sei das
Geschäft erledigt, wenn ich aber ein Büffelopfer zu sehen
wünsche, so könne dasselbe gegen Erlegung von 24 Mark
meinerseits ohne Verzug stattfinden. Ich hatte jedoch zur
Zeit keinerlei Veranlassung, mich mit Frau Kali auf einen

besonders guten Fuß zu stellen, und wies das freundliche
Anerbieten daher dankend zurück. Gefolgt von einer ganzen
Schar faulen, nach bakshish schreienden Priestergesindels,
erreichte ich meinen in der Nähe des Tempels haltenden
Wagen, ergriff Zügel und Peitsche, letztere nicht für das
Pferd, sondern für die allzu aufdringlichen Priester, und
der Stätte widerlichsten Götzenkultus für immer den Rücken
kehrend, rollte ich dahin auf guten Wegen, anfangs durch
Bazare, dann durch einen Teil des europäischen Viertels,
um eine halbe Stunde später in den hübschen Anlagen des
Zoologischen Gartens unter Tieren zu vergessen, was ich im
Laufe des Morgens an Bestialität unter Menschen erlebt.

Der Garten enthält eine gute Sammlung indischer
Fauna und ist musterhaft gehalten. Da die Direktion es
in ausgezeichneter Weise verstanden hat, die Eitelkeit der
Radjas und reichen Juden auszunutzen und sich für den
Garten von diesen Herren prächtige, natürlich mit großen
Namenstafeln der Geber gezierte oder verunzierte Gebäude,
hier ein Raubtier- oder Affenhaus, dort ein Terrarium oder
eine Volière hat stiften lassen, so macht das ganze Institut
trotz der geringen ihm zur Verfügung stehenden Mittel doch
einen gewissermaßen vornehmen Eindruck. Das Sehenswerteste des Gartens ist unstreitig die Abteilung für Raub-
tiere, und die hier hinter Schloß und Riegel untergebrachten
fünf bengalischen Königstiger sind neben denjenigen des
Maharadjas von Jeypur die schönsten, die man überhaupt
sehen kann. Auch prächtige Exemplare von Löwen, Panthern,
Leoparden und Bären findet man hier. Unter den Tigern
erregen besonders zwei als Menschenfresser (man-eaters) im
Lande weit und breit gefürchtet gewesene Exemplare Interesse.
Sie haben, bevor es gelang, ihrer habhaft zu werden, viele

Menschenleben vernichtet und ganze Dörfer entvölkert; denn
wer nicht gefressen wurde, verließ Haus und Hof und zog
in eine andere Gegend, wo er weniger Aussicht zu haben
glaubte, seinem Verfolger zu begegnen.   Diese man-eaters
sind, zum Glück für die indische Bevölkerung, seltene Aus=
nahmen.   Der Tiger ist von Natur feige und geht dem
Menschen, wenn irgend möglich, aus dem Wege.   Ist er
aber durch Zufall einmal in die Lage gekommen, den Kampf
mit dem Menschen aufnehmen zu müssen, und hat dabei die
Erfahrung gemacht, wie sehr er an Kraft dem letzteren über=
legen ist, wie leicht er den bis dahin gefürchteten Feind
überwältigen kann und wie zart und schmackhaft obendrein
dessen Fleisch ist, so nimmt er von diesem Tage an den
Menschen in seine Speisekarte auf und tötet ihn, wo er es
ohne Gefahr thun kann.   Auch als man-eater aber ver=
leugnet er seine angeborene Feigheit nicht und hält es für
ratsamer, sich auf den Raub von Weibern und Kindern zu
beschränken, als sich an kräftige Männer heranzuwagen.   Daß
der Tiger, sobald er einmal zum man-eater geworden ist,
sich ausschließlich auf die Menschenjagd verlegt, größer wird
und außerdem eine andere Haarfarbe annimmt, alles dies
sind Behauptungen, denen von den ersten Sportautoritäten
Indiens widersprochen wird.   Als Kuriosum erwähne ich,
daß der Zoologische Garten aus dem Verkauf der in der
indischen Pharmazie hochgeschätzten flüssigen Exkremente seiner
Rhinozerosse jährlich eine Einnahme von gegen 800 Mk. erzielt.

Auch eine die Wettlust der Eingeborenen vortrefflich
charakterisierende Begebenheit, die sich vor einigen Jahren
im Garten zutrug, möchte ich hier kurz erwähnen.   Löwen=
und Tigerwärter stritten sich eines schönes Tages, wie das
schon oft vorgekommen war, über die Macht und Stärke

ihrer Schutzbefohlenen. Jeder ergriff ſelbſtverſtänblich für ſeine
eigenen Pfleglinge Partei, unb bie Gemüter ber Streitenben
erhitzten ſich ſo, baß es zu einer Schlägerei unter ihnen kam.
„Ich wette 10 Rupien gegen 5, baß mein Löwe ſtärker iſt
als bein Tiger“, meinte, nachbem bie Menſur erfolglos verlaufen war, ber Wärter bes Königs ber Wüſte. Der Tigerwärter nahm bie Wette an, unb in mitternächtlicher Stunbe
— wahrſcheinlich war es eine Monbſcheinnacht — wurbe
bie ben Löwen= vom Tigerkäfig trennenbe eiſerne Fallthür
hochgezogen, unb bie Könige ber afrikaniſchen unb aſiatiſchen
Tierwelt lagen ſich in ber nächſten Sekunbe in ben Haaren.
Nur wenige Minuten bauerte ber Kampf, bann war ber
Tiger eine Leiche unb felis africana marſchierte ſtolz zwar,
aber infolge ber empfangenen Wunben etwas ſchwankenb, in
ſeinen Käfig zurück, um hier in Ermangelung von Lorbeeren
auf Sägeſpänen auszuruhen unb nach wenigen Tagen ſeinen
Geiſt aufzugeben. Der Löwenwärter erhielt vom Tigerwärter
ſeine gewonnene Wette in Höhe von 5 Rupien = 7,50 Mk.
ausgezahlt, beibe wurben von ber Direktion bes Gartens
entlaſſen unb bie Leichen ber Duellanten bem bortigen
Muſeum übergeben, wo man ſie heute, ausgeſtopfterweiſe,
in Geſtalt zweier ſtrohgefüllter, aneinanbergelehnter Häute
in ſtark mottenzerfreſſenem Zuſtanbe bewunbern kann. Die
zoologiſche Abteilung bes ſoeben erwähnten Muſeums iſt
bie partie honteuſe bieſes im übrigen recht ſehenswerten
Inſtituts, beſſen Abteilungen für Völkerkunbe unb Kunſt=
gewerbe niemanb ohne Befriebigung verlaſſen bürfte. Namentlich von ben Anbaman= unb Nikobarinſeln finben ſich hier
Sammlungen, bie jeben Direktor eines europäiſchen Muſeums
mit Neib erfüllen könnten.

Wenige Tage nach meinem Eintreffen in Calcutta er=

hielt ich eine Einladung des Radja Sourindro Mohun Tagore,
in seinem Palaste einer mir zu Ehren veranstalteten Musik=
aufführung beizuwohnen.   Irgend eine Zeitung hatte die
Nachricht verbreitet, ich sei nach Indien gekommen, um die
Musik des Landes zu studieren, und der erste Förderer
indischer Tonkunst, Sourindro Mohun Tagore, hatte es sich
nicht nehmen lassen wollen, mir als Musiker von Fach die
Honneurs der Hauptstadt Bengalens zu machen.   Getreu
meinem Grundsatze, die Feste zu feiern, wie sie fallen, er=
schien ich zur festgesetzten Stunde im Palaste des Fürsten.
An der Treppe empfing mich ein kleines, unbedeutend aus=
sehendes, freundlich grinsendes Männchen in bengalischer
Tracht und geleitete mich in einen europäisch ausgestatteten
Raum des ersten Stockwerks.   Da ich den Mann für einen
Bediensteten des Radja hielt, setzte ich mich nieder und fragte:
„Wo ist der Fürst?"   Ludwig XIV., als er sein historisches:
„L'état c'est moi!" aussprach, hätte unmöglich ein selbst=
zufriedeneres Gesicht machen können wie mein kleiner Bengale,
als er meine Frage mit den Worten: „Der Fürst bin ich",
beantwortete.   „Sehr angenehm, Ihre werte Bekanntschaft
zu machen", erwiderte ich, „doch wo sind die Musikanten?"
Auf einen Wink des Fürsten erschienen drei ölige, gemästete
Babus, und nachdem sie unter den in allen Winkeln herum=
liegenden und stehenden Instrumenten gewählt hatten, begann
das Konzert.   Um offen zu sein, muß ich gestehen, daß mich
die sonderbaren Instrumente weit mehr interessierten als
die Leistungen der Musikanten, aber ich fühlte mich verpflichtet,
da ich als Musikreisender geladen war, ein möglichst ver=
ständnisvolles Gesicht zu machen.   Ich spielte meine Rolle
vorzüglich, bis nach Beendigung des Konzertes mein Wirt
mit mir zu disputieren begann, mir auseinandersetzte, daß

die europäische Musik mit ihren halben Tönen keinen Ver=
gleich aushalten könne mit der indischen, die über viertel
und selbst achtel Töne gebiete u. s. w., und ich es für an=
gezeigt hielt, ihm die Eröffnung zu machen, daß ich ebenso
wenig Musiker sei, wie er etwa Seiltänzer, und daß ich, da
ich mich in meiner Jugend hauptsächlich damit beschäftigt
habe, in der Musikstunde meine Klavierlehrer zu ärgern, es
nicht viel weiter als zu der Kunst des Pedaltretens und
zur Ableierung der ersten acht Takte der „Schönen blauen
Donau" gebracht habe. Der Radja war sichtlich enttäuscht,
aber er ließ mich diese Enttäuschung nicht merken und that
alles Mögliche mich zu unterhalten. Als Nichtmusiker fesselte
mich vor allem die Vorführung eines aus zwei silbernen,
an beiden Seiten des Kehlkopfes angesetzten Schallröhren
bestehenden Instrumentes. Der betreffende Musiker summt
mit geschlossenem Munde irgend eine Melodie, und wie aus
einem Makrophon schallt dieselbe voll und kräftig aus den
Röhren hervor. Versuche meinerseits, mit Hilfe meines
Kehlkopfes und dieser Schallröhren auch nur einen Ton her=
vorzubringen, erwiesen sich als erfolglos. Jedenfalls würde
ein Mann, der mit solchem Musikinstrument in Europa
aufträte, große Sensation hervorrufen und sein Glück machen
können. Beim Abschiede überreichte mir der Fürst mehrere
Bände selbstverfaßter musikalischer Werke, sowie ein wagenrad=
großes Rosenbouquet und versprach mir eine Sammlung
bengalischer Musikinstrumente, welches Versprechen er auch
in wahrhaft königlicher Weise eingelöst hat.

Calcutta besitzt nur eine Sehenswürdigkeit allerersten
Ranges, und dies ist sein Botanischer Garten. Was Menschen=
geist und Menschenhand hier im Verein mit der Natur der
Tropen in einem Jahrhundert geschaffen haben — der Garten

25*

wurde im Jahre 1786 von der ostindischen Kompagnie be=
gründet — gehört zu dem Großartigsten, was man in Bezug
auf gärtnerische Anlagen überhaupt auf Erden sehen kann.
Der frisch aus Europa hierher kommende Europäer muß durch
die ihm gebotene Fülle von Palmen, Schlingpflanzen, Orchideen
und anderer sich in den Tropen zu ungeahnter Üppigkeit ent=
faltenden Pflanzen geradezu überwältigt werden.　Die über
100 Hektar umfassenden Anlagen liegen am rechtsseitigen
Ufer des Hooghly, etwa 6 Kilometer unterhalb Calcuttas.
Leider sind die Verbindungen mit dem Garten recht schlechte,
und er wird daher von den Stadtbewohnern sehr wenig und
von Fremden meist nur ein einziges Mal besucht, während
man hier täglich einige Stunden dem Kultus der das Füll=
horn ihrer Gaben in unvergleichlicher Fülle ausschüttenden
Flora weihen sollte.

　Nur in Indien, dem Lande billiger Arbeitslöhne, ist es
möglich, eine derartig ausgedehnte Anlage so sauber zu
halten, wie es hier geschieht. Mit besonderer Freude erinnere
ich mich eines Ausfluges, den ich eines herrlichen Morgens
in Gesellschaft der Baronin Heyking und zweier deutscher
Vergnügungs=Reisenden, des Dr. Schnitzler und Lieutenants
v. Herder, dorthin unternahm. Nach etwa einer Stunde Umher=
wandels zwischen und unter den seltensten Vertretern der
Pflanzenwelt aller Weltteile gelangten wir zu dem berühmten,
ein Gebiet von etwa 800 Fuß im Umfange bedeckenden
Bananenbaum, um unter dem Schatten desselben ein von
unserer liebenswürdigen Führerin arrangiertes Frühstück ein=
zunehmen. Der Baum ist jetzt etwa 100 Jahre alt, und
da er von seiner Peripherie beständig neue Luftwurzeln in
die Erde senkt, so ist nicht abzusehen, wo seiner weiteren
Ausbreitung überhaupt ein Ziel gesetzt ist.　Sein Haupt=

ſtamm ſoll gegen 50 Fuß im Umfange meſſen, und die Zahl
ſeiner Luftwurzeln dürfte gegen 200 betragen; gezählt habe
ich ſie, da unſere anregende Wirtin und ihr vortreffliches
Frühſtück meine ganze Aufmerkſamkeit in Anſpruch nahmen,
nicht, und ich überlaſſe dieſes Vergnügen daher den Glücklichen,
die nach mir unter dieſem Baumrieſen genießend und be=
wundernd weilen werden. Übrigens wandelt auch hier nicht
jeder ungeſtraft unter Palmen; ſo wurde vor einigen Jahren
ein in Calcutta lebender deutſcher Kaufmann von einem aus
der Menagerie des nunmehr verſtorbenen, von den Engländern
aus Lucknow verbannten Nawab von Audh, deſſen Palaſt=
bauten ſich den Anlagen gegenüber am anderen Ufer des
Fluſſes befinden, entſprungenen Tiger angefallen und ſo
ſchwer verletzt, daß er ſpäter ſeinen Wunden erlag. Ein
Grabmal desſelben ſoll ſich irgendwo im Garten befinden.

Am Nachmittag des 25. Januar hielt der zukünftige
Herrſcher aller Reußen unter dem üblichen Kanonendonner
ſeinen Einzug in die Hauptſtadt des alten indiſchen Kaiſer=
reiches. Am Abend desſelben Tages fand Sr. Kaiſerlichen
Hoheit zu Ehren Galadiner mit nachfolgendem Empfang und
Ball im Government Houſe beim Vizekönig ſtatt. Begreif=
licherweiſe bildete für die meiſten Gäſte der Zarewitſch den
Mittelpunkt des Intereſſes, und alle Welt drängte ſich, ſo
viel Strahlen wie möglich von der Sonne kaiſerlicher Huld
zu erhaſchen. Mir als Fremden, dem zum erſten Mal Ge=
legenheit geboten wurde, einem ſolchen indiſchen Zauberfeſte
beizuwohnen, erſchienen naturgemäß die ungezählten, in vollem
Schmuck erſchienenen Maharadjas, Radjas, Nawabs und
ſonſtigen eingeborenen Prinzen, die gleich Planeten um die
Sonne des Feſtes kreiſten, dieſe ſelbſt aber mit dem
märchenhaften Glanze ihre Edelſteine überſtrahlend, ungleich

intereſſanter als die Sonne ſelbſt. Kaum irgendwo in der Welt dürfte man Gelegenheit haben, ſo viel koſtbare Edel= ſteine, ſo viel verſchiedenartige, originelle und prunkvolle Gewänder bei einander zu ſehen, wie hier bei einer ſolchen Haupt= und Staatsaktion.

Das Government Houſe, in dem der Vizekönig während der kalten Jahreszeit Hof zu halten pflegt, iſt ein großes geſchmackloſes, kaſernenähn= liches Gebäude mit drei Stockwerken und ebenſo vie= len übereinander liegenden geräumigen Sälen. Der un= tere Saal diente für den Zarewitſch=Abend als Gar= derobe, der mittlere als Er= friſchungsraum, und im oberen wurde Terpſichoren und Sr. Kaiſerlichen Hoheit gehuldigt. Wer, wie ich, er= wartet hatte, hier unter den in Scharen zuſammenſtrö= menden Gäſten viele von der

Baronin Eliſabeth von Heyking.

Natur oder wenigſtens von ihren Schneiderinnen mit hervor= ragenden Reizen ausgeſtattete Vertreterinnen der europäiſchen Kolonie zu finden, der ſah ſich leider arg enttäuſcht. Mir iſt in der That noch keine Hoffeſtlichkeit vorgekommen mit ſo wenig hübſchen Erſcheinungen, vor allem aber mit ſo vielen ſchlecht gearbeiteten, ausgewaſchenen, aufgebügelten, abgenutzten Toiletten. Die vornehm angezogenen Damen konnte man mit der Laterne ſuchen und unter den wenigen, die man dann entdeckte, befanden ſich zu meiner Freude verſchiedene

meiner Landsmänninen. War die Vizekönigin naturgemäß
die Königin des Feſtes, ſo war unſtreitig die gefeierte Gattin
unſeres Generalkonſuls hier die Vizekönigin, zum Ärger
vieler Engländerinnen, aber zum Stolze der geſamten deutſchen
Kolonie.

Der Zarewitſch, deſſen Beſuch man in Calcutta nicht
gerade mit ungemiſchter Freude entgegengeſehen hatte, hat
ſich durch ſein ungezwungenes Auftreten und ſein natürliches,
friſches Weſen im Sturm alle Herzen erobert. Recht be=
luſtigend war die Überraſchung der verſchiedenen anweſenden
eingeborenen Fürſten, in dem Zarewitſch einen vollkommen
ziviliſierten Menſchen zu finden. Die Engländer, die ein
Intereſſe daran haben, die Bevölkerung des Landes ſtets
in Furcht vor einem möglichen ruſſiſchen Einfall zu erhalten,
haben bei derſelben ſcheinbar derartige Vorſtellungen von
ihren Nachbarn erweckt, als ſeien die Ruſſen zum mindeſten
Eiſen=, Feuer= und Menſchenfreſſer. Und nun ſah man in
dem Sohne des Zaren einen freundlichen Jüngling, der ſich
nur durch ſeinen pelzbeſetzten Dolman von anderen Europäern
unterſchied, der engliſch ſprach, wie jeder andere Sahib auch,
und nicht einem einzigen Gaſte das Anerbieten machte, ſich
zu ewigem Zobelfang nach Sibirien zu begeben. Trotz aller
perſönlichen Zuneigung, die ſich in Calcutta der Zarewitſch
erworben hat, wird jedoch der Gedanke einer Ruſſifizierung
des Landes nicht beliebter geworden ſein. So oft der Erbe
des ruſſiſchen Kaiſerthrones in Indien als Gaſt aufzutreten
bereit iſt, wird man ihn herzlich willkommen heißen, auf ein
dauerndes Engagement dürfte man indeſſen nicht geneigt
ſein ſich einzulaſſen.

Dem Balle beim Vizekönig folgte am nächſten Abend
ein ſolcher beim Gouverneur von Bengalen mit denſelben

Menſchen, demſelben Prunk und derſelben Schäbigkeit der
Damentoiletten. Ein Gartenfeſt in den Anlagen des Govern=
ment Houſe bildete endlich am Nachmittag des dritten Tages
den Schluß der Feſtlichkeiten, da der erlauchte Gaſt vom
Feſtplatz direkt zum Bahnhof fuhr, um ſich nach Bombay
zu ſeinem erkrankten Bruder zu begeben.

Wenige Tage ſpäter dampfte ich wieder nach Durbunga
zurück und erreichte von dort am 9. Februar das mitten im
Dſchungel gelegene unintereſſante Landſtädtchen Purneah.

Von hier aus trat ich mit zwei Elefanten, die mir der
Maharadja von Durbunga in liebenswürdigſter Weiſe zur
Verfügung geſtellt hatte, meinen Marſch nach Kutſch Behar
an. Der eine Elefant trug etwa fünf Zentner meines Ge=
päcks und zwei meiner Diener, der andere mich und drei
Zentner. Bei einer Gangart von ³/₄ Meilen in der Stunde
wurden täglich 5—7 deutſche Meilen zurückgelegt. Mein
Pony wurde vom Saïs hinterhergeführt und ab und zu
von mir zu Abſtechern in mir beſonders ſehenswert erſchei=
nende Dorfſchaften benutzt. Die Landſchaft war flach und
ſtreckenweiſe recht eintönig, hier und da führte die Straße
durch Wald mit mir größtenteils unbekannten Laubbäumen,
von deren dunklem Grün ſich die großen, blutroten Blüten
des Baumwollbaumes wunderbar wirkungsvoll abhoben. In
der Nähe der Dörfer feſſelten anmutige, aufſteigenden Ra=
ketenbündeln gleichende, lichtgrüne Bambusgruppen und Areka=
palmen das Auge. Häuſer, Brücken, Fähren, alles war
gefällig und feſt aus Bambus gefügt. Natürlich waren
weder Brücken noch Fähren auf das Gewicht von Elefanten
zugeſchnitten, erſtere mußten umgangen, die Flüſſe durch=
watet oder durchſchwommen werden, wobei ich wiederum
Gelegenheit hatte, den Elefanten als unvergleichlich ſicheres

Lasttier und vorzüglichen Schwimmer bewundern zu können. Mangobäume, Pipulbäume und ficus religiosa fanden sich sowohl zu beiden Seiten des Weges als angepflanzte Schatten= spender, wie in einzelnen Gruppen in den Feldern. Auf den Drähten des längs des Weges sich hinziehenden Telegraphen, dessen Stangen der häufigen Gewitter wegen mit Blitzab= leitern versehen sind, saßen Papageitauben, große schwarze Schwalben mit gekreuzten Schwanzfedern, Königsfischer und andere, in allen Farben des Regenbogens schillernde Vögel. Von den sandigen Ufern der Wasserläufe wälzten sich riesige Alligatoren, aufgescheucht aus ihrer Mittagsruhe, bei unserer Annäherung in die Fluten.

Die neun Marschtage, die ich bis zur Residenz Rutsch Behar zurückzulegen hatte, würden mir sicher in angeneh= merer Erinnerung geblieben sein, hätte nicht ein heftiges Fieber, welches ich mir in Calcutta zugezogen hatte und das mich jetzt mit dem Elefanten um die Wette schüttelte, jeden Genuß für mich illusorisch gemacht. Zum ersten Male, seit ich Ravalpindi verlassen, erschien mir die Art meines Reisens beschwerlich, ich zählte die Meilensteine, zählte die Stunden und Minuten und begrüßte stets mit Freuden unser tägliches Reiseziel, irgend ein für wandernde Regie= rungsbeamte erbautes Rasthäuschen, um mich dort sofort zu Bette zu legen und letzteres erst beim Anbruch des nächsten Morgens zu verlassen.

Der Maharadja des unabhängigen, im Norden Ben= galens hart an der Grenze Assams gelegenen Staates Rutsch Behar ist eine der interessantesten Persönlichkeiten, denen man in den Salons der europäischen Gesellschaft Calcuttas oder Simlas begegnet. Seine Vorfahren stammen aus den Bergen Bhotans und sein Stammbaum beginnt mit sehr

unwahrſcheinlichen Gottheiten, die allmählich Menſchengeſtalt
annahmen und ſich durch dieſe Verwandlung für alle Zeiten
ſämtliche in Indien weilenden oder dorthinkommenden Sports=
men zu höchſtem Danke verpflichteten, da man ihnen den heu=
tigen Maharabja von Kutſch Behar verdankt. Der Vater dieſes
Lieblings der engliſchen Geſellſchaft war noch, wie man es
hier nennt, „quite a wild man“, d. h. er hatte keine beſſere
Hälfte, ſondern etwa 19 beſſere Zwanzigſtel, lebte, wie alle
Hindus, ſtreng nach den Vorſchriften ſeiner Kaſte, ſpeiſte
weder mit Europäern, ritt weder Rennen, noch ſpielte er
lawn tennis, foot ball, cricket oder polo, kurz, er unterließ
alles, was einen Menſchen in den Augen der Engländer
zum civilized man ſtempelt. Als er ſtarb, war ſein Sohn
noch ein Kind und die britiſche Regierung nahm die Ver=
waltung des Landes wie die Erziehung des Thronerben in
die Hand; engliſche Lehrer unterrichteten den Knaben, klei=
deten ihn in europäiſche Gewänder und unterwieſen ihn in
allem denkbaren Sport, bauten ihm einen Palaſt im Stile
ihrer mehrumſchlungenen Heimat und Pferdeſtälle, in denen
ſelbſt das edelſte Vollblut nicht nötig hat, nach dem Be=
ſchwerdebuch zu wiehern. Den herangereiften Jüngling
führte man nach London und Windſor. Er wurde von
der Königin und daher auch von der geſamten Geſellſchaft
gehätſchelt und gefeiert, mit einem Worte, er wurde ein
Löwe der Londoner Salons. Selbſtverſtändlich fehlte er
ſpäter nicht beim Regierungsjubiläum der Königin und
unter der Laſt ſeiner unſchätzbaren Brillanten erſtrahlte er
als ein Stern erſter Größe; denn er erſchien hier nicht wie
ſonſt in europäiſcher Kleidung, ſondern in dem märchen=
haften Gewande eines indiſchen Fürſten. Man verlieh ihm
den Rang eines Oberſtleutnants der engliſchen Armee und

seine Gemahlin, die Maharani, wurde der erklärte Liebling
der Königin, was man begreift, wenn man, wie ich, das
Glück gehabt hat, diese ungewöhnlich sympathische Dame
näher kennen zu lernen. Sie ist eine Tochter des Rabja
Ram Mohun Roy, des Begründers einer deistischen Kirche,
der Brahma Somaj, die dem Christentum nahekommt und
alle Kastenvorurteile abgestreift hat. Bevor sich der Maharabja verehelichte, trat er zu der Kirche seines Schwieger-
vaters über. Von seinen Stammesgenossen wird er daher
als Abtrünniger und outcast angesehen, und kein Hindu,
selbst sein niedrigster Diener nicht, wird sich heute herbeilassen,
das Mahl mit seinem Herrn zu teilen. Um so eifriger
scharen sich Europäer aller Zungen, Prinzen, Herzöge und
gewöhnliche Sterbliche um die gastliche Tafel seines Palastes.
Er mag jetzt etwa 30 Jahre zählen, ist glücklicher Vater
von fünf reizenden Kindern, vorzüglicher Reiter, cricketer,
tennis-player und der beste polo-Spieler Indiens.

Seine erste Bekanntschaft verdanke ich dem Vizekönig,
der mich ihm in Simla bei einem Waldfrühstück vorstellte.
Ich sah ihn dann wieder auf dem Feste zu Ehren des
Zarewitsch. Er trug hier wiederum sein Königsgewand,
cremefarbigen Mantel und Turban, dazu Brillanten, deren
Wert auf Millionen geschätzt wird. Bei dieser Gelegenheit
forderte er mich auf, ihn auf meinem Marsche durch Rutsch
Behar in seinem Jagdlager zu besuchen, eine Einladung, um
die ich von nicht wenigen beneidet wurde, denn in ganz Indien
giebt es keine besseren Jagdgründe für Tiger, Rhinozeroffe,
Büffel u. s. w., keine besser geleiteten Treiben als in Rutsch
Behar, kein luxuriöseres Jagdlager als dasjenige des Maharabja.

Am Abend des 22. Februar hielt ich endlich vor dem

Palast in Kutsch Behar. Der Maharadja war im Jagd=
lager, acht deutsche Meilen von seiner Residenz entfernt,
hatte aber Befehl erteilt, alles zu meinem Empfang bereit
zu halten. Ein englischer Haushofmeister geleitete mich in
die für mich hergerichteten Gemächer, und Küche wie Keller
thaten ihr bestes, mich in gute Stimmung zu bringen.
Mein Fieber aber machte ihnen einen Strich durch die
Rechnung, ich blieb mit leerem Magen vor vollen Schüsseln
und gefüllten Gläsern sitzen, verschmähte die vorzüglichen
Zigarren und suchte erschöpft mein Lager auf. Am folgen=
den Tage ging es etwas besser, und ich wäre weitermar=
schiert, hätte nicht andauernder strömender Regen mich an
diesem Vorhaben gehindert. Der Palast ist ein riesen=
haftes, in der Mitte von einer hohen Kuppel gekröntes
Backsteingebäude, gleicht aber mehr einem Bahnhofe mit
Logierzimmern als einer fürstlichen Residenz. Der einzig
wirklich einladende Raum ist die Bibliothek, die der Ge=
schmacksrichtung ihres Besitzers entsprechend meist Werke
sportlichen Inhalts aufweist. Doch fehlt es auch nicht an
allen möglichen Geschichtswerken, und selbst der Bibel ist
ein Plätzchen zu beschaulichem Stillleben eingeräumt. Von
meinen Zimmern zu der Bibliothek und von dieser wieder=
um zum Speisesaal hatte ich jedesmal Entfernungen zurück=
zulegen, wie etwa in Berlin von den Linden zur Behren=
straße. Als eigentümlicher Schmuck für ein Speisezimmer
fielen mir auf dem Kaminsims liegende menschliche Hirn=
schalen auf, die durch Überspannung mit Kalbfell zu Trom=
meln hergerichtet waren, wie solche von den Bhutias aus
Schädeln ihrer erschlagenen Feinde verfertigt werden, in der
edlen Absicht, den Seelen der letzteren dadurch die Ruhe
im Jenseits zu rauben. Unter Führung des „dewan" (ein=

geborenen Ministers) des Staates stattete ich im Laufe des
Nachmittags den Markthallen, der Schule, dem Krankenhause
und dem beinahe behaglich eingerichteten Gefängnisse, in
dessen innerem Hof sich sogar ein großer künstlicher Teich
befindet, Besuche ab.

Tags darauf stellte sich der englische Stallmeister des
Maharadja mit hochelegantem Einspänner ein, der mit einem
australischen Harttraber bespannt war. Alle halbe Meilen
war für Umspann gesorgt, ein Pferd übertraf an Schnellig=
keit und Schönheit immer das andere, und obwohl wir zwei
Flüsse vermittelst Fähren zu kreuzen hatten, ein immerhin
zeitraubendes Geschäft, trafen wir bereits nach 2½ Stunden
in dem 8 deutsche Meilen entfernten Lager ein.

Nirgends in der Welt versteht man es, sich das Lager=
leben so angenehm zu gestalten, wie in Indien. Der Eng=
länder ist mehr als jeder andere Kulturmensch ein Freund
des Komforts, und selbst der geringste Beamte reist, wie ich
schon an anderer Stelle bemerkt habe, mit einem Troß, der
geradezu fürstlich ist; sieht man dann erst die Zeltpaläste
eines der Maharadjas, so glaubt man ein Märchen aus
Tausend und eine Nacht zu erleben.

Das Lager, in dem ich jetzt meinem Gefährt entstieg,
war reizend am linken Ufer des kristallklaren Sanles ge=
legen, der, in den Bergen Bhotans entspringend, seine Fluten
später mit den Wassern des gewaltigen Brahmaputra vereint.

Alle Gäste befanden sich mit dem Maharadja auf der
Jagd, nur die Maharani war im Lager geblieben und
empfing mich mit der ihr eigenen bezaubernden Liebens=
würdigkeit in einem gleich dem Salon eines vornehmen
Hauses eingerichteten Zelte. Da fehlten weder Vorhänge
noch Teppiche, weder gepolsterte Lehnsessel noch Sofas, weder

Schaukelstühle noch Tische mit Zeitungen, Büchern, Schreib-
zeug 2c. Ein großer runder Theetisch, mit allen denkbaren
Süßigkeiten bedeckt, in dessen Mitte Wasser in silbernem
Kessel brodelte, berührte mich besonders wohlthuend, und
ich nahm den mir gebotenen heißen Labetrunk mit noch
heißerem Dank entgegen. Die Maharani, der das apathische
Wesen orientalischer Frauen fremd ist und die ein lebhaftes
Interesse für alles in der Welt bekundet, ist mit ihrer un-
gekünstelten Heiterkeit und kindlichen Natürlichkeit eine der
sympathischsten Frauen beider Hemisphären. Dazu ist sie
eine recht hübsche Erscheinung und versteht es mit seltenem
Geschmack, in ihrer Kleidung das Abendländische mit dem
Morgenländischen zu verbinden.

Von dem Salon tritt man hinaus auf eine breite
Rasenfläche, zu deren beiden Seiten sich Zelt an Zelt reiht;
vor jedem derselben nennt ein an einem Pfahl befestigtes
Schild den Namen des Bewohners. Zweiundzwanzig Gäste
waren in ebensovielen prächtigen, großen Zelten untergebracht.
Die mir angewiesene Zelt-Wohnung bestand aus Wohn-,
Schlaf- und Badezimmer. Der Boden war in allen Abteilungen mit Teppichen belegt, und es fehlte ebensowenig
ein einladendes Bett wie ein mit allem Zubehör versehener
Schreibtisch. Ein Toilettentisch mit Spiegel, Kleiderständer
und Schaukelstuhl vervollständigten die Einrichtung des
Schlafzimmers. Nachdem ich ein erfrischendes Bad genommen und mich umgekleidet hatte, trat ich eine Wanderung
durch die abseits gelegene Zeltstadt der Beamten und Dienerschaft an. Zuerst machte ich dem Häutepräparator, der
alle Jagdtrophäen kunstgerecht zu behandeln hat, meine Aufwartung. Verschiedene Tigerfelle, darunter einige von seltener
Größe und Schönheit, Büffelhäute und das Fell eines

Panthers waren auf dem Boden zum Trocknen ausgespannt. Büffelhufe und Hörner, Tigerschädel und Hirschgeweihe wurden gereinigt oder desinfiziert. Nicht weit davon lagen das Lagerpostbureau sowie das Zelt eines Photographen, in dem ich später einen frohgelaunten Schlesier namens Schirmer, den Leiter der weltberühmten Photographen=Firma Bourne & Shepherd in Calcutta, aus deren Atelier auch mehrere der in diesem Buche als Illustrationen verwendeten Bilder hervorgegangen sind, kennen lernte. Vorbei an den aus Bambus und Schilfgras hergestellten Pferdeställen und der Küchenabteilung, vorüber an den Zelten des Doktors, des Apothekers und Barbiers, ging es dann zum Lager der Jagd=Elefanten, von denen aber nur einige wenige zu Hause geblieben waren. Inzwischen hatte der Leiter des 50 Mann starken Musikkorps des Maharadja seine Jünger um sich geschart; in dem Augenblick, als ich das Hauptlager wieder betrat, hob er den Taktstock, und im nächsten Augenblick — mir unvergeßlich — tönte die Wacht am Rhein:

Es braust ein Ruf wie Donnerhall,
Wie Schwertgeklirr und Wogenprall

durch die Luft. Ich möchte den Deutschen sehen, der hier, am Fuße der Himalayaberge, angesichts des schneebedeckten, hoch über die Wolken ragenden Kinchinjanga, hier inmitten indischer Wildnis es fertig bringt, bei den Klängen dieses Liedes, welches unsere Truppen im Jahre 1870 von Sieg zu Sieg geleitete, seine Rührung zu bemeistern, sein in Be= geisterung und Vaterlandsliebe höher schlagendes Herz zur Ruhe zu verweisen. Nachdem der letzte Ton des Liedes verhallt war, ging ich auf den Kapellmeister zu, um ihm herzlich dankend die Hand zu drücken. Er stellte sich, was mich nach der mir dargebrachten Huldigung nicht mehr über=

raschte, als Landsmann vor — sein Name ist Runge, er stammt aus Schlesien — und erzählte mir, daß er mit 18 Jahren nach Indien gekommen sei und seit geraumer Zeit im Dienste des Maharadja stände, dessen Freundlichkeit, Herzensgüte und Verständnis für Musik er nicht genug zu rühmen wußte. Die fast ausschließlich aus Unterthanen des Maharadja zusammengesetzte Kapelle war vortrefflich gedrillt, doch klagte Herr Runge über den gänzlichen Mangel an musikalischem Gehör bei diesen Leuten.

Gegen Abend unternahm ich mit der Maharani eine Fahrt auf dem Sankos. Unser Fahrzeug bestand aus zwei, in Abstand von etwa 10 Fuß seitlich mit einander verbundenen Kanus, die eine aus Bambusgeflecht hergestellte Plattform trugen, auf der bequeme Sessel auf weichen Teppichen aufgestellt waren. Geräuschlos glitten wir stromabwärts, warfen ohne Erfolg unsere Angel nach Fischen aus und sahen eine aus etwa 500 Haupt bestehende Herde Wasser=büffel, die aus den Bergen Bhotans hier auf die Weide getrieben war, unter Aufsicht ihrer nackten, dunkelbraunen Hirten durch den Fluß schwimmen. Die Sonne versank hinter den Bergen des Hymalaya, wunderbare Farbentöne auf den die Schneehäupter umwallenden, ab und an von jähen Blitzen durchzuckten Gewitterwolken hervorzaubernd, während die Akkorde der Glocken der nunmehr am andern Ufer des Sankos ihrem Nachtlager zustrebenden Herde melancholisch durch die Abendluft zitterten und im Osten über der Ebene langsam die rotglühende Scheibe des Voll=mondes emporstieg. Von fern her tönte das Brüllen eines Tigers zu uns herüber, ein durchsichtiger Nebelschleier lagerte sich allmählich über den Wassern, die Nacht brach an, und von einem Boote ins Schlepptau genommen, kehrten wir

zum Lager zurück, wo wir gegen 7 Uhr anlangten, gerade
zeitig genug, um die Jagdgesellschaft auf ihren Elefanten
heimkommen zu sehen. Um 8½ Uhr fand das Essen in
einem besonderen Speisezelt statt, wo die Herren im Frack,

die Damen in Gesellschaftstoilette erschienen; die Tafel war
mit den duftigsten, zartesten Orchideen geschmückt und bestand
aus einem großen runden Tische, dessen Umfang 24 Menschen
die nötige Ellbogenfreiheit gewährte. Als die Suppe auf=
getragen wurde, stimmte die Musikkapelle das Lied an:

„Hier sind wir versammelt zu löblichem Thun, drum
Brüderchen ergo bibamus". Ich wäre beinahe aufgesprungen,
um draußen dem Herrn Runge um den Hals zu fallen,
doch ich weiß, was sich schickt, und unterließ es daher, dem
Zuge meines Herzens zu folgen. Das ergo bibamus freilich
ließ ich mir nicht erst zweimal vorspielen, und nachdem ich
die drei ersten Gläser schäumenden Sekts in mein Inneres
versenkt hatte, da waren allen Beschwerden der letzten Tage
und selbst die Fieberbazillen vergessen, da war ich wieder
ganz ich selbst, nämlich ein glücklicher Mensch, der es versteht,
den Augenblick zu nützen, die Feste zu feiern, wie sie fallen,
und die Menschen zu nehmen, wie sie sind. Speise und
Trank waren über alles Lob erhaben. Als ein Beweis, bis
zu welcher Raffiniertheit der Luxus selbst in einem 20 deutsche
Meilen von der Eisenbahnstation gelegenen Lager gedeihen
kann, erwähne ich nur, daß es zum Nachtisch neben vielen
anderen Dingen auch Gefrorenes gab, daß alle Getränke
gekühlt waren und täglich einige Zentner frischen Eises aus
Calcutta eintrafen. Allabendlich, nachdem die Damen sich
zurückgezogen hatten, wurden die Spieltische hergerichtet und
bis gegen Mitternacht mit den Whistkarten gearbeitet.

Der erste Sonnenstrahl des folgenden Morgens fand
mich vor der Thür meines Zeltes Umschau haltend. Außer
den Elefanten, glaube ich, war ich das einzige lebende Wesen
im ganzen Lager, welches sich den Schlaf bereits aus den
Augen gerieben hatte; denn vom Frühaufstehen ist in Indien
der eingewanderte Europäer ebenso wenig ein Freund wie
der Eingeborene des Landes. Lautlose Stille ringsum, über
meinem Haupte klarer wolkenloser Himmel, im Nordwesten
der ruhig und heiter daliegende, alle seine Riesennachbarn
weit überragende gletscherstarrende Kinchinjanga, der zweit=

höchste Berg der Welt, dessen Silberspitze im Morgenlichte
glitzert und leuchtet, während dichte, graue Nebelschleier um
die niedrigen Bergmassen hin- und herwallen. Doch nur
wenige Minuten dauert das herrliche Schauspiel, dann entzieht eine aufsteigende Wolke dem entzückten Menschenauge
eine der herrlichsten Schöpfungen der Mutter Natur.

Nach und nach ward es lebendig im Lager der Elefanten,
deren Wärter (jeder Elefant hat einen Mahaut, der ihn
reitet und leitet, und einen Ghasi d. h. Futterschneider) sich
anschickten, ihre Pflegebefohlenen zum Morgenbade in den
Fluten des Sankos zu führen. Fast alle Elefanten sind
ausgesprochene Freunde der Reinlichkeit, und Wasserscheu
wird bei ihnen weit seltener gefunden als beim Menschen.
Den größten Vierfüßler unserer Erde zu beobachten ist immer
interessant, und es ist erstaunlich, zu sehen, wie er, der ihm
innewohnenden Kraft uneingedenk, sich von halbwüchsigen
Knaben lenken läßt und alle Befehle ausführt gleich einem
wohlerzogenen Kinde. Mahaut und Ghasi reden mit ihm
in einer eigenen Sprache, d. h. sie haben, wie unsere Pferdeknechte ihr „Hü, Hott und Brrr", sonst für jede Verrichtung, die sie von ihm verlangen, besondere Worte oder
Laute. Ich habe mir nach und nach ein ganzes Elefanten-
wörterbuch angelegt. Hier einige Proben: Soll das Tier
sich niederlegen, so sagt man: beut; soll es sich auf die Seite
legen: terry; soll es seinen Mahaut mit dem Rüssel auf
seinen Hals heben: tol; soll es ihm, während er auf ihm
sitzt, Lasten u. s. w. zureichen: derr; soll es über ein Hindernis schreiten: dag u. s. w.

Ich kehre ins Lager zurück und finde jetzt den größten
Teil unserer Gesellschaft auf den Beinen, da es gilt, sich

von der nach Calcutta zurückkehrenden Maharani und einigen
anderen Damen zu verabschieden.   Unsere zurückbleibende
Gesellschaft setzt sich, außer dem Maharadja und meiner
Wenigkeit, zusammen aus mehreren Flügeladjutanten des

Vizekönigs, mit und ohne Gattin, verschiedenen Mitgliedern
der englischen Aristokratie, die nach Indien gekommen sind,
„pour passer le temps" und „to have some shooting",
einigen namhaften Sportsmen Calcuttas, dem jugendlichen
Maharadja von Morebanj nebst englischem Hofmeister, sowie

Major Evans Gordon und Mr. Biguell, den höchsten Beamten
von Kutsch Behar, die, unterstützt von ihren liebenswürdigen
Gattinnen, den Gästen ihres Herrn die Ehren des Hauses
erweisen und für das „suum cuique" sorgen. Um 9 Uhr
zieht das liebliche Geläute der Frühstücksglocke leise durch
mein Gemüt, und ihm folgend, begebe ich mich ins Frühstücks=
zelt zu einer intensiven Stärkung „vor der Schlacht".
Während wir an reichbesetzter Tafel schwelgen, werden draußen
die frischgewaschenen Elefanten jagdfertig gemacht. Nachdem
sie sich auf Befehl niedergelassen haben, legt man ihnen eine
große, meist mit rotem Stoff überzogene und mit Kamel-
haaren gefüllte Steppdecke auf den Rücken, auf diese folgt
eine etwa fußdicke, mit Gras gestopfte, in zwei Längshälften
geteilte Matratze, die auf beiden Seiten des Rückgrates
aufliegt, letzteres selbst aber unberührt läßt, um Druckstellen
zu vermeiden. Diese Matratze, welche mit zollstarken Seilen,
von denen drei als Gurt um den Leib führen, eines um
den Hals läuft und eines die Stelle des Schwanzriemens
der Pferde vertritt, befestigt wird, dient als Unterlage für
die „Haudah", ein an den Seiten mit Rohrgeflecht ver=
sehenes, möglichst leicht gearbeitetes Holzgerüst in Schlitten=
form mit zwei hintereinanderliegenden Sitzen, deren vorderer
für den Schützen, der hintere für Büchsenspanner oder irgend
einen Zuschauer bestimmt ist. Die „Haudah" ist mit Taschen
für Munition u. s. w. sowie mit Vorrichtungen zum Fest=
legen der Schußwaffen versehen, um diese möglichst schnell
zur Hand nehmen zu können. Unser unvergleichlicher Wirt
trug außerdem Sorge, daß ein Kasten unter dem Sitze stets
einige Flaschen Sodawasser, Biscuits, Orangen sowie die
neuesten Nummern der in Calcutta erscheinenden Zeitungen
enthielt. Etwa 20 in dieser Weise ausgerüstete Elefanten

ſtehen gegen 10 Uhr bereit, die Schützen nehmen ihre Sitze
ein, die Damen ſetzen ſich hinter ihre Gatten und vorwärts
geht's zum fröhlichen Jagen.

In Europa iſt man im großen und ganzen der Meinung,
daß die Tiger in Indien gewiſſermaßen an den Wegen
Spalier bilden und daß man nach einer Jagd die erlegten
Beſtien nur ſo in Schober ſetzen kann, wie bei uns in der

Ernte die Weizengarben. Dieſe Täuſchung muß ich dem
Leſer von vornherein rauben. Leute, die Tiger geſchoſſen
haben, trifft man hier nicht häufiger als bei uns Leute, die
ſo glücklich waren, Vierzehnender zur Strecke zu bringen,
und es iſt ſchon eine ganz beſondere Gunſt des Zufalls,
für manche vielleicht auch eine Ungunſt, wenn einem irgendwo
außer auf beſonders veranſtalteten Jagden, ein Tiger begegnet. Um letztere in die Nähe des Jagdlagers zu ziehen
und zu erfahren, wo man mit einiger Sicherheit darauf

rechnen kann, auf einen Tiger zu ſtoßen, werden, in nicht
zu großer Entfernung vom Lager, an verſchiedenen Stellen
junge Waſſerbüffel angebunden. In aller Frühe machen
dann die Jagdläufer die Runde und berichten im Lager,
ob und wo ſie einen oder mehrere der Büffel zerriſſen ge=
ſunden haben und in welcher Richtung die Fährte eines
Tigers beſtätigt worden iſt. Ohne triftigen Grund entfernt

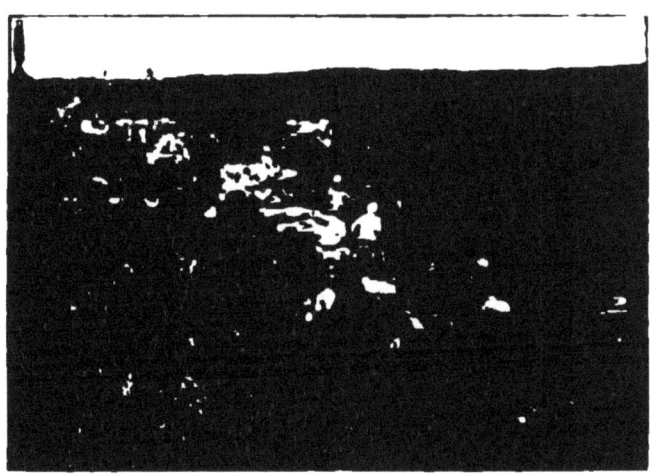

ſich der König der indiſchen Wildnis nie weit von der Stätte,
an der er ſein nächtliches Mahl gehalten hat, ſondern ſucht
ſich in der Nähe derſelben eine behagliche Lagerſtatt zur
Verdauung. Der Maharadja hatte nun Meldung erhalten,
daß jenſeit des Sankos über Nacht zwei Büffel den Tigern
zum Opfer gefallen waren. Wir durchſchritten daher an
einer etwa ſieben Fuß tiefen Furt den Fluß, was dem uns
auf einem Elefanten begleitenden Photographen Herrn
Schirmer Gelegenheit zu ſehr hübſchen Aufnahmen bot, und

zogen weiter etwa ³/₄ Stunden quer durch niedern Buſch
und abgeſengte Grasebene. Dann wurden wir in Schützen=
linie, in Abſtänden von etwa 200 Schritt aufgeſtellt, während
40 andern, lediglich mit ihren Mahauts beſeßte Elefanten
einen weiten Bogen beſchrieben, um, etwa ¼ Meile uns
gegenüber angelangt, einzuſchwenken. Auf ein gegebenes
Signal beginnt das Treiben, zuerſt jagt ein Hirſch durch

die Schützenlinie, dann ziehen einige prächtige Pfauhähne
über unſeren Köpfen dahin, unbehelligt, da nur auf großes
Wild geſchoſſen werden ſoll. Plötzlich ſehe ich meinen Neben=
mann ſchußbereit ſich in ſeiner Haubah aufrichten, von
einem Ende der Schützenlinie zum andern ertönt der Ruf:
„bagh“*), und gleichzeitig gewahre ich einen Tiger, ſeine
Flanken peitſchend, zwiſchen niederm Dſchungelgras am

---

　　*) Das indiſche Wort für Tiger.

Boden kauern. Mein Nachbar feuert, der Tiger springt auf und macht eine halbe Wendung — ein zweiter Schuß, dieses Mal aus meiner Büchse, kracht — schwer krank zieht sich die Bestie zurück. Noch einige Schüsse werden ihm nachge= sandt, dann nimmt das Treiben seinen Fortgang. Wiederum erschallt, diesmal von den Treibern ausgehend, der alles elektrisierende „bagh"=Ruf, denn ein zweiter Tiger ist gesehen worden. Auf ein Zeichen des Maharadja schließen sich Treiber und Schützenlinie an den Enden zusammen, und ein richtiges Kesseltreiben beginnt, bei dem aber leider der Tiger durch die Treiberkette durchbricht. Inzwischen ist das ver= wundete Tier verendet und auf einen der Treib=Elefanten geladen, um sofort photographiert zu werden. Es ist ein starkes Tigerweibchen von $9\frac{1}{2}$ Fuß Länge. Ohne Verzug setzt sich unsere Kavalkade wieder in Bewegung, um womöglich den ausgebrochenen Tiger in ein neues Treiben zu bekommen. Durch Busch und Röhricht, durch Sümpfe, Gräben und Flußläufe geht es in flotter Gangart; der Elefant kennt kein Hindernis, und es ist ein geradezu wollüstiges Gefühl, auf seinem Rücken sitzend durch haushohes, undurchbringlich erscheinendes Dschungelgras getragen zu werden, dessen silber= graue Blütenbüschel über unsern Häuptern zusammenschlagen, während die zolldicken Schafte laut krachend unter den ge= waltigen Füßen unserer Rüsselträger zermalmt werden. Man sieht keinen seiner Nachbarn, weder Vorder= noch Hintermann, ringsum ein Meer von etwa 25 Fuß hohen Halmen, in denen es rauscht und braust, wie an einem Sturmtage an der Küste der Nordsee. Wer einen solchen Ritt nicht selbst erlebt hat, kann sich schwerlich einen Begriff machen von den Reizen, die er bietet. Übrigens wurde mir später von verschiedenen Herren der Gesellschaft versichert, daß das

Dſchungelgras in Kutſch Behar an andern Stellen eine Höhe
von nahezu 40 Fuß erreicht.

Die nächſten zwei Treiben nahmen etwa brei Stunden
in Anſpruch und verliefen erfolglos. Dann erſchien der
Frühſtücks-Elefant und brachte Tiſche und Bänke, Speiſen
und Getränke. Unter einer Baumgruppe wurde die Tafel
gedeckt und ohne jede Überſtürzung ben kalten und warmen
Schüſſeln alle Ehre erwieſen. Zwei weitere Treiben, in
benen ein ſtarker Büffel zur Strecke gebracht wurde, folgten;
bei Abenddämmerung wurde der Heimweg angetreten, beim
Lichte bes Mondes der Sankos burchwatet und enblich bas
Lager erreicht.

Die vorſtehend von mir beſchriebene Art, ben Tiger
mittelſt Elefanten zu jagen, iſt in Bengalen, wo man faſt
überall in der Wildnis für den Menſchenfuß unburchbringliche
Dickichte findet, die verbreitetſte und gleichzeitig ungefährlichſte,
denn wenn es auch bisweilen vorkommt, baß der verwunbete
Tiger den Elefanten annimmt und ſelbſt bis zur Haubah
gelangt, ſo gehören ähnliche Fälle doch zu den Seltenheiten.
In Nepal macht ſich der König die Jagd noch bequemer.
Mit 300 Elefanten und barüber werden Keſſeltreiben ver-
anſtaltet und ber Tiger enblich in einen von ben Seite an
Seite ſtehenben Elefanten gebilbeten Ring eingeſchloſſen. Iſt
bas geſchehen, ſo erſcheint der König mit ſeinem Elefanten
unb ſeiner Büchſe und tötet ben Tiger. Sportsmanlike iſt
dieſe Jagdart jedenfalls nicht. Im Süben Indiens, wo die
Beſchaffenheit bes Dſchungels die Verwendung von Treibern
zu Fuß zuläßt, wird der Tiger vielfach mit etwa acht Fuß
hohen, weitmaſchigen, aus ſtarken Stricken gefertigten Netzen
eingeſchloſſen. Der Schütze begiebt ſich bann entweder zu
Elefant ober zu Fuß in bas Innere ober, wenn er ein

Sicherheitskommiſſarius iſt, an den Umkreis des Netzringes und tötet den Tiger. Weit ſeltener wird er zu Fuß in kleinen Treiben gejagt, häufig aber — und das ſcheint mir zweifel= los die aufregendſte Art zu ſein — in der Dämmerung oder in mondhellen Nächten von einer im Baumgeäſte an= gebrachten Kanzel geſchoſſen, in deren Nähe man einen Waſſerbüffel, als ein dem Tiger beſonders zuſagendes Opfer, angebunden hat.

Herrliche, mir unvergeßliche Tage waren es, die ich in Kutſch Behar verlebte, doch veranlaßte mich ein Telegramm, welches ich von dem Kommandanten der von der Regierung ausgeſandten Elefantenfang=Expedition in den Garo Hills in Aſſam erhielt und in dem mir die bevorſtehende Ein= ſchließung einer großen Herde Elefanten angezeigt wurde, das Lager meines Wirtes eher zu verlaſſen, als es urſprünglich in meiner Abſicht gelegen hatte. Das Beſſere iſt bekanntlich des Guten Feind. Die Reize einer Tigerjagd hatte ich kennen gelernt, ein Elefantenfang mit allen damit verbundenen Abenteuern bot mir das Anziehende des Unbekannten, ich entſchied mich daher für letzteres, packte meine Koffer, lud dieſelben auf meine Durbunga=Elefanten und verabſchiedete mich, Dank im Herzen, von dem Maharadja und meinen neu gewonnenen Freunden. Fünf Tiger, ein Panther, ſowie mehrere ſtarke Büffel und Hirſche waren in Kutſch Behar zur Strecke gebracht, als ich das Lager verließ. Die etwa einen Monat dauernde Jagd koſtet dem Maharadja, wie mir einer ſeiner Beamten mitteilte, jährlich beiläufig gegen 50000 Mk. Zum Glück braucht er nicht mit dem Pfennig zu fuchſen und bringt ſein Geld in dieſer Weiſe ſicherlich beſſer unter die Leute, als ſeine jährlich Hunderttauſende für die Fütterung fauler, nichtsnutziger Brahminen zum Fenſter hinauswerfenden, vom Kaſtengeiſt beſeſſenen Standesgenoſſen.

Dem Hindu, wenn er gut gezogen,
Wird ſelbſt ein weißer Mann gewogen.
Ja, deine Gunſt verdient er ganz und gar,
Der liebenswürdige Fürſt von Kutſch Behar.

Das Ziel meines Marſches waren die in Aſſam gelegenen Garo=Berge. Was ich dort geſehen, erlebt und erfahren, wird Ihnen der folgende Band offenbaren.

Wilhelm Gronau's Buchdruckerei, Schöneberg-Berlin.